INK

文學叢書

417

從異鄉到異鄉

蕭紅傳

葉君◎著

序

〔日〕平石淑子

二十世紀七〇年代末期，即從文化大革命結束以後，基於眾多研究學者的不斷努力，發掘出了各種有關蕭紅的史料，其中也包括了她本人的一些作品。但是在今天，由於熟知蕭紅生前生活的前輩們都相繼不在人世了，不太可能再發現什麼新的史料。在這個意義上，整理總結迄今的史料，力求於客觀研究蕭紅的這本著作，就當之無愧地成了蕭紅傳記的集大成了。正是它極力站在客觀的角度上，才避免了男性讀者們陷於對蕭紅的過度同情，同時還沒有失去對蕭紅的熱切目光。我想這些都是本書作者嚴謹的研究態度和其誠實寬厚的人品所致。

這裡再重複一遍，在我看來，這是一本非常受人喜歡的好書。但是，同時又感到還欠缺點什麼。這是一種與上述觀點極其矛盾的感覺，也許這正是起因於此書的客觀性。

眾所周知，蕭紅三十一歲就英年早逝了。在抗日戰爭這個全中國的受難時代，蕭紅還背負著作為女性的苦難，她沒有時間回顧自己的一生，是因為她還在人生的中途就離開了這個世界。所以，要瞭解她的短暫生涯的旅途，就只能憑藉她周圍的人，例如蕭軍、端木蕻良等人的回憶，《從異鄉到異鄉——蕭紅傳》這本書也不例外。也正是因為如此，特別是關於逃離上海為止的蕭紅的前半生，就是說基本上依賴於蕭軍的追述的這段時間裡的蕭紅，也許是蕭軍的過於饒舌，她給人的印象就猶如是蕭軍思想和行為的附屬品一樣。換句話說，前半生的蕭紅的形象是非常模糊的。與此相比，轉到武漢避難以後的蕭紅，就以鮮明的主體性展現在讀者面前。此時的蕭紅已經作爲有名的作家受到很多人的注目，並且有關她的言論也多了起來。這些言論的產生可能與人們對端木蕻良的反感多少有些關聯。從武漢到臨汾再到重慶以至香港的這段時期，關於蕭紅有著非常詳實的記述和史料，這些史料裡有很多是我未見到過的很值得參考的東西。

我感到書中的不足主要集中在以蕭軍的回憶所寫的前半部分。作者將兩人的同居以及分居，作爲蕭軍的「愛之哲學」的主題，然而就產生了兩人生活的主導權在蕭軍的印象，使蕭紅成了一個沒有主見、附屬於男性的在精神上不成熟的女性。而另一方面，在蕭紅與端木蕻良的這段生活裡，作者又只強調了蕭紅的自主性。這樣一來，讀者就看不到蕭紅從前半生到後半生精神上的成長過程。如果再深讀一下，還會得出蕭紅的精神獨立是來自於蕭軍的背叛（女性問題）。當然，蕭紅在《生死場》出名後，生活上還是不得不由蕭軍掌握主導權。但是正如駱賓基所指出的那樣，蕭紅固有的「矜持」才是將她引向精神自立的源泉。我並不完全認爲蕭紅所寫的作品就記錄了她所走的人生之路（這一點與本書作者略有分歧），但是她的作品仍反映了她精神世界的成長，也是最值得依據的資料。

筆者之所以認爲蕭紅是一位精神獨立的、具有主見的作家，也是對迄今賦予蕭紅的「被男性所擺布，從而無法實現自己夢想，充滿悲哀的可憐女性」形象的一種抗議吧。如果不是站在與蕭軍同居，後來又分離，然後和端木蕻良生活在一起，都是蕭紅自己做出的選擇這一角度看的話，就無法眞正將蕭紅作爲一個作家來評價。我充分認識到《從異鄉到異鄉——蕭紅傳》是一本以廣大讀者爲對象的作品，而不是一部研究專著；但作爲一個熱愛蕭紅的讀者，仍因爲書裡沒有把《跋涉》、《生死場》及《商市街》裡所反映出來的蕭紅的思想介紹給讀者，而略感不滿。

作爲一名國外的讀者和研究人員，在史料的發現和發掘上無法與中國同行們相比。只能依據這些成果來閱讀蕭紅的作品，並且，在她的作品裡哪些是帶有超越時空的普遍性，進一步講，文學對人類社會產生著什麼樣的普遍性力量，我們通過文學能夠做什麼等話題上，坦率地發表一些看法。當然，這也是我們的使命。喜愛蕭紅的讀者往往會被作品所打動，而失去自我。這也正說明了文學作品所特有的力量。在承認這一點的基礎上，作爲一名研究人員，更要盡可能站在客觀的立場上來看待作家和其作品，從中找出眞相，把它放在歷史和社會變遷的洪流中，通過向人們的展示，進而加深人們對歷史、對社會的認識；繼承其優良的，改正其錯誤的，並爲歷史不再重演而不斷警示自己，努力不懈。我想這才是文學所擔負的責任。在這本書的基礎上，我期待著能看到作者有關蕭紅的作品論，並衷心祝願由蕭紅結成的緣分更加發展，使它連接起日中兩國以及全世界。

目錄

序／（日）平石淑子 003
第一章 後花園 009
第二章 哈爾濱往事 039
第三章 暫避青島 137
第四章 成名上海 151
第五章 蟄居東京 223

第六章 重返上海 255
第七章 轉移武漢 305
第八章 輾轉西北 329
第九章 重返武漢 365
第十章 避難重慶 387
第十一章 客逝香港 415
主要參考文獻 471
蕭紅年譜 473
後記 491

第一章　後花園

家族與童年

滿清入主中原後，視黑龍江流域爲「龍興之地」。爲了保持其固有風俗習慣、獨占東北特產，維護滿洲八旗的生計，自康熙七年（一六六八年）開始對東北實行將近二百年的封禁政策。期間，關內特別是河北、山東等地的破產農民紛紛「闖關東」謀生路，在廣袤的黑土地上淘金、伐木、墾荒。求生之餘冀望實現興家、創業的光榮與夢想。

據修撰於一九三五年八月的《東昌張氏宗譜書》記載，蕭紅祖籍山東東昌府莘縣長興社楊皮營村（今屬山東省聊城地區莘縣），先祖張岱於清乾隆年間攜妻章氏逃荒關東。當時的「闖關東」者，一副挑擔便是全部家當。「擔著擔子逃荒」的張岱夫婦，自然不會想到日後經過幾代人的努力，會在這片異鄉土地上建立起一個龐大的家族，富甲一方。

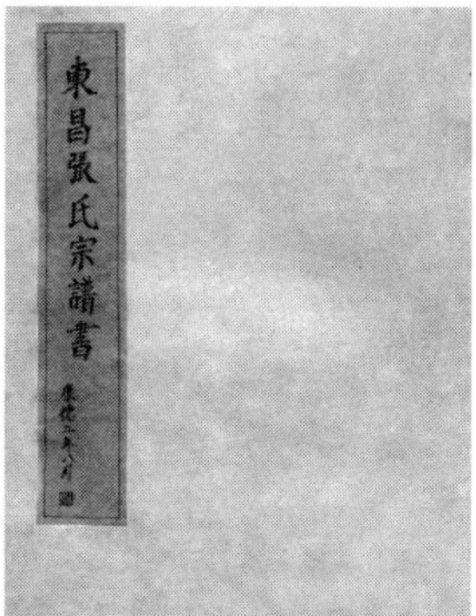

《東昌張氏宗譜書》封面

張岱夫婦起初在遼寧朝陽、鳳凰城等地給旗戶地主當雇工，後遷至吉林伯都納青山堡鎮東半截河子屯（今屬榆樹縣，距城東九十里），報領了一塊明末遺民開墾過的撂荒地。擁有了自己的土地，從此定居下來，但夫婦二人的創業夢想卻並沒有就此停止。嘉慶年間，張岱支持長子張明福、次子張明貴到黑龍江阿城縣開荒種地。阿城後來成爲張氏家族的主要棲息地。同治六年（一八六七年），張岱和三子張明義亦來到黑龍江賓縣猴石占地開荒。

肥沃的黑土很快給了追夢者豐厚的回報。經父子兩代人的艱苦創業，張家發展成爲擁有土地數百垧的新興漢族大地主。而在前兩代人的基礎上，張岱孫輩同宗兄弟九人更是拚力發展家業，先後在阿城、賓縣、呼蘭、雙城、五常、巴彥、綏化、克山、蘭西、明水等地廣置房產、地產，並利用剩餘糧食發展手工業和商業。從此，張氏家族亦農、亦工、亦商。一方面將糧食外銷遼寧、吉林，另一方面開辦油坊、酒廠，開設雜貨鋪、錢莊、當鋪。不多久，便成爲吉林、黑龍江兩省最大的地主之一。其勢之眾，連地方官都不敢招惹，甚至有些村屯就因張家雜貨鋪、油坊、酒廠的名號而得名。阿城「福昌號屯」就因張家雜貨鋪商號「福昌恆」和燒鍋（酒廠）「福昌明」而得名，足見其富甲一方。張氏家族傳至第四代，即蕭紅祖父一代，家道開始中落。隨著家業式微，這個龐大的家族亦開始慢慢離析、瓦解。光緒初年，蕭紅祖父張維禎分得位於呼蘭的四十多垧土地、三十多間房屋和一座燒鍋，旋即舉家搬離阿城，在呼蘭另立門戶。

二十世紀初的呼蘭，是位於松花江北岸的一座較爲開化的小城。遍地沃野、交通便利，距素有「東方小巴黎」之譽的北方名城哈爾濱約三十公里。繞城而過的松花江支流呼蘭河，給這座北方內陸小城，帶來了詩意與靈氣，更孕育了蕭紅這「呼蘭河的女兒」。長篇小說《呼蘭河傳》是她奉獻給中國現代文學的不朽經典。鄉土因人物、因

《呼蘭河傳》初版封面

文字而聞名。今天，對於中國現代文學稍有常識者來說，呼蘭河已經與蕭紅緊緊連在一起。很大程度上，這條河亦幾乎成了蕭紅熱愛者們的一處精神故鄉，一個心理情結。

張維禎（一八四九—一九二九）性情溫厚，甚至有些懦弱，幼讀詩書十餘年，輟學時適逢家業鼎盛之際，於是「輔助父兄經營農商事務」。但他心地善良，生性懶散，對經商務農了無興趣，後來索性賦閒在家。娶妻生女後更是整天與老婆孩子在一起消磨時光，盡享天倫之樂。讀讀詩書、寫寫大字是其閒暇之餘的唯一興趣，家業經營全然不放在心上。到呼蘭不久，父母雙雙過世，因不諳經營，屢被夥計們拐騙坑害，致使當鋪、油坊、酒廠先後倒閉。最後，張維禎就死守著幾十坰土地和房屋，靠收租過日子。其妻范氏（一八四五—一九一七）精明強悍，辦事果斷，喜歡熱鬧，一切家務均由她打理。但女人的活動空間畢竟有限，即便精明果敢，亦終難挽住家業迅速衰敗的頹勢。張維禎夫婦育有三女一子，幼子不幸夭亡。膝下無子成了他們的最大心病。隨著三個女兒相繼出嫁，老兩口益覺寂寞。老來無著，便考慮在族中過繼一個男孩，以備養老。他們最終選中堂弟張維岳（在張家大排行中，張維禎行四，張維岳行五）與病逝前妻的第三子張廷舉，即蕭紅生父。

張廷舉（一八八八—一九五九）三歲喪母，十二歲過繼給四伯父爲嗣。張維禎給他改字「選三」，意指在堂弟張維岳眾子中選中老三爲繼嗣之意。隨養父來呼蘭前，張廷舉在阿城縣城讀小學。搬家後，范氏認爲讀書無用，枉費錢財，想讓他輟學務農經商，理財管家。張廷舉執意不肯，養父不忍違拗其意，就送他

蕭紅祖父張維禎、祖母范氏

到省城卜奎（即今齊齊哈爾市）繼續深造。

一九〇六年，張廷舉畢業於黑龍江省立高等小學堂，因成績優異，獎勵廩生，爾後進入省立優級師範學堂，畢業獲獎勵師範科舉人，中書科中書銜，時年二十一歲。旋即分配到湯原縣任農業學堂教員，兼任該縣實業局勸業員。婚後，辭去公職回歸故里，任呼蘭縣農工學堂教員兼改良私塾總教員。辛亥革命爆發，張廷舉受時代感召，思想比較激進，成爲呼蘭著名的革新人物，出任過小學校長、通俗出版社社長、義務教育委員會委員長、縣教育局局長等職。

姜玉蘭（一八八六—一九一九）是呼蘭縣北姜家窩堡地主姜文選長女。姜文選年輕時聰敏好學，兩度赴吉林參加科舉考試不中。後無心獵取功名，便在家裡設館授徒，在當地被視爲博學之士，名望極高，呼蘭、巴彥兩縣的讀書人多出其門下。姜家擁有土地二百二十多垧，屬殷實大戶，姜文選本人還曾被選爲黑龍江省議員。《東昌張氏宗譜書》載，姜玉蘭「幼從父學，粗通文字，來歸十二年，勤儉理家」。據姜玉蘭三妹姜玉鳳在二十世紀八〇年代初回憶，大姊還會打算盤。四姊妹中，姜文選尤其看重大女兒，一心一意想開門好親，直到二女兒姜玉環出嫁多時，還未給她選到滿意對象。

姜家選中張廷舉做大女婿，較有戲劇性。在呼蘭城做買賣的范老萬與范氏認戶爲一家子，而范妻是西營子宋六的姊姊。一九〇八年正月，宋六兒子娶親，范氏來屯裡喝喜酒相中了姜玉蘭，求宋六、范老萬做媒人到姜家提親。不久，姜玉蘭父親和姑丈中醫傅八先生進城到張家相看。張廷舉當時在卜奎，只看了相片兩家便將親事定了下來。按照風俗，張家派張廷舉親二哥張廷選跟隨媒人宋六到姜家過禮，送

蕭紅父親張廷舉

蕭紅生母姜玉蘭

去裹腳布和裝菸錢。張、姜兩家聯姻，雙方都極爲滿意。一九〇九年八月，張廷舉、姜玉蘭擇定吉日完婚。給眾親友留下深刻記憶的，除了婚宴的豪華與排場，更有當日那場大雨。姜玉蘭在張家育有一女三子，分別是：榮華（即蕭紅）、富貴、連貴（即張秀珂，一九一六—一九五六）、連富，其中富貴、連富先後夭折。

蕭紅胞弟張秀珂

一九一一年六月二日（農曆五月初六），蕭紅出生於呼蘭縣城內龍王廟路南張家大院。

關於蕭紅生日有多種說法，其中影響較大的有兩種：一說一九一一年六月一日，農曆五月初五即端午節，當地稱「五月節」；另一說爲一九一一年六月二日，農曆五月初六。亦有人撰文說是一九一一年六月二日，但將這天認爲五月初五，這顯然是訛誤。然而，在端午節和六月二日之間，更有一種深入人心的折中說法。那就是，蕭紅實際生於端午節，但呼蘭本地風俗認爲端午節出生的孩子不吉利，因而就「往後串一天」，即五月初六，也就是六月二日。

「端午節生孩子不吉利」之說，最早或許見於姜德明一九七八年八月在《新文學史料》第四輯上發表的《魯迅與蕭紅》一文。文章強調：「她（蕭紅）一生下來便受到家人的詛咒，因爲按照舊時迷信的說法，端陽節生下的孩子是不吉祥的。因此，蕭紅連生日的自由都沒有，她從小就被人們指定推遲三天出世，硬說生日是五月初八。」此說雖拿不出任何證據，但影響甚大，得到很多人呼應。很顯然，這也成了蕭紅自一出生便遭不公平對待的有力證據之一。

也就是說，蕭紅生日有一個公開的日子，亦即規避不吉利的日子，普遍認爲是端午節的後一天；而實際上她生於端午節，只是因爲忌諱而成了不能公開的「祕密」。然而，呼蘭本地學者王化鈺撰文認爲，呼蘭從未有端午節生孩子不吉祥的說法。或許，潛意識裡，人們在爲蕭紅誕於五月節，而在不經意地尋找合理的說法。這更透露出蕭紅應該生於五月節的後一天。近年，關於「不吉利」又有另說。曹革成在二〇〇五年出版的《我的嬸嬸蕭紅》一書中，援引蕭紅小姨梁靜芝的回憶說：「在當時呼蘭的老人們中有傳說，男莫占三、六、九，女莫占二、五、八，說是女孩五月初五出生，很不吉利，所以蕭紅家人就說她是五月初六出生的。」

生於五月節，或許在呼蘭當地人看來，眞的是一種比較特殊的誕生。暗示蕭紅一出生就如此不凡，由此敷衍出種種說法也就不足爲奇。現今，已成爲一家政府機構的蕭紅故居，爲了每年端午節名正言順地舉辦「端午詩會」，在各種宣傳資料上將蕭紅生日硬性定在農曆五月初五。二十世紀三〇年代，蕭紅因與家族徹底決裂，父親張廷舉與之脫離父女關係，並將其開除族籍。《東昌張氏宗譜書》對她不做任何記載，在其母姜玉蘭條下，只載有「生三子」而不是「一女三子」。對於個人生日，最爲權威的認定莫過於父母，但父母對此不予言說，因而蕭紅到底生在哪天，就成了一個無從查考的謎。

但是，仔細比較以上兩種說法，鐵峰等資深蕭紅研究者所認定的五月初六，即一九一一年六月二日，更爲可信。據鐵峰《蕭紅生平事蹟考》載，一九六〇年秋，他曾尋訪到張廷舉老友于興閣，于老先生談及數月前曾聽張廷舉親口說女兒蕭紅是宣統三年（一九一一年）五月初六生的。後來，他就此又找跟蕭紅關係最好的堂妹張秀珉核實，「她也恍惚記得是五月節的後一天，但不敢說準」。

自張岱夫婦逃荒關東百餘年後，張家後人散居黑龍江各地。爲了祭祖和便於後人聯繫，自第四代始確定張氏族譜，即從蕭紅祖父這一代起，張家後人按照一首詩的字序排輩分、起名字。那首規約張氏族人名字的詩是：「維廷秀福蔭，麟鳳玉芝華。道成文憲立，德樹萬世佳。」蕭紅祖父範「維」字，起名張維禎；蕭紅父範「廷」字，起名張廷舉。蕭紅這一代範「秀」字，起名張秀環。且這代人名字的第三字都帶有「王」旁，如張秀珂、張秀琢、張秀珉等等。除大名「張秀環」外，祖父又給蕭紅起乳名「榮華」，寓有榮華富貴之意，其夭亡大弟便乳名「富貴」。

六歲那年，姜玉蘭帶小榮華回娘家省親，適逢妹妹姜玉環也在。得知外甥女大名「張秀環」，這位二姨說什麼也不肯，執意要姊姊給女兒改名。按照東北民間風俗，不同輩分的人，名字不能同字，碰到一起就是犯忌諱。「張秀環」和「姜玉環」犯了「環」字之忌。姜玉蘭只好讓父親給女兒改名「張迺瑩」。這個名字雖然脫開了張氏族譜的規約，但畢竟是碩學的外祖父所賜，深得張家人的認可。當然，也可能因爲是女孩之故，名字的家族特徵沒有男孩子那樣重要。

童稚的張秀環自然不會想到，名字的修改似乎已然宿命般暗示，在這個家族中，她將成爲一個另類。張氏家族第六代齊整的名字行列中，「張迺瑩」三字顯得那麼特別。聯想張秀環後來的命運，這是否是一個天意的巧合？這個從此名叫「張迺瑩」的小女孩，自然更想不到十八年後，她的家族會將自己的名字，從族譜中徹底刪除。

從由家族給予名字，到名字的家族特徵被修改，再到名字被家族刻意忘記，在張家大排行中排行第二的張秀環的命運，似乎全息濃縮在這個關於名字的帶有宿命意味的故事裡。「張迺瑩」這個名字伴隨她從小學到中學的求學歷程，後來被「蕭紅」這個女孩的自我命名所代替。世人只知寫《生死場》、《呼蘭河傳》的「蕭紅」，鮮有人知其原名「張迺瑩」，更無論「張秀環」。

一九七八年八、九月間，蕭軍對自己所保存的一批蕭紅書簡進行整理，並對每封信加以注釋。輯存注釋過程中，這批蕭紅原信連帶蕭軍的注釋在《新文學史料》上陸續刊出。九月一日，蕭軍在給第十三信注釋時，談到蕭紅胞弟張秀珂曾疑心張廷舉並非他和姊姊的親生父親，而其生父是張家的一個地戶。蕭紅母與雇主張廷舉有了性關係後，夥同對方謀害了自己的丈夫，然後帶著蕭紅和弟弟來到張家，並改姓張。當時人們懾於張家勢力，不敢追查這樁「害夫霸妻」的公案。

張秀珂於二十世紀四〇年代東北土改期間告訴蕭軍自己的懷疑。事隔三十多年，蕭軍對這一問題「考證了又考證」，最後認定張秀珂所疑之事是「可能的」。接著，他又言之鑿鑿地提供了「可靠的第一手材料爲根據」。那便是三〇年代初，蕭紅曾向他談及其作爲地主的父親對地戶的殘忍、僞善，以至「所表現的近於獸類的、亂倫的行徑」。這一素材，他還寫進一九三三年在《國際協報》連載的小說《涓涓》。舊事重提，蕭軍撰文十分確定地說：「從她述說她父親張選三對於她曾經表現出企圖亂倫的醜惡行徑，這可證明後來張秀珂疑心張選三不是他們的生父——也可能就是謀害他們親父的仇人——是有根據的」。

此文一出，無疑傳出關於蕭紅身世的驚天祕密。文章在《新文學史料》第三輯（一九七九年五月）發表後，引起廣泛關注。蕭紅父張廷舉「霸妻害夫」、「姦女亂倫」的惡行、惡德，自然是極其吸引眼球的話題。海內外對蕭紅有所關注的人士大爲震驚，特別是在蕭紅家鄉呼蘭。蕭軍的說法馬上得到陳隄、蔣錫金、方未艾等人的響應和支持，紛紛撰文強化，並從不同側面有所補充，使其更爲完善可信。期間，蕭紅異母弟張秀琢在《海燕》一九七九年第五期上撰文《重讀〈呼蘭河傳〉回憶姊姊蕭紅》指出：「關於姊姊的身世，報刊上有的說她原來可能不姓張，她和弟弟是隨著母親一起到張家來的，這種說法與事實不符。還有的說，蕭紅的父親對蕭紅的母親係屬逼婚，這就更荒謬可笑了」。但這種聲音在當時顯得十分微弱，少有人關注。

八〇年代初，蕭紅漸漸爲學界關注，並形成一股熱潮，關於其身世的「養女說」隨之愈演愈烈。在這種情勢下，新編《呼蘭縣志》的編撰者們，爲了將關於蕭紅的準確信息寫進地方志，進行了大面積走訪。先後在呼蘭、阿城、哈爾濱、大連、北京等地遍訪蕭紅親屬，如蕭紅生母姜玉蘭三妹姜玉鳳（時年九十三歲）、蕭紅生母堂妹姜玉坤（時年八十四歲）、蕭紅繼母梁亞蘭胞妹梁靜芝（時年七十一歲）、蕭紅堂妹張秀珉（時年七十一歲）、張秀珂妻子李性菊等，還調查了當年在呼蘭、阿城張家工作的長工，以及一些當年的街坊鄰居，掌握了大量第一手資料。姜玉鳳、姜玉坤詳細描述了張廷舉和姜玉蘭訂婚、結婚的全過程；而當年在張家工作的長工們則表示，從未聽說過張家三掌櫃「霸妻害夫」之事。大量人證、物證無可辯駁地表明，蕭紅是張廷舉養女一說，純屬子虛烏有。

從情理上推斷，此說亦不攻自破。作爲富裕殷實的大地主，姜文選不可能把女兒嫁給一個無田無地的佃戶。更重要的是，一九四七年東北土改運動可謂「暴風驟雨」，左傾路線使鬥爭擴大化，在農村「掃堂子」，鬥爭對象擴大到中農。住在福昌號屯的蕭紅七叔張廷勳，僅因不務正業就被群眾打死。如張廷舉果有「霸妻害夫」的惡行和「姦女亂倫」的惡德，即便事發當時，人們懾於其勢不敢聲張，但毫無疑問無法躲過土改這一關。然而，八〇年代初，據當年的土改工作隊員回憶，一九四六年在呼蘭進行的「砍挖鬥爭」中，張廷舉因是呼蘭教育界知名人士，擁護共產黨的主張，本人沒有罪惡，更無民憤，被定爲地方開明紳士。

但是，蕭軍的說法並非空穴來風。張秀珂確曾向他表達過對生父的疑心。其子張抗在《東北現代文學史料》第五輯（一九八二年八月）上發表《蕭紅家庭情況及其出走前後》一文，對其父從疑心產生到自我消釋的經過進行了詳細描述，資料翔實、態度公允，令人信服。實際上，張秀珂疑心的產生，很大程度上源於一些家庭瑣屑。

在眾多有關蕭紅的傳記和評傳中，鮮有對這段身世之「謎」的敘述。或許在很多作者和研究者看來，這段公案情理荒謬不值一提。然而，這份身世之「謎」的出現並非偶然，它其實源於人們一直以來對蕭紅的整體認知。對蕭紅的認知，一直存有一個莫大的誤區，那就是將其悲劇性命運，僅僅歸結爲社會、他人對她的壓制和迫害，很少考量其個人性格因素的作用。迄今爲止，很大程度上，人們仍只是簡單將其看作一個飽受不公，被侮辱、被損害，令人同情的弱女子。其中固然有其合理的一面，但如果僅僅局限於此，恰恰是對其豐富內心的遮蔽，也是對蕭紅這樣一個如此豐富的現代女性形象的簡單化。人們往往在想像中賦予她一些苦難，而這種言過其實的苦難，又幾乎無一不歸結為階級對立。因之，蕭紅個人對於命運的抗爭，亦自然演化為階級反抗。在一次次的重新敘述中，其本來面目漸漸模糊。蕭紅的誕生和棄世離我們如此之近，然而，在某種意義上我們對她卻一無所知，但我們又自認為已經瞭解很多。

這份身世之「謎」的公案固然荒謬，但它何以產生卻是我們重新面對蕭紅應該深長思之的問題。基於特定時代的觀念，在某些人的潛意識裡，似乎本能地想讓她徹底擺脫地主女兒的身分。或許，在某些人看來，反抗家庭、抗婚出走還不足以彰顯其作為「左翼女作家」的光輝形象，蕭紅應該是一個一無所有的雇農的女兒，才更合乎邏輯。幾十年的階級鬥爭倡導和觀念強化，出身或身分決定論，已然潛移默化為一些人的思維定式。面對那些的「善意」想像，我們還能說什麼呢？但在蕭紅離我們愈來愈遠的今天，我們想瞭解一個眞實的蕭紅。雖然，眞實只是一種不可企及的理想，但對於一個傳記作者來說，還是應該盡力窮究，無限接近。

張家大院，這座典型滿清風格的北方院落，建造於光緒三十四年（一九〇八年）。張廷舉、姜玉蘭完婚時，工程尚未完全竣工。整座宅院分東西兩部分，占地七千多平方米，共有房舍三十餘間。西院是庫房和佃戶居住的地方，後來出租給一些做小生意的窮人。張家人自己居住的東院有五間正房，外加三間東廂房，正房後面是一個近兩千平方米的後花園。五間正房為青磚青瓦土木結構，正中一間是廚房，前後門進出。前門是兩扇對開格式的蘇州門，但已明顯呈現出北方風格；後門為對開北方木製門。蕭紅祖父母住在兩間西屋，兩間東屋則是她父母的居所。蕭紅就出生在東邊第一間的炕頭上。整座院落透露出晚清北方小康之家的氣派，殷實、安寧而富足。

迺瑩出生前，偌大院落只有年邁的祖父、祖母和母親長年在家，父親工作在外。張廷舉和姜玉蘭婚後三年才有孩子，這自然讓一家人對迺瑩的出世寄予了莫大期望，一旦發現生下的是女孩，那份失望亦可想見。就張維禎這一支脈來說，太久沒有出現男孩了。因而，迺瑩的出世令老祖母尤為失望；但對於長期賦閒在家、懶散而寂寞的祖父來說，還是喜出望外。他的落寞或許源於與養子間不可能有太多的交流，以及因不會理財動輒挨范氏「死腦瓜骨」的數落和埋怨。五月節後降生的長孫女即將改變他的生活。

迺瑩的桀驁與倔強似乎出生不久就有所表現。睡前，母親照例要用裹布纏住她的手腳，使其安睡，小丫頭往往拚命掙扎不讓人抓住胳膊。一次，前來串門的大嬸見到這種情形，笑著說：「這小丫頭眞厲害，大了準是個『茬子』」。在親友印象中，她的倔強幾近天生。

祖父和後花園幾乎是蕭紅童年記憶的全部。

蕭紅兩歲時大弟富貴出生，這座龐大的宅院終於有了男孩，自然成了全家關注的重心。父母已不可能將更多注意力放在小女孩身上。但祖父實在太疼愛她，以致讓初步擁有記憶的小女孩認為「在這世界上，有了祖父就夠了，還怕什麼呢」。蕭紅的童年記憶就從後花園開始。祖父做什麼她也學著做什麼，栽花、拔草、鋤地。下種時即便把種子都踢飛了，祖父也不會說什麼；除草時將苗除掉，狗尾巴草留下，祖父不僅不惱，還耐心地講解狗尾巴草與穀子的區別。

祖父和後花園給了幼年蕭紅一個自由無慮的特定時空，小女孩常常以自由而任性的眼光看待裡邊的一切。美好的童年經驗後來定格在《呼蘭河傳》裡：

花開了，就像花睡醒了似的。鳥飛了，就像鳥上天了似的。蟲子叫了，就像蟲子在說話似的。一切都活了。都有無限的本領，要做什麼，就做什麼。要怎麼樣，就怎麼樣。都是自由的。倭瓜願意爬上架就爬上架，願意爬上房就爬上房。黃瓜願意開一個謊花，就開一個謊花，願意結一個黃瓜，就結一個黃瓜。若都不願意，就是一個黃瓜也不結，一朵花也不開，也沒有人問它。

每當祖母數落祖父「懶」或「死腦瓜骨」的時候，洒瑩便拉著祖父的手，在祖母那「小死腦瓜骨」的溫情數落中進入後花園。後花園寬曠的地面、高遠的天空、亮麗的色彩，給這一老一小永遠的好心情。有長孫女陪伴，張維禎的寂寞最大限度地得以消釋。就這樣，蕭紅一天天度過童年，正如她在《呼蘭河傳》裡所寫的那樣：「就這樣一天一天的，祖父，後園，我，這三樣是一樣也不可缺少的了」。

祖父畢竟老邁，他那慈祥的面容、溫和的性情在讓洒瑩感受到愛與溫暖，還有自由無慮的同時，亦讓她在嬌慣中一天天長大，頑皮而任性。五月，後花園裡的玫瑰茂盛開放，趁祖父忙著拔草，小女孩在他的帽子上插上二三十朵玫瑰花，不知情的祖父戴著「花冠」回到屋內，不停感慨今春雨水好，園子裡的玫瑰樹開花才那麼香，隨處都可以聞到。等他將帽子摘下，才知道花香並非雨水之故，而是玫瑰就在頭上。祖母見狀，笑得滿眼是淚。鄰家掉進井裡的小豬、鴨子，被祖父要來用黃泥裹了烤熟給她吃，有了如此美味的經驗，小女孩便故意將鴨子往井裡趕，且堅決要吃掉井的鴨子。

三歲時，祖母給予的疼痛始終橫亙在小女孩的記憶裡。

祖母房間白淨的窗紙，激發了小女孩的破壞欲，一爬上炕便往裡邊跑去，然後用小手指按著窗櫺將窗紙一格一格捅破，聽著悅耳的「嘭嘭」聲，便更得意於自己的破壞。不忍呵罵的祖母，無法制止她這小小的「惡行」。一次，等她上炕後便拿根大針等在窗紙後邊。當破壞的小指頭碰到針尖，小女孩馬上意識到：「祖母用針刺我」。橫亙於童年記憶裡的疼痛，讓蕭紅始終不喜歡祖母，覺得她不愛自己。

許多研究者據此不加分析地，亦將祖母的「虐待」視爲蕭紅童年的苦難之一，恰恰忘了那只是一個一直備受寵愛的小女孩的童年經驗。據蕭紅親屬回憶，祖母同樣非常愛她，只是因爲祖父的近乎溺愛，而襯出周圍所有人似乎都對她「不太愛」。鐵峰在《蕭紅文學之路》一書中亦認爲，祖母此舉正好說明對蕭紅的嬌慣和溺愛。因爲，二十世紀初葉在呼蘭這樣的小城，除非官宦人家，才有全部鑲玻璃的窗子，就是那些富商人家，亦只是使用特製的窗紙裱糊窗戶。而那種用爛麻製作，又黑又厚的窗紙，富裕而講究的人家一兩年才換一次，普通人家十年八年也換不起一茬，只是哪裡破了哪裡補上，有如窮人的襤褸衣衫。蕭紅祖母裱窗的白紙當時比較貴重，塗油後既防雨又透亮，非上等人家不用。而拿針刺一下手指，亦是東北老太太嚇唬心愛的孩子不捅窗紙的慣用惡作劇。幾近一種民俗，就像嚇唬夜哭的孩子，謊稱「狼來了」一樣。

蕭紅有記憶的童年，還與祖母、母親房間後邊那兩間陰暗的小儲藏室分不開。

漫長的冬天，後花園被冰雪封住，兩間小儲藏室便成了小女孩神祕的樂土。在裡邊「探險」，是不能進入後花園的最大快樂代償。陰暗的小屋裡堆放著數不清的記載家族興衰的陳舊器物。好奇的小女孩一件件翻出來拿給祖父、祖母看，不禁勾起兩位老人塵封已久的家族往事，以及對早已出嫁的女兒們的點滴記憶，在懷舊中引發無盡感慨。「這是你大姑在家裡邊玩的」，「這是你二姑在家時用的」，聽著祖父母對一件件舊物的指認，小女孩無意間觸摸到一個家族的記憶，還有關於時光的質感。屋外大雪紛飛，陳舊器物所承載的陳年往事，在其感受裡成了遙遠的童話。從大姑的扇子、三姑的花鞋上，尋到她們閨閣生活的痕跡，觸摸家族塵封的記憶。

六歲那年的上街「冒險」是蕭紅童年難以消抹的「事件」。

皮球髒了、舊了，小女孩便生出擁有新皮球的渴望。祖母已答應她的央求，但她每次從街上回來都讓她失望。獲得新皮球的渴望，最終驅使從未一個人出門的小榮華偷偷上街做一次探險。想找到母親曾經帶她買皮球的那家商店，但偷偷出了後角門，再往北走了不多遠，便模糊了此前十分清晰的記憶。慌亂中，街道都長成了一個模樣，小女孩無助而興奮地看著街上車來車往。過了很久，多虧一位好心車夫問明其姓氏還有父親的名字，用馬拉的斗子車將她送了回來。第一次坐馬拉斗子車同樣讓小女孩新鮮無比，迷途的驚恐早已拋至九霄雲外，像大人一樣坐在車後的長木椅上，卻有一種冒險的快樂。同時，她還想起在祖母房裡所聽到的鄰居劉三奶奶講給祖母的那個鄉巴佬蹲洋車的笑話。鄉巴佬在洋車上始終蹲著不肯坐下，因爲他覺得蹲著沒有重量，馬不會吃力，車夫就不會收他的錢。小女孩不禁也想試試蹲洋車的滋味，這鄉巴佬式的愚蠢坐車方式滿足了她的想像，新鮮而刺激。

發現孩子不見了，一家人心急如焚，四處尋找。不久，見被人送了回來，祖父、祖母、母親一擁而上。大人們的緊張與恐慌讓蹲洋車的小姑娘倒眞的有些害怕。原本還要向祖母示範劉奶奶所說的鄉巴佬應該就是像她那樣蹲洋車的，然而，忙亂中車子的突然停放，使她不小心從車斗裡摔了下來。孫女丟失雖只是一場虛驚，祖父卻非常氣惱於榮華小小年紀就敢往外亂跑，又見她從車斗裡摔下來，於是將焦灼、氣惱還有心疼都發洩在車夫身上。不由分說，上前就給了一記耳光，不僅沒有感謝，連車費也不給，就將車夫趕了出去。祖父的舉動給小女孩以莫大刺激，一向性情溫和的祖父也給了她一個淺顯而霸道的道理：「有錢的孩子是不受什麼氣的」。她或許由此粗淺意識到人與人之間的差異與分野。慈祥的祖父那雖然充滿愛意的過激之舉，讓她始終難以釋懷。

關於父母的童年記憶模糊而抽象。父親是「冷淡」的，母親則是「惡言惡色」。蕭紅對父母的感受，顯然更多參照於祖父的溺愛。實際上，張廷舉是個雖新還舊的人物，一方面維持傳統禮教，略具家長作風，而「爺們」作派幾乎是東北男人的先天質素，即便在今天亦不曾稍減。另一方面，他畢竟是接受了新式教育，深受辛亥革命和「五四」新文化運動影響的知識分子。但呼蘭畢竟是個邊疆小城，經濟、文化都相當落後，張廷舉或許基於根深柢固的男尊女卑觀念，對蕭紅表現出冷淡也極有可能。不可忽視的是，接連不斷的家庭變故，讓這位父親在很長時間裡都沒有好的心緒，作爲不諳世事的小女孩，迺瑩自然無法體察。

祖母病重，姑姑們帶著家眷回來看望母親。這給小女孩帶來無邊的興奮，雖然那些天祖父無暇顧及她，但姑姑們帶來的孩子卻是後花園裡的新玩伴。一天，她將覆蓋醬缸的帽子吃力地頂在頭上，就像隨時帶著一座不怕風雨的小房子，隨時有一個小小的家。這是極其新鮮的經驗，小女孩費力地回到屋內尋找祖父，父親一腳將她踢翻在地，差點滾到灶口的火堆上。被旁人抱起，當她看見滿屋縞素，並發現祖母沒有睡在炕上，而躺在一張長板上時，才明白她已經死了。祖母的死就這樣和父親的踢打烙印在榮華六歲的記憶裡。父親的體罰無比深刻，祖母的死卻十分淡漠。

任性的小女孩對母親的管教自然也看成「惡言惡色」。母親對小榮華在祖父母溺愛下的成長充滿隱憂。四五歲時，姜玉蘭就十分注重女兒的文化教育，每次省親，都帶著識字的字塊。現存一張榮華三歲時與母親的合影，小女孩穿戴整齊利落，衣服質地同母親一樣講究。小女孩抿著小嘴，自信而靈氣，很難想像是那種從小不被父母關愛，甚至遭虐待的孩子。

祖母死後，祖父的屋子變得空寂。

爲了和祖父日夜在一起，榮華吵鬧著要睡到他炕上。一旦沒有了范氏的數落，祖父那落寞、孤寂的內心，自然非六歲的孫女所能體察。幸好年邁的祖父和小孫女又有了新的可共同參與的遊戲。那便是學詩。

張維禎那幼讀詩書十餘年的中國傳

蕭紅三歲時與母親合影

統詩歌教育，此時派上了用場。他開始教小榮華念《千家詩》。無需課本，只是他念一句，小孫女跟著念一句。中國古詩那頓挫諧和、琅琅上口的音韻，對於聰明伶俐的小女孩來說，是一種輕易就能掌握、且新鮮無比的語言遊戲。其興致愈發濃厚，早晚纏著祖父，常常念困倦了便在餘興中睡去，甚至半夜醒來仍不忘繼續念。祖父對此欣喜異常，樂此不疲。

學念新詩，如果開頭一句不是很響亮、順口，榮華便說「不學這個」，祖父便趕忙換一首，好在他肚子裡的詩層出不窮。能夠背誦的詩多了，每有客人來，祖父便不無得意地在客人面前誇炫小孫女的聰明靈秀，讓她在客人面前背上一首，滿足他那小小的虛榮。而大聲「喊詩」則是小女孩故意引起全家人注意的一種手段。大人愈是制止，她便愈發得意，母親嚇唬要揍她也不理會。祖父怕她喊壞了喉嚨，常常警告說：「房蓋被你抬走了」。小榮華也常常惡作劇地將詩句自行竄改，以便更加順口，「幾度呼童掃不開」故意念作「西瀝忽通掃不開」。這樣一改，覺得念起來既好聽又有趣味。

這種不知其義為何的念詩方式並不能令祖父滿足。榮華能夠背誦一些詩後，祖父便開始給她講詩。講解《回鄉偶書》，祖父打比方說：「爺爺像你這麼大的時候離家，回來的時候鄉音沒有改變但鬍子都白了，誰還認識呢？小孩子見了就招呼說：你這個白鬍老頭，是從哪裡來的？」這個離家與返鄉的故事，一經祖父講解，小女孩童稚的心靈便感到一絲恐懼，不斷地追問：「我也要離家嗎？等我鬍子白了回來，爺爺你也不認識我了嗎？」祖父笑著說：「等你老了還有爺爺嗎？」看見孩子還是一副不高興的神情，祖父趕緊說：「你不離家的，你哪能夠離家……」旋即以輕鬆喜悅的《春曉》打斷敏感的小女孩關於「家」的聯想與追問。

祖父的初始詩教，是蕭紅接觸文學的第一步。也許，這第一步就已然宿命般要讓她日後成為一個獨樹一幟的作家。她在極其有限的創作時間裡所留下的動人文字，大都是關於離家與返鄉的故事。只不過，其「離家」是悲劇性逃離；而「返鄉」卻是精神性夢回。對她來說，家，離開了，就再也回不去了！

一九一九年一月初，三弟連富出生。

然而，張家大院再添男丁的喜悅，並沒有維持多久。八月二十六日姜玉蘭不幸染上霍亂，三天後撇下八歲的迺瑩和三歲的秀珂離開人世。母親的突然死亡是迺瑩無以言說的傷痛。躺在病床上的母親，讓迺瑩第一次真切感受到死亡的猙獰可怖。那三天裡，她看見醫生騎馬、坐車地來了，在院子裡進進出出，但最終都無法挽住母親的生命。在母親房間，聽見醫生們會診時議論病情說「血流則生，不流則亡」，望著母親腿上那不流血的針孔，她不斷惶恐地問自己：「母親就要沒有了嗎？」母親彌留之際看見站在床邊淚流滿面的女兒，安慰說：「不怕，媽死不了」。臉上卻淌滿淚水。她垂下頭，雙手扯住衣襟，卻禁不住自己的眼淚。母親沒有了，但她買的小洋刀還在口袋裡，再次拿出來看，小女孩意識到「小洋刀丟了就從此沒有了」。

張廷舉強忍喪妻之痛料理完喪事，爾後，又將嗷嗷待哺的三子送到阿城四弟家。蕭紅的童年某種意義上就在這生離死別中終結。隨著母親逝世，也帶走了這個家庭的所有歡樂。短短四年，張廷舉歷經喪子、喪母、喪妻和不得已將兒子送人的打擊，那份沮喪與傷痛非常人所能想像，面對家庭瑣屑有時難以控制自己的情緒。而他本身就是個不善掌家理財的「書呆子」，長年任職在外，喪妻後偌大的家業全靠他支撐、打理。公幹之餘，回家所能面對的只有七十歲的養父、八歲的女兒以及三歲的兒子。姜玉蘭生前管家理財都是精明能幹的好手，突然撒手歸去，家裡屋外張廷舉頓失方寸，心力交瘁，內心苦悶無處宣泄，對養父和女兒的態度大不如往日，一些家庭瑣屑往往觸他大怒。迺瑩明顯感到，母親逝世後，「父親也就變了樣，偶然打碎了一只杯子，他就要罵到使人發抖的程度」。她更畏懼父親那凶狠、冷漠、傲慢的眼光，每每從身邊經過，便感到身上有如芒刺。

母親就這樣帶走了家裡曾有的安寧與溫暖。漫長而寒冷的冬天，圍著暖爐，在大雪紛飛的黃昏，聽祖父讀詩，看著他微紅的嘴唇是迺瑩最感溫暖的時刻。當因觸怒父親挨打後，她就獨自站在祖父房裡，看著窗外白棉一樣飄飛的大雪。任性的孩子往往就這樣從黃昏站到深夜，緩釋她那無邊的委屈。莫可奈何的祖父常常將他那滿是皺紋的雙手搭在小女孩肩上，輕輕安慰說：「快快長吧，長大就好了」。

毫無疑問，父親因頻遭家庭變故而生成的暴戾，在母親死後眞正給了蕭紅一段創傷性的童年記憶。暴戾的父親開始讓她意識到「人是殘酷的東西」，並漸漸以一種偏執的眼光看待她的家族和親人。而且，這種創傷性的遭遇亦將她漸漸磨礪得任性而剛毅。對於蕭紅而言，這也是其人生苦難和悲劇的開始。

然而，一九一九年對於這個任性的小女孩來說另有意義。妻子棄世後，張廷舉迫切需要一個主持家政的女人，在姜玉蘭百日忌剛過便續娶了。

梁亞蘭（一八九八－一九七二），呼蘭當地人，是梁家未出閣的長女。梁氏亦幼年喪母，很瞭解無母孩子的苦痛，出閣前其父一再囑咐說：「要好好待先房的兩個孩子」。幾十年後，梁亞蘭仍清晰記得，結婚那天到張家所見到的淒慘情形：「我過門時，榮華的鞋面上還縫著白布，別人覺得不好才撕掉了，領到我跟前認母磕頭，秀珂是別人把著給我磕的頭，我還抱了連富，算是當了媽」。

繼母到底不是母親。迺瑩不久便感受到她和母親的區別，覺得她對自己很「客氣」，即便責罵也委婉曲折。繼母進門之後，她的頑皮、任性一任其舊，熱中於爬樹上房掏鳥窩，與鄰居的孩子一起跑出去玩耍。生母在的時候，碰到這種情形，常常只是罵一頓就算了，況且，挨罵時還有祖父的袒護和愛撫。現在則全然不同，繼母會把對榮華姊弟的不滿告訴父親，由父親出面嚴加訓斥。祖父愈發年邁，面對這種情形亦漸漸無能爲力，見榮華挨罵便常常支使她「到院子去玩玩吧」，同時遞給她一個金黃的桔子作爲安慰。

梁亞蘭嫁到張家生有三子二女，有了自己的孩子，對榮華姊弟自然愈加疏遠、忽視。張家境況則是每下愈況，除了一個老廚工做飯、

蕭紅繼母梁亞蘭

有二伯管雜役和菜園子之外，家裡已沒有長工或短工，糧食多由阿城老家定期送來接濟。不久，祖父染上大煙癮，對榮華姊弟亦無暇顧及。

蕭紅和繼母的關係，許多學者均持「繼母陰毒」說。這多半是以現代人的眼光對八十多年前的人物的一種苛求。作爲一個無知無識的舊式婦女，當繼母能夠做到榮華所感受到的「客氣」已非易事，甚至可以說難能可貴。何況，她以姑娘之身嫁到張家也只有二十一歲。中國人本來就有關於繼母的固有認知，陰私、狠毒、虐待丈夫前妻的孩子，似乎是認知的心理定式。有人以這種認知模式去想像梁亞蘭和蕭紅的關係，也就不足爲奇。

一九一九年終於過去了。八歲的張迺瑩自然無法理解這個年份對於未來中國文化發展的重大意義，但她切實感受到了無以言說的心靈苦難：母親死了、弟弟送人了、後母來了，更重要的是父親全變了，祖父愈來愈老了。小女孩就是在這些無法阻遏的變故中徹底終結了童年。

升學風波

張廷舉是個順應時潮的維新人物，對待女兒上學的態度比較開明。一九二〇年迺瑩進入新式學堂念書。當時，呼蘭有兩所小學，一九二〇年秋天首開女生部，開始招收女生。迺瑩是這一舉措的首批受益者，進入離家僅百步之遙的呼蘭乙種農業學校女生班，讀初小一年級。因學校設在龍王廟院內，俗稱龍王廟小學，該校只設有初小。一九二四年初小畢業，考入北關初高兩級小學校女生部。該校位於城北二道街的祖師廟院內，後改稱第二初高級完全小學校。受「五四」新文化運動洗禮，人們意識到接受新式教育的重要。迺瑩新奇地看到其高小同學幾乎什麼人都有，有的當私塾先生已經四五年了，有的在糧棧裡做了兩年管帳。他們的家信涉及內容更是五花八門，有問兒子眼疾好了沒有，也有詢問家裡地租收取情況和糧食買賣的行情。就在這樣的時代背景下，張迺瑩開始慢慢接受新文化的洗禮，用驚奇的大眼睛打量著後花園之外的新奇世界。

不久，迺瑩父升任第二初高兩級小學校長。他不滿意於該校師資不足、生源雜亂，於一九二五年將女兒轉入呼蘭第一女子初高兩級小學校（即後來的縣立第一初高兩級小學校的女生部），插班高小二年級。據當年的同班同學傅秀蘭回憶，新轉入的張迺瑩並沒有給她什麼特殊印象——「穿的是陰丹士林布的藍上衣，黑布裙子，白襪子，黑布鞋，和大家的打扮是一模一樣的。她的性格溫和、恬靜，而且平易近人，只是不太愛說話。」她原以為作為大戶人家的女兒，衣著、作派應該是常見的那種樣子，沒想到竟與自己這樣的小戶人家的孩子沒什麼兩樣。

上新式學堂讀書給了迺瑩一種全新的生活。在老師、家人和同學眼裡，她都是那種特別好學的好學生。家裡藏書幾乎都看過，即使不懂也要翻翻。隨著年齡、學識的增長，其求知欲望愈益強烈，常常從同學、親戚或父親的朋友那裡借書來看。張秀琢回憶，姊姊夏天多半在後花園的涼棚裡不知疲倦地看書，常常要人喊她吃飯。涼棚搭在花叢中，她喜歡順手拿起一片花葉夾在書中「備忘」。

除讀書用功外，迺瑩那出眾的文字表達能力更是給同學留下了深刻印象。這顯然與其幼年詩教不無關係。一九二六年五月三日夜，呼蘭突遭暴雨襲擊，許多家庭房倒屋塌。傅秀蘭講述了她家附近一窮苦農民，抱著孩子逃命時不小心滑入屋旁大水坑被淹死的真實事件，令迺瑩很有所感。六月初，縣教育局視學董先生出了一道作文題就叫《大雨記》。迺瑩將傅秀蘭所講內容寫進文章，生動描寫雨勢的同時，亦傳達出對那個不幸農民的深深同情。班主任果老師對迺瑩文章讚賞不已。作為民國才女的蕭紅，高小期間似乎就已然顯露端倪。

張廷舉親大哥張廷蓂每年都要從阿城來呼蘭住上一段時間，代弟弟理財管家。迺瑩這位大伯父嗓音宏亮，脾氣剛烈暴躁，是其童年「唯一崇拜的人物」。在她眼裡，大伯不僅講話聲音宏亮，嚴肅而有條理，而且似乎總是關乎正理，有令人不得不信服的力量。十五歲那年，她參加鄰居姐姐的婚宴回來，在後母面前頗爲新娘遭到婆家的羞辱、刁難不知反抗而氣憤不平，不無得意地說要換成是自己會如何如何。沒想到，這話被大伯父聽到，喊過去給深刻地上了一課：「你不說假若是你嗎？是你又怎麼樣？你比別人更糟糕，下回少說這一類話！小孩子學著誇大話，淺薄透了！再不要誇口，誇口是最可恥，最沒出息。」

蕭紅日後撰文說，自此就再也不敢誇口。她那沉靜、內秀的性格，或許與大伯父、父親深入而威嚴的家教分不開。聯想蕭紅日後很大程度上因性格因素而釀成的人生悲劇，大伯父的這次教育，多少是對其性格中某些悲劇性因素的洞見。進入高小，大伯父便給她講授古文。而講解《弔古戰場文》的情形給了迺瑩最爲深刻的印象，深深感受到戰爭的殘酷，被感動得淚流滿面。大伯父自己竟也被感染得有些聲咽。張廷蓂對侄女的「心機靈快」很是得意，常常當著族中眾多男孩面誇獎她。

入新式學堂讀書也是一種規約與陶冶，隨著年齡增長，童年在後花園裡的頑皮與狂野自然消退。讀書時代的張迺瑩給每個人的印象，幾乎都是沉靜內秀，從不多談自己和家族。但在表面的溫和、恬靜之下，蘊藏著一顆任性而恣肆、倔強而剛強的靈魂。一九二五年五月三十日，震驚中外的「五卅」慘案，激起全國人民反帝愛國的熱潮。偏遠小城呼蘭亦受這股潮流影響，積極起而響應。呼蘭中學聯合會發起遊行、講演、募捐等活動，支援上海工人、學生的鬥爭。迺瑩和同學積極參加了這一社會活動。

呼蘭城區東南隅居住著最爲有錢有勢的「八大家」，諸如縣長高乃濟、南大營駐軍馮司令、省議員大地主王百川等。這些高門大戶令常人望而生畏，平素老百姓到這塊地方都繞道而行。同學們都不敢到這些人家勸捐，迺瑩主動請纓領著傅秀蘭一起到王百川家向其姨太太們宣講道理進行勸捐，終於募來一元錢。

七月末，為了加強宣傳，也為了答謝捐款人，學生聯合會在西崗公園四望亭舉行聯合義演。迺瑩在反抗封建婚姻的話劇《傲霜枝》中扮演一個小姑娘。雖談不上什麼演技，但十分投入。

一九二六年夏，十五歲的少女結束了小學生活，呼蘭城外更為廣闊的世界在向張迺瑩招手致意。高小畢業，她和同學各自面臨著一份人生選擇。傅秀蘭等家境不好的同學考取了省城的女子師範學校；家境稍好的就在本縣上中學，師資力量比較弱，但費用相對低廉；家境富裕的大都去哈爾濱上中學。對一個女孩來說，去哈爾濱上中學是最為時髦、令人企羡的選擇。二三〇年代的哈爾濱以其開放、時髦、浪漫令年輕人神往。張氏家族門楣光鮮，子弟大都在哈爾濱接受良好的新式教育，甚至去北京上大學。知識早已喚醒少女張迺瑩對大城市的充分想像，企望能去嚮往多時的哈爾濱繼續上中學。

然而，張廷舉對女兒的預期，是通過嚴厲的家教，將其培養成一個恬靜文雅、知書達理的大家閨秀。迺瑩高小期間參加抗議遊行、募捐「八大家」、參演新戲，已經讓他內心不免充滿隱憂，害怕女兒被男女平權的社會思潮帶入歧途。對迺瑩的任性恣肆，作為父親，他非常清楚。而哈爾濱的開放、浪漫，他更早就有所耳聞。很多女學生做出自行談戀愛、交男友的「荒唐事」。張廷舉害怕女兒也做出有辱張家門風、敗壞自己臉面的「荒唐事」來。張氏家族的門楣和自己的臉面在他比什麼都重要。

蕭紅（右）十五歲時與繼母妹妹梁靜芝（中）、梁玉芝（左）攝於呼蘭

因之，當迺瑩向父親、繼母表達了到哈爾濱上中學的訴求，遭到他們的嚴厲拒絕，與此前開明地支持她在呼蘭上小學，全然冰火兩重天。父親說如果願意繼續上學，可以請個先生到家裡教授。或許，在張廷舉看來，對於大姑娘的教育應該再回到私塾狀態。父親近乎迂執的堅持，令迺瑩非常失望、反感，高小同班同學不升中學的只有兩三個。她眞切地感受到父親那極其不通情理的一面，也感受到了他的冷漠。就正如她日後所表達的那樣：「父親在我眼裡變成一隻沒有一點熱氣的魚類，或者別的不具著情感的動物」。與父親的隔閡，六年前母親逝世後就已然埋下，如今，當她的合理訴求得不到理解，並且，父親只以愛的名義進行一味壓制，父女間的矛盾自然漸漸彰顯。

秋天，開學了。往日同學紛紛擁有全新的校園生活。落落寡歡的迺瑩一個人剩在大院裡，每日與有二伯（長工就叫「有二」，大家稱「有二伯」）、做飯的廚子、不斷生育的後母以及依然疼愛她，但染有大煙癮的祖父爲伴，鬱悶而焦慮。父親是那種說一不二迂執得幾乎不可能回頭的男人。自覺說服父親無望，迺瑩便採取了一種十分消極的方式與之對抗。什麼事情都不理會，吃完飯便上床睡覺。十五歲的大姑娘懶成這樣，時間一長，繼母自然看不慣。何況，她此時已生育了兩個孩子，並懷著第三個孩子，家務繁重。女兒此舉讓父親覺得是對長輩的忤逆。消極抗爭終於導致更大的衝突。一天，迺瑩與繼母發生爭吵，父親衝過來大罵：「你懶死啦！不要臉的」。她的鬥志

蕭紅在省城卜奎上學的同學

亦被父親長久以來的壓制激發出來，大聲反問：「什麼叫不要臉呢？誰不要臉！」父親聽後怒不可遏，一巴掌將其打翻在地。從地上爬起來，迺瑩以自己的不哭，繼續挑戰父親的威權和尊嚴。

這次有些極端的父女衝突，的確讓父親的自尊受到莫大挫傷。張廷舉意識到眼前的女兒不再是以前那個挨打後，驚恐而委屈地抹眼淚的小女孩了，感到其憤怒和抗爭來自她那凜凜不屈、自尊無比的內心。父親的挫敗感亦讓女兒看得清清楚楚，覺得自那一天後，他總想恢復那作爲父親的尊嚴，力圖讓自己有所畏懼。從此，每天黃昏公幹回來走近花園，便故意咳嗽一聲或吐一口痰，以示他要進屋了。而在她看來，父親的尊嚴，並不在於「把肚子裡所有的痰都全部吐出來」。父女間的較量進入僵持階段。一天天心情鬱悶地躺在炕上，不久，迺瑩眞的病倒了。同學們升學後紛紛來信描述她們火熱、新鮮的中學生活：打網球、剪短髮、談戀愛，還有各種聞所未聞的功課。迺瑩更加傷心失落，也更堅定了就此放棄的不甘。

衰老的祖父眼見這種情形，既焦灼又心疼，拄著拐杖，仰著頭，顫著雪白的鬍子不斷央求養子：「叫榮華上學去吧！給她拿火車費，叫她收拾收拾起身吧！小心病壞！」但此時的兒子根本不把他放在眼裡：「有病在家裡養病吧，上什麼學，上學！」在迺瑩升學這件事上，祖父的話對父親已經絲毫不起作用。後來，發展到親戚朋友只要爲此勸上兩句，張廷舉便連話也不搭就走開了。

轉眼年底，來家作客的外祖母（梁亞蘭繼母）見迺瑩鬱鬱寡歡、茶食不思，很是心疼，便央求外出半年新近回來的張廷蓂向女婿說項，讓他改變主意。然而，被寄予無限期望的大伯父在這件事上的態度，竟和父親如出一轍，認爲，女孩要讀書請個先生在家裡念念就夠了，因爲哈爾濱的女學生們實在「太荒唐」。迺瑩陡然覺得一向令她崇拜的大伯父到處都非常討厭，不願意看他吃香腸的樣子，討厭他喝酒的杯子，還有上唇生出的小黑髭。覺得他和父親沒有什麼區別，也「變成了嚴涼的石頭」。大伯父的態度，讓她堅定地意識到，要想上學，任何人都幫不了自己，只能靠自己去爭取。

上高小時，班長田愼如是個漂亮、潑辣而聰明的姑娘，畢業後在省城讀女子師範。爲反抗呼蘭教育局長和縣長的先後逼娶，剛烈的姑娘就到呼蘭天主教堂做了修女。那座始建於一九一三年的天主教堂離張家大院不遠。迺瑩和同學們聽說此事都非常震驚。一九二七年夏，上中學的同學都放暑假了。見自己消極抗爭一年絲毫不見效果，聯想到田愼如的故事，迺瑩不禁心生一計，故意在與自己有接觸的女同學中放出風聲：如果不能到哈爾濱繼續讀書，也到教堂當修女。

此言一出，整個呼蘭都風傳張家大小姐要出家當「洋姑子」。傳說急壞了祖父，他不再顧及什麼，將張廷舉夫婦叫到面前痛罵一頓，並威脅說如果孫女果眞當了「洋姑子」，就死在他們面前。這一招自然非常靈驗，即便沒有養父的壓力，張廷舉亦承受不了輿論的大譁。他畢竟是呼蘭十分有名望的鄉紳和教育官員。如果女兒眞的當了「洋姑子」，毫無疑問將是爆炸性新聞，他所顧及的家族和個人顏面也將蕩然無存，人們會罵他僞新派、不孝子，逼女兒出家、老父自殺。而在與女兒的僵持中，他十分清楚迺瑩那份不達目的決不罷休的任性與倔強。

最終，張廷舉的心理防線徹底崩毀，一改初衷，想到應該儘快送女兒到哈爾濱上學，以釋心頭大患。此時，哈爾濱各中學又開始招收新生，如果錯過招考機會，又得在家耽擱一年。於是，一九二七年秋天，迺瑩進入哈爾濱「東省特別區第一女子中學校」就讀。蕭紅後來坦率地說：「當年，我升學了，那不是什麼人幫助我，是我自己向家庭施行的『騙術』。

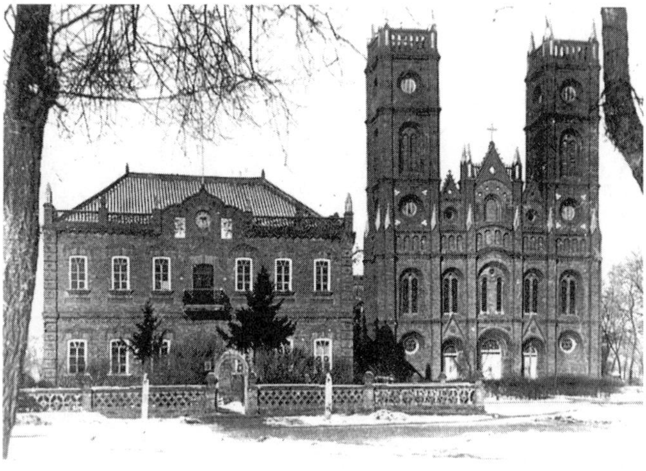

呼蘭天主教堂舊貌

有些蕭紅研究者質疑張廷舉刻意阻止女兒到哈爾濱上中學的眞正原因。似乎僅僅基於父女倆在觀念上的差異，不足以解釋這件事。呼蘭張家雖然早呈衰敗之勢，但不讓迺瑩上中學，還不至於出於經濟實力的考量。然而，作爲一個接受了新式學堂教育的維新人士，張廷舉如此堅決地阻止女兒到哈爾濱上學，似乎有違情理。何況，迺瑩的高小同學升中學的占絕大多數。這其中是否還有其他因素的考量？

如何更合理地解釋這一問題呢？

長期以來，有一種貌似很合理的說法在流傳。那就是張迺瑩上中學前就已經訂婚了。據鐵峰考證，她是在一九二四年亦即初小畢業時，「由父親做主，將她許配給省防軍第一路幫統王廷蘭的次子王恩甲爲未婚妻」。絕大部分蕭紅傳記和論著都採信此說。也許，因爲鐵峰是哈爾濱本地研究者之故，其《蕭紅傳》、《蕭紅評傳》、《蕭紅文學之路》諸作，是黑龍江省外蕭紅研究者必讀之書，採信於他似乎非常可靠。然而，一大批呼蘭本地學者，通過嚴謹的調查得出結論是：張迺瑩於一九二八年訂婚，未婚夫是汪恩甲。

於是，在張迺瑩訂婚問題上，有兩種很容易令人混淆的說法，即「王恩甲說」和「汪恩甲說」。丁言昭《蕭紅傳》裡將張迺瑩未婚夫定爲「汪殿甲」，顯然是毫無根據的錯誤。毋庸置疑，這位未婚夫對張迺瑩此後的人生遭際起到了至關重要的作用。某種意義上，他的出現徹底改變了張迺瑩的人生軌跡。可以說，張迺瑩此後的所有「故事」都是以他的出現爲起點。然而，如此關鍵的人物，到底是「王恩甲」還是「汪恩甲」，長期以來卻一直是個難以索解的謎案，令試圖認知蕭紅的傳記作者和論者最感沮喪和無奈。

持「王恩甲說」者認爲，張迺瑩高小畢業後，王家催促與兒子早日完婚，這正中繼母梁氏下懷，早點將丈夫前妻的女兒嫁出去，了卻一樁心願，以免再做過多無意義的投入。即便不馬上完婚，因已有婚約在身，迺瑩再到哈爾濱上中學，父母擔心她會在與別的男生接觸過程中產生感情，致使婚事節外生枝，對兩家都不好交代。這關涉到張、王兩家顏面。基於這兩種考量，張廷舉堅決不讓女兒到哈爾濱繼續念書。持此說者還認爲，張廷舉最後改變主意，是因爲王家也聽說，準兒媳要出家當「洋姑子」，便派張廷舉老友于興閣（鐵峰說此人是張迺瑩與王恩甲訂婚的見證人，與張家關係密切，迺瑩以二姨父稱之，也是王恩甲之父王廷蘭的軍中好友）前來問訊。這給了張廷舉來自王家的莫大壓力，怕傷了自家顏面自是不說，更怕傷了王家的臉面，於是立即向女兒屈服，並迅速接洽好學校。

這一說法貌似合理，給了很多問題十分完滿的解釋。但張家族人或親戚都清晰記得迺瑩是上初二那年（即一九二八年）寒假訂婚的，從未聽說過她小學期間就已訂婚。迺瑩堂妹張秀珉（即二伯父張廷選之女）和小姨梁靜芝在呼蘭上小學期間都寄住張家，她們都從未聽說迺瑩初小畢業訂婚之事，而且都認定是在一九二八年與哈爾濱顧鄉屯的「汪恩甲」訂婚。梁靜芝晚年回憶，舊社會女子訂婚是大事，從「相門戶」到「過小禮」、「過大禮」都有比較大的舉動，老親少友沒有不知道的。那時，她們關係親密，同一鋪炕睡覺，同一桌吃飯，迺瑩什麼時候訂婚，毫無疑問無法瞞過，況且這樣的家族喜事也沒必要瞞著別人。

張秀珂一九五五年認爲，姊姊「如不願意同家庭訂的汪姓人結婚，那就『離婚』好了，何必要打官司告狀呢？」而且，迺瑩中學時代好友（李潔吾、高原）、同學（如徐薇、劉俊民、沈玉賢）都回憶說，她在中學讀書期間與一個姓「汪」的男子訂婚。有的親眼見過汪恩甲本人，有的記得迺瑩當時向他們介紹說，這是「汪先生」或「密司特汪」。這些，都表明與迺瑩訂婚的男子應該是汪恩甲。一個人的姓氏是非常重要的信息，況且，北方話中「汪」和「王」區別得非常清楚，應該不存在將二者混淆的可能。

那麼，是否眞有王恩甲其人？

原呼蘭縣縣志辦公室主任、《呼蘭縣志》主編、呼蘭河蕭紅研究會理事姜世忠，爲此做了大量調查取證工作，在「解謎王恩甲」上功不可沒。既然其父是王廷蘭，姜先生的調查就從王廷蘭入手。編纂於民國十八年（一九二九年）的《呼蘭縣志》卷七載有：「王廷蘭，字子馨，呼蘭籍，陸軍少將銜騎兵上校、游擊隊幫統官、警備隊統帶官。」呼蘭當地老人們都說，在二〇年代，就王幫統在呼蘭的身分、地位來看，比張廷舉要高，可比起平民百姓來，兩家還可說是門當戶對。小時就將女兒許配人家，亦是當時呼蘭本地風俗。因此，傳說將十三歲的迺瑩許配給王幫統之子爲妻，似乎是有可能的事。

但事實並不符合人們的推斷和想像。民國時期，因剿匪和維持社會治安，王幫統在呼蘭聲名顯赫。「九一八事變」後，他跟隨馬占山將軍抗日，「江橋抗戰」失敗轉而隨馬將軍退至海倫一帶。一九三二年五月，國聯調查團專門委員海伊林等五人飛赴齊哈爾調查。馬占山派王廷蘭前往齊市，尋找機會面見調查團，揭露日本武裝侵略東三省，製造僞滿洲國的罪行。因叛徒出賣，王廷蘭在齊市被日僞特務捕獲，雖受盡酷刑仍堅強不屈，結果被敵僞裝進麻袋，從高樓推下，壯烈殉國。

因王廷蘭當時在呼蘭家喻戶曉，在他自己和家人身上敷衍出一些故事也就不足爲怪。持「王恩甲說」者，都認爲張廷舉將女兒許配給王家次子，是爲了巴結縣裡軍方人士，以壯家族聲勢，改變呼蘭張家頹勢。這自然是當時中國父親包辦兒女婚姻時慣常的考量，甚至是一種被普遍接受的邏輯。最早爲蕭紅立傳的駱賓基，就以這種邏輯展開關於蕭紅婚姻的想像。他敘述蕭紅升學受阻時說：

> 實際上，她的父親，這時候早已經在布置她的未來的命運了，那就是說給她訂了婚。男方的家長過去是東省特區有名的一個「統領」，而日後是一個支持僞滿的漢奸。蕭紅感覺到自己要沉落在「封建」的魔手裡去了。

或許「王恩甲說」的根據最早便源於此，也可能這就是「王恩甲說」的雛形。後來又有學者在爲迺瑩的這位「準公公」正名，說他並不是漢奸，而是一位烈士。王廷蘭殉國時間剛好與王恩甲將張迺瑩一個人留在東興順旅館，從此人間蒸發的時間相一致。這一正名也爲解開王恩甲何以「拋棄」張迺瑩，找到了一個比較合理的解釋。那就是，由於父親被日偽特務捕獲，自己和家人受到威脅，不能再和迺瑩在一起而突然消失。

關鍵是，王廷蘭是否有一個名叫「王恩甲」的兒子？

姜世忠幾年間通過走訪王廷蘭的女兒、孫子、侄孫子、侄孫女等多人，終於對烈士後人有了比較清晰、權威的瞭解。王廷蘭只有一個兒子和一個女兒。兒子名叫王鳳桐，女兒名叫王鳳霞，並沒有第二個兒子。因而，所謂將蕭紅許配給王廷蘭次子一說自然就不成立。那麼，張迺瑩當年是否許配給了王鳳桐？事實亦非如此。王鳳桐生於一九〇八年，雖比迺瑩大三歲，但結婚較早，一九二四年十六歲時便與住在呼蘭北街、家開皮鋪的孟氏結婚，次年就有了兒子王玉春。一九二八年考入齊哈爾東北講武堂黑龍江分校，一九三〇年八月第九期畢業分配到張學良部隊。一九三一年五月，王廷蘭遇害後，日本特務多次來家搜查，王鳳桐舉家逃往關內，投奔張學良參加抗戰。解放後在北京汽車五廠工作，病逝於一九八六年。

從王廷蘭獨子王鳳桐的生平來看，他與張迺瑩沒有任何關係。因而，「王恩甲之謎」應該就此解開，以防謬誤進一步流傳。

以上徵引材料，姜世忠於一九九七年四月以《蕭紅生平考訂》為題，公開發表在《呼蘭今古》上，可惜採信者不多。許多有關蕭紅的傳記或論著一仍其舊地堅持「王恩甲說」，也足見此說在對蕭紅的想像上是多麼深入人心。然而，最合理的想像終究不是事實。令人感慨的是，二〇〇七年八月十九日，筆者在蕭紅故居向一位負責人詢問蕭紅未婚夫到底是「王恩甲」還是「汪恩甲」時，對方毫不猶豫地回答：「汪恩甲」，隨即又補上一句：「他的父親是呼蘭的汪幫統」。聽後哭笑不得，呼蘭歷史上並不存在一位汪姓幫統，她顯然將「汪恩甲說」和「王恩甲說」混為一談，另有折中。

更有意思的是，在二〇〇五年出版的《我的嬸嬸蕭紅》一書中，作者為了更好地解釋張廷舉阻止女兒升學的原因，對迺瑩訂婚王幫統兒子一說，又有新的折中，如「據說當時呼蘭縣保衛團的幫統王廷蘭已有意讓蕭紅做他未來兒媳婦，張家也同意，但關係沒有明確，因爲那年她才上高小二年級，虛歲十三歲」。也許，這種沒有正式約定的婚姻，自然可以不了了之，但當時于興閣到張家施壓的情節，卻可以合乎情理地利用。此說拿不出任何證據，也只是「據說」而已。由此可見，「王恩甲之謎」變異之後還可能繼續傳說下去，不斷敷衍出新的說法。在蕭紅訂婚問題上的「王恩甲說」，但願能就此打住！

還是回到張廷舉爲何阻止女兒升學的問題上來。

既然經濟不成問題，訂婚之說亦是空穴來風，那麼，就只剩下觀念問題了。人是既複雜又簡單的動物，當人們試圖爲張廷舉這個不乏維新之舉的父親阻止女兒升學，尋找更合理的理由與動機時，其動機實際非常簡單，那就是對新的社會風氣和男女平權觀念的排斥，還有他那比什麼都看重的家族和個人臉面。由此可見，迺瑩和父親之間不可調和的矛盾，本源性地根源於他們的觀念差異，而父女倆的倔強或固執卻不相上下。

第二章　哈爾濱往事

中學時代

一九二七年秋，進入青春期的張迺瑩告別呼蘭河、後花園來到哈爾濱，開始了她的中學時代。她也許注定屬於這個極具異國情調的城市，就正如，今天只要稍有中國現代文學常識的人，走進哈爾濱就自然會想起八十多年前那位走進郵政街一三五號的少女。八十多年後走在這個城市裡，還會不期然地碰觸到張迺瑩的印跡：就讀過的中學、遊行過的街道、落難過的旅館、暫住過的街區、流浪過的街市、生產時的醫院……某種意義上，蕭紅同那些風格各異的輝煌建築一樣，成了這個城市的標識。

一八九六年，沙俄利用中國在甲午海戰中的失敗，誘迫清政府與其簽訂《中俄密約》和《中俄合辦東省鐵路公司合同章程》（簡稱《中東鐵路合同》），攫取在中國東北修築、經營中東鐵路的特權。哈爾濱作為這條鐵路幹線的總樞紐「中東鐵路管理局」所在地，成了沙俄的殖民地。隨著中東鐵路開工建設，哈爾濱工商業發展迅猛，大量移民湧入。一九○三年七月，中東鐵路全線通車時，哈爾濱已具近代城市雛形。而到二十世紀初葉，則已從松花江畔一個小漁村，發展成為具有濃郁異域風情的國際性商埠，先後有三十三個國家的十六萬僑民聚集於此，十六個國家在此設立領事館。與此同時，中國民族資本在哈爾濱也有了較大發展。當時，西方政論家拉鐵摩爾認爲，作爲現代化大城市的潛力，哈爾濱「遠在北京、南京之上，甚至可以和上海並駕齊驅」。

中東鐵路開工後，中東鐵路工程局就開始按照莫斯科的模式，對哈爾濱進行城市規劃設計。在尊重城市本身固有特徵的基礎上，也進行了一些人爲的區域分隔。南崗成爲以中東鐵路管理局爲中心的行政辦公區；道里建設成店鋪密集的商業區；隔江相望的太陽島上，則建有許多俄人別墅。中國人聚居的道外（舊稱傅家甸）因不在中東鐵路局用地範圍之內，未對其進行規劃建設，將其列爲城市外的鄉村。爲區分「城鄉」，將劃分道里、南崗與道外的一條街道，命名爲國境街（今承德街）。城市規劃中，沙俄不僅將殖民色彩融進建築設計，一些街道的命名更顯殖民氣息，如希爾克夫王爵街（今地段街），霍爾瓦特大街（今中山路），還有保留至今的果戈里大街等等。基於這種城市布局，當時流傳著「南崗是天堂，道里是人間，道外是地獄」的俗諺。十月革命後，哈爾濱形成了沙俄殘餘盤據和中國封建軍閥割據共存的局面。

一九二〇年三月，控制中東鐵路的白匪頭子霍爾瓦特被趕下台。中國政府逐步收回一些主權。九月二十三日，北京政府以大總統命令，停止了前沙俄駐華使領館待遇，並將原中東鐵路用地劃作「特別區域」；十月收回了中東鐵路界內的司法權

30年代哈爾濱全貌

和警察權。一九二一年二月五日，設置了東省特別區市政管理局，宣布接管哈爾濱及中東鐵路沿線的市政權；一九二三年三月一日，東省特別區行政長官公署在哈爾濱南崗民益街正式成立，朱慶瀾出任首任行政長官。哈爾濱爲東省特別區第一區，下轄道里、南崗、香坊、顧鄉屯等區域。東省特別區一直存在到一九三二年僞滿洲國成立，其後，日僞當局將其改爲北滿特別區。一九三五年三月二十三日，蘇聯將中東鐵路賣給日僞政權，北滿特別區隨即撤銷。

一九二六年八月，東省特別區設立教育局（次年改爲教育廳），收回中東鐵路沿線的教育權，並對哈爾濱的學校進行整頓，將廣益中學、東華中學、普育中學和從德女子中學等私立中學，收歸東省特別區教育局管理，改稱東省特別區第一、二、三中學和第一女子中學。

東省特別區第一女子中學校（簡稱東特女一中）位於南崗區郵政街一三五號，坐落在市中心一處環境優雅的俄式民宅中，前身是私立從德女子中學。從德女中校歌唱道：「從德兮，松江濱，廣廈宏開，氣象新，學子莘莘，先生諄諄。莫道女兒身，亦是國家民，養成了勤樸敏捷高尚德，方爲一個完全人。」從德，乃「三從四德」之謂，是中國古代社會規約女子行爲的標準。單就校名就透露出濃郁的迂腐、老舊之氣，但校歌卻彰顯新式辦學理念，強調女子參與社會，傳達出培養女性「完全人」的理想。

酒瑩入校時，東特女一中已是遠近聞名的名校。學校分初中、高中兩部分，學生來源豐富龐雜，顯示出一種開放的氣度。有的來自豪富之家，也有的家境很一般；有走讀生，也有寄宿

東特女一中舊址

生，學校備有二百張床位供寄宿生使用。校長孔煥書是一位年近三十的獨身女性，畢業於吉林女子師範學校，治校非常嚴格，學生除節假日外不許外出，不能隨便會客，外來電話須由工友轉告。凡有來信，除未婚夫外，都要拆封檢閱。因而，校方對一些學生的未婚夫亦瞭若指掌。這些舉措，對於受新思想啓蒙的女生來說，自然非常反感，覺得孔校長治下的學校門禁森嚴，像個「密封的罐頭」，並私下給她起綽號「孔大牙」或「孔大包牙」。

今天，一些研究者僅憑迺瑩當年同學的講述，形成對孔煥書校長全然否定的印象，認爲她訂下太多清規戒律，箝制了學生的身心發展。其實這是從今天的現實處境苛責前人的表現。在蕭紅的文章裡，並沒有表現出對這位孔校長的明顯不滿。而學校的這些規定亦非孔煥書獨出心裁。當時歐美新式教育和中國舊式私塾教育處於交錯狀態，新的有所進入，舊的仍有所保留。

實際上，東特女一中的巨大聲名，正得益於孔校長先進的辦學理念和許多富有力度的舉措。她非常重視師資建設，聘請了一批富有學識、思想新銳的老師，如畢業於上海美專的高仰山等。其先進辦學理念，更表現在對女生體育的高度重視上。學校體育設施齊全，有很大的操場，冬天在操場上潑上水就成了天然的滑冰場，此外，還有設在地下的風雨操場；田徑、籃球、網球、舞蹈操、划船等等都是常設科目。由於有像畢業於上海兩江女子體專的黃淑芳這樣高素質的體育教師任教，東特女一中的體育當時在全國名列前茅。孫桂雲、王淵、吳梅仙、郭淑賢、劉靜貞等經常代表學校參加全國性運動會，拿了很多冠軍。東特女一中的「五虎將」一時聞名全國。學校還十分重視學生的課外活動，成立了美術小組、體育小組等，培養學生各方面的興趣。

學校分別對初中部和高中部的學生進行全校統一編班。迺瑩分在初中四班，主要課程是英語，留給同學的印象是中等身材，圓圓的大臉盤，濃密的黑髮編成兩個粗大的辮子，垂得她仰著臉，白皙的臉上有一雙明亮的大眼睛，表情很沉靜，平時不太愛說話。她和沈玉賢都被安排在教室最後一排，不久，兩人和坐在第一排的南方姑娘徐淑娟（後改名徐薇）成了形影不離的好友。

新式教育的薰冶，漸漸甦醒了這些正處青春期的少女們的女性意識，不再甘願做一個傳統的賢妻良母。她們勤奮好學、不談戀愛，願意與有頭腦的男生交朋友，甚至有意呈現出一些男性化傾向，按照男性的意識、思想塑造自己，外形上亦盡力「男化」，頭髮剪得極短。日常生活中，亦常常像男性那樣逞強好勝。留短髮、穿男式西裝的洒瑩回到呼蘭，街上的人都以新奇的目光打量她，種種議論蜂起。對此她毫不在意，還故意拉上幾個女同學上街「示威」，遇到家人勸阻，乾脆就說：「我又不是做什麼壞事，不要你們管！」

姑娘們的逆反更表現在學習上。她們不滿學校的紀律約束，更不滿意那些思想守舊的教員。除私底下給校長起綽號，亦常常在課堂上頂撞令她們不滿意的老師。而對那些授課時不顧學生自尊的教師，更是毫不含糊地起而抗爭。講授公民課的于嘉杉總是照書宣讀，同學們了無興趣。一次，坐在最前面的徐淑娟竟然睡著了，令這位秀才出身的老師很是光火，揶揄道：「我講公民課，你們不愛聽，講『媽媽好糊塗』，你們就愛聽了」。這句話一下子把同學們都激怒了。民歌《媽媽好糊塗》唱的是大姑娘埋怨媽媽不給她找婆家。大家一致認爲于老師此舉是對她們的侮辱，決計報復。等他再來授課之前，同學們在黑板上寫出抗議老師的標語。爲了不讓他看出是誰寫的，大家每人各寫一筆。于老師見後氣急敗壞但又無可奈何。

洒瑩自幼喜歡繪畫，中學階段更是醉心於此。東特女一中能聘請到高仰山這樣的青年才俊，是學生們的幸事。這位日後名滿北滿的著名畫家給了洒瑩非常深刻的影響。當時，洒瑩並不是學生美術小組的成員，只是一次在校園寫生時，被高老師偶然發現，便將其列爲重點培育對象之一。高仰山在上海美專接受過嚴格而系統的繪畫教育，教授學生非常認眞系統，所講授的素描、色彩、透視等技法，引起同學們的強烈興趣。每逢節假日還帶著學生，背上畫夾和準備好的食物，在松花江兩岸寫生。

高仰山從上海帶來的濃郁藝術氣息強烈感染著迺瑩和她的同學們，在其培養下，迺瑩進一步發現了自己的繪畫天分，強烈憧憬著日後能夠成爲一名畫家。直到臨死前，還念念不忘地將這個夢想講給駱賓基聽。迺瑩那美麗的畫家夢就正如駱賓基在《蕭紅小傳》裡所描繪的那樣：「這是一條展現在她面前的美麗的道路，那道路是朦朧的，有煙霧似的……灰天、綠樹之間，有一個人挾著調色板和畫架子，在這條路上走著，那就是未來的自己，一個女畫家呵！這幻想給了她溫暖和生命。」後來逗留北京、上海、東京期間，她還想重拾這美麗夢想，可惜都未能如願。

一九三〇年夏，畢業前夕，高老師布置了一次靜物繪畫作業。他在教室裡設計了好幾組靜物，同學們紛紛選擇自己喜愛的題材，尋找最佳角度，占據有利位置開始作畫。唯獨迺瑩對老師所擺放的靜物都不感興趣，跑到教室外邊向老更夫借了一支黑桿短煙袋和一個黑布的煙袋荷包，並搬來一塊灰褐色的石頭，將煙袋、煙荷包放在石頭邊上，然後開始專心作畫。有同學問這是什麼意思，她回答說：「勞動者工作累了，坐下來抽袋煙休息一會兒。」高仰山看了畫，起名「勞動者的恩物」。迺瑩很是滿意，說老師和她的想法一致。這幅畫在初中生畢業繪畫展覽上十分引人注目。高老師也熱愛文學兼管學校圖書館，在讀書上亦曾給予許多指導，蕭紅一生對這位好老師都念念不忘。

給迺瑩深刻影響的還有國文老師王蔭芬。王老師是魯迅作品的愛好者，常常

這張畢業照裡雖然沒有蕭紅，但攝於蕭紅離校一年後，從中亦可見出當時東特女一中師生的面貌

在課堂上講授魯迅雜文。當時，學生閱讀和作文都是文言文，但王老師開風氣之先將白話文帶進課堂。在其指引下，迺瑩大量閱讀了魯迅、茅盾、郁達夫、郭沫若等新文學名家，還有莎士比亞、歌德等外國文豪的作品。迺瑩不僅愛看新文學作品，不時也寫點散文、詩歌在校刊或黑板報上發表。一九三〇年初夏，學校組織了吉林之遊，對於這些大都沒有出過哈爾濱的女生們來說，這是非常新鮮的經驗。迺瑩默默觀察同學們在遊覽中興奮而愉快的爭執，回來在校刊上發表了《吉林之遊》組詩，署名「悄吟」。關於這個筆名，她解釋說「悄吟」，就是「悄悄地吟詠嘛」。

二〇年代末，日本侵占中國東北的野心就已然顯露，一些政治事件不時驚擾著象牙塔裡的莘莘學子。一九二八年六月，日本軍方製造了震驚中外的「皇姑屯事件」，又趁張學良立足未穩，提出在東北強修「五路」，即吉林至五常、長春至大賚、洮南至索倫延海、延吉至海林，並把吉林至敦化的鐵路延長至會寧。這一計畫充分暴露日本侵略者侵吞中國的野心。五路一旦貫通，日本就可以在二十幾個小時之內將軍隊運進東三省。日本人的無理要求激起東北人民的強烈反抗，各大中城市舉行示威遊行，反對日本在東北強修五路。十一月九日，哈爾濱大中小學罷課，學生上街遊行示威。這就是哈爾濱歷史上的「一一．九」運動。

剛開始，孔煥書並不贊成東特女一中的學生參加遊行，後來迫於情勢才說「你們跟著去吧！要守秩序」，並一再提醒要記住自己是「女學生」。迺瑩非常踴躍地參加了這次活動。遊行給了她非常新鮮刺激的經驗，也讓她接觸到其他學校的一些優秀男生。十年後，在散文《一條路底完成》中，她不無幽默地寫道，在遊行中「凡是我看到的東西，已經都變成了嚴肅的東西，無論馬路上的石子，或是那已經落了葉子的街樹。反正我是站在『打倒日本帝國主義』的喊聲中了」。

遊行的人們找不到具體可打倒對象發洩內心憤怒，如果遇到一個穿和服的日本女子，便將「打倒日本帝國主義」的口號立即改爲「就打倒你」。警察出來阻攔，口號又變成了「打倒警察」。洒瑩覺得這場鬥爭到後來比剛開始更有趣味說：「在那時，『日本帝國主義』，我相信我絕對沒有見過，但是警察我是見過的，於是我就嚷著：『打倒警察！打倒警察！』」示威遊行最終遭濱江縣警察鎮壓，開槍打傷二百四十多人。慘案發生後，學生包圍了濱江道尹公署，哈爾濱各界紛紛支援學生的愛國行動。在群眾的強大壓力下，東北邊防長官張學良不得不懲罰肇事者，並派代表慰問受傷學生。

一九二九年，因「中東鐵路事件」，控制東北政權的奉系軍閥與當時的蘇聯政府發生了大規模武裝衝突，結果以東北軍的慘敗告終。是年夏，張學良遵照蔣介石指示，在東北各地掀起反蘇、反共浪潮，並以搜捕共產黨員爲名，檢查蘇聯駐哈領事館，限制蘇聯人員的活動。且以反對蘇聯侵略的名義，發動青年學生舉行「佩花大會」，爲在戰爭中陣亡的將士家屬募捐籌款。

因不瞭解蘇聯的國家性質，洒瑩和一些不明眞相的同學參加了反蘇募捐。她們自製一些小蘭花，在繁華的街道上給行人佩戴，向他們募集一些錢款。活動剛開始，她同樣非常興奮，根據去年「一一・九」的經驗，「感覺到又是光榮的任務降落到我的頭上來」。但隨即發現街上的行人對這件事似乎並不熱心，讓她「對中國人起著不少的悲哀」。洒瑩的積極性無限高漲，將同行夥伴遠遠丟在後邊，並覺得僅僅「打倒蘇聯」的口號還十分不夠，想要添上「帝國主義」，但學聯發下來的口號卻只有「打倒蘇聯」。這讓單純的姑娘很是不解：既然蘇聯不是帝國主義，爲什麼就應該打呢？關於蘇聯，她實在沒有什麼瞭解，除了親眼見到哈爾濱的蘇聯領事館被檢查，再就是繼母每每與家裡的老廚子，在廚房裡密謀換點紙盧布。

「佩花大會」讓洒瑩覺得自己無論多麼賣力，還是感到「沒有中心思想」。後來，辛克萊的小說《屠場》開啓了她對蘇聯的理解，並讓她意識到這場運動是「一九二九底愚昧」。不久，在這次活動中結識的那個「鼻子有點發歪的男同學」，寫信來讚嘆她的勇敢和可欽佩，說這樣的女子從前沒有見過，還表達了要與她交朋友的願望。收到這樣的信，她懊惱地感到原來那個男生和自己一樣「混蛋」！

無論是爲了正義上街遊行吶喊，還是不明就裡上街募捐，這些政治事件的參與都是張迺瑩豐富多彩的中學生活的一部分。一九三七年十一月底和十二月上旬，已然成名的蕭紅，在漢口對自己先後參加的這兩次政治活動的回憶，筆調輕鬆幽默，語帶調侃。也許，她所緬懷的只是自己單純的少女時代，並非關涉其他。然而，一些傳記作者和研究者卻刻意要從她一九二八年參加的遊行示威活動中，發掘出對其世界觀、人生觀產生深遠影響的重大意義來，即由此發現其「革命」、「進步」傾向，似乎爲她日後成爲一名「左翼女作家」找到了依據。這自然非常可笑，蕭紅對於自己的敘述眞誠而率眞，研究者們根本不去理會散文《一條路底完成》的語調和情緒，牽強地進行不切實際的過度闡釋。而一九二九年的「佩花大會」，因爲立場的「錯誤」，所以絕大多數蕭紅傳記都故意不提及，她自己倒是十分率眞地敘述了出來。長期以來，人們就是基於這樣一種褊狹的視角和固有的邏輯認知蕭紅、想像蕭紅，賦予她不該有的思想與理念，從而讓她離本眞愈來愈遠。當年的張迺瑩就只是一個單純、任性，對未知充滿好奇的青春少女。

美好的中學時光一晃而過。一九三〇年夏，臨近畢業，老師非常關心同學們的去向，有的升入本校高中，有的去外地繼續讀書，有的回外縣。當英語老師馬夢熊問張迺瑩下一步的去向時，得到的回答是：「我要去北京讀高中」。馬老師聽後立即警告說：「我可告訴你，你的性格跟別人不一樣，你可要特別注意！」而去北京讀高中，只是迺瑩一個人的想法，家人卻要以一場預期已久的婚姻終結她的少女時代。

一九二八年農曆二月初五（即陽曆三月十五日）是張維禎虛歲八十的生日。張家大擺筵席，藉以沖沖喜氣，希望輾轉病榻的老人能奇蹟般地好起來。基於張廷舉在呼蘭的地位，地方上的頭面人物幾乎悉數出席，如黑龍江省剿匪總司令、東北陸軍十二旅中將旅長馬占山和上校騎兵團團長王廷蘭，呼蘭縣長廖飛鵬等，都前來祝賀。馬占山還贈送了一塊「康疆逢吉」的牌匾，並由他提議，當場決定將張家大院所在的英順胡同，更名爲「長壽胡同」。

迺瑩回家給祖父祝壽。進到院內，她就迫不及待地將目光投向祖父房間的窗戶。老人消瘦的面孔、花白的鬍子果然早就映現在玻璃窗後面。等她滿心歡喜地跑進房間，卻一點都高興不起來。老人臉色愈益蒼白慘澹。房裡只剩下祖孫倆時，他又禁不住開始淌眼淚。他轉而似乎意識到什麼，慌慌忙忙用袖口擦著眼睛，然後抖動嘴唇對孫女訴說自己那不可阻遏的衰朽，並斷斷續續講述前些日子跌倒後死裡逃生的經過。

祖父的壽宴不能給迺瑩絲毫快慰，巨大的失落提前盤桓心頭。壽宴結束，又得離家返校了。同回來那天一樣，老人那蒼白消瘦的面龐、花白淩亂的鬍子，又早早映現在玻璃窗後目送孫女離去，正如迎接她的歸來。

六月，張廷舉出任呼蘭縣教育局局長，九月中旬升任黑龍江省教育廳祕書。是年，迺瑩虛歲十八，出落成一個亭亭玉立的大姑娘，已屆談婚論嫁之齡，隨著父親社會地位日隆，自然吸引了不少人向張家提親。出於多方面考量，作爲家庭長女，迺瑩的婚事也應該提上議事日程。上中學後，家人發現她和男同學時有往來，做父親的害怕風言風語傳出，有損張家門風，眞所謂「女大不中留」。

大約一九二八年底一九二九年初，也就是迺瑩讀完初二上學期，回家過寒假的時候，家人給她訂下了一門親事。男方是哈爾濱顧鄉屯的汪恩甲，六叔張廷獻（張廷舉在阿城的異母弟）爲保媒者。

說起這樁婚事，還頗有淵源。張廷獻與汪恩甲之兄汪大澄是當年在阿城吉林省立第三師範學校讀書時的同班同學，一起排演過話劇，彼此十分熟悉。畢業後，汪大澄在哈爾濱道外區基督教會創立的三育小學任校長。不久，張廷獻出任道外稅務分所所長。兩人同處一區，過從甚密。張廷獻一個人住在水晶街，迺瑩時常去六叔居所看望。一九二七年，汪恩甲繼哥哥之後，從吉林省立第三師範學校畢業後亦來到三育小學任教。汪大澄託老同學給弟弟保個媒，張廷獻自然想到在哈爾濱讀書的侄女。汪大澄在張廷獻處見過迺瑩，姑娘沉靜有禮，對方一眼相中。爾後，張廷獻趕到呼蘭與三哥商量此事。迺瑩父考慮到對方家境很不錯，汪氏兄弟都受過良好的新式教育，且都從事教育工作，與自己算是同行，其父是顧鄉屯的一個小官吏，兩家可謂門當戶對，加之由六弟保媒，便迅速同意了。這樣，一九二八年寒假期間，張迺瑩由六叔保媒、父親做主，許配給汪恩甲。兩家正式訂下婚約，等她初中畢業再約定婚期。一段姻緣就此結下。

迺瑩對這門婚事並未表示任何異議。可能一來與她當時的交際面還比較狹窄有關，況且，東特女一中又嚴格限制學生與男性交往；二來，實際上她也比較滿意汪恩甲，除對方受過良好的新式教育，擁有比較體面的職業外，據見過汪恩甲本人的迺瑩小姨梁靜芝晚年回憶，小夥子「也算相貌堂堂」。

這樁婚姻雖然還是基於老舊的「媒妁之言，父母之命」，但終身大事的確定對於張迺瑩來說，還是懷有一份興奮與喜悅，也讓她此後在東特女一中的生活擁有了與別人不一樣的內容。學校雖然對學生交往嚴加約束，不允許隨便與男性往來，但是，如果經家長證明男方確係未婚夫，則網開一面。訂婚後，迺瑩與汪恩甲往來密切，除見面外，也經常通信，還給他織過毛衣傳達愛意。不久，汪父過世，在繼母帶領下，迺瑩到顧鄉屯參加喪禮。沒過門的兒媳居然為公公帶「重孝」，迺瑩因此廣獲好評，汪家給她賞錢二百元。東特女一中不少學生有未婚夫，且大都在哈爾濱工業大學、法政大學念書，按當時的社會評價，這叫天造地設、門當戶對的金玉良緣。可能出於想為自己掙得臉面，抑或源於迺瑩的鼓勵，訂婚不久，汪恩甲也進入法政大學（夜校）念書。白天在三育小學上課，晚上繼續深造。

看著無比疼愛的大孫女訂婚，欣慰之餘，祖父愈發感到自己的老邁。他已然衰老不堪，時常淌著眼淚，歲月無情磨蝕了他那蒼老的記憶。一些很重要的人事都記不起來了。迺瑩想再聽聽小時候經祖父之口而耳熟能詳的故事，老人常常講不到一半便難以接續。每每這時，她便無比傷感，意識到祖父永遠離開自己的日子為時不遠。

訂婚期間，老人又大病一場。病情稍稍好轉，神志卻變得有些模糊。一天，把孫女叫到身邊，吩咐說：「給你三姑寫信，叫她來一趟，四五年沒看過她了。」三姑母已棄世五年了。迺瑩不知該如何答對，只是強忍著眼淚。她似乎隱隱聽見祖父別離這個世界的腳步聲。等神志模糊的祖父睡著，她就躺在旁邊盡情淌眼淚。淚眼模糊中，睡著的祖父抿著他那無比凹陷的嘴唇，好像已然離她而去。傷感無比的酒瑩像一個任性孩子，不斷想像著自己不久要面對的祖父之死。心想，若祖父逝世，就失去了自己一生中最重要的人。祖父的死將把人間一切「愛」和「溫暖」都帶走，人生將變得空空虛虛。寒假結束，學校發來開學通知信，她害怕這次離家或許就是與祖父的永別，似乎只要自己在家裡多待一天，老人就捨不得死去而多活一天。她遲遲不願離家，直到開學後的第四天才感傷而戀戀不捨地告別老人回到學校。

一別竟成永訣。

一九二九年六月七日，酒瑩在學校接到祖父病故的消息。再回到熟悉的胡同，遠遠便看見挑得比房頭還高的白色幡桿，吹鼓手們的喇叭在院門口引人悲慟地悲號著。馬車在喇叭聲裡停止，走進院內一切變得陌生而恐懼，大門前掛著白幡，貼著白對聯，院心紮好了靈棚，人們臉色凝重地進進出出。當她習慣性地去看祖父的窗戶時，那熟悉的臉龐、花白的鬍子，並沒有出現在玻璃窗後。躺在堂屋板床上的祖父已是一具沒有靈魂的屍體。拿開蒙在面龐上的白紙，那熟悉的鬍子、眼睛、嘴唇都已不能動了。摸摸祖父的手，已沒了感覺。酒瑩這才意識到——祖父眞的死了。

入殮的那天早晨，後花園裡的玫瑰正怒放滿樹。在吹鼓手的哀號裡，酒瑩感到害怕，禁不住失聲慟哭。送走老人，她難以掩抑內心的悲慟，吃飯時用祖父常用的酒杯飲了幾口酒，以此表達哀思和麻醉內心無邊的傷痛。飯後，一個人來到後花園，園子雖已殘破、凌亂，但那樹玫瑰卻光鮮奪目。刺目的玫瑰花，自然讓她想起十幾年前那個給祖父做「花冠」的上午。老人的自言自語猶在耳邊：「今年春天雨水大，咱們這棵玫瑰開得這麼香，二里路也怕聞得到的」。

園子裡飛舞的蜜蜂、蝴蝶與十年前一樣；綠草的清涼氣味也和十年前一樣。十年前的夏天母親死去的時候，她還是一個懵懂無知的小女孩，不知生離死別爲何物，仍然興奮地在園子裡撲蝴蝶，就因爲覺得有了祖父就有了一切。然而，十年後的今天，祖父一死似乎讓她一無所有，內心的悲慟與苦痛難以言說。

十年間，那個懵懂無知的孩子早已變成能夠關注自身命運的少女，她如此真切地體會著生離死別的苦痛。祖父之死所引起的悲慟和無助，讓迺瑩將這十年裡所懂得的一些「偏僻的人生」都回顧了一遍，陷於無邊的自我傷悼。祖父之死讓她意識到世間再也沒有同情她的人了，祖父帶走了人世間的所有良善，剩下的盡是凶殘。

祖父一死，家之於迺瑩陡然減少了吸引與牽念，漸漸淡化爲一個模糊的概念，不再有祖父活在時的那種質感。而因爲張維禎的死，呼蘭張家也從此加快了衰敗的步伐，常常入不敷出，不時變賣田地以作支應。好在張廷舉當年過繼到呼蘭，福昌號的兄弟間一直沒有分家，現在家境敗落了，他常常將妻兒送回阿城居住。阿城張家逢年過節也經常給呼蘭送糧送肉。

夢斷北平

訂婚不久，在與汪恩甲較爲密切的交往中，他身上的一些紈袴習氣以及不時表現出的庸俗，令迺瑩心生不滿。當她慢慢從失去祖父的巨大傷痛中走出，新的打擊接踵而至。她偶然發現汪居然有抽大煙的惡習。這讓她無論如何都難以接受，對他的厭惡日漸滋長。另外，毋庸諱言，迺瑩對汪恩甲的情感波動，更源於兩次政治事件的參與。兩次學運中，勇敢、活躍，富有激情的迺瑩，有機會接觸到哈爾濱一些高校的優秀男生。他們有頭腦、有學識、見解深刻、有組織能力，常常令她心生崇拜；而她的幹練與激情也給一些男生留下深刻印象，甚至心生愛慕。陸哲舜正是在「佩花大會」上走進其情感世界。兩人在其後不長時間的交往中互生好感。

陸哲舜，字宗虞，出生於哈爾濱太平區一個地主家庭，家境優裕。他與迺瑩迅速熟識、親近，除了在接觸中互生好感外，說起來兩人還有一點的親緣關係。陸母是福昌號屯的張家二姑，成年後嫁到太平橋陸家。但這位「張家二姑」與福昌號張家並非直系親屬，而是出了五服的一支。這樣，陸哲舜和張迺瑩便是姑表兄妹的轉折親。兩人對外也如此宣稱，在哈爾濱的同學對此廣爲熟知。在現有文獻中，關於迺瑩這位表兄的姓名也是衆說紛紜，大都稱之爲「陸振舜」。但是，據從小在福昌號屯長大的迺瑩堂妹張秀珉回憶，陸家四兄弟分別以「堯、舜、禹、湯」命名，共範「哲」字，因而，他應該名叫「陸哲舜」。一些出自哈爾濱本地學者的考證材料都沿用此名，本書亦傾向於此。

陸哲舜一九二九年畢業於哈爾濱道外區三育中學，後進入哈爾濱東省特別區法政大學（即原中俄法政大學）就讀。對迺瑩心生愛慕時，早已家有妻室，但他絲毫不顧及這些，一心鼓勵她與自己一道到北平讀書。很顯然，陸的出現更加影響到迺瑩對汪恩甲的感情以及對這樁婚事的看法，漸漸萌生解除婚約之念。而到新文化運動策源地的北平讀高中，對於有想法的女孩來說，自然是巨大而美麗的誘惑，何況還有陸表兄的極力慫恿。爲了堅定張迺瑩反抗包辦婚姻，並追隨自己到北平讀書的決心，陸哲舜主動先從法政大學退學，於一九三〇年四月到北平就讀於中國大學，爲她來北平做準備。

一九三〇年上半年，迺瑩向父母表達了初中畢業後到北平繼續讀高中，並與汪家解除婚約的想法。父母極爲震怒，嚴加責斥。本來，她在哈爾濱參加學生運動，就已經讓做父親的大爲不滿。但有了第一次與父親抗爭的經驗，迺瑩早已看出他那凜凜不可冒犯的尊嚴的脆弱。她再次與父母尖銳對抗，大吵大鬧。繼母梁氏故意大開屋門，讓鄰里看熱鬧，表示管教不了前房的孩子。吵鬧沒有什麼結果，但與家裡的矛盾迅速激化。迺瑩對父親、繼母不再是不滿，而是充滿了強烈的憎恨。張廷舉大罵女兒「不孝」、「忤逆」，梁氏還託人將此事告知迺瑩大舅（即生母姜玉蘭的弟弟）。專程從鄉下趕來「管教」的大舅，揚言「要打斷這個小犟種的腿」。不服「管教」的迺瑩從廚房拿了把菜刀與之對抗。大舅最終毫無臉面地氣憤離去。迺瑩的倔強與過激，令其在整個家族和親戚中都十分孤立，也讓父親、繼母更加堅定了早點將其嫁出的想法。

張廷舉甚至想讓女兒提前退學回家完婚。隨著初中畢業的臨近，張、汪兩家都在為張洒瑩的嫁、娶做準備。

張洒瑩面臨追隨陸哲舜到北平念書和遵循家族意願與汪恩甲完婚兩種選擇。她意識到前者將是以叛離家族並與之決裂為代價；後者則是犧牲自己的自由與幸福。此時，她自然談不上多麼熱愛陸哲舜，只是心裡始終存有一個宏大的求學夢想。北平對於當時的「新青年」來說，當然是最神往的地方。陷於兩難，她變得憂心忡忡、喜怒無常，夜裡常常獨自飲泣，甚至躲在宿舍抽煙、喝酒。周圍同學看在眼裡，都說「張洒瑩變了」。

幫助洒瑩最終做出屬於自己的決定的因素，除了她那近乎與生俱來的逆反、任性和抗爭性格外，還有另一種重要力量的支持。那便是來自娜拉的激勵。二〇至三〇年代，易卜生筆下的娜拉，毫無疑問成了中國一代新女性「自我塑型」（self－fashioning）的榜樣，紛紛效仿其出走。此時的張洒瑩，已不是三年前那個只是一味要求「我要上學」的小女孩。中學時期，是她「自我塑型」的重要階段。在朋友眼中，她「富於理想、耽於幻想」，而「自我塑型」的力量，常常令年輕女孩混淆文學人物創造與個人自我性格塑造之間的差異，往往根據文學藝術中的想像性形象或人物模式來塑造自己。

畢業之際，當汪家正式提出結婚要求，不得不做出選擇時，要好的姐妹們都鼓勵她做現實中的娜拉，出走北平，跟隨表哥逃婚。在這群少不更事的姑娘眼中，這自然是最富時代色彩的浪漫選擇，新鮮而刺激。她們甚至不知天高地厚地認為，「可以寫稿子」解決在北平的生計。張洒瑩最終選擇了這純然娜拉式的出走，成了一個現實版的子君。她的出走很有策略性，不再採取那種生硬的對抗，而是假意改變態度，滿心歡喜地同意與汪恩甲結婚，從家裡騙出一大筆錢，爾後拉上同學劉俊民到中央大街一家服裝店做了一件綠色皮衣，旋即伺機偷偷離開哈爾濱。

到北平後，迺瑩就讀於女師大附中，與陸哲舜先住在西京畿道的一間公寓內，後搬至二龍坑西巷的一座小院，距離二人就讀的學校很近，上、下學都非常方便。除瞭解他們的人知道二人是表兄妹關係外，爲了不引起旁人猜疑，他們對外宣稱是甥舅關係。小獨院只有八九間房，一道矮矮的花牆將其分爲裡外兩院。兩人分住裡院的兩間北房，屋前有兩棵棗樹，還請了一個北平當地人耿媽照料飲食起居。安頓妥當，迺瑩便趕忙給沈玉賢寫信，讓老同學分享自己勇做娜拉的興奮與喜悅：

我現在女師大附中讀書，我倆住在二龍坑的一個四合院裡，生活比較舒適。這院裡有一棵大棗樹，現在正是棗兒成熟的季節，棗兒又甜又脆，可惜不能與你同嘗。秋天到了！瀟灑的秋風，好自玩味！

除了生活舒適，每到週日小獨院高朋滿座。李潔吾、苗坤、石寶瑚、李荊山（李鏡之）等一批在北平的哈爾濱三育中學校友，每每聊到聽見打更人的梆子聲才踏月星散。李潔吾晚年回憶，這些人雖然不是每週日都來聚會，但總能碰到三五人，而他則一直是個「全勤生」，從未缺席。大家聊的內容無所不包，熱鬧非凡，蕭紅每次都坐在固定位置上，身世似乎是她談話的禁忌，周圍人從她口中只得到隻字片語的瞭解。

或許，源於迺瑩、陸哲舜對他們之間的關係，在認知上存有一定程度的錯位。不久，兩人間便出現了

在北平讀書時的蕭紅

不和諧。也許，自奔向北平的那一刻起，張迺瑩就意識到自己到底不是易卜生筆下的娜拉或魯迅筆下的子君。更重要的是，她明白自己還沒有眞正愛上對方，來北平的主要目的是爲了讀書，而不是與男人同居。但陸哲舜的所有努力，卻基於對迺瑩一時狂熱的愛慕，認爲她能夠追隨來北平，是對其愛慕的回應。隨即出現子君與涓生式的同居，才合乎當時新女性、新青年的邏輯。迺瑩來平不久，他便寫信回家要求與妻子離婚。在這小獨院內，兩人雖各處一室，但孤男寡女共同生活，儼然同居。這難免令本來就久有愛慕之心的陸哲舜對迺瑩懷有非分之想。

然而，令他沒想到的是，他們之間似乎應該順理成章的事情卻遭到迺瑩的嚴詞拒絕，她當然不會忘記自己早已訂有婚約。迺瑩嚴正告訴陸哲舜自己的出走，並非爲了與其同居。不僅如此，她還給李潔吾寫信，憤怒控告陸對自己的「無禮」。等李潔吾再次來訪，剛一進屋，就將信交給了他。陸哲舜極其尷尬，潔吾讀完信後，當場將之大罵一頓，令其羞愧得嗚嗚咽咽哭起來。很顯然，迺瑩之所以這樣做，一來是向陸明示她對兩性關係的嚴正態度；二來是爲了杜絕對方再生非分之想。北平期間，張迺瑩給人的觀感是眉宇間時常流露出東北姑娘特有的剛烈、豪俠，有一種凜然不可侵犯的莊嚴。

李潔吾大罵陸哲舜後，自覺態度粗暴，意識到自己並不瞭解他們的關係就橫加指責很不妥當，於是給他倆寫信解釋，隨即恢復中斷一週的友誼。此後李潔吾對迺瑩更加關心，只要去西巷，不論陸是否在家，都要留下和她談一會兒。隨著交往的深入，迺瑩也漸漸向他透露了一些此前嚴加鎖閉的內心想法。一次，兩人各自談到對家人的情感。李說到祖父的嚴厲，卻勾起迺瑩對祖父的懷念；而當他談到自幼喪父，母親

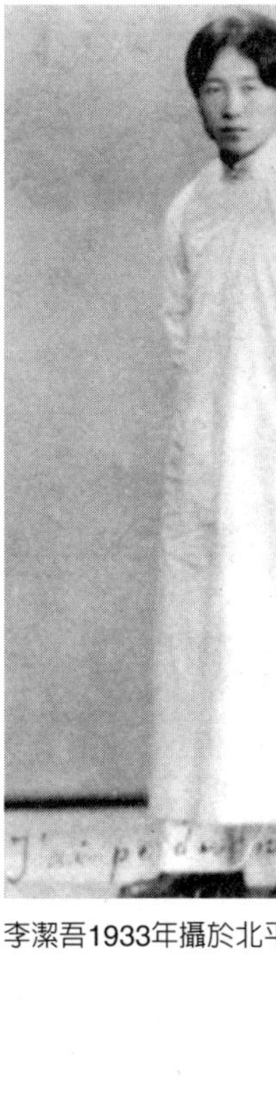

李潔吾1933年攝於北平

含辛茹苦的不易，洒瑩卻臉色陰沉、表情抑鬱，沉默無語。李潔吾意識到她明顯並不熱心談論自己的母親。李潔吾晚年回憶：「祖父對她好，她永遠不能忘記；母親待她很淡漠，她不願提及；父親待她很壞，使她幾乎不相信世界上會有好父親！這三種鮮明的愛憎情感，當時給了我很深很深的印象。」

一天，潔吾與洒瑩、陸哲舜一起看完電影《泣佳期》後，大談對友情、愛情的看法。他認爲愛情不如友情，其局限性太大，必須發生在兩性之間，且要在青春期，友情則沒有年齡、性別的限制，最牢固。洒瑩卻馬上說，友情不如夥伴可靠，夥伴有共同的前進方向，走同一條路，互相幫助，可以永不分離。「雙十節」當天，李潔吾前來告知，本來要舉行大學生遊行，結果流產了。洒瑩恍然大悟，怪不得他前幾天就叫自己和陸哲舜今天不要出門，隔了一會兒對他說：「潔吾，我看你不是搞革命的料，哪有你這樣前瞻後顧搞革命的！」

出走時，洒瑩所帶錢款畢竟有限。陸哲舜要以家裡寄來的生活費維持兩人在北平的生活，沒多久便顯出經濟上的困窘。獨享小院的日子不久便宣告結束。爲了節省開支，他們將裡院退了回去，搬到外院居住。洒瑩住一間南房，陸哲舜則住在一間平台裡。但這還不至於影響兩人快樂的心情。

霜降後，忽然一夜雨雪。李潔吾第二天一大早去看他們，洒瑩正在院裡賞雪，陸則正在西平台頂上用竹竿敲打樹梢上殘留的棗子。將掉在地上的棗子收拾起來，洒瑩很興奮地用小砂鍋燒煮從牆頭輕拂下的積雪，等雪在鍋裡融化，再將紅棗放進去。大家圍在爐邊，看著變得滾胖胖的棗子在砂鍋裡擠來擠去，滿屋發散著棗香。蕭紅邊用火箸敲打著爐子邊說：「這可是名副其實的雪泥紅棗啊！」陸、李聽罷都笑了起來。如此苦中作樂，竟也有樂極生悲的時候。室內爐子生火後，潔吾就提醒要注意防止煤氣中毒。陸哲舜不以爲然，不久，大家在一起閉門圍爐閒談，洒瑩突然昏倒在地，潔吾一看估計是煤氣中毒了。慌忙喊來耿媽，並將洒瑩抬至院中，放在躺椅上用棉被蓋好。耿媽又上鄰家找來酸菜水，一陣忙碌，洒瑩才甦醒過來。有了這次死裡逃生的經驗，大家再談到死亡，洒瑩說：「我不願意死，一想到一個人睡在墳墓裡，沒有朋友，沒有親人，多麼寂寞啊！」

酒瑩自然想像不出，她那娜拉式的出走留給家人的是什麼。

酒瑩的出走旋即成了呼蘭街頭巷尾一時最熱門的話題。張廷舉苦心經營的「清白門風」頃刻蕩然無存，女兒的行爲讓他顏面掃地，就像當眾被人抽耳光、吐唾沫。張家族人亦承受著巨大的輿論壓力，幾乎不敢出門。輿論大譁，甚至影響到福昌號屯整個張氏家族。爾後，因教子無方，張廷舉黑龍江省教育廳祕書的職務被解除。這位平生最好臉面頗有名望的鄉紳，被調任巴彥縣督學兼清鄉局助理員。在呼蘭上學的張家子弟承受不了輿論壓力，紛紛轉校離開家鄉。張秀珂隨父親轉至巴彥縣立中學，張廷舉擔心兒子一個人在巴彥會孤單，遂將二哥張廷選在東省特別區第二中學讀書的兒子張秀琳也轉至巴彥。

酒瑩的出走自然也是顧鄉屯汪家最不能接受的事實。長兄如父，汪大澄同樣自感臉面全無，一心想解除與張家的婚約。張家對慫恿女兒出走的陸哲舜自然不會放過，不斷給其家人施壓。陸家人最終探到兒子的住所。剛開始，酒瑩、陸哲舜對家裡寄來的催逼、警告信置之不理。陸家人見對兒子警告無效，便斷絕其經濟來源。兩人在北平的日子隨即一天天捉襟見肘。

天氣愈來愈冷，酒瑩的境況更是足堪憂慮。當初，偷偷從家裡跑出來並沒有帶上禦寒衣物。十一月中旬，北平的天氣已經很涼了，家境好一點的同學早已換上適合季節的秋裝，而她仍身著單衣，家裡除了寄來催逼之外，絲毫不考慮其他。到校上課，同學們見她還穿著單衣，便不無揶揄地說：「到底是關外人，那麼耐冷。」同學們的眼光傷害了她的自尊，無法禦寒常常令她生病臥床不起。到了十二月，眼看要下雪了，實在無法可想，耿媽用舊棉絮幫她將單衣改成一件小棉襖。眼看僅有這件小棉襖還是不夠，李潔吾找同鄉、同學借了二十元交給酒瑩，才得以到東安市場買了棉毛衫褲，擋擋風寒。

就這樣，酒瑩在北平勉強繼續著學業。臨近寒假，陸家發來最後通牒：如果兩人寒假回東北就寄來路費，不然，從此什麼都不寄。捉襟見肘的生活本來就已令生活一向優裕的陸哲舜難以堅持。最終，他決定還是向家裡妥協。這自然是迺瑩最不願看到的結局，但陸決心已定，自己亦無可奈何。在他收拾行裝的時候，任性的姑娘痛責對方「商人重利輕別離」。同時，也意識到自己被眼前這個懦弱的男人害得好苦。對迺瑩無限同情的李潔吾，明知她不願返回東北亦愛莫能助。大家不過都是窮學生而已，不妥協又該如何在北平生存？

汪恩甲得知迺瑩即將回東北，連忙趕到北平將其接回。這樣，在出走北平幾個月後，迺瑩又極不情願地回到了哈爾濱——那個出走的娜拉到底還是回來了。

汪恩甲與哥哥對迺瑩的出走，持有不同的看法。痛惜家族臉面的汪大澄自此事發生，便對弟弟與張家的婚約不抱任何希望，一心想解除而後快。但汪恩甲對迺瑩仍抱有好感，對這樁婚事仍然懷有期待。在他看來，迺瑩雖然出走北平，但與陸哲舜畢竟並非同居，他自己到北平二人住處親眼所見的事實亦是如此。回到哈爾濱，汪恩甲將迺瑩安頓在位於道外區十六道街的東興順旅館。

自出走的那一刻起，迺瑩便意識到與背後的家族漸行漸遠。即便回到哈爾濱，呼蘭近在咫尺，卻是她最不願面對的所在。從家裡已經得不到任何安慰，有的只是責難、呵斥與詛咒。年關將近，哈爾濱熱鬧而繁華，走在大街上，她內心油然而生一份荒寒，看著走在前邊的汪恩甲，她想，還是要將自己嫁出去。比起陸哲舜，在沒有解除婚約之前，眼前這個男人是自己更為合法的依靠。經過這次的出走與回歸，她對男人之於女人的意義，有了更為深刻的認知。明白要實現心中那個北平求學夢，脫離對自己已然失去意義的家庭，就迫切需要一個能夠給自己足夠支持的男人。汪恩甲自然不是理想的對象，但面對無邊窘境，她明白自己已經沒有更多選擇。她甚至想到，以自己的力量還可以塑造這個雖然有些墮落、有點庸俗，但仍然愛著自己的男人。兩人在旅館對未來有所設計，迺瑩答應嫁給他，但必須一起到北平繼續讀書。急於想同居的男人假意認同了她的想法。帶著美好的憧憬，張迺瑩在旅館度過了一段平靜的年關歲月，汪恩甲還給她添置了一些高檔衣物。

一九三一年二月下旬，汪大澄聽說弟弟將張迺瑩從北平接回，並在旅館同居十分氣憤，大罵其懦弱無能，辱沒家門，只是礙於臉面沒有找上門，將令他失望的弟弟拉回來。迺瑩或許沒有意識到與汪家的婚事，已經不是自己是否願嫁，而是汪家是否願娶的問題了。離家出走的惡名足以消解一個女孩的身價，被公眾唾棄，被道德放逐。為了讓弟弟回家，汪大澄斷絕其經濟供給，等他回家取錢，趁機扣住。始終不見汪恩甲返回，迺瑩親自趕至汪家，卻被汪母和妹妹罵了出來。臨了，汪大澄站在門口嚴厲告誡她一定要與其弟解除婚約。汪恩甲掙扎著要逃出家門與迺瑩一起返回市裡，被家人硬拉了回去。

迺瑩一個人懊惱而沮喪地回到旅館。剛剛經歷的奇恥大辱令其氣憤難當，第二天找來律師擬好一紙訴狀，控告汪大澄代弟休妻。福昌號張家在哈爾濱同樣頗有勢力，社會關係廣闊。張氏家族雖然痛恨迺瑩此前的舉動，但這次告狀畢竟關涉家族榮譽，所以張廷舉、梁亞蘭還有其他族人都參加了其後不久的庭審。迺瑩的一些同學也前來旁聽以壯聲威。庭審中，眼看汪大澄即將敗訴，汪恩甲怕哥哥受法律處分，且為了保全其名聲，最終當庭違心承認一切出於己願，法庭當場取消了他與張迺瑩的婚約。庭審結局令在座的張氏族人無話可說，黯然離席，不願多看迺瑩一眼。庭審結束，雖然汪恩甲一再向迺瑩解釋自己迫於情勢，所說的話並不算數，但她還是盛怒難遏，憤然離開了這個男人。

庭審讓整個張氏家族顏面盡失。迺瑩父和一幫親戚只好忍氣吞聲地返回。他覺得有迺瑩這樣的女兒，做父親的已是無可奈何，自然不去理會她的心情。突遭如此變故，迺瑩的沮喪與懊惱更是難以言說，她意識到自己的任性與幼稚，更沒有回家的勇氣。在同學沈玉賢家住了幾天，有同學勸解、安慰，心情稍有好轉。

自迺瑩離開北平，李潔吾爲她的命運憂心不已，不知能否再回來。他寫信向陸哲舜打聽，好不容易得信說她已經回呼蘭，但被家裡軟禁，還患了精神病。不久，他又得陸第二信，說如果有五元錢路費，迺瑩就可以乘車逃出來。這令李潔吾非常振奮，馬上想辦法在北平兌換了五元「哈爾濱大洋」的票子，並將它小心貼在戴望舒《我的記憶》一書硬封皮的夾層裡寄出，信中暗示迺瑩：「在讀這本書的時候，愈往後就愈要仔細地讀，注意一些。」李潔吾想讓她能及時發現這張鈔票，早點從家裡逃出來。

一九三一年二月末，李潔吾突然接到陸哲舜從哈爾濱拍來的一封電報，說迺瑩已乘車返回北平。他計算好時間到車站迎接，卻撲了個空，旋即趕到迺瑩此前租住處，耿媽告知：「小姐回來了，放下東西便去找你去了。」再趕回北大宿舍，一直掛念於心的迺瑩早已等在那裡。這次回北平，潔吾見她煥然一新，外穿一件貉絨領、藍綠華達呢面、猍子皮裡的皮大衣，還給他帶了一小瓶白蘭地和一盆馬蹄蓮花。

身心俱疲的張迺瑩重返北平不久便病倒了，連續幾天高燒不退。想到她一個人病倒在孤寂的小獨院，潔吾非常放心不下，天天前去看望，陪她聊談緩解寂寞。大約過了一週，病情漸漸好轉，能起床吃點東西。每當問及回哈爾濱的情況，以及這次是如何從家裡出來的，迺瑩總是避而不談。這次回哈爾濱的經歷顯然是她最不堪回首的傷痛。官司失敗，以其個性，最不願面對的就是家人。對於四處尋找的汪恩甲，她更不想再見，也無法原諒。但是，長期待在同學家裡顯然也不是長久之計。唯一可去的地方仍是北平那已經租好的小獨院。在那裡，一個人可以靜心療治受傷的心靈，重獲安寧。同學劉俊民晚年回憶，迺瑩這次返回北平得到過陸哲舜的幫助，他早已替她買好了車票。迺瑩臨行前還到東特女一中高中班與其告別，並囑咐如汪恩甲來打聽，不要透露任何消息。

新學期開學在即，潔吾又收到陸哲舜來信，託其照顧迺瑩，並希望能夠幫她繼續上學。但是，以他的經濟狀況，實在無力替迺瑩繳納那筆十分可觀的學費。找迺瑩商量，她也同意等陸回北平再說。一天傍晚，二人正在室內閒談。聽見有人叩門，隨即耿媽進來說：「有個人找小姐。」迺瑩立即起身準備出門去看，來人卻逕自闖了進來，與她在門口打了個照面。那人進屋後，一屁股坐在椅子上一言不發。一下子回過神來的迺瑩，站在其背後向潔吾伸了伸舌頭，做了個鬼臉。正當潔吾猜疑來人是誰，只聽迺瑩介紹說：「這是汪先生。」潔吾旋即向面前的「汪先生」點頭致意。對方並不理會，仍是一言不發。

來人正是汪恩甲。他顯然對迺瑩單獨與別的男人在一起，心存疑忌和不滿。過了片刻，見潔吾仍不起身告辭，便大顯其紈袴習性，從口袋裡掏出一摞銀元，往桌子上一撂，然後用右手漫不經心地一撂一撂地擺弄它們。一枚枚銀元從手裡跌落下來，衝擊著桌面上的銀元，發出清脆的叮噹聲。他不斷反覆著這幼稚的遊戲。迺瑩不知所措，表情木然。潔吾坐在那裡備覺尷尬，僵持片刻，便起身告辭。迺瑩也沒有像往常那樣出來送行。晚上，因放心不下，潔吾又去了西巷，見屋子裡沒有燈光，亦聽不見說話的聲音，便沒有叩門就回北大了。此後的幾次拜訪也都是如此情形。過了一段時間再來，敲門後耿媽告知「小姐他們出去了」，並告訴他，前次來的那個男人就是「小姐的未婚夫」。從此，李潔吾便不再去西巷，只是給陸哲舜寫信告知所見到的情況，催促他快點返回。

至今沒有資料說明汪恩甲就是一個紈袴惡少。他畢竟接受過新式教育，且從事教書育人的工作。優裕的家境可能讓這個汪家小兒子染上了些紈袴習氣。他之所以追至北平，可能一方面爲自己在法庭上撒謊而心懷愧疚，想有所彌補以緩釋不安；另一方面，也許還是比較珍惜與迺瑩的姻緣，雖遭家人強烈反對，還是不想放棄。而且，以當時人們普遍存有的性道德，他也不能放棄，因爲他們已經同居。

一九三一年初春，在北平讀書的原哈爾濱法政大學預科生高原，在原哈爾濱同學張逢汗的帶領下，找到迺瑩住處。一九二九年，高原和迺瑩在徐淑娟家結識後，成了相投的朋友。進屋後，迺瑩拿瓜子招待他們。高原見她衣著十分樸素、單薄，室內布置極其簡陋。聊談中得知迺瑩的生活極爲貧苦，常常要拿幾本書到舊書攤上賣，得些錢維持生計。每天從西單徒步去東四上學，連買電車票的錢都沒有。他還注意到牆壁上掛著一張用鉛筆描畫的頭戴鴨舌帽的男人頭像。洒瑩連忙指著素描畫介紹：「這是密司特汪」，並解釋是她就著燈影描繪的。接著，十分平靜地告訴他們，自己即將和「密司特汪」結婚。高原聽後，有一種說不出的憂鬱和壓抑，感到洒瑩在談自己的婚事時，沒有表露任何感情，好像在談一件與己無關的事情。臨別，洒瑩送出大門口，門洞裡吹來一陣風掀起她單薄布衫的下襬，她連忙用雙手捏住布衫兩側的「開氣」，顧不得與兩人握手道別，只是看著他們不停點頭，表情有些木然。偶然抬眼回望，高原看見一個男子的頭從玻璃窗裡探出來，正在向他們這邊看。他隨即意識到那便是洒瑩所說的「密司特汪」。

洒瑩和汪恩甲在北平待了將近一個月。見汪既然找來了，她還是像在哈爾濱一樣，想說服他在北平念書。汪心裡顯然沒有眞正留下讀書的打算，只想將洒瑩帶回哈爾濱同住，慢慢說服家人讓他們結婚。因而對她只是虛與委蛇，消磨時日。高原所見的情形，表明他們倆已暫時達成共識，汪在支持她繼續上學。但這種清貧的日子，對於這個紈袴子弟而言，顯然不可能是長久之計。

三月下旬的一天，兩人最終鬧翻。洒瑩一氣之下跑到北大找李潔吾，說是生活上有了困難，要他幫忙想辦法。李將身上所有口袋裡的錢都搜給了她，湊起來還不到一元。而問到生活情形和上學問題是否解決，洒瑩只說目前都還談不到，拿了錢就急匆匆走了。幾天後，潔吾再到西巷，耿媽說：「小姐他們已經回東北了」。高原亦碰到類似情形。隔了三四天，想到洒瑩的清貧，再次來到西巷，原打算送點錢給她，不想，亦被告知她和那位「密司特汪」已回東北了。

張洒瑩突然中斷學業匆匆離開北平，令李潔吾、高原都非常不解，留下一段謎案。有學者推測，在留平念書還是回哈爾濱同居的問題上，她和汪恩甲產生了嚴重分歧。汪已經失去耐心，矛盾便不可調和。而沒有汪的支持，書也實在無法念下去。由此，洒瑩非常鄙薄汪的爲人，更意識到倚靠這樣的男人實現自己的求學夢，全然沒有可能。既然關係再次破裂，她不想用汪的錢買票回東北，於是，匆匆找潔吾借錢買票回家。最終的情形，她可能還是和汪一起回到哈爾濱，不過，從此分道揚鑣。

再次返回東北，徹底終結了張迺瑩的北平求學夢。她由此意識到自己的所有悲劇就在於是個女人。沒有了夢想，哈爾濱和北平、陸哲舜和汪恩甲之於自己都沒有意義；沒有了夢想，也就不在乎流言。呼蘭便是她沒有歸宿的歸宿。三月末，迺瑩最終回到呼蘭老家——已經沒有地方可去，也沒有男人可以追隨，可以指望，可以倚靠。

流浪與落難

回家後，張廷舉怕女兒再次離家出走又鬧出令家族尷尬的事情來，自己又在外縣，梁亞蘭不便管教，於是決定讓梁氏帶著孩子們搬到福昌號屯居住。作爲張氏家族的發祥地、大本營，阿城福昌號屯地處偏僻、交通不便，居住著張廷舉的兩個同胞哥哥，四個異母弟弟、一個異母妹妹和繼母徐氏，外加眾多堂兄弟，容易對迺瑩形成監視、管教。這是個極其龐大的家族，有地千餘坰。張廷舉這一支由迺瑩二伯父張廷選當家，五叔張廷祿是保長。族裡年輕的堂兄弟妹都在外地上學。張家宅院，四圍都是十分寬厚的高牆，只有一個大門進出，日夜都有護院持槍把守。在這裡迺瑩與外界完全隔絕，平素只有二十七歲的未婚姑姑和過門不久的七嬸與之年齡相仿，偶爾說說話。

在福昌號屯，迺瑩雖然避開了呼蘭關於自己出走逃婚、敗訴被休的甚囂塵上的議論，但家族同樣將其視爲辱沒家族名聲的異類。在眾人監視下，她不能與外面有任何聯繫，過著與外界隔絕的軟禁生活。在家族內部，祖母徐氏（張廷舉繼母）嚴厲禁止女兒、兒媳與之接觸，時常監聽她們的談話，責罵迺瑩會帶壞她們，並強令她晚上與自己睡在同一炕上。迺瑩常常委屈地靠著牆角哭泣，祖母更是動氣，揶揄道：「你眞給咱家出了名了，怕是祖先上也找不出你這個丫頭。」

在福昌號屯近七個月的軟禁生活，爲迺瑩日後的寫作積累了重要素材，如《王阿嫂的死》、《夜風》、

《看風箏》、《生死場》等小說都取材於此。有些人物的原型就是她的伯父或叔父。禁閉的日子無疑是一種折磨。迺瑩常把自己關在屋內不出門，繼續爭取出去念書的可能。脾氣暴躁的大伯父得知後動輒趕過來毆打。沒處躲避，只好跑到七嬸房裡。東北的風俗大伯不能進入兄弟媳婦的臥室。迺瑩一天到晚不敢出門，飯菜都由小嬸送進來。百無聊賴，便幫小嬸織一些大人孩子的手套、襪子打發時日。這樣的日子實在無法過下去，逃離的念頭愈來愈強烈，她寧願在外流浪，也不願待在這樣的家裡。她十分清楚地看到，自己與家族的對立已然無法調和，如果不逃出去，將會在這裡窒息。

張迺瑩到底是如何離開福昌號屯的，一直是蕭紅研究者們爭論不休的話題之一。一九六〇年，作爲當事人，迺瑩姑姑和七嬸在接受鐵峰的訪談時回憶，「九一八事變」前後，東北農村經濟危機十分嚴重，日用品價格飛漲，糧食大幅度貶值。迺瑩大伯父想將經濟危機造成的損失轉嫁到佃戶身上，決定增加秋租，削減長工工錢，遭到佃戶和長工的聯合反抗。迺瑩同情佃農，勸大伯父不要加租，再次將其惹怒，不僅被暴打了一頓，還派人給迺瑩父發電報，讓他回來處置女兒。迺瑩跑到七嬸房裡躲起來，沒有退路可走，決計在父親回來之前逃離。姑姑和七嬸都非常同情其遭遇，十月三日夜裡，將她藏在一戶長工家的柴火堆裡，次日清晨，再將其藏在往阿城送秋白菜的大車裡，離開福昌號到了阿城，然後乘火車逃往哈爾濱。

然而，此說遭到一些呼蘭本地學者的質疑。李重華、曹桂珍認爲，這一說法脫離迺瑩的思想、生活實際，不足爲信。因爲迺瑩「當時只是一個一心想求學的女學生，又長期在嚴父和繼母的家庭中生活，從未參與過『家政』，更何況又是根本與她無關的『家政』」，所以，她向大伯父建議不要加租「是根本不可能發生的事情」。這一分析顯然很有道理，在「以階級鬥爭爲綱」的六〇年代，強調蕭紅的離家出走，是對地主家庭的反抗，顯然是時代留下的烙印，也是對蕭紅出於政治意識形態的美化，就正如前文那莫須有的「身世之謎」。

二〇〇七年九月十八日，筆者有幸從張廷選之子張秀琰老先生口中，瞭解到張迺瑩在福昌號的一些情形。張先生一九三一年出生於福昌號，在張氏家族「秀」字輩排行中，張迺瑩排行第二，張秀琰排行第十一。迺瑩在福昌號的時候，他還在襁褓之中。張先生告訴筆者，他所瞭解的情況是：福昌號雖然由其父張廷選當家，大伯父張廷蓂不多參與家政，但長兄如父，其威信頗高。而一向脾氣暴躁的張廷蓂此時患有輕度的精神病，面對迺瑩的種種「忤逆」之舉，經常揚言要在家族內部將其弄死了事。爲了逃避大伯父的毒打，她只好躲在「老嬸」（七嬸）房裡不敢出門。在這種情況下，老嬸和姑姑擔心她眞的遭遇不測，所以安排藏在往阿城送大白菜的車子裡逃出。

二十歲的張迺瑩從此徹底切斷了與家族的聯繫，走上一條不歸路。從巴彥趕回的張廷舉對女兒徹底失望，盛怒之下，宣布從此開除其族籍，在心理上，就當沒有生養這麼個女兒。這位一心維護家族臉面和榮光的父親對女兒的行爲已是萬般無奈。日後，父女倆在哈爾濱街頭相遇，冷眼相對而過，形同陌路。

張廷舉害怕其他孩子有所仿效，在家裡將流浪哈爾濱街頭的大女兒視爲洪水猛獸，嚴令子女不許與之來往，對張秀珂的監管尤爲嚴格。迺瑩曾給弟弟來過信，但信件被父親拿到，他用手擋住信封下邊的發信地址，質問兒子：「這是誰來的信？」張秀珂從字跡上看出是姊姊，但不敢如實回答，強裝不知。張廷舉繼續嚴厲責問道：「這是逆子寫的，你給她寫過信嗎？」面對震怒不已的父親，張秀珂嚇得兩手發抖，顫聲回答：「沒有」。張廷舉仍不忘警告道：「那好，你如果同她來往，這個家也是不要你的。」

一九三一年十月，身穿藍士林布大衫、一無所有的張迺瑩流浪在哈爾濱深秋的街頭。

哈爾濱對於背離了家族的迺瑩而言，已是「別人的城市」。其實，她的家族在這座城市裡親戚眾多，在道外區水晶街還經營有糧米鋪和皮鋪。她再也不想與龐大的家族有任何瓜葛，即便每天這樣衣食無著地流浪下去。

最初，她住在中學同學家裡，時間一長，即便人家不說什麼，敏感自尊如她也覺得尷尬。爲了盡可能少在同學家吃飯，每天一大早就出門在街市遊蕩，等到同學晚上放學回來，才回到同學家跟著吃頓晚飯。許多張家子弟在哈爾濱各大中學念書，他們對流浪街頭的二姊比較關心。堂妹張秀琴晚年回憶：「我在哈爾濱讀書時，曾去看過二姊，還給她帶些錢，勸她回去。二姊說：『這個家我是不能回的，錢我也不能要。』」為了自食其力，迺瑩曾想到工廠當女工，甚至在街邊當縫窮婆。在此期間，她還給李潔吾寫過信，託其郵寄日人鶴見祐輔的《思想·山水·人物》等兩本書給她，準備送給高仰山老師。李潔吾按照信中留下的地址，郵寄給了迺瑩一位在哈爾濱二中就讀的同學，卻再也沒有得到任何回音。

哈爾濱十月中旬開始供暖（供應暖氣的意思。大陸黃河以北的地區，冬季約十一月中旬以後對住户供應暖氣，哈爾濱因為緯度高，冬天長，且來得早，所以供暖在十月中旬左右），迺瑩的境況隨著一天天愈益寒冷的天氣，變得愈發嚴酷，寒冷在阻止著她流浪的腳步。

初冬的早晨，流浪在清冷、寥落的中央大街上，迺瑩偶然遇見在東省特別區第一中學校讀書的堂弟張秀璿（蕭紅二伯父張廷選長子）。見二姊衣著破舊、面容憔悴，一副失魂落魄的樣子，秀璿心裡非常難過，想與二姊就處理與家族的關係做一些溝通。兩人在中央大街一家咖啡店坐下來。然而，即便對面坐著的是友好的堂弟，迺瑩仍感到似乎是與所對立的家族坐在一起。兩人都沉默著，侍者送上咖啡，他們各自攪動杯子，發出叮噹的響聲，以緩釋相對無言的尷尬。

「天冷了，你也太孤寂，還是回家吧，姊姊。」過了一會兒，張秀璿終於打破沉默。

迺瑩不假思索地搖搖頭。家，已是她諱莫如深的仇恨與心痛，那是一個不可能返回的所在。她不願意在這個話題上延續下去，便以詢問秀璿所在學校的情況，諸如籃球隊近來是否還活躍之類，截住了他下邊要說的話。

「我擲筐擲得更進步，可惜你總也沒有到我們球場上來。你這樣不暢快是不行的。」弟弟談自己，總不忘對二姊的關照，因爲她的不開心已然寫在臉上。而他所談及的在校情形，對於面前的二姊來說，是個可望而不可即的夢想——那是一個她付出了太過慘重的代價，最終一無所獲的夢，是她難以言說的心痛。酒瑩哀怨地想到，在這個家族裡，讀書似乎是男孩子天經地義的事情，而作爲自己的唯一訴求卻無人理會。她沉浸在心痛中，聽不進弟弟在說什麼，正如日後她對此時心情的描述：

我仍攪著杯子，也許漂流久了心情，就和離了岸的海水一般，若非遇到大風是不會翻起的。我開始弄著手帕。弟弟再向我說什麼我已不去聽清他，彷彿自己是沉墜在深遠的幻想的井裡。

那只是一個關於求學的幻想，一個付出太多而一無所獲的幻想。一杯咖啡不知不覺喝完了。秀璿叫來侍者續杯，她卻仍沉浸在自己的幻想裡。一時想起很多，又似乎什麼也沒有想。兩年來，在這樣一個不相稱的年紀，卻經歷了太多變故。她有無邊的茫然，就正如眼下日復一日沒有著落的街頭流浪。面前的咖啡杯又滿上了，壁間暖氣片發出的小小嘶鳴，再次將她拉回現實。秀璿一直在用他那深黑的眼睛，注視著面前茫然的二姊。「天冷了，還是回家好，心情這樣不暢快，長久了是無益的。」他仍不放棄勸說。

「爲什麼要說我的心情不好呢？」

不知爲什麼，弟弟的勸導再次莫名激起她對於整個家族的鬥志，而當她反問之後，隨即也感受到自身的脆弱。進到咖啡店裡的外國人愈來愈多，從他們身上飄逸出的香氣，讓酒瑩覺得那些人離自己更加遙遠，甚至讓她覺得全人類都離自己十分遙遠，別人身上那份安閒和幸福，與自己一點關聯也沒有。她更感到自己對弟弟的反問是那樣任性，但總有一種力量在支撐著她那脆弱無比的自尊。

冷落的街道漸漸熱鬧起來，張秀璿仍在堅持：「瑩姊，天冷了，再也不能漂流下去，回家去吧！」他甚至指出姊姊自尊背後的狼狽：「你的頭髮這樣長了，怎麼不到理髮店去一次呢？」酒瑩被這句話激動，那幾乎快要熄滅的熱力和光明，鼓盪著她對家族堅持說「不」。於是，十分乾脆地回答：「那樣的家我是不想回去的。」

秀璿聽後很無奈地說：「瑩姊，我眞擔心你這個女浪人！」

爾後，兩人各懷心思地走出咖啡店。臨分手，張秀璿還是將那句一早晨重複了數次的話再說了一遍：「瑩姊，我看你還是回家的好！」迺瑩卻做了更加堅定的回絕：「那樣的家我是不能回去的，我不願意接受和我站在兩個極端的父親的豢養……」同時，她也拒絕了弟弟的金錢資助。

然而，這來自家族的關愛在她內心，也並非全然了無痕跡。五年後，蕭紅在散文《初冬》裡寫道：「弟弟留給我的是深黑色的眼睛，這在我散漫與孤獨的流蕩人的心板上，怎能不微溫了一個時刻？」

流浪之初，迺瑩因自尊與執拗拒絕了與家族和解的任何可能，寧願在哈爾濱街頭做一個女浪人。家，在她逃離的那一刻，就已經永遠回不去了。她在瞭解自己的同時，也更瞭解父親。張廷舉自然知道女兒在哈爾濱街頭形同乞丐，然而，不可理喻的固執遮蔽了父女間的親情。他的冷漠同樣不可理喻。

哈爾濱漫長而嚴酷的冬天如期而至。

清晨的掃街者每天都會發現凍斃街頭的乞丐或浪人。街頭流浪的日子一天天變得更難打發，常常在風雪之夜冒著被凍死的危險尋找住處。十一月初的一天夜裡，寒風無情催逼著她在街上四處奔走，眼睛經受不住寒冷的刺激，哭一般淌著眼淚。找到一個親戚家，用力敲打院門，寒冷將手套迅速黏結在門板上。她一邊敲打一邊呼喊：「姑母！姑母……」然而，她的求助同樣像被寒冷凍結，得不到任何回應。「姑母」全家早已睡下，只有院子裡的幾聲狗叫回應著她的無助呼喊。

落寞而沮喪離開，茫然中，向另一熟人家趕去。一路上，感到腳底下有如針刺。在這寒冷冬夜，迺瑩對街邊樓房裡的每一家住戶都生出無邊的羨慕，每個窗口映照出的溫暖燈光都激起她難以遏抑的憤恨。想到那每窗燈光的背後，一定有無盡的溫暖與快樂，窗下一定擺設著巨大而溫柔的眠床。一如安徒生筆下那個賣火柴的小女孩，迺瑩對每窗燈光都生出無限想像。她不敢停下匆忙行走的腳步，不敢放棄對住處的尋找，清醒意識到不然就會像那個童話裡的小女孩一樣凍死在街頭。在這樣的冬夜，對眠床的想望，也讓她自然想起呼蘭老家的馬房、狗舍。此刻，即便站在馬房裡也很安逸，狗舍裡的茅草亦可以使雙腳變得溫暖。眼睫毛漸漸被凍住，大風裹挾著地上的積雪掃打著她的雙腳，當她經過下等妓館的門口，頓時覺得自己早已沒有可憐別人的本錢，甚至感到平日裡自己所可憐的那些下等妓女，亦遠比自己幸福。起碼，今夜她們還有一個可以放下身子，不至於凍斃的眠床。街邊的洋車夫將她視爲流蕩的暗娼，肆意取笑她那受凍的狼狽模樣。

爬到熟人家的樓上，迺瑩感到力氣在這個冬夜完全用盡，再多走半里也不可能；對於寒冷的忍受亦到了所能承受的極限，急切需要一點熱氣溫暖那已然麻木的雙腿。然而，進到熟人家，才發現人家已是人去樓空。四周除了自己蒼白的嘆息，就只是死一般地靜寂。家的意義，在這個冬夜對於四處奔走、尋找落腳之處的張迺瑩來說，被放大到了極致。這是太過嚴酷的人生經驗。她絕望地回到冬夜的街市，在街邊一處賣漿汁的小攤上坐下來，將身上所有銅板搜集在一起，想喝一碗滾熱的漿汁，稍稍溫暖幾近冰點的身體和心靈——今晚的眠床在哪裡，此刻已變得次要。

幸運的是，迺瑩最終被來小攤買漿汁的一位年老色衰的暗娼收留，帶回住處，讓她不至於凍斃街頭。醒來已是第二天早晨，街車的轟鳴震顫著簡陋的屋子，搖晃著髒亂的眠床，迺瑩感到自己如同睡在馬路上，孤獨而無所憑藉。睜開眼睛，發現睡在身邊的都是些發出令人厭惡而隔膜的鼾聲的陌生人。她的心胸頃刻漲滿仇恨與憎惡，即便對那個深夜帶她回家的婦人。那女人的顏面如同風乾了的海藻打著波縐，一大早就在數落、責罵蹲在牆角的那個名叫小金鈴子的小女孩，爾後，便開始向她述說昨晚她們的緣分。

老婦人是漿汁攤的老主顧，平素都由小金鈴子代買，昨晚因爲小女孩不在，所以只好親自到小攤上喝漿汁。接著，她突然發現了什麼，開始體罰那孩子，將很大的雪塊砸在她身上。洒瑩準備離開，老婦人要她留下一件衣裳作爲昨夜提供住處的報償，而等她尋找自己的套鞋，卻發現早被小金鈴子偷出去賣掉了。老婦人的體罰就爲這個。洒瑩從她對小金鈴子的數落中瞭解到，小女孩是其豢養著預備做雛妓用的，只是目前還沒有開始接客，因而不斷念叨著老的、小的都「不中用」。從身上褪下一件單衫交給老婦人，洒瑩急於離開這裡，在這狹窄、陰暗的空間裡與她們待在一起，覺得「好像和老鼠住在一起」。屋外雖是白天，在她看來卻猶如「暗夜」，但還得無所畏懼地走進去。

冬夜街頭流浪的經歷，讓洒瑩意識到自身處境的絕望。

據台灣作家孫陵《我熟識的三十年代作家》一書記載，蕭紅日後在漢口對他談及這段流浪經歷時說：「民國二十年的那個冬天，眞是難過呀！我只有一個姑母在哈爾濱，有時候深更夜半還沒吃飯，去敲姑母底門，但心裡也不願意！有時候鼓起勇氣去敲一陣，等到敲出人來問誰的時候，卻又轉過身跑了。這樣子在馬路上轉一夜，第二天去找同學，也得躲躲藏藏，怕被學監看到。找到要好的同學，便給我一頓飯吃；她去上課，我便在她底床上睡一覺……」孫陵說，講到這裡，蕭紅便忍住眼淚，講不下去了。

「九一八事變」後整個東北的局勢迅速惡化。洒瑩流浪哈爾濱期間，黑龍江守軍與日軍之間爆發了著名的「江橋抗戰」。十一月中旬，「江橋抗戰」失敗不久，齊齊哈爾淪陷，日軍大量集結兵力進逼哈爾濱，形勢十分危急，各大中學都提前放假。因而，除寒冷外，日趨緊張的時局無疑也增加了洒瑩的生存壓力。她本能地意識到，在如此混亂的時局下流浪下去將是自尋死路。而要活下去，她必須做出選擇：回家或再次投靠汪恩甲。而此時，她對家族的仇恨與厭惡，更甚於汪恩甲的庸俗。隨即，在生路的抉擇上，她選擇了後者——那個多次破滅其夢想，令她鄙夷但或許仍然愛她的男人。

當已經在哈爾濱街頭流浪一個多月的張洒瑩找到汪恩甲時，這個曾經令她無比屈辱的男人，或許還念著往日情誼，或者依然心懷在法庭上違心作證的歉疚，還是背著家人慷慨接納了她。十一月中旬，兩人再次住進位於哈爾濱道外區正陽十六道街的東興順旅館。洒瑩從此結束了街頭流浪的日子。他們的住宿、飲食開銷都是簽單消費，汪恩甲有時還向旅館支錢滿足兩人的日常開銷。旅館方面之所以如此優待，除了老闆清楚張、汪兩家殷實的家庭背景外，還與「九一八」後，哈爾濱客商銳減，住宿業極不景氣有關。

在旅館同居的「寓公」生活，讓洒瑩暫時沒有衣食之虞，更重要的是躲過了嚴酷的冬天。然而，這到底不是她想要的生活，看不到任何前途與出路。汪恩甲的庸俗和惡習依舊，洒瑩陷於無邊的精神苦悶。但在當時，對她而言，活著大於一切，精神的苦悶或許已然是一種奢侈。她想用麻醉排遣苦悶而彷徨無著的內心。據友人日後回憶，困居東興順期間，洒瑩亦偶爾吸食鴉片，以此截斷對未來的展望。

一九三二年二月，哈爾濱最終被日軍攻陷。「九一八事變」後，這個東北地區的臨時安全島亦不復存在。困居旅館的洒瑩同樣感受著因時局變化而來的巨大心理壓力。據小姨梁靜芝老人回憶，一九三二年春，洒瑩曾回過呼蘭。那天上午刮著大風，天昏地暗，她衣著不整，頭髮蓬亂地闖進梁家院子。下午一個相貌堂堂的小夥子找來，全家人都不認識，對方說來找張洒瑩。進屋後，兩人在裡屋小聲談了很長時間，飯後便一起走了。梁家人後來才知道來人就是汪恩甲，且瞭解到他們「已經結合」。所謂「結合」，顯然是指洒瑩和汪恩甲已公開同居。

洒瑩這次回呼蘭的眞實意圖，外人一概不知。她爲何只到繼母家而不回自己家？還有，汪恩甲爲什麼找到梁家？這些至今都是無法索解之謎。近年，有學者揣測洒瑩此次回呼蘭，可能是想同家人商量與汪恩甲結婚的一些具體事宜。或許，她想請繼母家裡人作爲自己和父親之間的調解者。但是又爲何沒有下文？另有一種解釋是，她和汪恩甲的旅館同居生活並不和諧，這次回呼蘭可能又是她的一次負氣離開，汪還是像以前那樣找她回去。本書比較傾向此說。

張洒瑩的悲劇或許在於，汪恩甲是她既想擺脫，然而又不得不依靠的男人。實際上，她單獨離開汪恩甲回呼蘭之舉亦非偶然。據堂妹張秀珉回憶，一九三一年春，迺瑩同樣突然找到她當時就讀的東省特別區第二女子中學校宿舍。來時，她和同學都還沒有起床，面前的二姊衣著破舊，蓬頭垢面，狼狽不堪，樣子令人非常痛心。張秀珉連忙去找在同校就讀的姊姊張秀琴商量。姊妹倆決定將二姊留下，且將各自的衣物、被褥拿出一部分供她穿用，又徵得訓育主任和校長同意，讓她在高中一年級插班。過了十多天，姊妹倆發現二姊早已不辭而別。

迺瑩此次不辭而別另有隱衷。在東特女二中住下來不久，她發現自己懷孕了，自然不便久留，愁苦之際，汪恩甲又找了過來，就只好再次隨他回東興順。如果前文所說她回呼蘭的日子是在發現自己懷孕之後，那麼，迺瑩回呼蘭或許是因爲發現自己有孕在身，需要家庭出面，讓她和汪恩甲正式完婚，因而回家在親戚中斡旋亦未可知。

張迺瑩困居東興順旅館的這段生活留下了太多未解之謎，而最大的謎案，莫過於汪恩甲的消失。一九三二年五月，身懷六甲的迺瑩已是身形笨拙。困居旅館半年多，兩人欠下食宿費四百元，老闆開始催逼債務。一天，汪恩甲出門後就再也沒有回來，從此音訊杳無，人間蒸發。汪恩甲此次外出，多年來在蕭紅研究者中存有多種說法，多半傾向於爲了籌錢還債。而他一去不返，絕大多數蕭紅研究者認爲是爲了逃避債務，故意藉口籌錢，丟下懷孕在身的女人棄之不顧。多年來他一直背負著

東興順旅館院內原貌

「無恥」、「負心」的惡名。更有人認為，他之所以接納張迺瑩並與之在旅館同居，本身就是對其逃婚、與表兄出走北平的刻意報復。如果真是如此，正如有論者所認為的那樣，那麼，汪真的不僅是個具有惡毒的報復心，而且極有毅力將之轉化為行動的人。或許，我們更願意相信他只是個普通人。

汪恩甲何以拋下大腹便便的女人和腹中骨肉一去不返，並再也無人知其下落，或許是蕭紅研究中最令人沮喪的謎案。關於這方面的資訊材料仍是一片空白。不過，當時在日軍占領下的哈爾濱局勢混亂，和平市民失蹤被殺的事件屢有發生。從這個角度看，汪的失蹤似乎又不是什麼令人大驚小怪的事。他是否故意拋棄迺瑩，在沒有確鑿證據的前提下，應另當別論。

值得注意的是，蕭紅在一些自述文章中談人說事真率、坦蕩，可信度極高。但關於汪恩甲，在其著作、信件中卻找不到隻字片語，哪怕影射的話亦不可見。愛恨分明如蕭紅，如果汪恩甲真是始亂終棄，她不可能在文字裡沒有絲毫的情緒流露。這從另一側面表明，迺瑩對汪恩甲的態度，遠非人們所想像的基於對方始亂終棄的怨恨那麼簡單。然而，汪恩甲到底是怎樣一個人，只有迺瑩自己最清楚，她一向對此諱莫如深，外人也就更是不得而知。

迺瑩在東興順旅館眼巴巴等著汪恩甲回來。一個多月過去了，仍然音信杳無。太過久長的等待，讓她漸漸斷絕了男人還會回來的欲念。腹中孩子一天天長大，七八個月的身孕讓肚子凸起得像個小盆倒扣在身上，一天天身子愈發笨重，成了無邊的累贅。旅館老闆早已喪失耐心，男人不見回來，便將迺瑩作為人質扣押起來，將她從客房轉移到二樓甬道盡頭一間霉氣沖天的儲藏室，並派人監視以防跑掉。當時，在大都市開設旅館或飯店的人大都有著特殊的社會背景，絕大部分是地痞、惡棍，或者與官府、黑道全有勾結。東興順老闆準備再等一段時間，如果汪恩甲仍不回來，就將迺瑩賣進道外區的「圈兒樓」（妓館）還債。失去人身自由，懷孕在身的張迺瑩再次陷於難以想像的可怕困境。

傾城之戀

汪恩甲走後，困處東興順的酒瑩剛開始對他還有所期待。在蕭紅《自集詩稿》裡有一首《可紀念的楓葉》，似是表達汪恩甲走後留給她的寂寞、相思與懊惱：

紅紅的楓葉，
是誰送給我的！
都叫我不留意丟掉了。
若知這般別離滋味，
恨不早早地把它寫上幾句別離的詩。

蕭紅抄寫《自集詩稿》的日記本

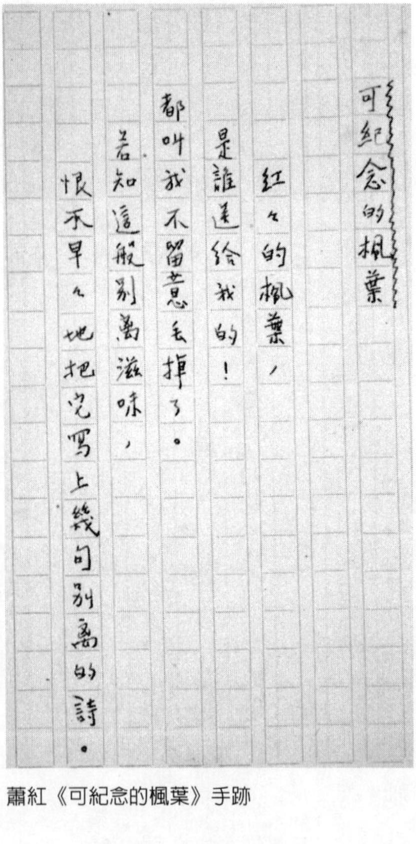

可紀念的楓葉

紅々的楓葉，
是誰送給我的！
都叫我不留意丟掉了。
若知這般別離滋味，
恨不早々地把它寫上幾句別離的詩。

蕭紅《可紀念的楓葉》手跡

而隨著男人返回的希望愈來愈渺茫，百無聊賴中，她不禁感慨起自己多舛的身世。《偶然想起》一詩寫道：

去年的五月，
正是我在北平吃青杏的時節，
今年的五月，
我生活的痛苦，
眞是有如青杏般地滋味！

由一九三一年春天和汪在北平求學未果，進而感懷眼下一個人困居旅館的不堪。在時間上似乎記憶有誤，或許只是由一九三二年五月汪恩甲的離開，進而簡單聯想到「去年的五月」。事實上她和汪恩甲在一九三一年三月底就離開了北平。

自六月下旬開始，哈爾濱就陰雨連綿。汪恩甲長期未歸讓旅館方面漸漸失去耐心，老闆對酒瑩的催逼更加嚴厲。她在苦雨愁城中度日如年，無比焦慮。同時也漸漸意識到自身面臨的可怕困境。進入七月，其內心的焦慮猶如屋外的雨勢，絲毫不見緩釋，反而愈趨濃重，生出濃重的虛無和絕望。漫長的雨季讓她那近乎囚處的儲藏室霉氣刺鼻。酒瑩自己也說不清有多長時間沒有走出過這幾乎快要霉爛的空間。意識到危險在一天天迫近的張酒瑩，更加明白要離開這裡只能倚靠自己。

哈爾濱有一家商辦的私人報紙，名叫《國際協報》，每天一張，共四版。文藝副刊《國際公園》占據第四版一半的版面，主編老裴在其上開設「老裴語」專欄，每天寫上三五百字的雜感或散文，比較隱晦地針砭時弊，傳達普通人的訴求，深得讀者歡迎。老裴，本名裴馨園（一八九五—一九五七），是個善良、內向，富有正義感、責任感的小知識分子，周圍集聚了三郎（蕭軍）、琳郎（方未艾）、黑人（李書堂，即舒群）、南蠻子（孟希）等一批富有朝氣與活力的年輕作者。這也是《國際公園》深受歡迎的原因之一。

困居旅館期間，迺瑩和汪恩甲是《國際協報》文藝副刊的熱心讀者。亦有資料表明，她在一九三二年五、六月間曾向該刊投過詩稿，署名「悄吟」。雖然沒有發表，但細膩的筆觸、真摯的感情，給編輯和裴馨園留下了比較深刻的印象。此時，近乎絕望的張迺瑩能夠想到的，就是向手邊的《國際協報》投書求助。她此前給李潔吾發過求助信，但一直沒有回音。意識到不能再這樣空等下去，大約在一九三二年七月九日，她向裴馨園發出了求救信。

裴馨園次日收讀後，隨即在周圍幾位年輕作者手中傳閱。瞭解到求助者就是那位署名「悄吟」的作者，大家都非常關心，而當讀到諸如「難道現今世界還有賣人的嗎？有！我就將被賣掉……」這樣滾燙的字句時，震驚之餘，眾人倍感氣憤。裴馨園與身邊幾位年輕作者決定次日先到東興順一探究竟。當晚回家，他向夫人黃淑英說起白天那位「有趣」的求助者，想起信中那些帶著責問語氣的話不禁笑起來，對夫人說：「在中國人裡，還沒有碰見過敢於質問我的人呢！這個女的還真是個有膽子的人！」

張迺瑩求助信的全貌，現在不得而知，但從當時閱讀者所記住的隻字片語，以及他們的情緒反應來看，我們自然可以推知她當時對自身所處絕望之境的感受。即將被賣身的命運早已讓她顧不得矜持，而對善良者的責問，一方面源於她那焦灼不堪的內心，另一方面或許也是她渴望引起別人注意的策略。命途多舛的蕭紅無疑又是幸運的，她那沒有任何預留空間的求助真的感動、激憤了一批善良的中國人。在信中她也強調「我們都是中國人」。

七月十一日，裴馨園帶領編輯孟希（外號南蠻子）等三人找到東興順旅館。向茶房問清求救者所在房間，便上到二樓南頭敲開房門。只見陰暗的小屋內，除了床上的被褥、破舊的書報、紙張和一個舊柳條箱外，幾乎沒有什麼東西。求助女子穿著一件褪了色的藍大衫，赤腳趿著皮鞋，白皙的臉上一雙驚恐失神的大眼睛正盯著他們。面對四個陌生青年男子的突然造訪，顯然有些不安。裴馨園與之大約交談了十多分鐘，除了對其遭遇表示同情，還進行了一番安撫，說將會與旅館交涉，決不至於讓旅館將其賣掉。

離開房間，裴馨園找到東興順老闆，出示記者證，正告對方不得虐待二樓那位女子，照常供給伙食，一切費用由報社負擔。這樣的話，旅館老闆雖然很不願意聽，但做買賣的畢竟不敢輕易得罪當時所謂「吃報飯的」，唯恐遭報紙抨擊，生意難以做下去。交涉完畢，一行人揚長而去。出了旅館，眾人爲剛才裴馨園的吹牛大話相視大笑。四人中，除他稍微寬裕一點外，其餘三人均有時連飯都吃不上。

但是，洒瑩那窘迫、危難的境況還是給了一行人深深的觸動，覺得有責任將這個無助的弱女子救出來。當晚，裴馨園在道外區的北京小飯店召集一幫朋友吃飯，商量營救之策。席間，他向沒有去旅館的三郎等人，述說求助女子的現狀和約略的過去。眾人聽後紛紛想著辦法，有人願意抽出部分薪水替她還債，有人爲她籌劃將來的職業。唯獨那位名叫三郎的年輕人對眾人說：「我什麼也不能做，我一無所有，只有頭上幾個月未剪的頭髮是富餘的，如果能換錢，我願意連根拔下來。」眾人都笑著說「三郎醉了」。而當裴馨園寄希望於他賣文章換錢時，三郎反問道：「天啦！在哈爾濱寫文章賣給鬼嗎？何況我又不會寫賣錢的文章！」這話似乎擊中了大家的痛處，一下子澆滅了眾人剛才還十分高漲的情緒。包括裴馨園在內，大家頓時心情黯淡，星散而去。

據孟希晚年回憶，當年，他住在道里區西六道街路南靠近新城大街的一幢公寓樓的二樓。樓下便是道里區稅務局，局長姓張，其兄從呼蘭來哈爾濱作客。這位鄉紳每晚都和他在門前乘涼聊天，似乎很談得來。從東興順旅館回來當晚，頗以爲參與了一件好事的孟希，饒有興致地向那位鄉紳聊起白天的經歷。誰知對方竟沒有聽上幾句便不辭而別，令他一時大惑不解。次日問裴馨園，才知道那位稅務局長就是悄吟六叔，而那位鄉紳就是她的父親。孟希後來仔細一打聽，果眞如此。

今天看來，孟希所回憶的這段近乎「小說家言」的掌故，似在眞假之間，但還是有比較大的可信度。不容置疑的是，張迺瑩困居旅館這麼長時間，張家肯定十分清楚。特別是汪恩甲走後這兩個月女兒的危難之境，作爲生父的張廷舉應該有所耳聞。然而，女兒如此危難，終究不能打動他那血濃於水的親情，甚或一點惻隱之心。家族臉面眞的就讓這位父親恨不得女兒早日死掉，或者，在其心中這個女兒已然死掉。從這一角度來看，這位溫文爾雅的鄉紳委實是位極度冷漠的父親，在對待女兒的態度上，似乎難以見到一點人性光輝。然而，這樣的父親在當時卻非個例，太多在舊式婚姻中掙扎的女性的悲劇，往往就因爲遭遇如此冷血的父親。

裴馨園一行的造訪讓焦灼不堪的張迺瑩終於看到了一線希望。

七月十二日中午，她給裴馨園打了幾通電話。裴本人不在，每次接聽的都是坐在主編座位上替其處理外來稿件的三郎。他明知道電話那端就是昨晚大家談論的無助女人，但並沒有與之答話的興致。三郎的「冷漠」基於他對慈悲與同情持有一種獨特的理念。在他看來，明知道自己沒有半點力量能夠幫助別人，又何必那樣沽名地假慈悲？昨天裴馨園邀其一起前往探訪，就被他毫不猶豫地推卻。

此時，張迺瑩自然不知道她生命中最重要的男人已然出場。如果沒有這個名叫三郎的男人，她的人生或許就止於「張迺瑩」這個名字。換言之，如果沒有三郎，就沒有日後那個名叫「蕭紅」的女人。

「冷漠」的三郎究竟何許人也？他就是後來的蕭軍。

蕭軍（一九〇七—一九八八），原名劉鴻霖，又名劉蔚天、劉均，一九〇七年七月三日出生於遼寧省義縣沈家台鎭下碾盤溝村，曾在東北講武學堂學過軍事，因打抱不平打了教官被開除，後在東北軍中任下級軍官。「九一八事變」後，憤於東北軍不抵抗而離開部隊，與好友方未艾（一九〇六—二〇〇三）一起到吉林舒蘭，企圖策劃當地駐軍抗日，事敗，攜家眷潛入哈爾濱。哈爾濱淪陷後，因無經濟來源而陷於困境，不得已將妻子許氏和兩個女兒遣回老家，自己準備伺機參加游擊隊抗日。蕭軍因一喝酒臉就紅，綽號「酡顏三郎」，流落哈爾濱期間，以「三郎」的筆名寫點文章餬口。在向《國際協報》副刊投稿過程中，被裴馨園相中，請去幫助編輯兒童專刊，處理外來稿件。

三郎的稿酬、編務費所得只能勉強塡飽肚子，對洒瑩求助的冷淡，除了自感無任何力量幫助別人外，還與他對社會現狀有超出常人的認知有關。三郎曾在哈爾濱當過憲兵見習生，白天在街頭、飯店糾察軍事紀律，晚上到戲院、妓館維持秩序，見過太多遭遇不幸的年輕女子。在他看來，張洒瑩的遭遇不過十分平常的女性落難罷了。

當天下午，忙於事務的裴馨園打電話派黑人和另一位外號「馮大鬍子」的作者到旅館看望。二人回來說，求助女子情緒上已然表現出些許狂躁，甚至有些「瘋狂症」。在一時找不到救助辦法的情形下，裴馨園想到首先應讓困境中的女子在情緒上安穩下來。考慮到是位知識女性，便決定讓三郎送幾本書過去，並寫了一封親筆信讓他一併帶上。

改變二蕭人生軌跡的見面，就發生在一九三二年七月十二日黃昏。

茶房將三郎帶到房門前便走開了。敲開房門，在極其暗淡的光線裡，映入眼簾的是一個女人模糊的輪廓。半長的頭髮散亂披掛在肩頭前後，蒼白的臉上一雙大眼睛流露出驚恐的神色。得知來人要找張洒瑩，才將他請了進去。片刻對視，洒瑩意識到可能是潔吾託朋友來看自己，頓時驚愕而興奮地叫出聲來，隨即打開室內的電燈。

捧讀裴馨園來信，洒瑩雙手不停顫抖，臉色升沉不定地變幻，身子緊偎門旁。三郎不知道眼前這個無助的女人，是多麼害怕他交了信就馬上離開，不由自主地用身子擋住他的去路——她實在太孤寂、太無助。男人坐下來，在燈下仔細打量眼前這位經同事之口所描述的已有些「瘋狂症」的女人。過了近半個世紀，晚年蕭軍依然清晰記得，第一次見到張迺瑩時的模樣：

她整身只穿了一件原來是藍色如今褪了色的單長衫，開氣有一邊已裂開到膝蓋以上了，小腿和腳是光赤著的，趿了一雙變了形的女鞋；使我驚訝的是，她的散髮中間已經有了明顯的白髮，在燈光下閃閃發亮，再就是她那懷有身孕的體型，看來不久就可能到了臨產期了。

雙眼定定地將裴馨園的信看了幾遍，瞭解到來人並非潔吾所託的朋友，迺瑩多少有些失望。但得知站在面前的就是那位名叫「三郎」的男人，她又難抑興奮，攔住起身準備離開的陌生男人：「你就是三郎先生，我剛剛讀過你的文章，可惜還沒有讀完。」邊說邊拿起丟在床上的一張舊報紙指給他看。男人看見上邊的文章正是自己正在連載的小說《孤雛》。

「這裡邊有幾句對我脾胃的話，我們談一談……好嗎？」

男人稍有遲疑，但還是坐了下來。兩人斜對著坐在桌邊，一開始在相互凝視中，竟然誰也找不到第一句應該說的話。三郎更清楚地看見女人那蒼白而憔悴的臉色和毫無血色的雙唇，但那雙智慧的大眼睛卻在漸漸散發光彩。他實在感覺不出這女人的瘋狂症在哪裡，只感到她的眼光在灼熱自己，同時，漸漸覺得眼前這陌生女人有一種難以言說的美麗。

女人開口打破相對無言的尷尬。作爲房間「主人」，她指著桌上汙損的信封、破碎的舊報紙、未洗的碗碟和烏木筷子，還有地上的碎紙屑，非常歉疚地說實在凌亂得不成樣子。隨著她的指點，三郎發現凌亂堆放在床上的一張詩稿，半幅鉛筆素描畫，還有仿照魏碑《鄭文公》字體勾下的幾個「雙鉤」大字。得知這詩、畫、字，都出自眼前女人之手，難以壓抑的興奮與喜悅侵襲著他。前一刻的陌生感頓時煙消雲散，感到世界、季節還有情感都在變幻。

那邊清溪唱著，
這邊樹葉綠了，
姑娘啊！
春天到了。

一九七八年九月二十八日，已屆古稀的蕭軍，仍清楚記得近五十年前與張迺瑩見面時，這首令他改變所有觀感，題爲《春曲》的小詩。女人前一刻所給予的「那一切形象和印象全不見了，全泯滅了」，他頓時感到對方應該是世上最美麗的女人，並暗自決定要不惜一切代價拯救她。

自此，那個「冷漠」的三郎變成了視拯救眼前這「美麗的靈魂」爲「我的義務」的蕭軍。一個男人對一個相識片刻的苦難女人如此細膩而詩意的知解，讓二蕭這歷史性的晤面無論歷經怎樣的歲月人事紛擾，至今仍是人們津津樂道的文壇佳話。那是一場別樣的風花雪月。痛感無助的女人太需要傾訴，她毫無保留地訴說著自己的遭遇，似乎一旦說出，那一切便不復存在。聽完訴說，三郎感到這苦難的女人如水晶般剔透，而自己在她面前亦是如此。稍後，他在紀實小說《燭心》中描述道：「我們似乎全變成了一具水晶石的雕體。」

話題越過眼前，他們談到各自的讀書興趣，談到文壇新近出現的作家，談到童年、友人還有汪恩甲。迺瑩說那是個毫無詩意的男人。而對於眼前的男人，她充滿好奇，坦率告知：「當我讀著您的文章時，我想這位作者決不會和我的命運相像，一定西裝革履地快樂地生活在什麼地方！想不到竟也這般落拓！」三郎自我解嘲地看看自己。一件褪了色的藍色粗布學生裝上衣，一條打著補丁的灰色褲子，赤腳蹬著一雙開了綻口的破皮鞋，頭髮蓬亂，境遇比對方似乎也好不了多少。

隨著聊談的深入，張洒瑩詢問對方對於愛所抱持的哲學。不想，男人粗豪而坦率地說：「談什麼哲學，×學，愛便愛，不愛便丟開！」

這極其男性中心的觀念和太過大男人主義的表達，讓女人多少有些不適，緊接著弱弱地問：「如果丟不開呢？」

「丟不開……便任它丟不開！」

三郎自然沒有想到，他的坦蕩與率眞似乎帶著粗野的詩意，然而，這基於男性霸權，粗糙而簡單的「愛的哲學」，卻是這個詩意之夜最乏詩意的地方。某種意義上，張洒瑩此後的人生悲劇便源於這「愛的哲學」。蕭軍是個有故事而沒有祕密的男人。其後，在二蕭相處的六年裡，蕭紅不時被這種「愛的哲學」傷害、折磨。事後看來，蕭軍也確是這曠世的「愛的哲學」一絲不苟的踐行者。不必說蕭紅生前，在本書後面即將敘述到的他那眾多的「愛」與「不愛」；即便在她死後，他身上這「愛」與「不愛」的故事仍在延續。

二〇一〇年五月，蕭軍私生女鮑旭東在媒體上撰文《父女如影》，並接受《東方早報》的訪談，坦率講述蕭軍如何走入其母的生活。實際情形是，一九五一年四十四歲的蕭軍，在巨大困厄中，帶著妻子王德芬以及五個子女在朋友張公度家做房客期間，愛上了其女張大學，並生下鮑旭東，其時張大學二十五歲。鮑旭東稱自己原名張蕭鷹，在《父女如影》中寫道：「我一九五三年出生在北京，我從來沒有與自己的父親在一個屋簷下生活過一天，而蕭軍一生中從未聽我叫過他一聲『父親』——這一切只因爲我的父親雖然是蕭軍，但是我的生母卻不是他的夫人王德芬，而是另有其人，一位如今已是耄耋之年的知識女性。」學術自然不是娛樂八卦，但由此可以反觀蕭軍對待情愛的一貫態度，亦由此可以反思蕭紅的悲劇。

洒瑩覺得他最後的回答「太中和了」。不過，兩人隨即縱聲大笑起來。她或許以爲這只是一個男人充滿豪氣的玩笑話而已。緊接著又問：「你爲什麼活著？」

向一個剛剛認識的陌生男人追問如此莊嚴的問題，多少有些驚心動魄。但出自此時的張迺瑩之口並不突兀、矯情。太過沉重的困厄早已讓她在無助中生出無邊虛無。可以想見，在此刻的追問之前，她一個人在百無聊賴中該是多少遍地追問過自己！對這個問題，她再也不願聽到「中和」的回答，在男人開口之前便事先聲明：「請不要用模稜兩可的話來答覆我。」

「那你爲什麼還要留戀這個世界？拿你現在，自殺的條件這般充足……」男人以反問回答了她。

迺瑩聽後意識到處於現景中的自己，實在有太多結束生命的理由，但她更清楚，是內心的那份不甘在支撐著自己要活下去——任性地活下去。於是答道：「我嗎？因爲這世界上，還有一點使我死不瞑目的東西存在，僅僅是這一點，它還繫戀著我。」

男人亦隨即表示，即便現景再不堪，但任何人都剝奪不了自己堅強求生的權利，除非面對不可抗拒的暴力。從迺瑩對三郎的追問和回答之中，可以推知久處絕望的女人太需要一份外在參照，來驅趕內心的虛無，來勃發她那自感日漸委頓的生命，害怕被生命中不能承受之重徹底壓倒——她只有二十一歲。與其說在追問對方，倒不如說是在追問自己。這個夜晚，她終於對自身的生存意義有了自我確認。作爲一個女人，她身上所表現出的「生的堅強」一直保持著，直至生命的終結。正因如此，蕭紅才堅忍度過生命中一個又一個的巨大困厄，她那短促的一生才如此波瀾壯闊，令無數後人感慨不已。

對於二蕭而言，大而言之，對於中國現代文學而言，一九三二年七月十二日夜，確實是個值得紀念的時間。如此華美、精彩的時刻在人們冗長的一生中，有如一星熣火，無法再現。兩人談了很久，三郎多次起身欲走，又多次坐下，並多次想擁抱面前這個令他生出無邊愛憐的女人。他自覺表現出「瘋狂症」的，不是眼前的落難女人而是自己。在對男性的情感和審美取向上，迺瑩明確表示不喜歡小白臉式的男人，認爲那樣的男人還不如「賣淫的女人」，言外之意旨在傳達對面前這個雖然落拓但豪霸之氣沖天的男人的欣賞。

五個月後，三郎將這一晚的精彩記述在小說《燭心》裡。雖是小說，但他多次強調那是一篇「實錄文字」。在給鐵峰信中便如是說。學者陳隄在一九九二年三月十一日撰寫的《蕭軍在哈爾濱》一文中，同樣認定蕭軍寫於一九三二年十二月二十五日的中篇小說《燭心》，「是他與蕭紅結合經過的記錄。小說中沒有一點虛構。小說中的春星、馨君、畸娜是蕭軍、老裴、蕭紅的代名。」

臨走前，三郎問迺瑩每天吃點什麼。女人將桌上兩只合扣著的粗瓷碗揭開，只見裡邊還剩有半碗紅得像血、硬如沙粒的高粱米飯。男人佯裝在口袋裡尋找什麼，以掩飾內心的酸楚，將口袋裡僅有的預備搭車返回道里的五毛錢放在桌上，壓抑著酸楚勉強對她說：「留著買點什麼吃罷！」

出門前，兩人的手握在一起，隨即有了深長的擁吻——二蕭的「狂戀」拉開序幕。

當夜，分手後的三郎面臨步行十里長路的歸程；困處中的張迺瑩則又要苦熬一個孤寂的長夜。然而，一切已然改變，歸程和孤寂都不再漫長，愛意濃郁的甜美愛戀在悄然消解苦難。三郎的到來不僅徹底驅趕了躊躇在迺瑩心頭的死之誘惑，而且，男人的賞識與愛意亦激發出她那早已死寂的激情。男人走後，她不停續寫《春曲》，傳達愛之序幕已然拉開的巨大喜悅，以及伴隨這太過突然的幸福而來的淡淡惶恐：

我愛詩人又怕害了詩人，
因爲詩人的心，
是那麼美麗，
水一般地，
花一般地，
我只是捨不得摧殘它，
但又怕別人摧殘。

那麼我何妨愛他。

——《春曲・二》

只有愛的踟躕美麗，
三郎，我並不是殘忍，
只喜歡看你立起來又坐下，
坐下又立起，
這其間，
正有說不出的風月。

——《春曲・四》

七月十三日，三郎再次到來。不可遏抑的愛之潮水迅速將兩人徹底淹沒。他在《燭心》中寫道：「我們不過是兩夜十二個鐘點，什麼全有了。在他們那認爲是愛之歷程上不可缺的隆典——我們全有了。輕快而又敏捷，加倍的做過了，並且他們所不能做，不敢做，所不想做的，也全被我們做了……做了……」迺瑩沉醉於戀人的懷抱，低聲吟唱：「姑娘啊，春天來到了……」伴隨這歌聲，三郎感到兩人在「向著萬丈寒潭沉沒，淵然地沉落著……」在這愉快而瘋狂的飛翔與沉落中，他們暫時忘記了過去、現在和將來，及至精疲力竭，滿足而甜美地睡去。

醒後，二人發現前額、胸窩滿是汗水，而四面的白壁和窗戶上的鐵柵欄提醒他們仍擁抱於地獄般的人間一角。迺瑩想掙脫男人的懷抱，低聲說：「三郎，我們錯了！」

「我們不會做錯的！」

說罷，男人更有力地將幸福而又惶恐的女人攬在懷裡。女人緊閉的雙眼裡不斷有淚水恣肆溢出，喃喃解釋說：「三郎，你不要誤會我的意思，我是說我自己錯了，不該愛了我所愛的人！」

暴戾而冷漠的父親、軟弱的陸哲舜、庸俗的汪恩甲，這些令人失望的男人，不覺讓迺瑩對家庭、婚姻充滿本源性的挫敗感。意識到被迫去愛所不愛的一切，似乎早已是自己的宿命。而當眞愛到來，內心反倒無比惶恐。況且，這一切又是如此迅猛，而此時的自己又是這樣一種身分、這樣一種處境——一個被男人拋棄而又懷著他的骨肉、並即將臨盆的無助女人。

當三郎得知自己就是女人昨晚詩中的那位「詩人」時，他不願意接受如此高貴的讚譽。爲了安慰對方，他說：「那你也將我視爲你所不愛的男人吧，可以盡興地『摧殘』。」迺瑩本能地告訴眼前的男人，自己此生是不會擁有盡興的愛戀了。而她理想中的愛情卻是不盡興的愛戀還不如沒有。

聯想蕭紅的一生，令人感慨的是，幸福感的缺失，確乎是這個對於愛戀抱持完美主義態度的女人的宿命。即便在這個「狂戀」的性愛之夜，她那宿命般對於愛戀的內省，本源性地終結了剎那間的幸福。蕭軍不知如何回答她，但是，事後這個男人清楚地知道，自己太過強烈的「愛火往往要燒枯了少女的情芽」，所以，他覺得自己也是個「不敢愛我所愛」的人。

很顯然，兩人內心所存有的「不敢愛我所愛」的心態，基於兩種全然不同的情感態度和方式。張迺瑩怕自己連累了這個名叫三郎的男人，怕他背負不起太過沉重的來自世俗的壓力。嚴酷的處境早已讓她不敢對任何愛戀有所奢望，即便這份愛已然湧動胸懷。而三郎的「不敢愛我所愛」，則是擔心自己那過於熱烈的愛戀會傷害所愛的人，況且，他又擁有如此開放的「愛的哲學」。張迺瑩後半生人生悲劇的根源，在這個本該最爲幸福不過的激情之夜，再次埋下——三郎，眞的是她所不該愛又愛的一個男人。

多麼可怕的宿命！

雖然惶恐但已然墮入愛河的張迺瑩充分享受著愛的激情與喜悅，寫出一首首情感熾烈的情詩。次日晚，三郎將白天在公園寫的情詩念給她聽，迺瑩則將昨晚再賦的《春曲》呈給他看：

你美好的處子詩人，
來坐在我的身邊，
你的腰任意我怎樣擁抱，
你的唇任意我怎樣的吻，
你不敢來在我的身邊嗎？
詩人啊！
遲早你是逃避不了女人！

——《春曲・三》

或許，沒有比這更富詩意的浪漫愛戀。熱吻過後，迺瑩問是否聞到大蔥的氣息。三郎這才問起她晚上吃了什麼。女人回答只吃了些大蔥和一杯冷茶聊以充飢。男人聽後內心湧起些許愧疚，自責於沒有能力讓自己狂戀著的女人吃頓飽飯。而渾身除了力氣之外，沒有一件能夠典當的東西，要讓女人吃上一頓飽飯只有去搶了。聽了這樣的想法，迺瑩覺得他是個孩子，安慰說：「不要盡瘋了，常餓一餓，這是我喜歡的——來給我笑一笑，我便比吃什麼全飽了。」

迺瑩又感到男人那赤裸的「愛的哲學」是這愛之喜悅的莫大威脅。害怕他在熱吻自己的同時，也會熱吻別人。因而直率地對他說：「三郎，我不許你的唇再吮到俉誰的唇！」雖然只有短暫的接觸，但兩個坦蕩的人都太清楚對方的過去。迺瑩所想望的是兩個人眞愛一生，專一不渝的未來。

她問三郎剛才念給自己的那首詩是在哪裡寫的，他回答說早晨在公園裡。女人聽後，黯然神傷幾至落淚，說：「我連到公園寫詩的權利也沒有。」她太想與情人一起無慮地徜徉在公園，自在地談情說愛。而讀罷洒瑩的詩，三郎坦率告訴她，自己早已不是她眼中的處子詩人。他曾經愛過別人，且那慈悲的姑娘仍在其心中占有重要地位，眼下似乎還對住處樓下的「一位很美好的姑娘」保有朦朧而熱烈的情愫。他似有意告訴洒瑩，對她的愛戀其實並不純粹。

女人聽後無比酸楚、落寞，意識到與這個男人的愛戀可能並沒有將來。對於愛的態度，他們之間存有如此巨大的錯位。可憐的女人感受到一種全新的無助。面帶幽怨、無奈，不無譏誚地說：「唔……你還是位唯情主義男人，我並不願聽到這些與我無關的話，我恐怕再也寫不出昨夜那樣的詩來了，三郎，你好殘忍！」說罷，臉色十分難看，眼睛始終看著地面。三郎不禁有些後悔說出的話，但又覺得不該欺騙她。男人到底後悔於自己一時的快意傷害了眼前心愛的女人，怔怔中不無懊悔。這時，他聽見女人以幽怨而嘆息般的語調對他說：

「我們只享受這今朝吧，三郎，抱緊我！」

不久，三郎意識到，在外人看來，陷於「狂戀」的他們「是一對狂飲愛酒的醉泥鰍」，「是一雙不會節用愛情財產的揮霍兒，不久就要窮困了」。當狂戀的熱度漸漸消退，狂熱的心靈漸漸冷靜，他也在用一種富有理性的態度重新考量與洒瑩的關係。《燭心》裡記載著他在七月十六日的心境：

……我們就是這樣結束了吧！結束了吧！這也是我意想中的事，畸娜，你不要以爲是例外……

……你愛我的詩，也只請你愛我的詩吧！我愛你的詩，也只愛你的詩吧！除開詩之外，再不要及到別的了……不要及到別的了！總之，在詩之領域裡，我們是曾相愛過……

這樣的「實錄文字」似在表明，「狂戀」四天之後，三郎便心生終結之意。迺瑩注定難以成爲他那「愛的哲學」之例外。

如果說陸哲舜、汪恩甲只是迺瑩爲實現求學夢而迫不得已尋到的倚靠，談不上愛戀的話，那麼，三郎則是她在困厄中眞正愛上的男人，事實上也是她眞愛一生的男人。當三郎對發生在他們之間的「狂戀」似有終結之意時，她仍在那近乎囚居的發霉小屋裡，癡情續寫著一首首《春曲》，表達炙熱的初戀情愫，在愛之癡念裡度過漫長雨季裡那極其無助的一天天。

誰說不怕初戀的軟力！
就是男性怎樣粗暴，
這一刻兒，
也會嬌羞羞地，
爲什麼我要愛人！
只怕爲這一點嬌羞吧！
但久戀他就不嬌羞了。

——《春曲・五》

當他愛我的時候，
我沒有一點力量，
連眼睛都張不開，
我問他這是爲了什麼？

他說：愛慣就好了，
啊！可珍貴的初戀之心。
——《春曲・六》

正因爲出於對三郎的眞愛，他那「愛的哲學」和漸漸從「狂戀」中冷卻下來的態度，讓洒瑩在落難待人拯救的焦慮中，又多了一重新的焦慮。那便是害怕所愛的人移情別戀，害怕三郎就此對她「不愛便丟開」。

三郎前來看望的次數愈來愈少。洒瑩又開始沒有太多指望地看著窗外的雨勢度過漫長的日子。七月三十日，在想望、猜疑中，她回想起昨晚夢見三郎與他暗戀的女孩在一起的情形，有感而發地寫下長詩《幻覺》。詩中對「我」的情人愛上少女Marlie雖表示理解並給予祝福，但詩人又多麼希望夢中的景象只是一種「幻覺」。然而，實際的情形到底不是「幻覺」。據舒群晚年回憶，瑪麗（Marlie）姓李，是位氣質極佳的大家閨秀，經常舉辦文藝沙龍，很有名氣，一些健康、正直的男士集聚在其周圍，追求、暗戀者甚眾。後來去了上海，最後定居美國，蕭軍大概是暗戀者之一。

對於張洒瑩和三郎的這場「狂戀」，資深蕭紅研究者鐵峰認爲，後人在傳說中有意濾除了肉欲色彩因而有所「淨化」，以致對二蕭日後的分手不能理解。他進而認爲，這場「狂戀」在兩人「是愛情也是需要」。這種觀點雖有些刻薄，但似乎又並非全無道理。筆者無意指責蕭軍什麼，且更傾向將這場愛戀視爲他們出自眞實內心的情感訴求。只是，蕭軍那太過個人主義的「愛的哲學」對於當時的張洒瑩而言，似乎殘忍、自私了些。然而，面對這樣一個連傷害女人也傷害得如此坦蕩的男人，作爲當事人的張洒瑩自己都不知道說什麼好，更何況站在局外的旁人？

巨額欠款令三郎及周圍朋友都對困厄中的張迺瑩愛莫能助，能做的只是不時的探望，以排解、安撫這可憐女人。期間，在三郎介紹下，迺瑩還認識了經常前來探望的方未艾。

正當三郎爲拯救迺瑩四處奔走而一無所獲、一籌莫展之際，一九三二年的大洪水最終幫助了這個太過不幸的女人。至今，一九三二、大洪水、蕭紅，某種意義上成了哈爾濱歷久彌新的傳說。

一九三二年的哈爾濱注定與大洪水連在一起，寫進各種各樣的水文史、災難史。自六月下旬開始，整個松花江流域陰雨連綿。更爲罕見的是，作爲北方內陸城市，七月哈爾濱連續降水二十七天，一晝夜最大降水量爲九十九・一毫米，創下有水文記錄以來的最高值。由於嫩江、第二松花江、拉林河三路洪水互相遭遇，八月五日哈爾濱段江堤開始決口。這個美麗的城市呈現即將傾覆之象。更大的潰決發生在八月七日，江堤二十餘處被毀，整個道外區頃刻一片汪洋，街上可以行船。次日，淹至道里區，十日道里區的一些街道亦可行船。十二日八時洪峰水位達到一一九・七二米，道里、道外一片汪洋，房屋倒塌不計其數。全市三十八萬人中受災者達二十三・八萬之眾，數日內兩萬多人喪生。在呼天搶地的悲慘呼告中，東方小巴黎成了一座不折不扣的傾覆之城。

江堤潰決，洪水隨即淹進東興順旅館的一樓，人們紛紛轉至樓上。聽著屋外無邊的喧囂，迺瑩一個人神色黯淡地站在窗

8月7日，洪水首先從道外湧進街區

前，望著滿街積水沒有邊際地蕩漾著，水面上閃耀著一片片刺目的日光。一艘艘小船載著大人、孩子、包裹從窗前划過。感到自己被這個已然傾覆的世界遺忘，她將胳膊橫在窗台上，張著嘴，眼神空洞而茫然地久久張望著。

老闆再次進來催逼欠款，告訴她汪先生現在是不可能回來了，一定得有辦法還債才行。聽罷對方的最後通牒，迺瑩臉上全無表情地說「明天就有辦法」，但那聲音好像是在說給自己聽。面對這個除了高高隆起的肚子之外，一無所有的女人，老闆很無奈地轉身離開。迺瑩帶著那彷彿不屬於自己的巨大肚子，無助地把自己放倒在床，兩眼望著映照在天花板上的粼粼波光，聽著窗外行走在水面上的喧囂人聲。

包袱落水了，孩子掉進陰溝了……

這些聲音如此清晰，卻又那樣遙遠。而自己卻是個連逃生權利都沒有的可憐女人。在這樣的喧囂裡，她竭力讓自己什麼都不想，卻又無法做到。沒有家、沒有朋友，該走向哪裡？新認識的三郎也是沒有家的人。

大水、欠款、逼債、汪恩甲、三郎……

紛亂的想法一如窗外無邊無際的大水早已淹沒了她。當初，住進這裡天上飛著雪花，現在已是漫天大水；剛進來的時候，自己還是個無知少女，現今即將要做母親……她不願往下想那個不辭而別的男人，下意識地用手撫摸著高高隆起的肚子。在這個散發著油汗氣息的發霉小屋裡，只有這腹中的孩子陪伴著她——說不出的無助與絕望。

街道上的積水仍在上漲，一段段江堤還在潰決，更大的洪峰即將到來。

八日黃昏，客人們慌亂地拎著箱子、拉著孩子走了。昨天從一樓搬上來的客人也都走了。旅館旋即安靜、空洞下來，一間間房門緊閉，整幢樓只剩下一個雜役和一個生病的婦人以及陪伴的丈夫，還有，就是被囚在二樓雜物間裡的欠債女人。樓道一片狼藉，有如大隊潰兵剛剛經過。站在窗前的迺瑩感受著流蕩在空氣裡的稀薄水氣，沉靜的黃昏亦在空中流蕩。借助暗淡天光，她看見一隻小豬在大水中絕望地掙扎尖叫。牠那愈掙扎愈絕望的眼神令迺瑩心生一種說不出的況味，一乘打撈浮物的木排划過來，得救的小豬橫臥其上，絕望的眼神轉而變得安寧。然而，在她看來，小豬哪裡知道牠那希望的眼神和木排主人想吃豬肉的眼神糾結在一起。夜幕漸漸降臨，四周高大的樓房成了一座座矗立的峭壁，昔日的街道成了激流洶湧的山澗。夜變得猙獰可怖。女人紛亂的思緒亦被這可怖的夜色驅趕得一乾二淨，她感到無邊的陰冷。站立良久，雙腳變得麻木，像是安裝在自己身上的義肢。

一些資料提及，當時只有十九歲的共產黨員李書堂，可能就在八月八日黃昏用組織上發給的出差和生活費，買了兩個饅頭、一包菸，然後將之捆在頭上泅水來到東興順旅館看望張迺瑩。當時天色已晚，無法再回去，他就在旅館蹲了一夜陪可憐的女人度過這可怖的長夜。次日，迺瑩希望他帶自己走，但考慮到自己全家人也從道外流落到了南崗，父親幾乎淪爲乞丐，一家人一點著落也沒有，實在沒有力量安置她，李書堂就一個人離開了。

張迺瑩又一個人在無邊孤寂裡。有朋友來看望，到底給她增添了些求生的勇氣和信心。不久，街道上划行著許多搜救難民的船隻。搜救者搖晃著手裡的黃色旗子，以引起被困者的注意。可憐的女人終於被搜救船從二樓窗戶接走。小船穿行於昔日的大街小巷，迺瑩呼吸著廣大空間裡的新鮮氣息，無比興奮、喜悅。幾個月來，第一次接觸到明媚的陽光，她驚奇地看到江堤已經沉落在水底，沿路的小房子亦睡在水底，小船從屋頂上划過。遠近被困屋頂的人們，蹲在那裡等著一艘艘快速來往的小汽船去營救。巨浪沖來，全船人驚慌失色，大聲尖叫。

惶恐中，迺瑩用憂鬱的眼神打量著四周全然陌生的人們，不自覺地用手指四張的雙手護著肚子。巨浪帶來的生死劫難已然過去，六七個月沒有到過街頭的女人感到外邊的世界是如此陌生——陌生的同船者、陌生的天空、陌生的太陽，風中帶著陌生的水味。過於久長地疏離人群，讓剛剛回到人群中的張迺瑩感到眼睛、耳朵都不怎麼受自己支配，看不清楚什麼，也聽不清楚什麼，只覺得熱鬧。那是一種令人愉快的嘈雜聲，她內心裡洋溢著重返人世間的喜悅。

三郎爲什麼不來接我？走岔了路嗎？

她不停問自己，同時，在撩亂中睜大眼睛搜尋著從對面駛來的每一艘船，看那上面是否有她的三郎。迺瑩最終按照男人之前留下的地址找到了位於道里區的裴家。坐下來後，她爲裴馨園夫人黃淑英看見自己還穿著冬天的棉鞋而尷尬。女主人顯然也爲她的狼狽、落拓而無比驚異，上下打量的眼光就像在看一個怪物，令她緊張、急躁，有一種重返人世間的無所適從之感。黃淑英告訴她，三郎出門接她去了，兩人一定是走岔了。

當夜，三郎便將衣衫襤褸的迺瑩帶進之前她所想望的道里公園。細碎的月影裡，兩人相互依偎著繞過一片片積水，穿過一個個蚊蟲的方陣，然後在男人寫詩的那個亭子坐下。倚靠在三郎肩頭，女人想到明天終於也可以坐在這裡寫詩了。

從七月十二日見面到八月九日自由地依偎在一起，傾覆的哈爾濱見證了二蕭間這場富有傳奇色彩的愛戀——一場名副其實的傾城之戀。

三郎和被救後的迺瑩在道里公園

洒瑩被安頓在裴家客廳。

長久困居旅館的孤獨與惶恐從此徹底消釋。她享受著重獲自由的安寧與喜悅。裴馨園一再叮囑家人不要打攪她，讓其安心靜養，家人就很少到客廳。每天忙於公務的裴馨園很少在家，也許是彼此生疏的緣故，洒瑩與女主人很少講話，白天以看書、讀報打發時間，傍晚等著三郎下班後前來看望，兩人然後一起到公園開始熱烈而傾心的聊談。不久，三郎亦索性搬到裴家，二人盡情共享道里公園溫馨的傍晚時光。那份短暫的安寧與幸福，就正如日後蕭紅所描述的那樣：「就像兩個從前線退回來的兵士，一離開前線，前線的炮火也跟著離開了」，「只顧坐在大傘下聽風聲和樹葉的嘆息」。夜深人靜，兩人才跨過公園前的水溝回到裴家。

時間稍長，不善與人溝通的洒瑩給裴家人孤傲不通世故的感覺，印象隨之變壞，新的矛盾亦潛滋暗長。洒瑩敏感自尊，太過眞切地體會著寄人籬下的滋味。爲了最大限度地減少打擾裴家的生活，她往往一大早便到中央大街遊蕩，只是在吃飯、睡覺的時候才回來。每天傍晚，當三郎將她從街上接回，見身後拖著的兩條長長的身影，她自然感到兩人就像是被主人收留下的兩隻野狗。松花江的大水還在上漲，不久，常去的公園及其左右的街巷亦被淹沒。兩顆相愛的心靈被漫天大水追逐著，亦被周遭冷漠而侮蔑的眼光追趕著。

太想擁有屬於自己的空間，而這對於熱戀中的他們，不只是想望也是迫切的需要。住在別人家裡，最平常的愛意表達也成了一種奢侈，一對戀人即便同住一個屋簷下亦被刻意分離。每天早晨，他們趁裴家人還沒起床，要麼三郎來到洒瑩床前推醒她，或是洒瑩輕悄悄地來到三郎所蜷臥的藤椅前輕撓其腳趾，從睡夢中醒來的男人像是「被驚醒的鴨子般的不知方向」，揉擦著惺忪睡眼。見狀，迺瑩便有無限的快樂，甦醒了那尚未泯滅的童心。三郎一走，她又不得不一個人面對無比寂寥、漫長的白天。

預產期一天天臨近，迺瑩每天都能感覺到身體的變化，肚子愈脹愈大，由一只倒扣在身上的小盆變成大盆，由一個不活動的東西變成活動的東西。腹中孩子的活動愈來愈頻繁，身體的變化給她帶來無邊焦慮，常常一覺醒來便再難入睡。大水過後蚊蠅肆虐，在腿上肆意叮咬，鼓起成片的小疱疹，有如台階上的苔蘚，疼癢難忍。難以入睡的迺瑩來到三郎床前把自己遭蚊咬的小腿給他看。男人心疼地撫摸著，眉頭緊皺，轉而又向她溫和地笑著。濃濃愛意激起無邊愛欲，欲望在各自內心奔突。女人似乎忘掉了肚裡的孩子，「只是示意一般的捏緊」男人的腳趾，內心狂跳不已。適逢女主人帶著女兒從門前經過，孩子看見房內的情形好奇地大聲嚷著讓媽媽看。黃淑英以極其侮蔑的眼光看著這對沉浸在愛欲想像中的戀人，揶揄道：「你們兩個用手捏住腳，這是東洋式的握手禮還是西洋式的握手禮？」四歲的小女孩也學著媽媽的腔調重複著大人的話。自尊心受到刺傷的三郎極其憤怒地看著對方，轉念，想到二人寄人籬下的處境，只好將憤怒強壓下。

隨著預產期的臨近，迺瑩與裴家關係愈發緊張。一天晚上，黃淑英單獨和她談了一次。她強裝笑容，盡力以一種委婉的語調，說起裴馨園看見他們白天在中央大街閒逛的情形。因爲衣衫過於襤褸，所以提醒說：「你們不要在街上走了，在家裡可以隨便，街上人太多，很不好看，怕人家講究。因爲街上我們的熟人很多，大家都知道你們是住在我家的，假如你們不是住在我們家，好看和不好看都不要緊。」這顯然是裴馨園託夫人轉達的意思，怕被他們的窮困汙損了自家臉面。迺瑩聽後不知如何應對，那種遭棄的感覺剛剛消失，卻又面臨遭驅逐、被侮蔑的境地。老裴在變相下著逐客令。

第二天一大早三郎又挽著女人在街上漫無目的地閒逛。迺瑩的兩條腿幾乎無法邁動，心情十分狂躁。

黃淑英昨晚的話，又將兩週前在旅館所感受到的那種無望帶了回來，令她窒息。她想把這重又聚斂的苦悶和焦慮說給三郎聽，於是一邊玩弄著男人身上的鈕扣，一邊低著頭無限哀怨地說道：「我眞不知道這是什麼意思，我們衣衫襤褸，就連在街上走的資格也沒有了！」問明原委，剛強而無助的男人難抑憤怒，但無可奈何的憤怒隨即又轉爲難以言說的焦煩，用拳頭捶打著自己的腦袋，憤激地自我質問：「富人窮人，窮人不許戀愛？」

沉默地走在「別人的大街」上，累了兩人便在街邊木凳上坐一會兒，全然沒有心思打量這「別人的城市」。焦煩漸漸褪去，初秋風吹過，涼意無邊，洒瑩不禁將頭埋在三郎上衣的前襟裡。這是唯一的取暖辦法。天黑了，他們從街上又回到被淹的公園旁一盞發著紅光的路燈底下繼續坐著。那盞在密集的樹梢下的紅燈，依舊如同往日，此前，兩人每夜都來此孩子般嬉笑打鬧一回，今夜卻再也沒有嬉鬧的興致，只是那麼相視無言地坐著。女人用手按著不安分的肚子，心情如暗夜般沉重。涼意侵人，三郎攙扶著心愛的女人往裴家走，兩人都感到那是一處非常無奈的居所。裴家人已然熄燈睡下，摸黑上樓時，黑暗中洒瑩禁不住淚流滿面。

洒瑩更敏感到裴馨園對待自己與三郎的態度明顯兩樣。一段時間過去，他們仍沒有搬走的意思令裴馨園很爲難，家人不停埋怨。爲了防止矛盾升級破壞了與三郎的友誼，他只好將家小搬到另一處房子裡。這樣，洒瑩、三郎就只是與裴馨園岳母住在一起。被褥全部帶走了，洒瑩只好枕著包袱睡在裴家土炕上。八月下旬，哈爾濱晚上的溫度已經比較低了。吃飯都成嚴重問題，兩人自然沒有能力添置被褥，就只好這樣堅持下去。睡了兩夜，也許是受涼之故，第三天早上洒瑩的肚子開始作痛，且愈來愈厲害。三郎不敢離開，蹲在地板上，下巴枕在炕沿上，無助地看著心愛的女人忍受巨大的痛苦。他只能以溫暖的注視給她安慰，讓她知道在這個世界上她並不是孤獨的一個人。被疼痛折磨著的洒瑩看著眼前的戀人，想到他們就像兩個被拆了巢窠的雛鴿。「只有這兩個鴿子才會互相瞭解，眞的幫助，因爲飢寒迫在他們身上是同樣的分量。」疼痛愈發厲害，女人在炕上不停打滾，汗水與炕上的塵土混合在一起，像個泥人。

女人的痛苦之狀讓三郎看不下去，這對於他無異於一種折磨。擔心這樣下去，女人會被痛死，但救她需要錢。身無分文的男人連帽子也沒戴就衝到樓下，來到大街上才發現下著陰冷的秋雨。擺在面前的首要任務是借錢，然後送女人去醫院。而能夠想的辦法就是找裴馨園。趕到他的辦公室，開口借一元錢，不想得到的回答卻是：「慢慢有辦法，過幾天，不忙。」裴馨園的婉拒令他非常失望，心想：「這是朋友說的話嗎？」進而明白自己與人家在經濟上不對等，做不了真正的朋友。女人也不知怎樣了，想到這裡，三郎又飛快地往裴家跑。還未上樓，便聽見樓上傳來女人那撕心裂肺的號叫。來到床邊，她已經痛得半昏過去，只是本能地拉著他的手，怕男人將自己一個人丟下。跪在床邊的三郎早已被雨水淋得渾身透濕。陣痛發作，迺瑩又開始在炕上打滾，發出撕裂人心的號叫。男人再次將號叫著的女人獨自撇在樓上，衝進大雨中找熟識的朋友借錢。

飽受疼痛折磨的迺瑩已不成人樣，臉色蒼白得如同一張白紙，疼痛加劇，常常不知人事，等到稍輕一點，獨自下炕想喝杯水，杯子剛拿到手裡卻又突發陣痛。杯子拿不住掉在地上摔碎了。裴馨園岳母應聲來到房內，對迺瑩慘狀一無所見，只是心疼那只杯子，不停嘮叨：「也太不成樣子了，我們這裡倒不是開的旅館，隨便誰都住在這裡。」腸子像被絞斷了一樣，迺瑩滿臉淌著汗水和淚水，難以忍受的疼痛令她無從顧及周圍的一切，將肚子壓在炕上像是要將孩子擠出來，以減輕疼痛。

晚上，三郎帶回一輛馬車，將迺瑩抱到車上便讓車夫趕著往醫院送。車廂裡他緊緊抱住忍受疼痛折磨的愛人。痛不欲生的迺瑩看見周圍的一切都覺厭煩，包括街上素不相識的行人和緊抱著自己的愛人。她不停撕扯著頭髮，在男人懷裡掙扎，恨不得一步跨進醫院，好讓醫生迅速解除其痛苦。馬車在積水的大街上緩慢前行，水深處，馬也不願意往前走，一個勁在水中打旋轉。三郎見狀無比惶恐，水太深，擔心馬車會陷入陰溝。他連忙跳下車拉住馬勒，在深水裡一步步試探著往前走。蜷縮在車廂一角的迺瑩感到自己像「一個齷齪的包袱」或是「一個垃圾箱」。明亮的月光下，三郎拉著馬勒在水中前行的情景深深烙印在腦海裡。秋夜的月光將這一切渲染得格外悲壯、沉痛。

迺瑩最終被送到哈爾濱市立醫院門口。大門緊閉，見三郎上前打門，她感到一種生存的安穩，一種絕望中可倚靠的力量，腹部的疼痛似乎減輕了許多。或許是心理作用，一直痛感無助的迺瑩在醫生面前找到了久違的依賴，焦躁的內心亦迅速安寧。醫生爲之檢查，排除腹痛是臨盆之兆，因爲預產期在一個月之後。生產需要十五元住院費，好心的醫生提醒他們做好準備。得到醫生的診治，迺瑩感到腹部的疼痛不覺中消失了，一時間竟也說不出具體的不適。醫生給了她一些寬慰和心理暗示，然後讓男人帶回去好好靜養。回來路上，她居然有了看看兩邊街景的興致，公園、馬戲場都引發其無窮想像，不時找三郎說笑話。

一天下來，男人又累又餓，但看見女人那像孩子般開心的笑容，所有勞累、不快全都拋卻。回到裴家，他將借來的五角錢付給馬車夫。攙扶女人上樓時，心裡卻在盤算如何借到十五元錢作爲一個月後女人生產的住院費。直到迺瑩在裡屋安穩睡下，他才回到外房。剛一躺下，便又聽見從裡屋傳來的痛苦呻吟聲。連忙趕過去，第一眼便看見迺瑩那慘白得如同一張白紙的臉，頓時明白剛才在醫院裡疼痛消失全然是心理作用，是聽信了醫生所說的預產期在一個月之後。而現在的樣子讓他意識到女人已然臨盆，得馬上再次送醫院。在這樣的深夜，籌措十五元錢自然是不可能，白天向朋友告借遭拒的恥辱仍盤桓在心頭。驟然間，一個強硬的念頭湧入腦際。他不想向任何人借錢，也不打算借。眼下，跟別人講道理會不起作用，而能夠直接解決問題的方式惟有蠻橫。不然，會眼睜睜看著心愛的女人死去。當晚，三郎讓迺瑩強行住進醫院的三等產婦室。次日凌晨，順利產下一名女嬰。時間是一九三二年八月底。

產後極其虛弱，迺瑩沉迷地睡了兩天，夢中不斷出現馬車在大水中打轉的情形，醒來後汗透衾枕。她太過疲乏，精神極其委頓，對一切都不關心，包括剛生下的孩子，還有每天來看望的三郎。跟他說上幾句不關緊要的話，待他一走又合眼睡去。到第三天，迺瑩便再難安睡，奶子脹得堅硬生疼。她似乎從未意識到自己已經做了母親，這種新鮮的疼痛似在提醒她。然而，她只是不停喊著奶子痛，卻始終不去詢問那已然出世的骨肉。

白天，當護士將新生兒的小床分別推進產房裡另外兩個產婦的床前時，她們都仰著頭，臉上浮現不可抑制的新奇而慈愛的笑容，急切等待著與孩子的第一次見面，充分享受第一次做媽媽的喜悅與驕傲。這種喜悅之於迺瑩卻全然沒有，她在措手不及中做了母親，而且這孩子一出世便沒了父親，是那段不堪回首的困居旅館生涯的結果。她害怕再次回到那無邊的無助與絕望中，當護士意欲將女兒的小床推至面前，她連忙本能搖動伸到被子外邊的手掌，示意不想看見孩子。而就在向護士擺手示意，並低聲喊出「不要……我不要」時，她渾身都在顫抖。她在生生掐斷與孩子間的骨肉聯繫，爲此，她感到一種難以言說的疼痛。

夜裡，病房內映照著滿牆明亮、清朗的月光。被奶水脹醒的迺瑩再也無法入睡，夜深人靜，孩子的哭聲從隔壁隱約傳來。她覺得那一定是自己的女兒在哭，孩子出生已經五天了，沒餵一口奶水。孩子躺在冰涼的板床上，漲水後蚊子多，此時是否在她身上、臉上爬行？冷嗎？餓嗎？這可憐的孩子生下來便沒有父親和母親，誰會去管她呢？

清冷的秋夜，月光和嬰啼煥發出迺瑩內心深處的母性光輝，禁不住顫抖著身子扶住床沿走到牆邊，將耳朵緊貼在灑滿月光的白壁上，傾聽那漸漸微弱下去的哭聲。迷幻中，覺得自己已經越過厚厚的牆壁，來到女兒的小床前，面對月輝下清瘦的孩子，像天底下所有的母親那樣，發出來自媽媽的母性安慰──「小寶寶，不要哭了，媽媽不是來抱你嗎？凍得這樣冰呵，我可憐的孩子！」

隱約傳來嬰兒的咳嗽聲，驟然驚醒了迺瑩那母性煥發的夢幻。理智告訴她現在做不了母親，連養活自己都成問題，又怎麼可能撫養孩子，更何況在這大水過後瘟疫肆虐的哈爾濱。回到床上，她又進入那無邊的夢幻裡。如何繳費出院是她和三郎面臨的首要難題。她夢見三郎進入病室，突然抱起自己穿過牆壁逃了出去，住院費不用交，孩子也不要了。還夢到孩子後來給院長做了丫嬛，並最終被院長打死。被這幸福而可怕的夢幻驚醒，迺瑩一身冷汗地坐起來。多麼渴望立時擺脫一切困擾，一無負累地與三郎開始全新的生活。靜夜裡，女兒那悠長而稚嫩的哭聲又從隔壁清晰傳來，母親再難入睡，一面月影婆娑的白牆就這樣將母女隔成兩個世界。

迺瑩不給新生兒餵奶，不願見孩子的反常舉動，引起個別想抱養孩子的有心人的注意。第二天，一個三十多歲的女人坐在床沿，絮煩而迂迴地表達了抱養心願。室內別的產婦亦淒然地聽著。迺瑩受不了周圍人同情的眼光和讓人難受的臉色，內心有如針刺，淡然對那女人說：「請抱去吧，不要再說別的了。」說罷，再難控制自己的情緒將被子蒙在頭上，一任眼淚恣肆流淌。另兩個產婦亦淒然揉著發紅的眼圈。婦人明知迺瑩的心思，但還是坐在床沿上說：「誰的孩子，誰也捨不得，我不能做這母子兩離的事。」說罷，扭扭身子假意離開。感到像是被要脅，迺瑩連忙掀開被子，眼淚和笑容同時凝在臉上，假裝輕鬆地對她說：「我捨得，小孩子沒有用處，你把她抱去吧。」

婦人來到孩子的小床前，看護婦邊抹眼淚邊向她述說：「生下六天了，連媽媽的面都沒見過，整天整夜地哭，餵牛奶不喝，媽媽的奶因脹痛而擠掉也不給她吃。不知道這都是爲什麼？聽說孩子的爸爸很有錢！這女人眞怪，連有錢的丈夫都不願嫁。」聽著看護婦的話，婦人滿懷同情地看著孩子冷清的小臉，過了一會兒，滿懷欣喜地抱走了。

迺瑩有意規避與女兒見面，哪怕最後一面。她就這樣放棄了第一次做母親的權利。十年後，自感時日無多的蕭紅，對守護在病床邊的駱賓基還提起這早已送人的骨肉，喃喃道：「但願她在世界上很健康地活著。大約這時候，她有八、九歲了，長得很高了。」再見三郎，她只是輕淡地告知孩子送人了。男人被她那剛強、沉毅的眼光鎮住，轉而安慰說：「這回我們沒有掛礙了，眼前的問題就是住院費。」一邊說一邊緊握著她的手，同時也讓他激發出面對困厄的巨大勇氣和凌雲豪情。

一週後，同室產婦都被家人接走了。洒瑩因爲沒有繳納住院費而被院方滯留，庶務每天都向三郎追索住院費。而他已然下定決心還是以蠻橫的方式擺脫院方的糾纏，只在爲洒瑩出院的拉車錢而奔忙，原本想將一件憲兵制服當掉，但拿出來一看，早被床底的老鼠咬破了。他只好爲著五角錢的車費另想他法，奔忙不已。

兩年來衣食無著的流浪嚴重損害了洒瑩的身體，產後極其虛弱，出現頭痛、掉髮等症狀。因沒錢繳費而不能出院，醫生自然沒有好臉色，態度十分冷漠。她實在受不了他們那侮蔑的眼光與神情，在醫院裡度日如年，不停向三郎訴苦：「我不能再在這裡忍受下去了！不單這枕頭和床……就是連一隻蒼蠅也要虐待我……」聽到這些，男人心裡亦有說不出的酸楚，但現狀讓他無計可施，只是盡力勸慰「再忍耐幾天！」三郎扶她在窗前的椅子上坐下，在日光的映照下，洒瑩的臉色蒼白得嚇人，三郎覺得面前的女人整個就像是骨質雕成的模型，看不見血肉，聽不見呼吸。面對院方的追逼，他告訴女人已經做好最壞打算，那便是坐兩個月的監牢去抵補。

當晚，洒瑩一個人在婦產室裡，幽深的靜夜讓她難以成眠。中秋節快到了，窗外，大樹搖動著細碎的月影，灑滿室內的牆壁和地面。她想到母親死時自己還是個孩子，小時候睡在祖父身邊，亦曾見過如此明朗的月夜和樹影。祖父已死去多年，自己離家也一晃三年。孤獨的長夜，她被無邊的虛無淹沒，不斷想著生和死。而自身近年的生活更是不堪回首，感傷的長夜在思前想後中漸漸退去，不久，隱約聽見隔院的雞鳴。

通宵無眠的感傷加劇了迺瑩的病情。第二天渾身不適、頭痛欲裂。醫生卻不再過問。三郎趕到醫院，發著高燒的女人拉著他的手迷迷糊糊地說：「親愛的，這回我可能會死掉。」他起身急忙去找醫生，迺瑩卻緊拽著他的手說：「不要離開我！」找到辦公室，兩個醫生卻在那裡悠閒地下著圍棋，面對懇求無動於衷。男人怒不可遏，掀翻了棋盤。醫生責罵他進屋不敲門沒有禮貌，並說不給迺瑩治病是庶務的意思。三郎便找來庶務，庶務又說醫院裡沒有針對其病情的藥物，並說這是大夫的意思，建議換家醫院。面對庶務、醫生的故意推諉，三郎指著他們大聲說道：「如果今天你醫不好我的人，她要是從此死去，我會殺了你，殺了你的全家，殺了你們的院長，你們院長的全家……我現在就等著你給醫！」說罷，回到婦產室等著。不久，便有醫生來給迺瑩打針吃藥，一些症狀漸漸消失，在男人的注視下，哀怨而恬靜地睡去。

院方眼見收取迺瑩的住院費沒有希望，就巴望她早點出院，好給新來的病人騰病床，於是明示三郎不收住院費，催促他早點將女人接走。九月下旬，三郎將迺瑩接回裴家。別的產婦都有汽車或馬車來將大人、孩子一起接出去，迺瑩出院時，既沒有車子也沒有孩子，只有那一雙剛強的身影，拖在長長的街道上。

迺瑩和三郎回到裴家相安無事地住了幾天。但裴家人的不滿愈發明顯，他們容不得迺瑩這樣遙遙無期地住下去。周圍鄰里多少認爲她是那種不正經的問題女人。不久，三郎因裴妻在自己面前說迺瑩的閒話而與之發生激烈爭吵。矛盾激化，裴家再也住不下去了。夾在家人和朋友中間的裴馨園非常爲難，暗中打發女兒送給三郎一封信，捎帶了五元錢，勸其搬出，另尋住處。

該搬往哪裡？

大水剛過，民房倒塌無數，住房極其緊張。低廉的小旅店都擠滿了無家可歸的災民，只有外僑經營的房租昂貴的旅館還有空房間。霸蠻的念頭再次湧入三郎腦際，他意識到面對混亂時勢和窘迫處境要生存下去，全然沒有什麼道理可講。第二天，從裴家搬出後，他讓馬車夫連人帶行李逕自拉到位於新城大街一家由白俄經營的歐羅巴旅館，住進三樓一間閣樓小房。這間全旅館最便宜的客房原來的租金是三十元包月，漲水後上漲一倍，每月需要六十元。顧不得多問，三郎心想住下來再說。怕茶房看出他們的窮困，變卦不讓住進去，進入旅館後，他便顧不得洒瑩，迅速將行李搬至樓上房間。

虛弱不堪的洒瑩一個人扶著樓梯艱難地往上爬。樓梯是那樣漫長，似乎通達天頂，實在沒有氣力，兩條腿顫抖不已，稍稍用力，手和雙腿一起顫抖，虛汗淋漓。好不容易進了房間，全然無力地將自己放倒在床，她像一個無比委屈的孩子。然而，想到和三郎終於有了暫時屬於自己的空間，臉上流淌著的已分不清是汗水還是淚水。男人禁不住問：「你哭了嗎？」

稍有精神，洒瑩便開始打量這屬於他們倆的私密空間。這是一間潔淨的閣樓小屋，白色的軟枕、床單、桌布，纖塵不染，讓她有「回家」的安寧，那是一種太過久違的感覺。剛剛安頓下來，俄國女茶房就進來詢問是否租用旅館提供的鋪蓋。聽說鋪蓋的租金是每天五角，三郎連忙說不租。茶房於是動手將潔白乾淨的軟枕、床單和桌布全都收走。前一刻素潔、淡雅的小屋，此時像遭劫一般，破敗無比。床上只有腫脹的草褥，木桌亦露出破舊的本相。

旅館方面到底發現了這對房客的潦倒，經理隨即迫不及待地進來收房錢。三郎將兩元錢交到白俄經理手裡，對方說：「六十元一月，明天給」，他進而看出兩人不可能長住，便接著搖手瞪眼地說：「你的明天搬走，你的明天搬走！」三郎大聲回應：「不走，不走」。對方卻堅持說「不走不行」。三郎從床底拿出用紙裹著的長劍，指著白俄經理大聲威脅道：「快給我走開，不然，我就宰了你！」見此陣勢，對方慌忙跑了出去，下樓報警說有房客帶著凶器。他以為那用紙裹住的東西是支長槍。

三郎以其武人本色驅逐了旅館經理後並不多想，以這種方式哪怕能夠給予女人暫時的安寧，他也無比滿足。關上房門，兩人擁吻在一起。今晚，他們要充分享受這份全然屬於他們自己的二人世界。何況，黑列巴加白鹽的晚餐已準備好。

晚飯後，三郎正赤裸著胸膛洗臉，突然闖進四個佩槍帶刀的黑衣警察，兩人架住他，另兩人在室內肆意搜查。迺瑩有些不知所措，帶刀的警察訊問三郎：「旅館報告你帶槍，藏在哪裡？」隨即，有人從床底搜出那支長劍。警察帶走寶劍，並警告說：「日本憲兵若是發現你有寶劍，那你非吃虧不可，他們會認爲你是大刀會的，寶劍我們替你保存一夜，明天來取。」這場小風波總算有驚無險，晚上睡下後，兩人感嘆警察到底是中國人，比起日本憲兵好很多。

這小旅館的閣樓之夜，是迺瑩、三郎正式在一起生活的開始。

搬出裴家後，三郎仍幫助裴馨園編輯報紙，每月領取五元薪酬。但這對於二人的旅館生活無異於杯水車薪。迺瑩的身體還是那麼虛弱，三郎不得不爲每天的房租和食物奔忙。找不到合適的工作，就只好四處向朋友告借，出門就是一整天。男人外出後，迺瑩只好躺在床上打發漫長而飢餓的白天，等三郎找點錢回來買吃的。飢餓成了她在歐羅巴旅館最爲深刻的記憶。整層樓全無聲息，醒來後，透過閣樓的小窗看著外邊漫天飛舞的雪花，她不禁回想起被困東興順的情形，百無聊賴中生出淡淡虛無，時時自我追問生存的意義。貧困讓她極其自卑，只好以一道寬厚的房門將自己與外邊那個富足的世界隔斷，也害怕隔壁房間飯菜的香氣，飄過來引動她那實在難以遏抑的食欲。然而，房門卻隔不斷她那生成於飢餓之上關於食物的想像。她不斷想像著茶房用一個個托盤送來肉餅、炸得焦黃的番薯，以及切成大片的有彈力的麵包……

三郎終於回來了。滿身泥水的男人進屋便問：「餓了吧？」女人在說出「不餓」的刹那，眼淚奪眶而出，飢餓讓她變得無比委屈。三郎拿出籌到的錢讓她到馬路旁買饅頭。爾後，兩人就著漱口杯喝白開水，吃饅頭。奔忙一天弄回的銅板就這樣被迅速吃下去，明天的食物又得等男人明天傍晚回來才有著落。就著白開水吃完饅頭，兩人都不約而同地問對方「夠不夠」，答案也是一致的：「夠了」。溫暖的關愛、善意的自欺，是他們一天天度過困厄的精神支撐。

每天一大早三郎便出門了，飢餓隨之驅走了迺瑩的所有睡意，清淨的樓道會定時傳來服務生給客人送列巴、牛奶的腳步聲。訂了早餐的客房外便掛上列巴圈和牛奶瓶。對迺瑩來說，這腳步聲是巨大的誘惑。她好像嗅到了列巴的麥香，感覺到了奶瓶的溫熱。飢餓讓這兩樣東西成了巨大的誘惑，她覺得這是列巴對自己的虐待，飢餓甚至在摧折她的意志和廉恥。一天大清早，她甚至三次湧動念頭要瞞著還未睡醒的三郎，輕輕出門將掛在別的房間門頭上的列巴圈和牛奶偷過來，以安慰轆轆飢腸——實在太餓了。

爲了擺脫飢餓，迺瑩曾寫信向高仰山求助。幾天後，昔日的高老師帶著十五歲的女兒找到旅館房間。老師隨便問了問近況，她並沒有如實相告，她自己也不知道爲什麼不願告知與三郎的同居關係。小女孩對他們的談話毫無興趣，不停催促爸爸早點離開。沒坐多久，昔日的老師便在女兒的催促下匆匆離開，臨別留下一張鈔票。小女孩給了迺瑩一些刺激，不無感傷地想到自己的青春已然逝去，雖然只有二十一歲，但青春是「過去了，過去了」。而自己在讀書時又如何懂得飢餓？小女孩的到來，不覺攪動迺瑩內心長久被困厄驅走的青春夢幻，心潮隨之久久不能平復。隨即，她又馬上告誡自己「追逐實際吧」，青春的夢幻只是一種自私的繫念，而眼下「只有飢寒，沒有青春」。

困窘也有漸漸好轉的時候。不久，三郎謀得上門做家庭教師的職業。當他第一次帶回二十元錢時，女人無比訝異。第二天早晨，兩人便「奢侈」地大買列巴，告慰貪婪的腸胃。三郎同時接下幾份家教，手頭稍稍寬裕，便將從前當掉的兩件衣服贖了出來。夾袍給了迺瑩，自己則穿上那件小毛衣。男人的夾袍雖然寬大，但寒冷讓迺瑩覺得穿上它很合適、也很滿足。當晚，兩人還到附近一家低級小酒館狠狠吃了一頓。出來後，迺瑩孩子氣十足地買了兩顆糖，一人一顆分而食之——窮困的人也嘗嘗甜蜜的滋味。三郎不忘打趣穿著男式夾袍的女人「眞像個大口袋」。

談笑間，迺瑩注意到三郎小毛衣的袖口拖著散結的毛線，計畫明天要買針給他織補上。然而，當她談到袖口時，男人的臉色有些不自然。室內映照著皎潔的月光，躺在床上的三郎這才慢慢說出這件小毛衣所糾結著的他與另一個女孩的故事。小毛衣是一段朦朧戀情的見證，往事如同月光浸漫了他的心靈，禁不住藉著酒勁回想起女孩那很黑的小眉眼，很紅的唇……癡迷中，將身邊的女人當成了想念的對象，緊緊捏住迺瑩的手。女人只好哀怨地想：「我又不是她」，而身邊的男人在喃喃自語中早已甜美睡去。

三郎在報紙上登載的做武術和國文家庭教師的廣告，起到了意想不到的好效果。不時有人來歐羅巴旅館拜訪，甚至爲學費討價還價。十一月中旬，中東鐵路哈爾濱鐵路局一位王姓庶務科長請他給兒子當家庭教師，教授武術和國文，每月付酬二十元。三郎與王家協商不收學費，由對方提供一個免費的住處即可。王家隨即將一間半地下室的空房間免費提供給三郎、迺瑩暫住。對他們來說，這是具有重大意義的事件，立即從歐羅巴旅館搬至商市街二十五號安家。這對流浪兒在哈爾濱開始有了屬於自己的「家」。

簡單的幾件家具稍加布置，便有了家的樣子。三郎買回水桶、菜刀、飯碗等日常用具，還有木柈和白米。家裡該有的便基本齊備了。當晚，迺瑩就站在火爐旁當起家庭主婦。大戶小姐的出身讓她對此自然十分陌生。油菜燒焦了，白米飯半生不熟，但兩人吃起來仍十分香甜。迺瑩意識到自己正式做了主婦，這有了「家」的日子，也是她和蕭軍「婚期蜜月」的開始。

房東帶著小兒子也就是三郎即將傳授武術的小徒弟，前來禮節性拜訪，表示對孩子先生的尊重。過了一會兒，三小姐王麗亦在弟弟帶領下前來看望。一攀談，她和迺瑩原來還是東特女一中校友。她對「張迺瑩」這個名字耳熟能詳，在校時差不多每天都能見到她本人。然而，迺瑩實在想不起面前這張青春而姣好的面孔跟自己有什麼聯繫。面對衣著光鮮、打扮入時的同齡人，她內心莫名生出濃烈的自卑和人生無常感。自己雖然只有二十二歲，比起對方怕是已經很老了。在這昏黃的燭光裡，如果拿鏡子照照，一定像個三十多歲的女人。

三小姐的俄文家教來了，在弟弟的催促下起身離開。剎那間，洒瑩從對方那細腰身、長身材、爽快而大方的少女風度裡，似乎看到了自己那早已遠逝的少女時代。中學畢業只有短短兩年，其間經歷的事情實在太多、太不堪，將那原本還應該鮮明的少女記憶，擠兌到了連自己都倍感陌生的邊緣。眼下這片刻記憶的喚醒，讓她內心泛起一份無人知會的感傷，深沉而無奈的嘆惋。

家庭主婦的瑣碎更是洒瑩從此每天不得不面對的無奈經驗。手上的皮膚一不小心便被燙焦一塊，指甲動輒燒焦了，卻還是無法生著爐火。她感到爐子也常常「欺負」自己，甚至賭氣想乾脆凍死、餓死算了。而等到被欺負的「憤怒」漸漸消散，內心只有滿懷不知該向誰傾吐的心酸。她知道自己身上並未完全脫掉女孩子的嬌氣，但轉念想到自己早已不是驕子，哭也沒用。因而，此時的她竟連女孩慣常的眼淚也沒有，她強迫自己漸漸適應這種圍著爐台打轉的日子。

然而，每天能夠生爐子開伙還是一種莫大的幸福，更多時候卻是在吃飯、睡覺、愁柴、愁米的瑣碎與焦慮中度過。擺在面前的困窘無法迴避。雖然暫時有了安身之所，但是，如何度過哈爾濱漫長的冬天卻是巨大的挑戰。寒冷、飢餓的威脅無所不在。困窘常常讓二人陷於捉襟見肘，沒錢買米、買柴的境地。三郎每天除了家教的功課外，還要奔走於朋友、熟人間四處告借。他們靠借貸換回黑列巴和白鹽度過飢寒交迫的一天天。在三郎實在找不到合適的告借對象時，爲了不至於餓死、凍死，洒瑩也不得不出面想辦法，她所能想到的大都是中學同學甚至老師，亦曾有往日同學如劉俊民、沈玉賢前來看望過。

洒瑩曾帶著三郎回母校向以前教國文的梁老師言借。

回到母校，一切既熟悉又陌生。樓窗還有宿舍樓前的大樹還是原來的樣子，記憶中十分熟悉的短板牆以及窗外的馬路也一仍其舊，而腳底下的每塊石磚都記載著她在這裡曾經度過的每個日子。物是人非的校園，喚起洒瑩濃烈的懷舊。三四年後，在上海已然成名的蕭紅回憶當時的情形，禁不住感慨道：「我忘不了這一切啊！管它是溫馨的，是痛苦的，我忘不了這一切啊！我在那樓上，正是我有著青春的時候。」

在這個黃昏，她已是母校陌生的過客，辦公樓裡一切仍舊，自己卻再也不能隨便進出。被傳達室的校役擋住時，她有一絲被羞辱的感覺。而從校役處得知，自己要找的梁先生正在開教務會議，需要七點以後才散，眼下還不到五點。想到等下去亦是無望，於是從這昔日熟悉的校園迅速退了出來。此刻，比起飢寒，物是人非而自身現景如此不堪的感傷，似乎更難承受。出校門時，洒瑩的心緒沮喪到了極點，直到跟三郎一起默默往回走了很遠，才向他簡單說了說告借無果的原委。

回到家裡，洒瑩將僅剩的一點米煮成稀飯，沒有油、沒有鹽、沒有菜，兩人只是用稀飯暖一暖腸胃，聊勝於無。睡前，三郎用個餅乾盒子盛滿熱水讓她暖暖疼痛的肚子，不想盒子漏水；他又用一只玻璃瓶灌上熱水，不想瓶底遇熱炸掉，水流一地。男人自我解嘲地拿起沒有瓶底的瓶子當號筒吹。不順心好像聚在了一起，洒瑩只好帶著無邊的落寞和些許傷感躺在冰冷的床上。

那一夜，她想起了很多。

爲了應對飢冷，三郎不得不四處尋找更多家教機會。朋友們也替他想辦法。一九三二年十一月十三日，裴馨園以自己的名義在《哈爾濱公報》登了一則廣告：

茲有友人酡顏君願擔任家庭文學、武術教授。

投函及面洽地點：道里外國三道街（即商市街）二十五號院內四號房。

介紹人老裴

不久，三郎尋到一份新職業，每夜冒著嚴寒趕到五里路外一條偏僻的街上給兩個人教國文。有了這份工作，意味著每月又有十五元的進帳，可以換回些米油、木柈。男人每晚從外邊回來都帶著一身風雪，疲憊不堪。一邊幫他烘烤被大雪沁濕的衣服，迺瑩一邊聽他安排明天的家教時間。晚上，還要到對門房東家上武術課。第二天一早，又得趕到南崗做家教，回來吃點東西再給小徒弟上國文課。即便如此辛苦，每月的收入仍然不能解決兩人的溫飽。上午做完所有家教，三郎還要四處奔走向人告借安排生活，晚飯後又是教武術、國文。

哈爾濱的冬天無比嚴酷。在被艱窘生計擠壓的「蜜月期」，迺瑩、三郎少有機會交流。一個人在家裡百無聊賴，飢寒讓迺瑩什麼也做不了，只是等著三郎帶點聊以果腹的食物回來，好給腸胃些許安慰。到了夜裡，奔忙一天的男人倒頭便睡，推都推不醒。面對這種似乎沒有盡頭的單調日子，迺瑩非常孤獨，覺得自己如同廢人。家在她看來「沒有陽光，沒有溫暖，沒有聲、沒有色」，是「不生毛草的荒涼廣場」。她極其想望有一份屬於自己的工作，以緩解男人的辛苦和自己的空虛。

天一亮，三郎便走了。她又開始了無盡頭的癡癡期盼，盼望男人帶回希望，更盼望他早點回來與自己說上幾句話。三小姐王麗雍容華貴地從窗前走過，見她如此癡傻地守在窗前便打趣說：「又在等你的三郎」，而且還幽幽補上一句，「他出去，你天天等他，眞是怪好的一對」。並不在意她說什麼，周圍人或侮蔑、或同情、或憐憫的眼光早已不爲迺瑩所關注，此刻，最要緊的是肚子的飢叫在折磨自己。房東廚房飄出炸醬的香氣是巨大的引誘。她連忙回到裡屋，將兩重門窗關得嚴嚴實實，然後大腦一片空白地默坐良久。

傍晚時分，迺瑩出門倒髒水時，碰見王家二小姐。姑娘興致很高地想和她聊聊剛剛上映的一部由胡蝶主演的新片。迺瑩自然無心聽她說什麼。三郎終於回來了，上唇掛滿了白霜。二小姐見狀大聲說道：「和你度蜜月的人回來啦」。男人從口袋裡掏出燒餅交給她，旋即又要出門。他聽說一家商行招請電影廣告員，想去試試。洒瑩急切地追到門外，詢問男人什麼時候才能回來。好像等了很久才捕獲的鳥兒，不小心又飛掉了。失望與落寞讓燒餅也沒了滋味。

過了幾天，三郎應聘電影廣告員一事還沒有結果，又有一則電影院招請廣告員的信息，被正在做飯的洒瑩在報上看見。那是一則極其令她心動的消息，想到自己學過繪畫，應該能勝任這份工作。三郎回家後，便將這則信息和自己的想法說給他聽，不想男人大潑冷水，認爲那是故意要人的求職陷阱。洒瑩並不死心。第二天，那則廣告又改登了一次，且詳細標明薪酬每月四十元。對洒瑩來說，這是極致誘惑。中午，她再次向三郎說起這件事。這次，男人的態度比起昨天有所緩和，不那麼堅決了。當她慫恿一起去試試時，三郎說：「要去，吃了飯就去，我還有別的事。」

應聘路上碰見三郎的一個朋友，聊談中獲悉對方也注意到了那則登在《國際協報》上的具有致命誘惑的廣告。趕到商行卻吃了閉門羹，第二天再去又被商行推諉到電影院。從商行出來，三郎便開始埋怨：「不都是想當廣告員嗎？看你當吧！」爲此，兩人在街上大吵一架。爭吵著回到家裡，兩人卻發現不知道到底爲著什麼而吵起來的，似乎既不怪登廣告的商行，也不怪電影院。

洒瑩不再提應聘廣告員的事，三郎仍忙著他的家教。第三天晚上回家後，三郎假裝若無其事地說：「南崗那個人的武術不教了」。洒瑩已經比較瞭解面前的男人，在他那佯裝昂揚的情緒背後，其實有難以掩飾的失落，實際的情形應該是南崗那個人不願意學了。這意味著捉襟見肘的家又少了一份收入。其後兩天，三郎仍在外奔走終日，但終是一無所獲。當洒瑩對那份曾經刺激著她的廣告員的職業喪失興趣時，三郎卻更加留心那則信息，並私下跑去電影院兩次。他的求職經歷仍然很不順利，連吃兩次閉門羹，讓他覺得自己又被人耍了。回到家裡，沮喪的男人禁不住向洒瑩大發議論，認爲電影廣告畫的都是情火、豔史等無恥、肉麻的東西。他的憤怒讓洒瑩覺得好像有人非捉拿他去畫廣告不可似的。沮喪、惱怒還有辛酸，讓男人內心難以平復，一直罵罵咧咧地大發議論，罵完了別人和社會後，又開始罵自己，聲音愈來愈大。迺瑩連忙截住他：「你要小聲點啊，房東那屋常常有日本朋友來。」

過了兩天，迺瑩、三郎在中央大街閒逛，碰見不久前認識的朋友：金劍嘯。兩個男人握手寒暄，迺瑩看見金的大皮鞋上撒著紅綠的小斑點，便問鞋上怎麼有顏料。金告訴他們自己在附近一家電影院畫廣告，並說事情比較多，有些做不過來，誠懇地邀請他們前來幫忙。聽了這話，二蕭都沒說什麼。金見狀亦不多問，便說：「五點鐘我在電影院賣票的地方等你們，你們一進門就能看見我。」說完，急匆匆地走了。

兩人難掩尋到新工作的興奮和喜悅。晚飯吃得極其匆忙，每張烤餅都半生不熟，連拿到桌子上都來不及，圍著火爐吃完了事。時間快到了，湯鍋來不及蓋上，便匆匆往電影院趕。三郎更是一言不發地大踏步往前趕，迺瑩連口湯都來不及喝，便邊繫帽子邊在後邊盡力追趕。出門後，記起火爐沒處理好，擔心發生火災，中途又趕回來仔細檢查一遍廚房。三郎已經走到街口，對氣喘吁吁趕上來的女人一個勁地數落：「磨蹭，你看晚了吧！女人就會磨蹭，女人就能耽誤事！」聽著數落，聯想前兩日的情形，迺瑩覺得非常可笑，再仔細看看三郎，覺得他身上似乎一切都充滿了矛盾。不巧，匆忙趕到電影院，卻陰錯陽差地沒有等到金劍嘯。半小時後仍不見人影，兩人只好悻悻而歸。三郎將滿腔怨怒發洩在迺瑩身上：「去他娘的吧！那是你願意去。那是不成的。」進而認識到「人，這自私的東西，多碰幾個釘子也對」。說罷，出門送稿子，將迺瑩一個人丟在家裡。

不久，金劍嘯找到家裡。三郎不在，他便帶著迺瑩到電影院幫忙，約定每月四十元的薪酬二人平分。迺瑩在廣告牌前站到十點才回家。三郎趕到電影院找了兩次都不見人，非常生氣，迺瑩回家後兩人爭吵了大半夜。三郎買酒發洩，迺瑩搶過酒瓶將剩下的半瓶酒一飲而盡。喝罷，兩人都覺心酸無比，淚流滿面。三郎醉後躺在地板上大聲嚷著：「一看到職業，什麼也不管就跑了，有職業，愛人也不要了！」他一方面憐惜迺瑩還未徹底痊癒的身體，另一方面也有說不出的苦焦難以發洩。聽著男人的酒話，迺瑩有一絲莫名的自責，而酒精漸漸讓她失去了理智，淚水滿臉，卻不知自己爲何在哭。

第二天是星期天，酒醒後兩人還是一同去畫廣告。迺瑩做金劍嘯的副手，三郎則做她的副手。然而，到第三天，這份工作便沒有了。電影院方面不滿意迺瑩第一晚工作中的失誤，要金劍嘯另請別人。迺瑩、三郎那廣告員的夢想就此破滅。

鋒芒初露

金劍嘯（一九一〇—一九三六），滿族人，原名金承栽，號培之，又名夢塵、健碩，劍嘯、巴來是筆名。出生於瀋陽一個普通刻字工人家庭，三歲時舉家搬到哈爾濱。金劍嘯在三育中學畢業後，考入哈爾濱醫科專門學校，一九二九年秋棄醫從文，進入晨光報社，擔任文藝副刊《江邊》編輯，次年夏考入上海新華藝術大學（後改名新華藝專），插班圖工系（即繪畫工藝系）三年乙級學習繪畫。是年冬，加入「少共」組織（即中國共產主義青年團），走上革命道路，第二年春天，轉入上海藝術大學藝術教育系圖工科三年甲級，繼續學習繪畫，不久加入中國共產黨。一九三一年八月，受組織委派回到哈爾濱，在一家由俄國人開辦的公證人事務所做文牘員，邊工作邊祕密從事革命活動，同時也將三〇年代上海革命文藝的新鮮氣息帶到東北文壇。

一九三二年秋，三郎在小飯館裡與金劍嘯偶然相識。不久，通過三郎他也認識了迺瑩。外表清秀、英俊的金劍嘯有著十分濃郁的藝術

金劍嘯

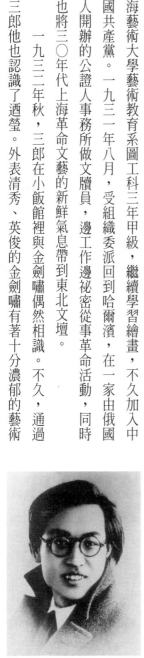

家氣質，對文學、戲劇、美術、音樂均有較深造詣，深得三郎、迺瑩好感，過從較爲密切。十一月下旬，爲了救濟水災難民，金劍嘯發起舉辦「維納斯助賑畫展」。此舉得到馮詠秋、高仰山、白濤、王關石、商譽民等成名畫家的支持，紛紛提供國畫、素描、油畫等作品展出、義賣。其中，大部分是金多年自藏的畫作，如《地下的火焰》、《五一的日子》、《松江雪景圖》等等。迺瑩送去兩幅粉筆靜物畫，一幅畫的是兩條蘿蔔，另一幅畫了一雙半舊的傻鞋和兩個「杠子頭」（即山東硬麵火燒餅）。當時她和三郎還住在歐羅巴旅館，這些也是她能夠找到的可以作畫的靜物。那雙傻鞋是三郎練習武術時穿的，飽受飢餓折磨的迺瑩自然更無能力購買繪畫的顏料和器具。因而，這兩幅靜物畫一方面傳達出她對普通百姓生活的關注，另一方面也是她當時艱窘生活的寫照。三郎不善繪畫，但爲此寫了《一勺之水》的短文，刊於《五日畫報》爲此次畫展所闢出的專頁上，對其進行宣傳介紹。

無論舉辦動機還是布置形式，這次畫展在當時的哈爾濱都顯得非常新穎，大開風氣。這顯然得益於金劍嘯開闊的視野。只是，當時的哈爾濱餓殍遍地，普通百姓苦不堪言，根本無心留意畫展；有錢人勢利吝嗇，既不懂藝術，更不願關注他人死活，而那些既懂藝術又有同情心的有識之士，又往往自顧不暇，沒有多餘財力購買，加上組織上的一些欠缺，畫展很快就結束了，義賣所得自然非常微薄。

參與這次畫展對於迺瑩的意義卻非常巨大，從此，她一步步走出狹小的生活圈子，從百無聊賴中慢慢擺脫出來，尋到屬於自己的職業定位，結識了一些志趣相投的朋友，日常交往漸漸活躍、豐富起來。不久，金劍嘯辭去文牘員職務，以畫家身分創辦了「天馬廣告社」，作爲中共地下黨與左翼文人聯絡的地點。社址位於道里區中國十五道街路北三十三號院內的一幢四層樓房的閣樓上。「天馬廣告社」對外承接繪畫廣告的業務，這才有了迺瑩給金做「廣告副手」的經歷。

畫展結束後，由金劍嘯發起，參展畫家們成立了「維納斯畫會」，經常在哈爾濱知名畫家馮詠秋家裡開辦沙龍。一九三三年新年前後，三郎、迺瑩成了「牽牛坊」常客，結識了更多朋友。馮詠秋豁達豪爽，廣交朋友，居住在道里區水道街（今尚志大街）公園附近一幢俄式平房裡，與其同住的還有黃之明、袁淑奇（後改名袁時潔）夫婦。屋外是一片闊大的花園，熱愛藝術的房主在裡邊栽花種草，尤喜牽牛花，在院牆籬笆之下遍種無數。每逢盛夏，滿園怒放的牽牛花一片姹紫嫣紅，將這幢俄式老屋掩映得非常漂亮，「牽牛坊」因此得名，後來叫得俗了，亦名「牽牛房」。因此，大家將熱情好客、樂善好施的馮詠秋稱作「傻牛」，黃之明亦得綽號「黃牛」，袁淑奇被金劍嘯戲稱爲「母牛」，迺瑩私下稱之「小蒙古」。

馮詠秋被中共地下黨組織視爲「左傾名士」；而袁淑奇的哥哥是老共產黨員，黃之明雖時任香坊警察署署長，但熱愛文學積極支持左翼文藝活動，同情共產黨。因「牽牛坊主」的這種背景，這裡實際成了進步文化人聚會的地方，也是中共地下黨組織相對安全的祕密接頭場所，經常前去的除三郎、迺瑩外，還有羅烽白朗夫婦、金劍嘯、舒群、達秋、白濤、劉昨非、吳寄萍等共產黨員和進步文化人士。「牽牛坊」這種民間沙龍式的文藝聚會，當時在哈爾濱頗有影響。一九三三年，報紙上曾專就此有過報導，在大幅「牽牛坊全景」照片旁，附有說明文字：「中立者爲傻牛馮詠秋，該坊之成立係馮君糾合一班文士每日工餘齊集牽牛坊研究文學之處，聞不日將有作品問世」。

在一次劇團事務討論會上迺瑩正式結識馮詠秋。大家都感到哈爾濱文藝活動的沉寂，繼畫會成立之後，大概由迺瑩提議組織一個劇團。或許源於讀小學時那次難忘的演劇經驗，演劇是潛藏其心底的夢想。第一次討論劇團事務，迺瑩便注意到裡邊有一個臉色白皙、多少有些像政客的人，且當天下午的討論便轉移到他家裡。住慣了商市街潮濕陰冷的半地下室，陡然進入如此溫暖明亮的屋子，徹底解除了寒冷的威脅，她反倒渾身燥熱不適。第二天是個假日，三郎、迺瑩再去，大家便熟識而隨意。然而，迺瑩難以消受「牽牛坊」裡的溫暖，已然凍傷的腳遇熱在鞋子裡作癢得厲害，只好強忍著。這次，他們結識了更多朋友。第一次見到黃之明，相互寒暄中，三郎意外發現他們是東北陸軍講武學堂同學，迺瑩也正式認識了被其稱爲「小蒙古」的黃夫人袁淑奇。

因種種原因，劇團不到三天便擱淺了，好不容易爲此有了熱情的人們又都星散。然而，迺瑩的沮喪和煩惱卻還是難以克服的飢餓。她和三郎第四次進出牽牛坊正是新年前夜，主人約他們明晚前來過年狂歡，新結識朋友亦都熱情歡迎他們加入。夜裡，大家在一起歡鬧的時候，女僕拿著主人給的三角錢去買松子，食不果腹的迺瑩見後，很是爲那三角錢可惜，想到自己和三郎幾天來連飯都吃不上。

聚會結束前，袁淑奇遞給迺瑩一個信封，並告訴她回家後再拆開。從牽牛坊出來，人們紛紛想像著明晚在這裡過舊年，比起今晚將更有趣味。三郎、迺瑩卻一點興致也沒有，他們眞不知該如何應對每一個滾滾而來的飢寒交迫的日子，肚子依然飢餓，回家不知可以吃點什麼。茫然走在回家路上，兩人交流著剛才吃松子的感受。在人家當吃松子是吃著玩的時候，飢餓的他們都視作充飢。三郎告訴她吃松子的感覺就像吃飯一樣，而這也是迺瑩最想告訴他的經驗。

意外的驚喜出現在兩人秉燭拆信那一刻。細心而善解人意的朋友爲了讓他們過上一個稍微輕鬆的新年，在信封裡放了一張十元的鈔票。它驅走了兩人心頭的所有焦慮，讓他們感到一份久違的溫暖，亦沉浸於難以言說的感動中。次日晚，「牽牛坊」大宴賓客，三郎、迺瑩不可多得地飽餐一頓，餐後大家盡情狂歡，直到後半夜才星散而去。出門後，迺瑩一想到家裡有張十元的鈔票在等著他們，便有說不出的喜悅和力量，冒著寒風的步伐也格外堅實，彷彿有了那張十元鈔票，便不再懼怕所有滾滾而來的日子。巨大的喜悅和興奮過後，連她自己也認爲「被十元票子鼓勵得膚淺得可笑」。

「牽牛坊」帶給迺瑩的不僅僅是溫暖與友情，還有無邊的快樂。在她短促一生中，這是少有幾個給她充分帶來快樂的地方。在這裡，她結識了許多新鮮而富有個性的人物，開闊了視野，慢慢從一己的痛苦與哀怨中走出，有了更多參與社會的機會，創造力亦漸漸被激發、點燃。

對迺瑩而言，承載了太多的一九三二年終於過去，一九三三年，在苦難中涅槃的張迺瑩，其命運在悄然發生改變，雖然新年前兩個月困窘依舊。由於三郎實在不善於教授國文，家教機會愈來愈少。眼見又快要斷炊，迺瑩拿著三郎寫的條子向黃之明告借，然後買回足夠五六天的米麵和木柈。飢寒的壓力暫時有所緩釋，不久，迺瑩自己也開始做家教補貼家用。然而，前來學習的女生發現，自己比老師年齡還大，且老師似乎也教不了更多東西，爾後就不再來了。

命運的轉機終於到來。

一九三二年九月，方未艾從《東三省商報》轉到《國際協報》，與陳稚虞一起接替裴馨園編輯副刊《國際公園》。年底，計畫在新年出版一份「新年徵文」的特刊。見迺瑩整天在家無事可做，三郎和「牽牛坊」其他朋友都鼓勵她寫篇文章試試。長時間疏於文字表達，她剛開始非常缺乏自信。後來，三郎告訴她有方未艾在，只要寫出來，送去的文章不會落選。當然，這也可能是三郎的一種鼓勵策略。在周圍人的鼓勵下，不久，迺瑩完成短篇小說《王阿嫂的死》。方未艾讀後十分欣賞，順利入選徵文，後來發表在《國際協報》新年增刊上，署名「悄吟」。三郎認爲這是迺瑩「從事文學事業正式的開始」。

《王阿嫂的死》順利發表後，迺瑩重獲表達的自信，亦找到了體認自身價值的方式，表達欲望因此點燃。緊接著，她將自己從懷孕被棄東興順旅館到產後出院這段噩夢般的經歷，於一九三三年四月十八日寫成長達萬餘字的紀實散文《棄兒》。長春的《大同報》是僞滿洲國的官方報紙，副刊編輯陳華是三郎高小同學。三郎將《棄兒》投寄過去，五月六日至十七日連載於《大同報》文藝副刊《大同俱樂部》。這篇長文發表後，迺瑩寫作熱情高漲，一發不可收拾。六至八月間迺瑩又在《哈爾濱公報》副刊《公田》和《大同俱樂部》上發表三篇小說。

與此同時，迺瑩也幾乎實現了自己的演劇夢想。

一九三三年七月，金劍嘯、羅烽（一九〇九—一九九一）等人組織了一個半公開的抗日演劇團體，取名「星星劇團」。金擔任導演和舞美設計，羅烽負責日常事務。主要演員除迺瑩、三郎外，還有白朗、舒群、劉毓竹、徐志等。劇團先後排演了美國進步作家辛克萊的《居住二樓的人》（又名《小偷》）、白薇的《姨娘》和張沫元的《一代不如一代》（又名《工程師之子》）。《小偷》中，三郎扮演受律師誣陷被迫做了小偷的傑姆，白朗扮演律師太太，劉毓竹扮演律師。迺瑩在《姨娘》裡扮演生病老婦，舒群扮演家庭主婦的丈夫；在《一代不如一代》裡擔任主角的徐志還只是二中的一個學生。

劇團排演地點起初在位於道里三道街的民眾教育館，後來遷至牽牛坊。排演話劇給這群心懷進步志向的年輕人帶來巨大的快樂，嬉笑打鬧中留下一些日後頗堪回味的趣聞軼事。排練《小偷》時，每當扮演律師的三郎舉起手槍，對準扮演律師太太的白朗，要她「舉起手來」時，白朗便禁不住大笑起來，怎麼都難以入戲。多年後，蕭紅還清晰記得當時的滑稽情形，認爲是「最有趣的事」。

經過三個月的排練，劇團準備在民眾教育館演出，沒想到對方要他們在「九一五」僞滿洲國日本承認紀念日上演，以此表達對僞滿洲國成立紀念的祝賀。大夥一聽非常氣憤，堅決拒絕。羅烽後來又聯繫巴拉斯影院，最終仍然遭拒。恰在此時，徐志突遭逮捕，一週後假釋出獄，旋又失蹤。很顯然，他們的行動已遭敵僞警特盯梢，風聲日緊，劇團被迫解散。迺瑩很爲那些已經排演熟練而來不及上演的劇碼惋惜。

爲了加強針對敵僞的宣傳滲透，一九三三年八月六日，通過三郎與陳華的特殊關係，金劍嘯、羅烽、姜椿芳等中共地下黨員商定，在《大同報》創辦由中共直接控制的文藝週刊《夜哨》。三郎將周圍作者的稿件蒐集好後，每週寄往長春一次，由陳華選稿發表。《夜哨》直到當年十二月二十四日終刊，共出二十一期。迺瑩勤奮寫作發表文章最多，幾乎每期都可見到「悄吟」或「玲玲」的名字，作品主要有小說《啞老人》、《夜風》、《清晨的馬路上》、《煩擾的一日》；散文《小黑狗》、《渺茫中》；詩歌《八月天》等等。

發表文章的機會多起來，三郎、迺瑩不再刻意尋找家教機會，而是努力專心寫作，靠微薄的稿費維持生計，過著艱苦而快樂的賣文生活。一次，在白俄很多的中國大街上，曾是迺瑩中學校友的楊範看見他們在一起時的情形，多年後仍記憶猶新。三郎脖子上繫了個黑蝴蝶結，手裡拿著三角琴，邊走邊彈；迺瑩上穿花短褂，下著一條女中學生通常穿的黑裙子，腳上蹬了一雙男人的尖頭皮鞋，看上去特別引人注目。兩人邊走邊唱，就像一對流浪藝人。

三郎、迺瑩當時的快樂形象，亦給後來名滿天下的抗日女英雄趙一曼留下深刻印象。她曾對方未艾說，第一次見到他們是在中央大街上，後來亦常在大街上碰見，兩人服飾都不十分講究，悄吟還穿著一雙男式的皮鞋，可是他們的身體和精神都很健康，一邊行走，一邊談笑，風姿飄灑，旁若無人。三郎、迺瑩的快樂與興奮，自然可以想像。經過如此漫長、艱巨的磨難，兩人終於看到了希望，更重要的是，找到了人生爲之努力的方向。況且，寫作是他們熱愛而又能獲得自信的工作。激情和亢奮充溢每一天。在那個富有夢想、個性飛揚的季節裡，一個更宏大的計畫在兩人心中醞釀成熟。一九三三年九月初，《國際協報》上刊載了一則出書廣告：

> 三郎、悄吟著之《跋涉》，計短篇小說十餘篇，凡百餘頁。每頁上，每字裡，我們是可以看到人們「生的鬥爭」和「血的飛濺」給以我們怎樣一條出路的線索。現在在印刷中，約九月底全書完成。

三郎、迺瑩也許注定要成爲作家。這不僅表現在他們對寫作有無比高漲的熱情，還源於兩人那高遠、闊大的心志。今天的人們自然難以想像，當時雖然處境稍有改善但仍爲每天生計發愁的他們，居然會有自費出書的想法。好在周圍有一幫熱情支持的朋友。《跋涉》準確地說是兩人小說、散文、詩歌的合集，收錄迺瑩《王阿嫂的死》、《廣告副手》、《小黑狗》、《看風箏》、《夜風》等五篇小說和一首小詩《春曲》。三郎收錄其中的六篇作品大都介於小說和紀實散文之間，多敘述自身經歷與情感體驗，如前文提及的《燭心》、《孤雛》等。

《跋涉》書中，大致是迺瑩一九三三年五月至九月間比較重要的作品。特意將寫給三郎的情詩《春曲》收錄，或許是她想以這種方式表達對男人的強烈感念。回想當初落難東興順旅館，自然不會想到還有今天。這部合集起初定名《青杏》，後改爲《跋涉》，喻示這是兩人在人生道路上艱難跋涉的印記。比起「青杏」，透露出更其昂揚的精神面貌和人生態度。兩人各自選好文章，迺瑩便在「永遠不安定下來的洋燭的火光」下，一篇篇抄寫出來，雖有蚊叮蟲咬，但內心富有成就感的喜悅卻無法掩抑。《跋涉》能夠順利出版，主要得益於舒群和《五日畫報》社社長王歧山的幫助。

舒群（一九一三—一九八九）原名李書堂，筆名黑人、舒群，生於黑龍江阿城一個貧苦工人家庭。初中畢業後考入哈爾濱東北商船專門學校，因家境貧寒只念了半年，便退學到哈爾濱航務局當俄文翻譯，並開始從事寫作。自一九三二年三月起，開始爲第三國際中國組工作，八月加入中國共產黨，年底被派往洮南任第三國際所設交通站站長。直到一九三三年秋，他都是以《五日畫報》分銷處的名義做掩護，從事情報傳遞工作。組織上提供的微薄經費，省吃儉用的舒群平素都捨不得用。他將好不容易積攢的四十元錢交給貧苦的父親度日。當時，這筆錢幾乎可以滿足全家一年的吃用。

慷慨義氣的舒群聽說三郎、迺瑩出書苦於無錢，便從近乎乞丐的父母手裡，又狠心地將四十元錢要了回來，交給三郎作爲出版資助。這筆錢解決了《跋涉》出版所需經費的大部分，另有一位名叫陳幼賓的朋友資助了十元，此外還有一些朋友湊分子資助了部分經費，剩下所需王歧山慷慨免除。三郎在《跋涉》初版〈書後〉寫道：「這個集子能印出，我只有默記黑人弟和幼賓兄的助力」。多年後，有人問起此事，舒群解釋說：「蕭軍一直說我幫助了他，其實應該說是『黨』幫助了他，我哪來那麼多錢？」

《跋涉》以《五日畫報》印刷社的名義出版。在當時，其實是一部沒有經過日本人審查的非法出版物，九月下旬就在《五日畫報》印刷社祕密開印。金劍嘯專爲此書設計了封面，由於圖案複雜製作起來太困難，成書的時候還是放棄了。臨了，三郎找到一塊木板，在校對房用紅色蘸水鋼筆簡單寫了「跋涉」、「三郎、悄吟」、「一九三三」幾個字當作封面。《跋涉》初版的樣子就這樣定了下來。開印第二天，洒瑩心情激動，在家待不住，便跑到印刷廠，看見已經印好摺疊整齊的冊子，難以按捺內心的激動與欣喜。機器正在印刷她那篇《夜風》，很大的鉛字標題，讓她心裡洋溢著一種特殊的情感。

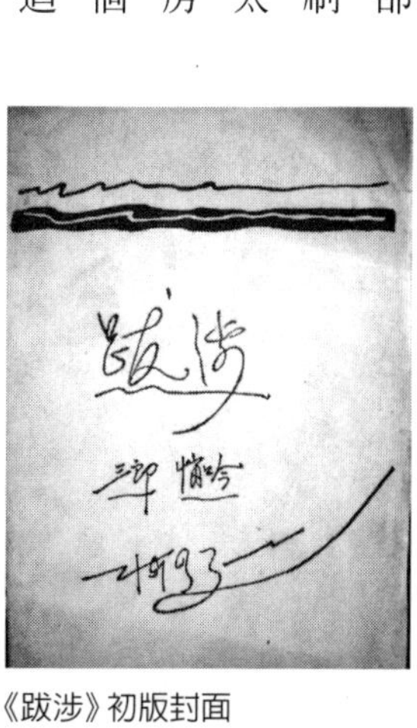
《跋涉》初版封面

被大歡喜追逐著的他們，變成了兩個大孩子。三郎提議吃頓外國包子，說是爲著書稿開印而對洒瑩的敬祝；洒瑩連忙到吧台要了兩小杯「伏特克」，同樣爲著書稿開印對男人表示祝賀。成功喜悅令他們一時覺得天寬地闊、心情舒暢。回家後，兩人到松花江游泳，以釋興奮。一時大意，三郎的襯衣被江水沖走，但意外收穫一條死江魚。晚上吃魚的時候，三郎對著面前的女人說：「爲著我們的新書，我請你吃魚！」

第二天是中秋節，印刷廠工人放假休息，印好的冊子來不及裝訂。三郎、洒瑩急於看到新書，於是跑到印刷廠親自動手裝訂。傍晚時分，三郎叫來一輛斗車，兩人將忙了一天才裝訂好的一百冊新書提到車上。坐車回家，兩人心情就像馬脖子上顫動得很響亮的鈴鐺，車斗裡的新書讓不名一文的他們，覺得是天底下最富有的人。簡陋的家裡隨即擺滿飄散油墨香的新書。不久，朋友們拿到贈書，紛紛談論著。

一九三三年十月，《跋涉》由哈爾濱《五日畫報》印刷社正式出版，初版印了一千冊，毛邊紙三十二開，扉頁上還載有《涓涓》、《八月的鄉村》、《慰靈祭》的出版預告，大約是三郎一九三三年的寫作出版計畫。《跋涉》出版後，隨即委託商場代售，立刻引起滿洲文壇的注意，作者被譽爲黑暗現實中兩顆閃閃發亮的明星，也奠定了他們在東北文壇的地位。

直到一九三七年七月，東北淪陷區作家王秋螢在《明明》雜誌第一卷第六期上，發表《滿洲新文學的蹤跡》一文，談及近年哈爾濱的文學創作，作者認爲：「在當時最傑出的作家當首推三郎夫婦，自從他們的小說集《跋涉》出版了以後，不但在北滿，而且轟動了整個滿洲的文壇，受到讀者們潮水般的好評，這本書一直保持到現在，還爲有心人稱頌不絕的」；他進而認爲「悄吟的小說，在某一點來說，似乎有比三郎高出之處」。無獨有偶，司馬桑敦在一九八一年撰寫的《三郎、悄吟的〈跋涉〉歲月》（載《明報月刊》第一八三期）一文中也認爲：「平心而論，悄吟的文章，在析理的傾訴上不及三郎，但在小說的安排和用字抒情上，卻高出於三郎；儘管她的創作思想，許多地方是受三郎那股向現實挑戰的衝力的感染而來的。」

《跋涉》的出版，讓作爲作家的悄吟從此漸漸廣爲人知絕非偶然。裡邊收錄的六篇作品，除小詩《春曲》出於特別的個人動機外，其餘五篇小說顯然經過了基於某種明確意圖的挑選，都切入了當時社會十分宏大的主題。代表作《王阿嫂之死》直接取材於一九三一年迺瑩在阿城鄉下生活的見聞，表現地主對佃農的殘酷剝削、壓榨以及尖銳的階級對立。值得注意的是，迺瑩一出手，便知道粗淺運用階級眼光看待筆下人物，著力強調其階級屬性和階級分野。「階級」也是這篇小說裡經常出現的名詞，在「紅色三〇年代」的背景下，它絕對是一個敏感的新名詞。

《夜風》同樣取材阿城鄉下生活，除描寫地主與佃農之間冷漠而殘酷的剝削與被剝削的關係外，還隱約提到革命武裝夜間對大地主的襲擾。小說結尾處寫到，受盡剝削的佃農們在革命的鼓動下，已處於奮起反抗的前夜，喻示革命鬥爭的風暴即將來臨。或許出於此時還難以平抑對於家族的深切仇恨，抑或，初涉寫作，經驗不足，還不能適當處理虛構與眞實的關係，兩篇小說中的張氏地主家族，很容易讓讀者聯想到張迺瑩的家族背景，甚至看作是她對家族的影射。作品開始流傳後，阿城張氏家族承受著一定壓力，長輩們更視迺瑩忤逆犯上、侮辱家族長輩。一九三五年修撰族譜時，更加堅定將其開除族籍。

論及三〇年代左翼文學，收錄《跋涉》中的《看風箏》常常令論者無法規避。這篇小說裡，迺瑩大膽塑造了一個早期革命者形象：劉成。雖嫌單薄、概念化，但在當時的東北已經是驚世駭俗之舉，何況出自一個女性寫作者之手。這一形象表達了迺瑩對革命者的初始認知，比如對待親情和革命理念的態度：「他（劉成）內心從沒有念及他父親一次過，不是沒念及，因爲他有無數的父親，一切受難者的父親他都當作他的父親，他一想到這些父親，只有走向一條路，一條根本的路。」

悄吟《跋涉》中的這些作品，是當時關內左翼文學思潮在遙遠關外的自覺回應，因而，迺瑩的初始創作便匯入了當時左翼文學的洪流，在特定時代背景下，引起人們的關注亦非常自然。無可諱飾，這些初始創作，無論創作觀念還是表達方式都比較稚拙。這也是當時左翼文學創作較爲普遍的現象。然而，張迺瑩就是以這些不很成熟、甚至某種程度上比較粗糙的創作，贏得了主流文學的認可，並迅速占有一席之地。從這種意義上說，她又十分幸運。《廣告副手》和《小黑狗》是她對自身當下生活的描寫，但關注層面亦越出了個人一己的生活，而力圖上升到對一些社會問題的思考。

悄吟對革命題材的把握和當下社會生活的觀照，也體現在一九三三年的其他作品中，如《腿上的繃帶》、《啞老人》等等。然而，不可忽視的是，對往昔生活的重溫，對幸福或苦難的觸摸，亦是剛開始寫作的張迺瑩最難以遏抑的表達衝動，除《棄兒》外，在散文《中秋節》裡，回憶起當年在北平過中秋的清冷情形。迺瑩對自身生活與情感的觀照和表達極其率眞，樸素、稚拙的文字往往因爲這份率眞而無比動人。她的一些散文甚至小說，至今都是我們今天瞭解其內心世界，還原其往昔情形，澄清關於她的種種撲朔迷離的說法，最值得重視的原始材料。

由《跋涉》可以看出，初涉文壇的悄吟便具有兩套筆墨：一方面，以對革命和社會問題的關注，匯入當時代的宏大敘事；另一方面，將文學作爲觀照自我、傾訴內心、觸摸苦難、安妥靈魂的方式。後者讓她贏得了無數讀者，至今發散著經久不衰的藝術魅力。

白朗（一九一二—一九九四），原名劉東蘭，遼寧瀋陽人，後遷居齊齊哈爾，筆名劉莉、戈白，是蕭紅一生爲數很少的同性摯友之一。一九三三年春，白朗考入《國際協報》，先是做記者，爾後接替方未艾編輯副刊。《跋涉》出版後，《夜哨》雖然停刊，但迺瑩的創作勢頭並不稍減，繼續在白朗編輯的《國際協報》副刊上發表大量作品。

一九三四年一月十八日，地下黨組織通過白朗在《國際協報》創辦了《文藝》週刊，撰稿人基本還是《夜哨》原班人馬。爲了不引起官方注意，大家都改換了筆名。三至五月間，迺瑩除在《文藝》第六至十三期連載了小說《患難中》外；六月還在第二十、二十一期連載了散文《鍍金的學說》，署名「田娣」。更以筆名「悄吟」，在《國際協報》副刊《國際公園》上，發表了《夏夜》、《出嫁》、《離去》、《蹲在洋車上》、《麥場》等小說、散文，以及寫於一九三二年的詩歌《幻覺》。

左起白朗、關大為、蕭紅，攝於1934年

這些作品除一兩篇對現實有所關注外，更多是迺瑩對自己在呼蘭、阿城生活的回憶。童年經歷開始進入她的觀照視野，如散文《蹲在洋車上》在過去和現實的對比中，透露出十分濃郁的懷舊情調。這些文章中，尤其值得注意的是《麥場》。它幾乎完整包含了蕭紅成名作《生死場》第一章《麥場》和第二章《菜圃》的全部內容。表明此時迺瑩已經開始了長篇小說《生死場》的寫作。由於三郎、迺瑩對《國際協報》

貢獻較大，白朗與報館商量以特約記者的名義，每月給他們各發二十塊哈大洋。兩人的生活條件有了空前改善，創作勢頭更加健旺。

然而，對於迺瑩而言，新的煩惱卻悄然滋生。

前文說過，房東家三小姐王麗，是迺瑩東特女一中校友。迺瑩比她高一年級，實則王小姐比她還大一歲。王小姐漂亮時髦，引領時尚，抽菸喝酒，俄語流利，心直口快，家境優裕，作派洋氣，「少女風度」十足，相形之下，迺瑩頗感自卑。在迺瑩的零星記述裡，王小姐好像也參與了劇團和牽牛坊沙龍的一些活動。隨著頻繁交往，她跟三郎愈發親近，可以隨便說些玩笑話。見從外邊回來的王小姐將夾在腋下的信件迅速塞進衣袋，三郎便開玩笑說「大概又是情書吧」，對方不置可否地跑進屋裡，香菸的餘縷還飄散在門外。這些最平常不過的交往被敏感的迺瑩看在眼裡，常常不自禁地感懷身世。想到男人那露骨的「愛的哲學」，不免隱隱生出焦慮和無奈。

漫長的冬天悄然過去，春意盎然的中央大街充滿異國情調。年輕漂亮的姑娘們成排走著，肆意輕鬆談笑，漂亮自信的房東家三小姐王麗自然是人們注目的焦點。台灣作家孫陵當年是三郎、迺瑩的朋友，日後他在《我熟識的三十年代作家》一書中提到，王麗「在哈爾濱很出鋒頭，身長大概有一百七十公分，夠得上是亭亭玉立。鴨蛋型的面孔，眼角修長，伶俐活潑，笑的時候有一對酒窩，還有一副整齊的牙齒」。聽見俄國人對其美貌的誇獎，便用流利的俄語與他們交談說笑一陣，富有青春的朝氣。迺瑩每每見到，便敏感到這一切「只限於年輕人」，自己彷彿早已拋離這個群體，已經蒼老不堪。

夏天，三郎常常在傍晚時分帶上迺瑩和王小姐到松花江划船、游泳。回來後，迺瑩往往耐不住困乏早早睡了，而他們倆仍留在院子裡長聊。迺瑩不願在男人面前說出內心婉曲的介意，每次只是一個人不無自傷地落寞睡去。等男人回屋，她早已睡著了。直到有一天，三郎坦率告訴她有姑娘愛上了他，並說那眞是少女的心思。而當洒瑩問起對方是誰，他卻回答說：「那你還不知道？」孫陵則在文中坦言王麗因漂亮而成了三郎追逐的新目標，並認爲：「三郎幾乎是見到漂亮一點的女人便要追逐，他從不考慮可不可追，他只想到要不要追。」

洒瑩似乎明知道有這樣的後果，卻無力阻止，而且也不想阻止，早就意識到這是她的宿命，似乎在與三郎見面的第一晚，獲悉他那「愛的哲學」，便注定這樣的故事會不可避免地發生。女人此時極其苦悶、受傷的內心只有她自己最清楚。三郎接著說已經向王小姐坦白他們是不能相愛的，並勸其冷靜、理智。這樣的結尾多少讓洒瑩獲得些許安慰。三郎創造機會，讓一位剛剛失戀的編輯朋友與王小姐有了充分接觸，不久，兩人墮入愛河。

然而，洒瑩的煩惱並不因王小姐的理智退出或三郎這次沒有結果的追求而終結。

初冬，商市街那間終於安上電燈的半地下室，迎來一位陌生客人。她是三郎在學開車的過程中認識的上海姑娘陳涓。陳涓生於一九一七年，浙江寧波人，原名陳麗涓，筆名有陳涓、一狷等。還在讀中學的她來哈爾濱看望哥哥，到達之後才知道哥哥出差在外，就由堂哥照顧，住了下來。數日前，她和堂哥的一位朋友同逛同發隆百貨商店，無意間發現正在代售的《跋涉》。新書封面上「三郎」這個名字引發她的好奇，原以爲是個日本作家，同行的朋友告訴她是位中國人，而且他們還是朋友，書亦不用買，可以讓三郎送。稍後，陳涓還讀到三郎發表在報紙上的一些文章，對這個署名「三郎」的人更加佩服。不久，在朋友介紹下，終於與三郎本人相識。

當天下午，三郎剛好溜冰去了。在女主人面前，陳涓落落大方地簡述了與三郎認識的經過。對這位漂亮女客，洒瑩一開始便多少有些警惕，很少說話。桌上的報紙載有三郎新近發表的論戰文章，陳涓饒有興致地看起來。爲了與三郎見上一面，洒瑩留客夜飯，姑娘亦不推辭。晚飯前，來邀約三郎溜冰的王麗透過小孔窗看見室內的陳涓，大爲驚異，跑進來大聲問：「你怎麼到這裡來？」「我怎麼就不許到這裡來？」陳涓很調皮地打趣對方。看得出來，她們彼此非常熟悉。王麗走後，陳涓告訴酒瑩她們是在舞場認識的。三郎滑冰回來，王麗亦聞聲跟進。見有女客，三郎興致高漲，嚷嚷著要唱京戲，王麗連忙回屋拿來胡琴、口琴給他伴奏。屋子裡一下子熱鬧起來。敏感的酒瑩覺得熱鬧是他們的，自己卻有無處不在的落寞。她看見王麗聳肩歡笑，隨意倚靠在暖牆上的情態極具西洋少婦風韻，同時也注意到陳涓皮膚很黑。王麗覺得三郎今晚唱舊戲助興很可笑，因爲他剛剛在報紙上與別人打筆仗，痛罵唱舊戲者是「奴心未死」。那麼，今晚爲取悅佳人，他自己亦是「奴心未死」一回了。

此後，陳涓與三郎的交往多起來，雖然常見面，但兩人還不時通信。酒瑩甚至發現她似乎還總避著自己與三郎談些什麼。這讓她很不舒服。王麗更能體察酒瑩那婉曲的內心，不久，警告陳涓不要再和三郎親近了，會招致嫉妒。涉世未深的單純姑娘聽後大吃一驚，這才意識到自己與三郎的交往已經出現問題，其後再去商市街自然比較注意女主人的情緒變化。

一九三四年元旦過後，臨回上海的前兩天，陳涓來商市街告別。見三郎不在家，姑娘說明來意後就走了。次日晨，再次前來，還是想與三郎見上一面。酒瑩出門買菜去了，三郎與之交談了幾句，聽見酒瑩回家打門的響聲，慌忙將一封信塞給陳涓。雖然不知信裡寫了些什麼，但見三郎那種神情，女孩便知道不便讓酒瑩看見，急急忙塞進手袋裡。就在這時，酒瑩進屋，面對陳涓滿臉脹得通紅極不自然的表情佯裝沒有看見，姑娘搭訕著告別。回家後，陳涓好奇地拆開信封，裡邊除一張信紙外，還有一朵枯萎的玫瑰。雖然三郎在信中「絕無有一字涉及這朵奇異的玫瑰花」，但它所蘊含的弦外之音，姑娘「當然也能明白一二」。

三郎此舉讓陳涓內心無法釋然，覺得對不起酒瑩。爲了證明自己的坦蕩，消除和酒瑩的誤會，當天下午又帶著自己的「戀人」一同到商市街，希望她見後能消除疑忌，同時也爲了杜絕三郎那不太理性的感情。然而此舉並沒有收到預期效果。回家後，心情鬱悶的陳涓在一幫爲之餞行的友人間自斟自飲。三郎找了進來，不與任何人招呼，也不說話，只是默默望著她。姑娘藉口上街買酒，他也跟到街上，快到家門口突然在她臉上吻了一下，旋即迅速溜走。姑娘有些不明就裡，當晚大醉一場，第二天「就離去了這可懷念的松花江」。

關於這段情感糾葛，陳涓日後始終將自己敘述成處於懵懂、無辜的狀態。然而，洒瑩以女人特有的敏感，看出南方女孩雖有「愁」，但其中更夾雜著情竇初開的「興奮」。只不過因她的存在，來不及將要訴說的惆悵盡情說出，就「終於帶著『愁』回南方去了」。一九三四年五月，洒瑩將寫於一九三二年七月三十日的《幻覺》拿出來，發表在《國際公園》上。這或許是她利用舊作對此時心態的曲折表達。

……

只怕你曾經講給我聽的詞句，
再講給她聽，
她是聽不懂的。
你的歌聲還不休止！
我的眼淚流到嘴了！
又聽你慢慢地說一聲：
將來一定與她有相識的機會。
我是坐在一塊大石頭上的，
我的人兒怎不變作石頭般的。

日軍侵占東三省後，頒布了許多旨在鎮壓反抗的法令，建立大量暴力機構，賦予憲兵、警察無限特權，實行法西斯統治。一九三三年日僞當局加強了文化統制，實行高壓政策，九月十日，頒布《懲治叛徒法》，十月十三日又公布《出版法》，剝奪人們言論、集會、結社和出版的自由，並出動大量憲兵、便衣密探，隨意抓捕認爲「可疑」的中國人酷刑逼供。美麗的哈爾濱陷於無邊恐怖。

在這種背景下，一九三三年十月剛一出版就轟動淪陷初期東北文壇的《跋涉》，給三郎、迺瑩帶來的喜悅與興奮，並沒有保持多久。因沒有經過僞滿洲當局的審查，一面世便成了「非法」出版物，且有「反滿抗日」的嫌疑。上市沒幾天便被禁止發售，送到書店、商場的書亦被沒收。不僅如此，因爲這本書，針對兩人的謠言四起，多是傳聞日本憲兵在祕密抓捕他們。這本短時間帶給他們喜悅的書，隨即卻給他們帶來無邊的恐怖。稍稍寧靜、安穩的生活又被打破。

不久，房東家接到一封黑信，說是家庭教師將會綁票他家小兒子，也就是說，三郎將會綁票他那十歲的小徒弟。此舉明顯是想挑撥房東與三郎的關係，給三郎、迺瑩製造麻煩。好在房東還算理性，只是將三郎叫過去認眞溝通了一番，明知道是謠言也就沒有太在意。然而，黑信的影響還是非常明顯，王家小兒子一連三四天被姊姊們看管住，不敢接近院門，甚至半個月連三郎、迺瑩住處的窗戶都不敢靠近。黑信自然荒唐，但迺瑩看見三郎當時的樣子，亦禁不住自嘲地感到眼前的「家庭教師眞有點像個強盜」，「領子不打領結，沒有更多的，只是一件外套，冬天，秋天，春天都穿夾外套」，十足是個「不詳細的人」。

各種謠言令迺瑩心緒不寧，切實感到恐怖的威脅。每天從劇團排演回來，看見門窗安好，「知道家中沒有來過什麼惡物」，才放下心來開門。恐怖氣氛愈顯濃郁，朋友們來家裡商議劇團公演事宜，迺瑩全無心思。想著要好好收拾箱子，怕裡邊藏有什麼讓她和三郎獲罪的證據。等到朋友們一走，三郎從床底拖出箱子，兩人便開始清理可能存在的獲罪證據。每本書都仔細翻檢一遍，怕裡邊有罵滿洲國的字跡和紙片。收拾完後，箱子空空蕩蕩，然後他們將認爲不安全的紙片、書籍迅速燒掉。迺瑩形容當時心情的緊迫，就像日本憲兵就在門外要進來抓人似的。

燒完「證據」後，洒瑩稍稍安定心神，覺得輕鬆很多，當她陡然發現桌上的吸墨紙用鉛筆寫有「小日本子，走狗，他媽的滿洲國」等敏感字樣時，心裡又驟然發緊，不敢再看第二遍，便把整張吸墨紙丟進爐子裡。一大張吸墨紙就這樣燒掉了，三郎非常可惜，一邊跺腳一邊大聲呵斥：「燒花眼了？什麼都燒，看用什麼！」洒瑩看他那樣子也很生氣，心想吸墨紙重要還是生命重要？三郎明白她的意思，但繼續責罵道：「爲著一個蝨子，燒掉一件棉襖，就不能把字剪掉嗎？」完全被恐怖壓制住的洒瑩這才清醒過來，覺得自己確實很傻。

該燒掉的都燒掉了。他們還要做出一副滿洲國良民的樣子。洒瑩故意將朋友們送的「滿洲國」建國紀念明信片、兩本關於「滿洲國」的書擺在桌上。此外，還擺有《離騷》、《李後主詞》、《石達開日記》以及三郎的家教課本。三郎陡然想起桌上的《世界各國革命史》裡，載有日本怎樣壓迫朝鮮的歷史，便連忙抽了出來。洒瑩一聽，馬上要將整本書燒掉，男人一把按住她，小聲呵斥道：「瘋了嗎？你瘋了嗎？」

即便徹底清理了家裡的敏感文字和書籍，洒瑩內心的恐懼並不能全然消釋，躺下後在黑暗裡難以入睡，眼睛睜得大大的，對四周的一切響動都格外注意，彷彿危機無處不在。三郎見狀不斷給她一些安慰，像對待被噩夢驚醒的孩子。過了一段時間，因《跋涉》而來的恐懼漸漸消散、淡忘，而劇團徐志的突然被捕，又一下子令他們陷於更大的恐怖中。隨後，不斷有朋友報信說劇團的一些人被密探盯梢。老柏三天不敢回家，準備逃離哈爾濱。這些給了三郎、洒瑩很大的心理壓力，找黃之明瞭解情況，結果一無所獲。

從牽牛坊回來，兩人又開始收拾書箱，雖然明知道已沒什麼可收拾的了，但還是拗不過本能的驅遣。此時，再看見已成危險之物的《跋涉》，心裡並不是歡喜，而是一份巨大的累贅。他們將家裡的所有樣書都搬到柈子房，準備做飯時燒掉。這本給兩人帶來大歡喜、大惶恐的書，直到一九七九年十月黑龍江文學藝術所根據蕭軍提供的母本，出版了五千冊複製本，除改用簡體字外，一切都按照原樣，另在目錄頁的空白處，加印上蕭軍自題的幾句話：「此書於一九四六年我再返哈爾濱時，偶於故書市中購得。珠分釵折，人間地下，一幀宛在，傷何如之。蕭軍志，一九六六，三月二十七日於京都。」

日本關東軍一面在東北農村對反抗力量進行軍事「討伐」，一面在城市連年不斷地開展所謂「大檢舉」，隨後又擴大到鄉村。每次「大檢舉」都有成千上萬的抗日愛國志士和無辜人民被逮捕、殺害，規模較大的有哈爾濱一九三四年春的「大檢舉」。據蕭紅親屬回憶，因《跋涉》作者與呼蘭張家的特殊關係，迺瑩離開哈爾濱後，不時有便衣密探來呼蘭張家騷擾，這本書也給他們帶來了恐怖。張廷舉後來說，張氏家族之所以要在一九三五年八月決意修撰《東昌張氏宗譜書》，亦與不堪迺瑩走後所帶來的恐怖襲擾有關。在宗譜書裡，故意將張迺瑩的名字排除在家族之外，以示她和張家沒有任何干係。此說似乎不無道理，但並不能掩飾張氏家族對張迺瑩的憎恨。換言之，這或許只是不讓張迺瑩入宗譜書的原因之一。

徐志被捕後，在大街上碰見金劍嘯，迺瑩發現他臉上也帶著緊張的神色。恐怖讓三郎、迺瑩也有逃離哈爾濱的想法，只是苦於一來沒有路費，二來不知道該往何處。不安定的生活又開始了，迺瑩不無感傷地想到「從前是鬧餓，剛能弄得飯吃，又鬧著恐怖」。更加凶險的消息不斷傳來，到處傳聞被捕者多與劇團有關。這些不斷刺激著迺瑩那本來就非常脆弱的神經，與三郎一起走在大街上，她沒有一點安全感，甚至有些神經兮兮，見到比較陌生的男人在大街上找三郎談話，便疑心是抓捕便衣。周圍朋友多在計畫逃離哈爾濱。

一九三三年的冬天伴隨無邊恐怖飄然而至。迺瑩坐在燒得暖暖的屋子裡，聽著壁爐裡柈子著火的聲音，自然想起去年此時飢寒交迫的情形。柈子房堆滿了柈子，去年受凍的雙腳今年全好了，因爲溫暖不再凍傷。然而，來之不易的衣食無憂的生活，卻被恐怖攪得生氣全無。整個哈爾濱都籠罩在恐怖之中。隨著恐懼日甚一日，迺瑩、三郎離開哈爾濱的想法愈發強烈。他們開始向朋友打聽什麼時候海上的風浪最小，適合乘船。三郎告訴黃之明自己要走的想法，想聽聽他的建議，老同學亦極力支持他們離開哈爾濱，並且願意支援他們一些路費。黃說自己每天都能聽見祕密審訊犯人時極其恐怖的聲音，如果周圍朋友某天弄進去一個，他該是多麼難受，所以一再鼓勵他們離開，愈早愈好。

一天，金劍嘯來商市街告訴迺瑩、三郎自己準備出走上海，他們也談了出走打算。金建議他們出走的時間最好在五六月間，那時海上的風浪小。三郎、迺瑩和金劍嘯相約一同走，雖然當時金劍嘯並不認爲他們說的是眞話，但還是告訴他們倆許多出走路上應該注意的情況，以及在上海生活的一些經驗。

金走後，離開眼前熟悉的一切變得無比切近，怔怔中迺瑩生出無限留戀。當三郎在耳邊詢問：「我們吃什麼呢？吃麵或是飯？」她不禁無限感慨地想到，現在，食物居然可以選擇著吃，去年此時，三郎只是一角錢、二角錢地往回借，或是抱著新棉袍進當鋪，然後換回黑列巴和白鹽。即便三郎，一說到離開，也往往六神無主地將手插在褲袋裡，不停在原地打轉，常常茫然地一轉就是半小時。

一天，三郎的一個大學生朋友突然慌張趕來提醒，聽說有人要放黑箭。三郎有些困惑，說自己不反滿，不抗日，怕什麼。但對方說現在一些密探幾乎隨意捕人，沒有道理可講。三郎想打聽放黑箭的人到底是誰，對方又不願意說。情形眞假莫辨，三郎、迺瑩愈發焦慮。此人剛走，又來熟人催促他們躲躲。緊張的氣氛讓迺瑩看見任何人的臉都是慌張的。送走朋友，二人到公園散散心，然而心情都非常鬱悶，興致全無，於是又一路無話地走了回來。在家裡，迺瑩書看不進去，俄語學不進去，準備晚飯的心思也沒有。廚房裡各種調料一應俱全，有炸好的肉醬，有米、有麵、有燒不完的柈子，但這一切並不能令人滿足，眼下，以肉醬拌麵條還不如去年此時黑列巴加白鹽吃著舒服。恐怖嚴重影響到他們的生活，那是一種比飢寒更不堪忍受的焦慮，無處不在。

第二天傍晚回家時，三郎、迺瑩發現一個日本憲兵模樣的人在商市街口徘徊，便馬上警覺可能是來抓自己的。迺瑩一下子變得無比緊張，逃跑的念頭愈發強烈，家不想要了，但能逃到哪裡呢？她仔細看了看，那人沒有什麼武裝，似乎又不像是抓人的，但兩人仍不敢貿然回家，連忙進到路南一家麵包店假裝買食物。注意到那貌似「密探」的人最終慢慢走了，迺瑩這才在麵包店裡買了一堆暫不需要的麵包、紅腸走了出來。

緊張的處境不久有所緩和，但二蕭還是決意離開。

一九三四年初，因失去黨組織關係而面臨危險的舒群，匆匆去了青島。不久，來信邀請三郎、迺瑩前往。有了目的地後，兩人的離開之念愈益堅定。周圍的朋友亦都鼓勵他們去青島。兩人最終定在陰曆五月離開哈爾濱。決定一旦做出，便開始在燈下計畫向朋友們籌借路費。一想到即將離開這熟悉的一切，迺瑩心裡既興奮又傷感。離開，意味著可以擺脫這疑神疑鬼、恐怖度日的生活，然而一看到自己和三郎空有兩手建構起來的溫暖的家，心裡對這份來之不易的安穩，實在太不捨。

三郎看出女人的心思，一邊接過她遞來的茶杯，一邊安慰道：「流浪去吧！哈爾濱也並不是家，那麼流浪去吧！」即便三郎說出這些，話中亦有無言的傷感，拿起的茶杯又放下了。迺瑩聽後滿眼淚水，男人見狀連忙說：「傷感什麼，有我在身邊，走到哪裡你也不要怕！」有了倚靠的肩膀，女人心裡湧起一份巨大的幸福感，低頭看見自己親手置辦的鍋碗，不禁問：「這些鍋怎麼辦呢？」三郎笑她像個孩子，鍋碗又算得了

左起山丁、羅烽、蕭軍、蕭紅，1934年初攝於哈爾濱

什麼。迺瑩也感到自己十分好笑，可是環顧室內的一切，她什麼都捨不得，什麼都不忍丟下。

這期間，中共地下黨員、北滿軍委北楊突然造訪商市街，想動員三郎到磐石參加游擊隊打游擊。三郎早有棄文從武打擊日寇的心思，但現在他不可能撇下迺瑩不顧。臨走，北楊亦催促他們儘早離開哈爾濱，一年後他在磐石犧牲了。

天氣暖和起來，迺瑩卻大病一場。症狀還是肚子疼痛厲害，後經治療基本好轉，只是身體非常虛弱。距二人計畫離開哈爾濱的日子不到一個月。三郎想讓她調養好身體，以應對路上艱苦的奔波，耐心哄著她到鄉下朋友家養病一段時間。一開始，迺瑩說什麼也不願意一個人住在鄉下，但男人的意志太過堅定，而自己全身一點力量也沒有，虛弱不堪，確實需要調養。即便極不情願，她還是由三郎護送著住到鄉下朋友家中。

三郎走後，她一個人待在鄉下度日如年。窗外的梨花開了，一樹樹潔白的花朵，讓她意識到五月節快到了，自己的生日快到了，離開哈爾濱的日子也快到了。身體在一天天恢復，能夠下炕到院子裡的果樹下，看看剛長出的小果子。第八天，三郎前來看望，迺瑩見狀，一如孩子般委屈，禁不住想起獨自一人面對的「那樣風雨的夜，那樣忽寒忽熱，獨自幻想著的夜」。雖然也明明知道生病是平常的事，可心裡還是有莫名委屈，好像被誰虐待了一般，好不容易才把眼淚強忍住。三郎再次前來看望，迺瑩執意要跟他回家，但男人認爲還沒有調養好，需要再待幾天。實在拗不過，她最終還是留下了。梨樹上的果子漸漸大起來，迺瑩不無嬌氣地想：「窮人是沒有家的，生了病還被趕到朋友家去。」在鄉下待了十三天，迺瑩終於回到哈爾濱。

離開哈爾濱的日子愈來愈近。迺瑩每天懷著無比感傷的心情，一件件拍賣親手置辦的家具和日用器具。水壺、麵板、水桶、飯鍋、三只飯碗、油瓶等等，都是她相伴很久的夥伴，捨不得離棄，每每以無比傷感的心情，與門外的舊貨商討價還價。該賣的都賣了，廚房空空落落，已經不像廚房。行李都打包了，之前簡陋、整潔的家一片狼藉。女人對沒有燒完的柈子、電爐，甚至破皮鞋都無比留戀。本就心緒不佳，跟舊貨商談價，又常常令她十分不快，他們出的價格以及對這些東西的挑剔，令她心生憤怒。他們自然無法理解這些平常舊貨之於眼前這位家庭主婦的特殊意義——她曾經那樣貧寒、匱乏。

最後幾天，兩人忙著與朋友們告別，包括他們的俄文家教佛民娜。臨行前兩週，迺瑩告訴她即將離開哈爾濱，俄文也不再學下去了。俄羅斯姑娘非常遺憾，顯出依依惜別的神情。迺瑩知道她擅長十字繡，便找出一塊準備給三郎做圍巾的米色軟綢，請她繡上點什麼留作紀念。佛民娜慷慨應允，過了幾天，送來的軟綢上繡了一行暗綠色的俄文字母，那是她曾經給三郎起的一個略帶戲謔意味的俄文名字：印度嘎。

一九三四年六月十一日，三郎和迺瑩在商市街吃完最後一頓早餐準備離開。提起包袱，在男人上前推開門說「走吧」的那一刻，迺瑩感到這一情形正像他們剛搬到這裡，三郎上前推開這扇半地下室的門對她說「進去吧」一樣。難以言說從那扇門裡走出的心情，邁不動打顫的雙腿，一顆心不停地往下沉墜，強忍著的眼淚到底還是湧了出來。她轉而覺得此刻「應該流一流眼淚」。不敢回頭，徑直走出院門，來到街上，曾經熟悉的街市都被丟在後邊，心裡不斷默念著：「別了，商市街」。

出了熟悉的街市，兩人順著中央大街往南走，爲了擺脫別人盯梢，他們佯裝上街買東西，躲進天馬廣告社。當晚，在天馬廣告社，金劍嘯、羅烽、白朗等幾個朋友爲之餞行。第二天，也就是一九三四年六月十二日（農曆五月初一），迺瑩、三郎悄然離開哈爾濱。

張迺瑩當時自然不會想到由此徹底終結了她的「哈爾濱往事」，走上了一條從異鄉到異鄉的不歸路。

第三章　暫避青島

一座城與兩本書

離開哈爾濱，三郎、洒瑩取道大連前往青島。爲了等船住在大連友人家裡。兩天後，三郎化名「劉毓竹」，買到了去青島的日本船票，友人王福臨送他們登上「大連丸」，便匆匆離開。兩人還來不及習慣三等艙齷齪難聞的氣味，幾個身穿制服、斜挎手槍的僞滿水上警察和衣著平常的便衣便凶神惡煞地圍上來。那些便衣的眞實身分是日本海上特務偵緝隊。對於這種檢查，三郎上船前就做好了心理準備，並不慌張。但是，見水警們開始搜查他全身，大病初癒的洒瑩臉色蒼白，大眼睛裡充滿不安的神色，三郎脾氣火爆，擔心他會跟對方發生衝突。搜查完畢，爲首的一位矮胖警官又對三郎進行了近一個鐘頭的仔細盤問，近乎刻意刁難。洒瑩也被帶到另一邊接受其他警察的訊問。

三郎具有良好的軍人素質，加之此前在哈爾濱做過憲兵，即便面對刻意盤問，也能沉著應對。在這一過程中，他亦不斷告誡自己要沉住氣，不要表現出不滿，但盤問者還是明顯感到其眼神裡蘊含的憤怒和血性在頂撞自己。即便三郎的回答無懈可擊，胖警官仍然不甘心地邊上下仔細打量，邊說：「我看你不像正經好人，就衝你的眼睛也不像好人，好人沒有這樣的眼睛。」準備帶到岸上進一步訊問。三郎霎時有些絕望，怕自己經受不住刑訊逼供的考驗。好在，他隨即沉著下來，平靜而勇敢，貌似極爲輕鬆地走在警察們前面。快要出艙門，胖警官又止住了，將他帶到另一邊。這時，針對迺瑩的訊問已經結束。她趴著船舷板上的圓窗，似乎在看海景。看著女人病後瘦弱、單薄的雙肩，三郎心裡不禁湧上一陣酸楚，剛才自己被盤問時，她那惶恐的眼神同樣令他非常心疼。他在內心裡不斷告誡自己，千萬要沉住氣，不要讓心愛的女人擔驚受怕。胖警官突然改變主意，要三郎打開行李箱，進行徹底搜查，連一張空白的信紙也要對著陽光看了又看。三郎故作輕鬆地在一旁吃蘋果。輪船快要啓航，一無所獲的水警才悻悻而去，胖警官仍頻頻回頭看三郎，自言自語「我總看他不像好人」。

水警們終於走了，聽見輪船起錨的聲音，迺瑩驟然感到無比輕鬆，心胸一如圓窗外的大海，美麗而廣茫。看看三郎，男人似在沉思。無語對視片刻，三郎將她攬在懷裡，兩人在心裡分享著又一次戰勝劫難的大喜悅，一起遠眺窗外的大海，想像即將開始的新生活。

夜裡，兩人來到甲板上觀賞海景。迺瑩內心對那不可知的未來充滿興奮和淡淡惶恐。三年來，經歷的事情實在太多，望著黑沉沉的海面，一時想起很多，心情難以名狀，而隨著輪船的行進，她意識到與故鄉的黑土地漸行漸遠。默然良久，三郎告訴她大約明天中午就可以抵達青島。說起白天有驚無險的檢查，男人仍然心氣難平，憤憤說：「如果再來刁難，我會把他們都丟進海裡。」迺瑩聽後，神色立時變得無比惶恐，連忙制止道：「你胡說什麼？」三郎知道自己又讓女人不安了，不免有些自責。

海浪激越起來，海風亦不再溫暖。在甲板上徘徊良久的三郎、迺瑩，回艙睡下——那是個沒有夢的夜晚。第二天，當他們看見前方海面上顯露出蒼翠的山影時，兩顆沉寂的心靈霎時興奮無比——祖國近在咫尺。

一九三四年六月十五日（舊曆端午節前一天），「大連丸」駛進青島港的那一刻，百感交集的張迺瑩禁不住滿眼淚水地走進這座美麗而陌生的城市。

舒群帶著新婚妻子倪青華在碼頭迎接，並安排他們在倪家公館住下。年初來青島，舒群很快就接上了組織關係，不久，通過熟人認識了倪青華一家。倪青華和大哥倪魯平都是革命者。作爲青島市政府勞動科科長的倪魯平，其黨內身分是青島市委組織部部長兼地下黨機關刊物《磊報》主編。五月，基於共同的信仰，舒群和倪青華結爲伉儷，這更有利於他們掩護身分開展工作。

三〇年代的青島，政權掌握在北洋軍閥手裡，海軍司令沈洪烈兼任市長。此人頗有新政，提倡憲制。德國和日本在青島相互爭奪勢力範圍，國民黨只能半公開活動。青島的特殊環境爲中共地下活動提供了方便。一九三三年秋，中共地下黨員孫樂文夥同老同學甯推之等人創辦「荒島書店」，作爲大銀行家之子的甯推之被推舉爲經理。荒島書店不久成爲黨的外圍組織，孫樂文以甯推之的上層社會關係做掩護，利用書店開展工作。一九三四年初，中共青島市委遭破壞，但荒島書店並未暴露。不久，中共山東省委指派高嵩擔任青島市委書記，重建市委組織。新市委指示孫樂文以荒島書店的名義，承租當時頗有影響的《青島晨報》，並以之作爲黨的又一外圍組織。

30年代青島全貌

端午節後，三郎、迺瑩搬進觀象一路一號一座二層小樓的底層。兩人來青島前，倪家就出面租了下來。這座石砌小樓位於觀象山山梁上，背山面海、地勢高迥，左右兩邊都可以看見大海。一邊是青島有名的「大港」；一邊則是「湛山灣」、「炮台山」、海濱浴場等名勝。不管從哪個角度看，都海景如畫。

不久，舒群夫婦搬來比鄰而居。美麗的風景、宜人的氣候，加上舒群夫婦誠篤的友誼，讓迺瑩、三郎的海濱生活十分愜意。適逢孫樂文重組《青島晨報》人馬，經舒群介紹，三郎以本名「劉均」在報社謀得副刊編輯一職。有了安穩的住處，相對穩定的收入，比起哈爾濱，兩人生活有非常明顯的改觀。簡單舒適、貧無所苦的生活讓他們精神飽滿、充滿活力。迺瑩的身體一天天強健起來，有時，她和倪青華一起下廚做飯等三郎、舒群回來共進晚餐。兩家人在一起熱絡而融洽。

作家張梅林也在當年夏天受朋友之邀，從煙台來青島幫助編輯《青島晨報》。認識三郎的同時也認識了迺瑩，都是酷愛文學、埋頭寫作的年輕人，三人不久便十分投契，彼此以三郎、悄吟、阿張相稱呼。

平常，三人一起到市場買菜，讓迺瑩做俄式大菜湯。經過商市街家庭生活的磨礪，迺瑩廚藝大進，儼然老練的家庭主婦，擅長用有柄的平底小鍋烙油餅。那是張梅林記憶深刻的美味，他在《憶蕭紅》一文中對此有專門記述。還回憶起那個夏天，三郎常常「戴了一頂邊沿很窄的氊帽，前邊下垂，後邊翹起，短褲、草鞋、一件黃色的俄式襯衫，加束了一條皮腰帶，樣子頗像洋車夫。而悄吟用一塊天藍色的綢子撕下粗糙的帶子束在頭髮上，布旗袍，西式褲子，後跟磨去一半的破皮鞋，粗野得可以」。晚年張梅林仍清晰記得四十五年前的蕭紅，長得瘦瘦高高，有些蒼白的臉上一雙大眼睛神韻十足，性格活潑，待人真率、坦白。

工作之餘，三人徜徉在大學山、棧橋、海濱公園、中山公園、水族館等風景名勝，悠閒而快樂。迺瑩充分享受著這難得的全然沒有焦慮的海濱時光。午後，他們常常將自己「拋在匯泉海水浴場的藍色大海裡，大驚小怪地四處游泅著」。不善游泳的迺瑩在海水淹沒胸部的淺灘裡，一隻手捏著鼻子，緊閉雙眼沉到水底努力爬蹬一陣，然後抬起頭，來不及睜開眼就一邊大聲嗆嗽著，一邊大聲問身旁的阿張：「我是不是已經泅得很遠了？」她那滑稽而自信的樣子，讓梅林覺得實在有些可笑，便如實告知其實一點也沒有移動，並建議「要像三郎那樣，球一樣滾動在水面上」。看了看正拚力游向水架的三郎，她卻不以爲然地批評道：「他那種樣子也不行，毫無游泳法則，只任蠻勁，拖泥帶水地瞎衝一陣而已，我還是有我自己的游法。」說罷，又捏著鼻子沉到水底。

梅林讀到迺瑩發表在《青島晨報》副刊上的小說《進城》，爾後又讀到她在《跋涉》中的作品，對其創作有了更深入的瞭解。覺得迺瑩的文字清麗纖細，下筆大膽，特別是《進城》，如同一首抑鬱的牧歌。他將自己的閱讀感受眞率地講給迺瑩聽，不想，她大睜著清澈潤澤的眼睛，一臉眞誠地問：「阿張，是這樣嗎？是不是女性氣味很濃？」

今日二蕭青島故居街景

安穩舒適的生活，激發出三郎、迺瑩強烈的創作衝動。兩人都試圖創作更大篇幅的作品。迺瑩在哈爾濱期間發表的《麥場》只是一個長篇架構的開頭，現在，她想接著寫下去，試圖完成原有構想。三郎接著創作在哈爾濱就已動筆的《八月的鄉村》。兩人非常珍惜時間，生活嚴謹、自律，每天按時工作、按時休息，始終保持著良好的寫作狀態，生怕虛擲了美好光陰。寫作過程中，兩人相互激勵，相互支持，誠如蕭軍日後回憶：「每於夜闌人靜，時相研討，間有所爭，亦時有所勵也。」難得有如此安寧無慮的心態，加之幾乎沒有工作的外在壓力，迺瑩的寫作進展順利，九月九日《麥場》全書宣告脫稿。

用薄棉紙將書稿複寫兩份，見自己第一次能夠創作出如此大篇幅的作品，迺瑩內心充滿收穫的喜悅與驕傲。聽迺瑩朗誦了其中部分章節，梅林將書稿借來通讀，仍然從中感受到迺瑩筆觸的清麗、纖細和大膽，還有字裡行間的牧歌情調。很想聽聽別人對這部新作的看法，當梅林交還原稿，她急切問道：「怎麼樣，阿張？」梅林在充分肯定的同時，亦指出「全部結構缺少有機聯繫」。迺瑩對此十分認同，並說自己一時也難找到比較理想的解決辦法，只好就這樣。《八月的鄉村》仍在寫作中，聽見迺瑩、梅林關於新作的議論，三郎表現出極不服氣的氣概，從書架上抽出裝訂好的原稿冊子，輕拍幾下，自豪地翻動頁面，對他們說：「瞧我的呢！」驕傲得像個孩子。《八月的鄉村》最終於十月二十二日脫稿。這部十四萬字的長篇小說，據陳漱渝《白雲源自一身輕》一文考證，是蕭軍根據抗日烈士傅天飛一九三三年春夏之交，向其提供的磐石游擊隊抗戰的眞實材料，並結合自身的軍旅生活虛構加工而成。

青島，就這樣成爲兩部中國現代文學名著的誕生地，亦見證了二蕭的成名足跡。更爲重要的是，這座美麗的城市給了張迺瑩一段快樂、充實的海濱時光。那份安寧、無慮幾乎是她成年後僅有的短暫體驗。

一封回信

三郎、迺瑩在青島是如何與魯迅建立起書信聯繫的，至今存有多種說法。

蕭鳳在《悲情女作家蕭紅》一書提到，據舒群一九七九年九月回憶，一九三四年夏天迺瑩還在集中精力寫作《麥場》的時候，他和三郎曾結伴去過上海一趟，目的是想結識上海文藝界的一些名人，本想拜訪作爲前輩的魯迅和同輩的黃源。但是，到了上海因情況複雜，沒找到可靠關係，又沒有足夠旅費，不敢長期逗留，結果既沒見到魯迅也沒見到黃源，大失所望地回到青島。之後，舒群又單獨去過一次，仍是失望而返。對於此說，有些補充版本還說三郎找到了內山書店，向店員打聽魯迅住址，對方說不知道，後來才知道先生的住址是保密的，沒有可靠關係做介紹，內山書店就只是一個賣書的場所。另有一說，舒群、三郎兩次結伴到上海找魯迅，第二次他們直闖內山書店，結果仍是一無所獲。

對於三郎、悄吟在跟魯迅先生建立書信聯繫之前，三郎到上海拜訪魯迅未果的這些說法，筆者認爲要麼出於人們的臆度，要麼記憶有誤，並不可靠。如果確有其事，最值得質疑的地方在於，一九七八年十月二十一日，蕭軍對魯迅寫給他和悄吟的第一封回信進行注釋時，十分詳盡地回憶起與魯迅書信往還的始末，但隻字未提他當年到上海拜訪先生未果之事。按照事理邏輯和敘述常理，如果確有其事，毫無疑問應該有所提及。而在此篇「注釋」裡，蕭軍倒是非常令人信服地說到他和悄吟給魯迅寫信的緣起，在於當時悄吟的書稿已完成，《八月的鄉村》雖在寫作中，但他們已在考慮兩部書稿的出路，而當時又不能確切知道自己的小說「所取的題材，要表現的主題積極性與當前革命文學運動的主流是否合拍」，因爲「知道魯迅先生是當時領導上海革命文學運動的主帥，所以就寫信給他請求指導」。

三郎、悄吟給魯迅去信的想法之所以最終付諸行動，亦有兩種說法。《蕭紅傳》作者丁言昭曾在一九七九年十二月三十一日和一九八〇年一月八日兩次訪問張梅林。據張回憶，三郎、悄吟曾同他談過給魯迅寫信的想法。因自己當年在煙台當葡萄園管理員時，經常閱讀左傾雜誌，對上海文藝界的情況比較熟悉，得知魯迅經常去內山書店買書、坐聊，就告訴他們給魯迅的信只要寄到內山書店，就可以轉到他手上。張梅林當時自然不認識魯迅，只是讀了他的文章後覺得青年們都向著先生，以之作爲精神導師，只要去信，一定會得到先生的指導。

另有一種更被普遍接受的說法是，孫樂文到上海辦理進書業務時，曾在內山書店偶遇魯迅，並有過簡短交流。回青島後，他向三郎、迺瑩描述見面的情形，更激發了他們給魯迅先生寫信的衝動。而當他們說出向魯迅寫信求教的想法後，得到了孫樂文的極力鼓勵，並建議三郎將通訊地址落在荒島書店。即便發生了什麼問題，書店方面亦可推說不知，是顧客沒經同意隨便留下的。孫樂文反覆提醒三郎不要使用眞實姓名和地址，以免惹出麻煩。此說出自蕭軍之口，亦見於蕭軍夫人王德芬編撰的《蕭軍年表》，且魯迅回信也確實郵至荒島書店，似乎更可信。

蕭紅1934年夏攝於青島櫻花公園

一九三四年十月初，三郎、迺瑩以三郎的名義，給魯迅寫了一封信。信中，三郎首先談了幾年前，他在詩人徐玉諾的介紹下閱讀《野草》感受，然後表達出自己在寫作中的一點困惑：不知現在的時代究竟需要什麼樣的作品。最後，向魯迅提出能否對迺瑩已完成的書稿提出些批評意見。

值得注意的是，這封信的落款，三郎第一次使用「蕭軍」這個名字。稍加梳理會發現，他在哈爾濱期間主要使用「三郎」這個筆名，青島時期用本名「劉均」，到上海後，魯迅給二蕭的信多稱其爲「劉軍」。三郎正式使用「蕭軍」這個名字是在署名「田軍」出版了《八月的鄉村》之後，即便後來到了武漢，在主要場合還是使用「田軍」。

而之所以取名「蕭軍」，他本人日後在《魯迅給蕭軍蕭紅信簡注釋錄》一書中解釋說：「『蕭』字的來源，是我很喜愛京劇《打漁殺家》中的蕭恩；『軍』是爲了紀念我是個軍人出身的一點意思，並無其他『奧祕』在其中。」關於「蕭」字，另有一種不無附會之意的說法，說是蕭軍籍貫遼寧，古代遼人多姓蕭，因而，用此姓含有懷念被敵人占領的故土之意。當然，亦有人認爲「蕭軍」這個名字第一次出現時，帶有極大的隨意性，如曹革成在《我的嬸嬸蕭紅》一書中便持此說，似乎不無道理。

信件寄出後，蕭軍、酒瑩對於魯迅是否能收到，並沒有抱太大希望。社會環境如此複雜，他們對先生是否會給一個陌生的無名作者回信，沒有寄予多大期望。他們想到即便魯迅覆信也一定要過相當長時間。因此，正如蕭軍日後所說的那樣，信件寄出後，他們「只是作爲一種『希望』，一種『遙遠的希望』在希望著，在等待著……」。

然而，魯迅於十月九日收到這封對於蕭軍、酒瑩的人生來說，具有歷史性轉捩的信。查當天魯迅日記，載有「得蕭軍信，即覆」。不久，先生的回信便郵至荒島書店。蕭軍、酒瑩、孫樂文以及其他朋友分享了收信後那「難以克制的激動和快樂」。蕭軍後來回憶：「我把這信和朋友們一起讀了又讀；和蕭紅一起讀了又讀，當我一個人留下來的時候，只要抽出時間，不論日間或深夜，不論在海濱或山頭……我也總是把它讀了又讀。這是我力量的源泉，生命的希望，它就和一紙『護身符籙』似的永遠帶在我身邊！」

這封意義重大的回信，原文如下：

蕭軍先生：

給我的信是收到的。徐玉諾的名字我很熟，但好像沒有見過他，因爲他是做詩的，我卻不留心詩，所以未必會見面。現在久不見他的作品，不知道哪裡去了？

來信的兩個問題的答覆——

一、不必問現在要什麼，只要問自己能做什麼。現在需要的是鬥爭的文學，如果作者是一個鬥爭者，那麼，無論他寫什麼，寫出來的東西一定是鬥爭的。就是寫咖啡館跳舞場罷，少爺們和革命者的作品，也決不會一樣。

二、我可以看一看的，但恐怕沒工夫和本領來批評。稿可寄「上海、北四川路底、內山書店轉、周豫才收」，最好是掛號，以免遺失。

我的那一本《野草》，技術並不算壞，但心情太頹唐了，因爲那是我碰了許多釘子之後寫出來的。我希望你脫離這種頹唐心情的影響。

專此布復，即頌

時綏

迅　上

十月九夜

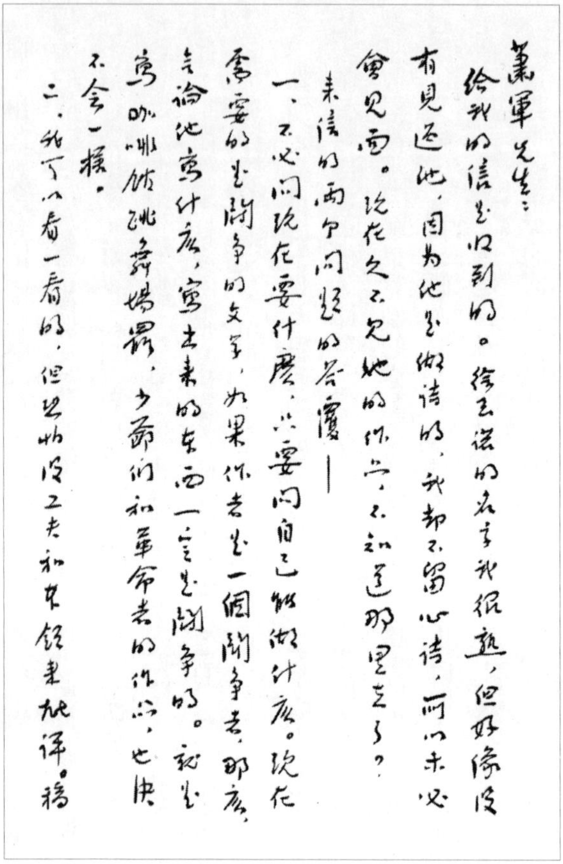
蕭軍先生：

給我的信是收到的。徐玉諾的名字我很熟，但好像沒有見過他，因為他是做詩的，我卻不留心詩，所以未必會見面。現在久不見他的作品，不知道那裡去了？

來信的兩個問題的答覆——

一，不必問現在要什麼，只要問自己能做什麼。現在需要的是鬥爭的文學，如果作者是一個鬥爭者，那麼，無論他寫什麼，寫出來的東西一定是鬥爭的。就是寫咖啡館跳舞場罷，少爺們和革命者的作品，也決不會一樣。

二，我可以看一看的，但恐怕沒工夫和本領來批評。稿

魯迅1934年10月9日致蕭軍信（一）

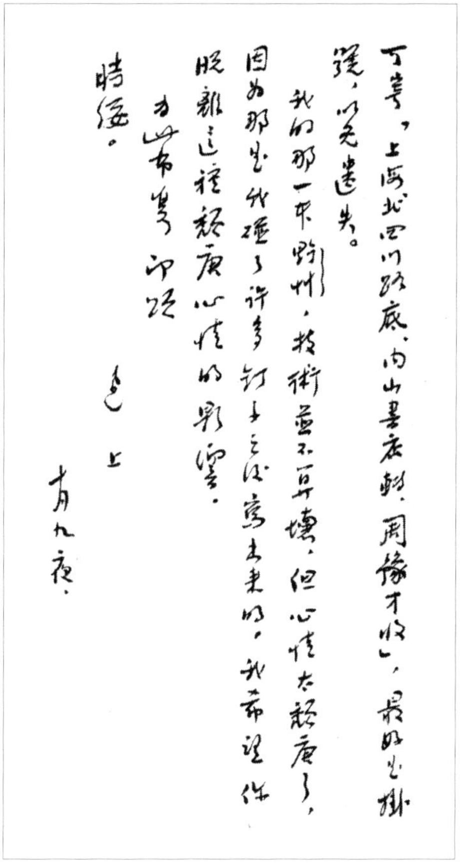
可寄「上海北四川路底，內山書店轉，周豫才收」，最好是掛號，以免遺失。
我的那一本野草，技術並不算壞，但心情太頹唐了，因為那是我碰了許多釘子之後寫出來的，我希望你脫離這種頹唐心情的影響。
專此布復，即頌
時綏。
迅 上
十月九夜。

魯迅1934年10月9日致蕭軍信（二）

蕭軍、蕭紅日後之所以能夠成名上海灘，顯然與魯迅的獎掖、提攜分不開。而這封回信是魯迅與二蕭友誼的開始。三十多年後，蕭軍在《魯迅給蕭軍蕭紅信簡注釋錄》一書中，深情憶及當年得先生回信的心情：「讀者可能體會得到，也可能體會不到，我們在那樣的時代，那樣的處境，那樣的思想和心情的狀況中，而得到了先生的覆信，如果具體一點說，就如久久生活於淒風苦雨、陰雲漠漠的季節中，忽然從騰騰滾滾的陰雲縫隙中間，閃射出一縷金色的陽光，這是希望，這是生命的源泉！又如航行在茫茫無際夜海上的一葉孤舟，既看不到正確的航向，也沒有可以安全停泊的地方……魯迅先生這封信猶如從什麼遠遠的方向照射過來的一線燈塔上的燈光，它使我們辨清了應該前進的航向，也增添了我們繼續奮勇向前划行的新的力量！」

魯迅表示願意看他們的書稿，兩人自然喜出望外，連忙將酒瑩《麥場》抄稿和一本從哈爾濱帶出的

《跋涉》打包寄出。爲了讓先生對他們有更加具體的瞭解，兩人還將一張離開哈爾濱前夕拍攝的合影夾在書裡。照片裡，蕭軍身穿一件俄國「高加索」式亞麻布繡花襯衫，腰間束一根暗綠色帶有繐頭的帶子，是哈爾濱男青年的流行裝束；洒瑩則身穿一件半截袖子、藍白色斜條紋絨布的短旗袍，梳兩條短辮，上邊紮著兩朵淡紫色的蝴蝶結，亦是哈爾濱青年婦女的一般裝束。這張合影曾被哈爾濱一家名爲《鳳凰》的文學雜誌作爲封面。

二蕭1934年攝於離開哈爾濱前夕

不久，魯迅順利收到蕭軍、洒瑩寄出的書稿。查一九三四年十月二十八日魯迅日記，載有：「午後得蕭軍信並稿」。

書稿剛剛寄出，青島局勢驟然有變。國民黨的政治壓力其實早在兩個月前就已經開始加強。中秋節晚上，在岳母家過節的舒群夫婦連同倪魯平及其弟一起被捕。同時，中共青島市委書記高嵩亦不幸被捕。事後得知，由於一國民黨特務潛入中共組織內部充當內奸，中共青島地下黨組織再次遭到毀滅性破壞。

中秋當晚，蕭軍曾被邀一同在倪家過節，幸虧臨時有事未能成行，不然可能「一網打盡」。雖逃過一劫，但由於《青島晨報》和荒島書店都是中共的外圍組織，蕭軍的處境也變得危險起來。不久，孫樂文告知《青島晨報》隨時可能停刊，讓他和洒瑩做好離開青島的準備。孫的身分已然暴露，隨時可能被捕，不便活動。他讓蕭軍出面與「報主」、「印刷廠」接洽辦理報館結束的業務。蕭軍一面代表報社辦理解除合同的各項事務，一面悄悄將自己的一些東西分批轉移別處。因居所大門邊就有一處警察派出所，自然不能讓他們看出自己有轉移跡象。

《八月的鄉村》脫稿後，來不及謄清，形勢日趨嚴峻，白色恐怖日甚一日。據梅林晚年回憶，不久，報社又發生了一件令大家頗感恐怖的事。一個外勤記者在報導一艘輪船的消息時，被人投訴說擴大了事實，警方就要來抓人，於是就離開報社出走了。接著，報社劉經理也離開了，報紙因之徹底停頓。面對無人負責的報館，蕭軍、迺瑩和張梅林決定離開青島前往上海。

報紙停刊，同人星散。蕭軍、迺瑩還有張梅林的經濟來源馬上成了問題，大家都窮得叮噹響，就著大菜湯吃烙餅的好日子一去不返。離開青島前，迺瑩和梅林將報館裡的兩三副木板床帶木凳用一架獨輪車拉到街上拍賣。梅林說：「木床之類，我們還是不要吧？」不想，迺瑩睜大眼睛反問道：「怎麼不要？這至

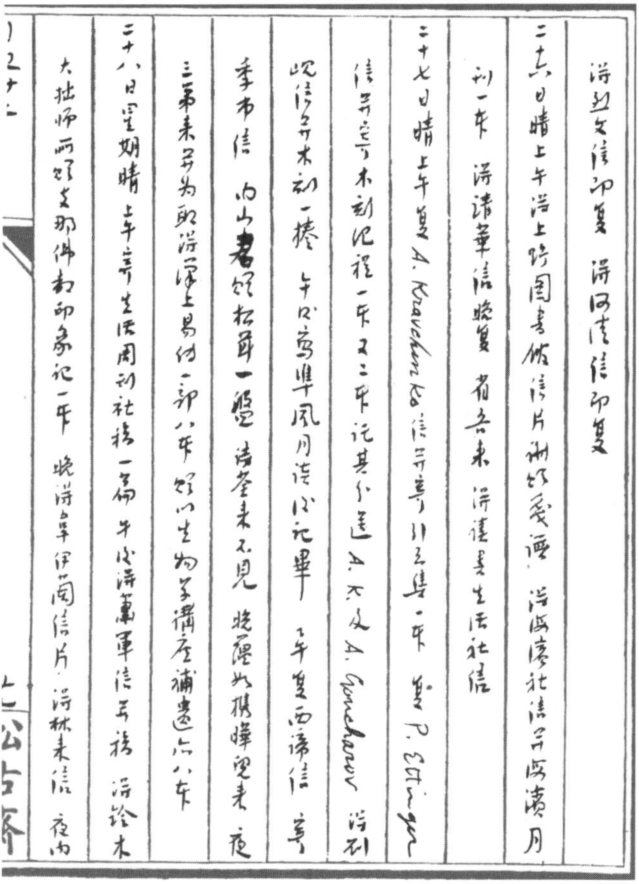
二十六日晴 [illegible]
二十七日晴 上午 [illegible] A. Kravchenko [illegible] P. Ettinger [illegible] A. K. [illegible] A. Goncharov [illegible]
二十八日星期 晴 上午 [illegible] 生活周刊社稿一篇 [illegible] 蕭軍信 [illegible]

1934年10月28日魯迅日記

少可以賣它十塊八塊錢，就是門窗能拆下也好賣的，管他呢！」說罷，蹬著她那磨去一半後跟的破皮鞋，大搖大擺地跟在獨輪車後。

在離開青島的頭天晚上，孫樂文約蕭軍來到棧橋盡頭東邊那座大亭子的陰影裡，簡短對他說：「我明天就要轉移，也許離開青島，書店裡、家裡全不能住下去，你們也儘快離開，這是給你們的路費。」說罷，交給蕭軍四十元錢。深秋的夜風在黑沉沉的海面上激起巨大波浪，兩人都有些抗不住海上深秋的風寒，說話的聲音變得有些不連貫，而四周恐怖的氛圍更令人不寒而慄。青島再也不能逗留，必須馬上離開。蕭軍回家後做的第一件事，就是給魯迅寫信，告知自己和迺瑩馬上離開青島前來上海，千萬不要再來信。

一九三四年十一月一日，蕭軍、迺瑩和張梅林乘坐一艘可能名爲「共同丸」的日本輪船前往上海。三人所在的四等艙是船的最底層，塞滿了鹹魚包、粉條等雜貨，但大家絲毫不以爲意，席地而坐、有說有笑。

第四章　成名上海

有魯迅的上海

一九三四年十一月二日，蕭軍、酒瑩和張梅林抵達上海。

上岸後，三人在一家廉價小客棧住下來，稍作安頓，便分頭找朋友或租房子。當晚，蕭軍、酒瑩就住在客棧裡，梅林找到住在法租界環龍路的少時同學楊君，決定搬到他的亭子間共住。

次日上午，蕭軍、酒瑩在拉都路北端發現一爿名叫「永生泰」的小雜貨鋪門前貼有招租廣告，說是後邊二樓有個大亭子間要出租。蕭軍進去看了一下，比較滿意。那是一間單獨存在，不和前樓發生聯繫的南北向亭子間，面積較大，有單獨的側門直接進出。美中不足的是，房間南面沒有採光窗口，只在東面有兩扇窗戶。兩人決定住下來，先交了九元租金，並堅持要二房東開立收據，以防賴帳。在哈爾濱和青島的時候，常聽人說上海人如何「小氣」、「刁狡」，不好打交道。安置好行李，兩人向房東借來一張木床、一張桌子和一把椅子。孫樂文給的四十元路費，除去買船票、付租金所剩不足十元，他們用餘錢購回一袋麵粉、一個小炭爐，還有木炭、砂鍋、碗筷、油鹽之類家居必需品。蕭軍、酒瑩就這樣在茫茫大上海的亭子間，安下一個小小的家。這裡，是二十三歲的張迺瑩在這個全然陌生的大都市，追逐光榮與夢想的起始之所。她的人生掀開新的一頁。

在這個「冒險家的樂園」，即便囊中羞澀迫切等待遠在哈爾濱的朋友接濟的蕭軍、迺瑩，卻並不感到畏懼、茫然。因爲魯迅的那封回信，他們覺得還是與這個陌生的城市有所關聯，甚至感到一份親切——這是「有魯迅的上海」。安家後最要緊的一件事，便是給魯迅寫信，他是這對年輕人在這個城市唯一的「熟人」。他們渴望與心目中的精神導師見面，從他那裡獲得支持、力量和方向。蕭軍晚年回憶，當時只要能和先生見上一面，「即便離開上海，也就心滿意足了」。

回到客棧，張梅林發現蕭軍、迺瑩已搬走，桌上留有一張用鋼筆畫就的地圖，一看便知出自進過陸軍講武學堂的蕭軍之手，上邊十分詳細地標明了方向、路標以及弄堂如何拐彎等細節，很是專業。拿著地圖，張梅林一路上還是問了好幾個人，才找到他們的住處：拉都路二八三號。地方近似城郊的貧民區，兩人的房子臨窗有菜園和篷寮，空氣清新，探頭窗外一望，進入眼簾的是一派綠色的菜園。嚴冬季節還能看到如此鮮亮的綠色，對於長期生活在北方的人來說，自然有些新奇。張梅林禁不住讚嘆道：「你們這裡倒不錯啊，有美麗的花園呢。」正在打掃環境的迺瑩聽後，右手拿著抹布，左手撐腰，裝出一本正經的臉孔，以一種近乎莊嚴的聲調反問

舊上海街景

道：「是不是有點詩意？」此舉讓梅林陡然感到有些陌生，看看她那明顯僞裝的神情，以及那雙平素清澈天眞，而此時「傲視」一切的大眼睛，再看看一旁忍俊不禁的蕭軍，刹那間三人爆發出極其釋放的大笑。

蕭軍認爲眼前沒有一些自然景色很難寫作。聽了如此高論，梅林揶揄道：「那麼，你就對窗外的花園作詩吧！」

「首先應該由發現菜園詩意的人寫一首詩。」蕭軍幽幽地將揶揄的矛頭指向迺瑩。

「你別以爲我不會寫詩！」迺瑩衝到蕭軍面前「咆哮」道：「過幾天我就寫兩首給你看！」

蕭軍喜歡看她較眞的樣子，常常惡作劇地引動她那天眞的氣惱。而伴隨不可自抑的氣惱，往往還有那大眼睛裡動輒泛溢的眼淚。眼下，「咆哮」過後，迺瑩的大眼睛裡已是淚光點點。蕭軍則側著腦袋強忍住不讓自己發笑，繼續揶揄道：「嘿，你好凶啊，是早晨吃了幾塊油餅的緣故嗎？」女人破涕爲笑，噙在大眼睛裡的淚水順勢滾得滿臉都是。

蕭軍、迺瑩樂觀而富有生氣的生活感染了梅林。環顧室內，發現地板是由未經細刨的粗木板拼綴起來的，十分粗糙；桌椅、木床都是向房東借的，西牆正中又掛起了那張離開哈爾濱前，金劍嘯匆忙中爲蕭軍創作的油畫肖像；另有一張與畫像尺寸差不多的西洋美人月下抱琴的畫片，釘在兩窗中間的木柱上。在青島，梅林就知道這兩樣是蕭軍至愛的裝飾物。他更看見一袋麵粉誇張地蹲在房間一角，十分顯眼，幾捆木炭堆在另一邊，迺瑩愛用的木柄平底鍋亦莊嚴坐在新買回的泥爐子上。簡陋的家具、粗糙的地板被迺瑩擦拭得一塵不染，小亭子間洋溢著濃郁的居家生活氣息。梅林沒想到他們的安家速度如此之快，禁不住感嘆道：「怎麼一個上午就把這些東西置辦齊全了？」蕭軍說：「它們一天也不能少，辦齊了放心，那袋麵粉和木炭至少可以支持半個多月。」蕭軍、迺瑩在上海的日子，就這樣以食物和柴火開始度量了，彷彿又回到了安家商市街的時光。不同的是，進入上海灘的他們，擁有無限闖勁，對這個城市也寄託著無限希望。有了這樣的精神支撐，蕭紅一掃往日的哀怨、傷感，樂觀而陽光。

蕭軍、洒瑩的居住條件還有那溫馨洋溢，貧苦而富有生氣的精神面貌，令梅林十分羨慕，不禁抱怨起與朋友同住之所那讓人難以忍受的侷促、潮濕與陰冷。兩人聽後真誠邀他搬來同住，但梅林想到，三人在一起會整天開「座談會」，相互影響。蕭軍認爲只要制訂好規則，軍隊一樣工作起來，就會很有效率。梅林最終還是推辭了他們的好意。蕭紅不滿意張梅林的再三推辭，心直口快地批評他「有布爾喬亞的臭習氣」。

中午，見洒瑩從口袋裡往外掏麵粉，準備做她最拿手的蔥油餅，梅林忽然對那袋麵粉心生憐憫。就像孩子珍惜那顆含在嘴裡的糖果，害怕過快化掉一樣。他希望那只麵粉口袋能長時間地飽滿，於是提議爲慶祝三人從青島遷來上海，到館子裡好好喝一杯。洒瑩回過頭來，皺著鼻子大聲揶揄道：「你算了吧！」梅林聽出她其實是在責備自己這完全不必的排場。蕭軍同樣鄭重告誡「這是浪費」，並處處彰顯其軍官本色，儼然訓誡手下士兵一般說道：「首先我們要把自己的戰壕紮穩，這是上海！」梅林誠懇接受建議，三人買了一斤牛肉回來熬青菜湯配烙餅作爲午餐。洒瑩高超的烙餅技術，讓兩個男人大快朵頤、唇齒留香。

飯後，三人一起逛逛這人間天堂的大上海。因囊中羞澀，娛樂場所自然沒有興趣進去，只限於在馬路上看看風景和人流。在永安公司樓下，三人倒是瞎逛了一通。滿眼都是五彩繽紛地陳列著的「環球百貨」。蕭軍、洒瑩更眞切地感受到來自這座城市的壓力，它的繁華與前衛、富有與喧囂，好像與自己沒有什麼關係。不知道是自己走進了這座城市，還是這座城市向他們隆隆開了過來。幽默自然是最好的情緒調節，蕭軍指著櫥窗裡一排排昂貴的巴黎香水，眨著眼睛，故意打趣道：「你買它三瓶五瓶吧。」

「我一輩子也不會用那有臭味的水。」洒瑩連忙一本正經地強調。

十一月四日，蕭軍、洒瑩收到魯迅回信，告知三號的信當天就收到了，而且先前從青島寄出的書籍、信件和書稿亦都收到。先生婉拒了兩人立即見面的想法，說「待到有必要時再說罷」，「因爲布置約會的種種事，頗爲麻煩」。

如此迅速地收到魯迅回信，蕭軍、洒瑩十分興奮，霎時減少了對這座城市的陌生感。然而，也因不能立即見面而有些許失望，沒想到與魯迅即便同處一城，見一面居然這麼困難。這封回信，魯迅的語氣比較平淡，情緒和態度都明顯有所保留，不免令蕭軍、洒瑩在失望之餘另有揣度。此前，他們在東三省的報紙上瞭解到魯迅患有腦膜炎。當晚，由蕭軍執筆，兩人又給寫信詢問先生的身體情況，並再次提出想與之見面。

五日收信後，魯迅當晚作覆，說所謂患腦膜炎，只不過是上海的所謂「文學家」造出的謠言，並提醒他們「上海有一批『文學家』，陰險得很，非小心不可」。對於見面要求，魯迅還是婉言拒絕：「你們如在上海日子多，我想我們是有看見的機會的」。

初到上海，蕭軍、洒瑩對周圍的境況一無所知，對魯迅處境就更不瞭解。其時，先生處於國民黨特務的監視之下，行動不便，對於要求見面的生人非常謹慎。這也是汲取多次教訓之後獲得的經驗，因爲，常常遇到出賣朋友蛻化變質的青年。魯迅故意延宕與兩人見面的時間，實則想從側面對他們有更多瞭解，曾託胡風打聽他們的具體情況。後來，蕭軍自己也聽說，先生在決定與他們見面之前，曾託人從側面對他們

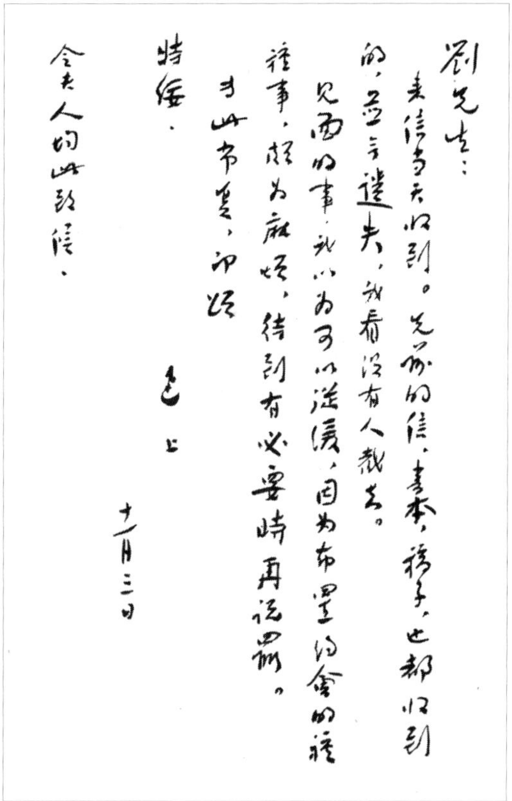
劉先生：
來信當天收到。先前的信，書本，稿子，也都收到的，並無遺失，我看沒有人截去。
見面的事，我以為可以從緩，因為布置約會的種種事，頗為麻煩，待到有必要時再說罷。
此布，即頌
時綏。
迅 上
十一月三日
令夫人均此致候。

魯迅1934年11月3日致蕭軍信

進行了一番瞭解，主要想瞭解是否有什麼政治背景或黨派關係。

魯迅再次拒絕，多少給了蕭軍、酒瑩一些打擊。意識到近期與先生見面似不太可能，失望之餘，轉而想到既然沒有當面求教的機會，那就通過書信瞭解一些急於想知道的「問題」。於是，在十一月七日致魯

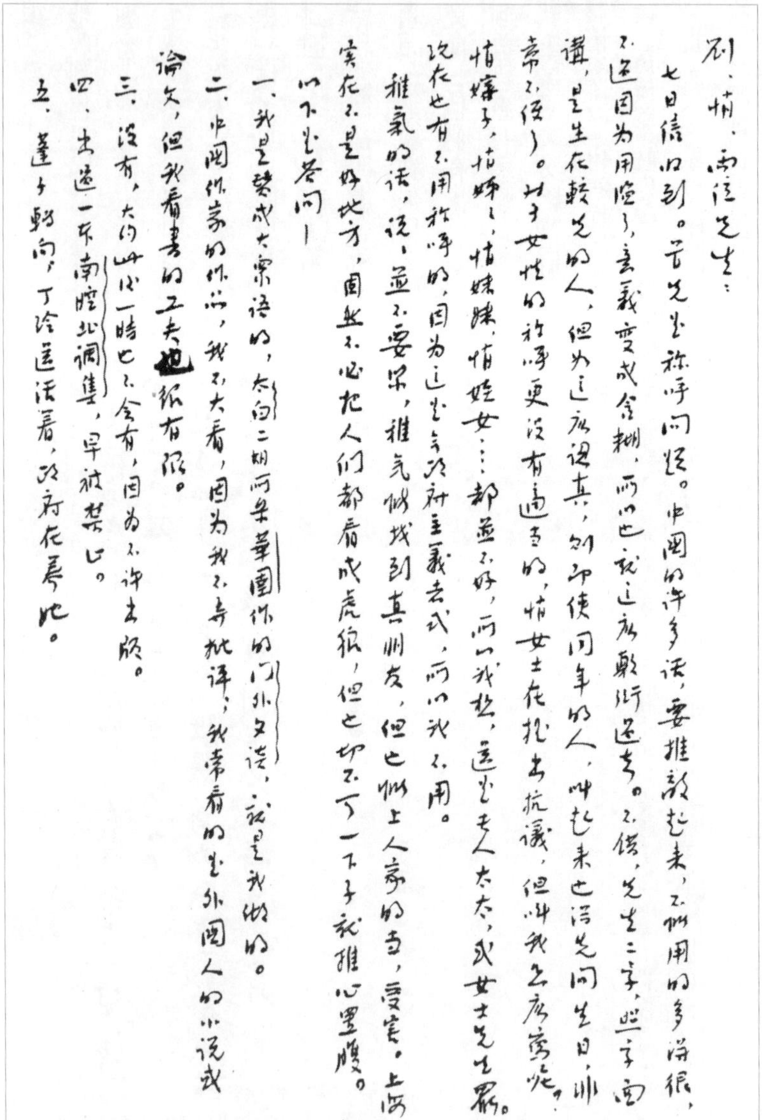

刘、悄两位先生：

七日信收到。首先是称呼问题。中国的许多话，要推敲起来，不能用的多得很，不过因为用惯了，意义变成含糊，所以也就这么敷衍过去。不错，先生二字，照字面讲，是生在较先的人，但如这么认真，则即使同年的人，叫起来也得先问生日，非常不便了。对于女性的称呼更没有适当的，悄女士在提出抗议，但叫我怎么写呢？悄婶子，悄姊姊，悄妹妹，悄侄女……都并不好，所以我想，还是夫人太太，或女士先生罢。现在也有不用称呼的，因为这是无政府主义者式，所以我不用。

稚气的话，说说并不要紧，稚气能找到真朋友，但也能上人家的当，受害。上海实在不是好地方，固然不必把人们都看成虎狼，但也切不可一下子就推心置腹。

以下答问——

一，我是赞成大众语的，《太白》二期所载华圉作的《门外文谈》，就是我做的。

二，中国作家的新作，我不大看，因为我不寻批评；我常看的是外国人的小说或论文，但我看书的工夫也很有限。

三，没有，大约此后一时也不会有，因为不许出版。

四，出过一本《南腔北调集》，早被禁止。

五，蓬子转向，丁玲还活着，政府在养她。

魯迅1934年11月12日致蕭軍、蕭紅信（一）

迅信中，蕭軍、迺瑩分別連珠炮般問了一連串問題。魯迅前兩封回信，名義上寫給蕭軍一人，實際上是寫給他們兩人的，提示迺瑩的地方只在信結尾分別附有「令夫人均此致候」和「吟女士均此不另」等字樣。迺瑩嫌「夫人」、「女士」的稱呼有「布爾喬亞」氣，於是在七日信中專就此表示抗議，認為先生不該對她

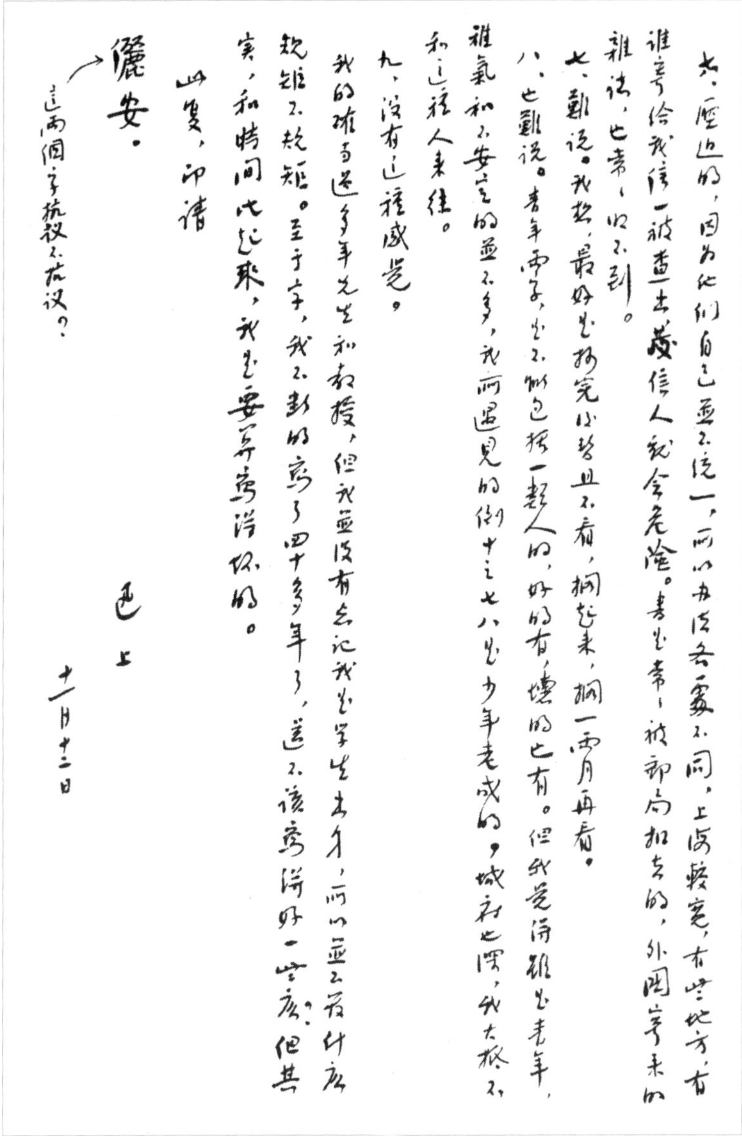
六、压迫的，因为他们自己并不统一，所以办法各处不同，上海较宽，有些地方，有谁寄给我信一被查出，发信人就会危险。书是常常被邮局扣去的，外国寄来的杂志，也常常收不到。
七、随便说。我想，最好是写完后暂且不看，搁起来，搁一两月再看。
八、也随便说。青年两字，是不能包括一类人的，好的有，坏的也有。但我觉得虽是青年，稚气和不安定的并不多，我所遇见的倒十之七八是少年老成的，城府也深，我大抵不和这种人来往。
九、没有这种感觉。我的确当过多年先生和教授，但我并没有忘记我是学生出身，所以并不觉得什么拘束不拘束。至于字，我不断的写了四十多年了，还不该写得好一点么？但其实，和时间比起来，我是要写得坏的。
此复，即请
俪安。
迅 上
十一月十二日
这两个字抗议不抗议？

魯迅1934年11月12日致蕭軍、蕭紅信（二）

如此稱呼；而蕭軍認爲既然魯迅比自己年長，爲何還要稱自己爲「先生」？洒瑩的「抗議」和蕭軍的「質疑」自然近於「天眞」，蕭軍晚年亦認爲當年那麼做「也有點『搗亂』的意圖在內」。

面對兩人近於孩子式的天眞，魯迅表現出慈父般的耐心與關愛。七日信中，洒瑩可能也流露出，對魯迅在給他們回信時只將她帶在信尾順便問及的不滿。魯迅馬上意識到這一點。十二日給他們回信時，首先稱呼就有了改變，由以前的「劉先生」改爲「劉、悄兩位先生」。這樣，寫給二人共同的書信，在稱呼上便得以明確體現，洒瑩不再附著於男人之後順便被提及。而且，此後只要寫給他們的信，魯迅不僅將兩人稱呼這樣前後列出，更多時候，將兩人名字並排以示平等。這一不起眼的細節，亦可看出先生爲尊重洒瑩，用心之細膩。

針對蕭軍、洒瑩的質疑、抗議，魯迅專就「稱呼問題」做了詳盡解釋語帶幽默。認爲如果一定要對比自己年長者稱「先生」，那必須時時考察別人的年齡，自然「非常不便」；「對於女性的稱呼更沒有適當的，悄女士在提出抗議，但叫我怎麼寫呢？悄嬸子，悄姐姐，悄妹妹，悄侄女……都並不好，所以我想，還是夫人太太，或女士先生罷。」回信時，字裡行間的魯迅凸顯一個平易幽默的長者形象。表達「抗議」後，洒瑩多少有些不安，收讀回信，不想先生態度竟如此親切，心中顧慮全消。讀著這樣的文字，似乎很難將它與以犀利、激烈的言辭與人打筆仗的魯迅連在一起。

或許，洒瑩那稚氣未脫的天眞與坦率，讓魯迅感受到了一種久違的率眞，意識到這對流亡關內的東北青年，並非自己平素所遇到的那種江浙才子，戒備之心隨之鬆弛。年輕人近於幼稚的率眞，讓他輕鬆而愉快，而在一種自然的親近中，亦不忘給他們一些提醒。語氣和用心宛如慈父：「稚氣的話，說說並不要緊，稚氣能找到眞朋友，但也能上人家的當，受害。上海實在不是好地方，固然不必把人們都看成虎狼，但也切不可一下子就推心置腹。」

來信中，蕭軍問到在魯迅所接觸的人中，究竟青年人好一些還是老年人好一些，以及青年人的稚氣和不安定是否算是「毛病」。魯迅由此自然談到對青年人的看法，認爲青年有好的，也有壞的，現在稚氣和不安定的青年倒並不多，自己所遇見的十之八九少年老成，城府也深，大抵不和他們往來。

很顯然，這封回信前後存有參照。其實，也是魯迅在以自己的方式，表達對蕭軍、酒瑩的認同與親近。或許，正是酒瑩身上那份全然沒有雕飾的天眞與稚氣，讓他很大程度上撤掉了對他們的防範與試探。酒瑩在來信中還問他當了十八年教授是否有先生的架子？怕不怕人？是否盡講規矩？另外，還不忘稱讚了他的字。對此，先生都一一作答，在他看來，提問者只是一個任性而稚氣未脫、需要呵護的孩子。

魯迅還以一種誇張的方式顯示信尾稱呼的變化。一反此前的問候方式，寫上「此覆，即請儷安」幾個字，處處彰顯男女平等。更有意思的是，一向滿臉嚴肅的先生，似乎亦童心煥發，不忘對酒瑩幽上一默，在「儷安」右下角，寫上一行小字：「這兩個字抗議不抗議」，並以一小斜箭頭將這行字指向「儷安」。相對於信尾，魯迅在信頭稱呼上的變化，卻是悄然而用心。

在張梅林眼裡，一如青島，蕭軍、酒瑩在上海亭子間裡的工作同樣極有秩序。每天都嚴格規定了寫作和休息時間，幾乎像戰士一樣刻板、刻苦，上海的奇異與繁華之於他們全然沒有誘惑。梅林苦惱於自己始終處於浮躁中，常常被朋友拉到街上閒逛，往往在疲倦、厭惡之餘來到蕭軍、酒瑩這裡大訴其苦。然而，他也瞭解到他們的刻苦，暫時並沒有換來什麼，投寄出去的文稿都石沉大海。酒瑩沮喪於連封退稿信也收不到。眼見牆角的麵粉口袋日漸乾癟，梅林對他們說：「那袋麵粉再低下去，你們該怎麼辦呢？」蕭軍假裝不以爲然，開玩笑說如果沒吃的了，就到一流的大菜館裡，靠拳頭吃白飯。酒瑩聽後，大眼睛不停閃動，潤濕而激動，彷彿在想像一件即將到來的事情。梅林意識到她說不定又當眞了，便對蕭軍說：「你這是電影裡的場面，不必表演。」蕭軍背著手踱了幾步，仍用他那素來頑強的聲調堅決地說：「前途永遠是樂觀的！」

《八月的鄉村》在青島只是完成初稿。趁一時找不到具體的事情可做，酒瑩催促蕭軍將它修改、整理出來。然而，初來上海，立足未穩，加之生計窘迫，蕭軍自感心氣浮躁，修改時對自己寫出的東西很不滿意，愈看心情愈壞，甚至想一把火燒掉。然而，在酒瑩鼓勵、督促下，他最終將《八月的鄉村》修改整理了出來。爾後，酒瑩用日製美濃紙將整部書稿抄錄一遍。第一次在南方過冬，她很不習慣。屋內屋外一樣寒冷，只好披著大衣，流著清鼻涕，不時搓搓凍僵的手指，硬是一字一字地將十多萬字的書稿抄寫一遍。兩人幾乎不名一文。那種日製美濃紙只在北四川路底的內山雜誌公司有售，最後一次買紙，酒瑩當掉一件舊毛衣換得七角錢。這點錢如果買紙就不能坐車，如果坐車就沒法買紙。好在蕭軍能吃苦，硬是走去走回把紙買了回來，由於皮鞋不合腳，到家後雙腳紅腫，後跟鮮血淋漓，酒瑩見狀很是心疼。

那袋麵粉到底沒有支持半個月就宣布告罄。往後的生活全然沒有著落。兩人十分焦慮，寫信向哈爾濱「牽牛坊」老友黃之明求助，但一時遠水難救近火。在這人地兩生的上海，只有素未謀面的魯迅是唯一的「熟人」。思忖再三，實在無法可想，只好在十一月十三日「腆顏」給他寫信，暫借二十元應對生計。這自然是需要積聚巨大勇氣才能做出的決定。蕭軍晚年仍對此心懷愧疚，回憶道：「要知道向魯迅先生開口『告幫』，這對於我們是多麼大的痛苦和『難堪』啊！但是當時、當地……又有什麼辦法呢？」而且，為了不致坐吃山空，蕭軍在信中還請魯迅幫忙找點臨時工做做。另外，也想通過內山書店，早點將抄好的《八月的鄉村》交到先生手裡。

在十七日的回信中，魯迅首先解釋前兩信沒有「即覆」，是因為自己已生病十來天，精神較差，一天能做的事情很有限。對於蕭軍幫忙找工作的請求，他表示愛莫能助，因為自己的交際面很狹窄，但對於告借的二十元，倒是「可以預備著的，不成問題」。魯迅還就蕭軍問及姚蓬子的變化而談到一些年輕左翼作家的轉向，由於對這些「文學家」本質的深刻認識，對此，他已是見怪不怪。

在這封回信開頭，魯迅第一次向蕭軍、酒瑩談及自己的病和身體狀況，說現在比起前些天好多了，全面檢查過身體後，得出的結論是「要死的樣子一點也沒有」，因而請他們放心，且不無幽默地說：「我還沒有到自己死掉的時候。」匆忙展讀中，兩人看到「我要死」等字眼，頓時驚慌不已，待看到後邊的「一點也沒有」，又孩子般大笑起來。知道先生還健康，迺瑩興奮地拍著小瘦手，大眼睛噙滿淚水。每次給魯迅寫信，除了蕭軍問些關於「左翼作家」、「左翼文學」以及文學創作等「莊嚴」的問題外，迺瑩不斷有她那孩子般的好奇。十三日信中，問到先生現在都和誰生活在一起，還有，自己當初在北京讀書時，就聽說先生喜歡壁虎，於是特地詢問是否真的如此。魯迅回信告知上海家中有女人和孩子，並說如果沒有看過《兩地書》，當送給他們一本。此外，還說母親現住北京，「大蠍虎也在北京，不過喜歡蠍虎的只有我，現在恐怕早給他們趕走了」。面對迺瑩孩子般的提問，魯迅的回覆似乎也不自覺地煥發出一份難得的輕鬆與喜悅，凸顯於字裡行間的形象，如同一個溫柔敦厚的長者注視著仰臉提問的孩子，無需設防。

與魯迅之間頻繁的書信往還，是蕭軍、迺瑩戰勝困厄的精神支撐。蕭軍晚年深情憶及當年收讀先生回信，是他們「每天生活中唯一的希望和盼望」，「就如空氣和太陽那樣的重要和必需」，只要先生回信稍遲便十分焦慮。這自然並非誇大之辭，兩個年輕人一直生活在東北，一旦到上海，便猶如身處異國，語言不通，風俗兩異，親朋全無，時刻面對的是一個極其陌生而嚴峻的世界，就像孤懸於茫茫夜海之上。

基於對兩人細膩而深刻的知解，魯迅事實上一直在以自己的方式給予他們幫助。對二人來信，除生病外，幾乎見信即覆。每封回信都帶給蕭軍、迺瑩新的希望和新的興奮，讀信是他們寂寞困苦中最快樂的時光。除在家中一次次誦讀之外，外出亦鄭重藏在衣袋裡，不時用手摩挲著，生怕這給他們帶來巨大精神慰藉的文字會失落或被別人搶走。因爲有魯迅，上海在他們眼中已具有全然不同的意義。在大貧困中，他們享受著大富足，在大寂寞中感到大慰藉。

每天午飯或晚飯後，蕭軍、迺瑩都要沿著拉都路向南散步。如果上午收到先生的信，吃過午飯，兩人便花六枚小銅板買兩小包花生米，每人一包裝在口袋裡，邊吃，邊走，邊漫談。花生米總是蕭軍先吃完，見他已吃完了，洒瑩便故意一粒一粒慢慢往嘴裡送，孩子般饞饞男人。當然，有時也表示友好，以一種「憐憫」的表情，將一粒花生米高舉在手裡送到他面前。男人往往因爲自尊不肯接受，有時實在「盛情難卻」，還是接受了這友好的餽贈。等到路上行人車輛漸漸稀少，便由裝著書信的那位拿出來再次悄聲讀一遍，另一位則靜靜聽著，重溫有如與先生晤對的喜悅。

十九日給魯迅信中，蕭軍、洒瑩又羅列了一堆問題。魯迅幾乎被這兩個「孩子」「逼」得只有招架之功。於是，次日回信說：「許多事情，一言難盡，我想我們還是在月底談一談好，那時我的病該可以好了，說話總能比寫信講得清楚些。」先生又怕如此回覆會讓他們以後不敢給自己寫信，隨即又心思細膩地強調說：「但自然，這之間如有工夫，我還要用筆答覆的。」

霞飛路上來來往往的俄國人較多，整條街道很有哈爾濱中國大街的風情，不禁引動蕭軍的思鄉之念，加之此前學過幾句半弔子俄語，於是一有機會，就喜歡在霞飛路上與隨便遇到的俄國人講幾句話。在信中，他特地將這告訴了魯迅，不想引起先生的極大擔心，回信嚴厲警告說：「現在我要趕緊通知你的是，霞飛路的那些俄國男女，幾乎全是白俄，你萬不可以跟他們說俄國話，否則怕他們會疑心你是留學生，招出麻煩來。他們之中，以告密爲生的人們很不少。」

終於可以與先生見面了。讀信後，兩人的興奮和喜悅難以言說，如同盼望過年的孩子，開始掰著指頭計算到月底的天數，對即將到來的見面充滿無限想像，猜測可能的地點；想像先生的眞實相貌、穿衣服的樣式，以及見面時可能會有的情形。兩人的興奮輻射著冷清的亭子間，小小的空間立時便有了新的氣氛，彷佛提前進入了明媚的春天。想像不一致時，洒瑩還認眞地與蕭軍發生爭執，各執己見，互不相讓。

魯迅急切的警告讓蕭軍在有些害怕的同時，亦慚愧因自己的淺薄無知讓先生操心。洒瑩還從回信中瞭解到先生有一個「足五歲、淘氣得可怕」的男孩。

不久，蕭軍、迺瑩收到魯迅的見面邀請信：

劉
吟先生：

本月三十日（星期五）午後兩點鐘，你們兩位可以到書店裡來一趟嗎？小說如已抄好，也就帶來，我當在那裡等候。

那書店，坐第一路電車可到。就是坐到終點（靶子場）下車，往回走，三四十步就到了。

此布，即請

儷安

迅　上

十一月二十七日

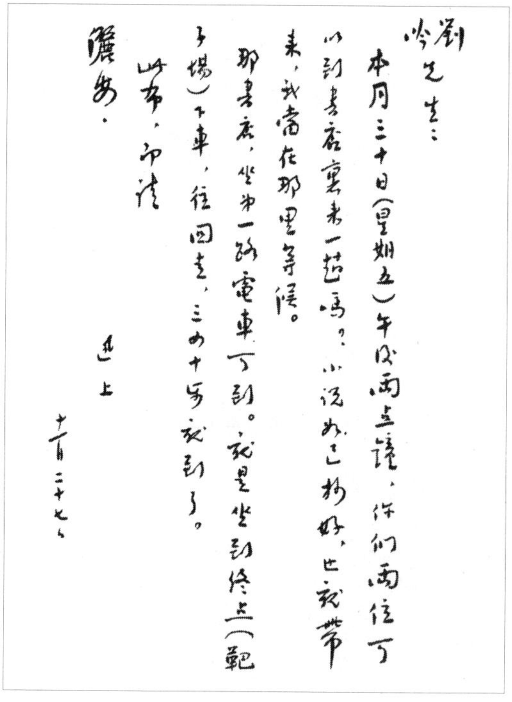
劉
吟先生：
本月三十日（星期五）午後兩點鐘，你們兩位可以到書店裏來一趟嗎？小說如已抄好，也就帶來，我當在那裏等候。
那書店，坐第一路電車可到。就是坐到終點（靶子場）下車，往回走，三四十步就到了。
此布，即請
儷安。
迅上
十一月二十七日

1934年11月27日魯迅約見二蕭信

日夜盼望的日子終於到來。先生所指的書店自然是「內山書店」，坐落在北四川路底一條橫街的北側，面向南，正對著北四川路大街。蕭軍此前去過兩次，並不生疏。兩人按照約定時間來到內山書店，不想，魯迅已經先到，坐在櫃台裡面另一套間裡的桌子前面，邊檢點攤在桌上的信件和書刊，邊與人用日語交談著，內山老闆陪在一旁。見二人進來，魯迅起身徑直走到蕭軍跟前問道：「您是劉先生嗎？」蕭軍點點頭低聲答應。魯迅說了句「我們就走罷」，便走進書店內室，將桌上揀好的信件、書刊迅速包進一幅紫色底子帶有白色花朵的日本式包袱皮裡，挾在腋下，並不和誰打招呼徑直走了出來。當時在書店看書買書的人不多，加之先生手裡有兩人的照片，另外，初來上海，蕭軍、洒瑩的穿著打扮與上海人很不一樣，因而魯迅能一眼認出來。

蕭軍、洒瑩保持一定距離默默跟在先生後面。魯迅走路利落而迅速，當天沒戴帽子，也沒圍圍巾，只穿了一件黑色的短長袍，下穿窄褲管藏青色的西服褲子，腳上一雙黑色的橡膠底網球鞋。凝視走在前面的魯迅先生那瘦弱、然而挺直的黑色背影，洒瑩腦海裡不斷浮現剛才所見到的他那大病初癒的容貌：森森直立的黑髮、兩條濃密而平直的眉毛，一雙眼瞼微微浮腫的大眼睛，突出的雙顴、深陷的兩頰，一片蒼青而近於枯黃灰敗的臉色，沒有修剃的髭鬚，還有被香菸燻黑，因極度消瘦而顯得特大的鼻孔。她和蕭軍難以將眼前如此蒼老、病弱的老人與心目中寫出無數雄文的先生聯繫在一起。如果不被明示自己就是魯迅，蕭軍甚至疑心眼前的老人是一個落拓的鴉片吸食者。現實與想像的落差，讓洒瑩、蕭軍同時有難以克制的悲哀。

魯迅帶著他們跨過一條東西橫貫的大馬路，然後路經南人行道又向西走了一段，來到一家咖啡館前，非常熟悉地推門進去。二人也跟了進去。一個胖胖的禿頂外國人很熟識地過來招呼，先生選定靠近門邊的一處座位讓兩人坐下。座位十分僻靜，因靠近門側，進門處又有一個小套間，如果一直走進去，一般不會注意到這裡，而座椅的靠背又特別高聳，鄰座之

1934年11月30日魯迅先生在此第一次約見二蕭

間也看不見對方，儼然一間小屋子。加之進店時間剛好午、晚之間，咖啡館不大的廳堂裡客人很少，更難見到中國人。這裡自然是比較理想的傾談之所。魯迅後來告訴他們，這座咖啡館主要是以後邊的「舞場」爲生，白天沒有什麼人來，更不用說中國人，所以，他常常選這裡與別人接頭、傾談。

落座後，侍者送上魯迅要的一壺茶和一些點心之後就離開了。迺瑩急於見到夫人和孩子，不等先生開口就劈頭問道：「怎麼，許先生不來嗎？」「他們就來的。」先生的浙式普通話，迺瑩似乎聽懂但又不太明白，大張著她那兩隻受了驚嚇似的大眼睛定定地望著他。正在這時，海嬰搶在前面，嘴裡咕嚕著迺瑩、蕭軍聽不懂的上海話走了進來。待許廣平走近，先生簡單而平靜地做著介紹：「這是劉先生、張先生，這是密斯許。」許廣平伸手與他們懇切地握起來。迺瑩面帶微笑地與許先生握手。她此前聽到謠傳說魯迅夫人是個交際花，還在信中向魯迅報告此事，因而，見面後許廣平笑著問：「看我像個交際花嗎？」迺瑩不好意思地笑起來。第一次見面，除了蒼白的臉色，迺瑩那已然有些花白的頭髮，給許廣平留下了比較深刻的印象。

蕭軍先談了他們從哈爾濱出走的情況，在青島的情形，以及來上海的原因，還概括說了說東北、哈爾濱被日本占領後的景況。魯迅概略講了講國民黨在上海對左翼團體和左翼作家的壓迫、逮捕和殺戮，還有左翼內部的宗派鬥爭。蕭軍聽後憤怒得不能自制，認爲左翼作家們不能像馴服的綿羊隨便由他們抓捕、殺戮，竟天眞地向魯迅建議：「我們每人準備一支手槍，一把尖刀罷！」先生很驚訝地問：「做什麼？」蕭軍又發揮了一通他那「拚命哲學」。魯迅聽後默默一笑，吸了口菸，然後說道：「你不知道，上海的作家們，只能拿筆寫，他們不會用槍。」

臨別，魯迅將一個信封放在桌上，用手指著對蕭軍、迺瑩說：「這是你們所需要的。」二人明白這是向先生告借的二十元錢。蕭軍見後內心有些酸痛，儘管他們後來用哈爾濱朋友寄來的錢還給了魯迅，但直到晚年，蕭軍仍對此耿耿於懷，四十多年後他還談到，這次告借「留在我心上的感念的創痛，直到今天它們還在隱隱作痛著！……所謂『涸轍活命一滴水，勝似西江波』是也」。

當時，他們連坐車回家的零錢也沒有。蕭軍坦率地向魯迅夫婦說出了自己的困窘，先生從衣袋裡掏出大大小小的銀角子、銅板放在桌上。蕭軍拿好零錢，然後將《八月的鄉村》的抄稿交給許廣平。出門前，許廣平拉住迺瑩的手依依不捨地說：「見一次眞是不容易啊！下一次不知什麼時候能再見！」魯迅怕她一時難以理解許廣平的意思，解釋說：「他們已經通緝我四年了。」蕭軍、迺瑩聽後，十分震驚、心痛，同時也理解了先生對這次見面的愼重。瞭解到這一層，兩人更感到這次相見的珍貴和不易。走出咖啡館，臨上車，許廣平還和迺瑩四手相握，戀戀地說著話。電車開動，魯迅還直直地站在那裡目送，許廣平頻頻招揚手帕，海嬰亦揮著小手。在白色恐怖的上海，魯迅與朋友間的每一次日常分別都猶如永訣。

迺瑩望著窗外魯迅一家三口與自己和蕭軍惜別的樣子，內心瀰漫著說不出的感傷。她更爲可哀地想到，瘦成這樣的先生卻仍在受著當局一步也不鬆弛的迫害。一路上，她不斷回想先生給予自己的印象，大冬天還穿著膠皮底鞋，連條圍巾也沒有，棉袍子的布黑得也不正確，而且，那樣單薄，不合身。她十分後悔給先生看的兩部抄稿，因爲節約紙張，字都寫得太小，且是複寫，先生看起來一定非常吃力。

一九三四年十一月三十日，這個上海冬季常有的一個沒有太陽的陰暗日子，對於蕭軍、迺瑩來說，具有非同尋常的意義。蕭軍晚年多次清晰回想起它，一九七八年，他回憶說與先生第一次見面「距現在已經是四十多個年頭過去了，但這印象對我是眞切而清楚的啊！一如是昨天……那時魯迅先生的年齡是五十四歲，我是二十七歲，許廣平先生是三十六歲，蕭紅是二十三歲」。

見面回來，魯迅先生的瘦弱與蒼老，令蕭軍、迺瑩心情沉重，久難緩釋。一想到自己一個年輕力壯的小夥子居然用先生的錢，蕭軍便感到羞恥，看了先生的樣子之後，內心更是無比刺痛。爲著這份愧疚和悲哀，他們在十二月二日、四日連寫兩信表達不安。六日，魯迅回信進行了一番寬慰。關於身體，他說：

「我知道我們見面之後，是會使你們悲哀的，我想，你們單看我的文章，不會料到我已這麼衰老。但這是自然的法則，無可如何。」魯迅先生還說到自己的身體此前並不壞，只是現在總覺得精力不及先前，但最終還是將身體的變化輕鬆推給了自然法則：「一個人過了五十歲，總不免如此」。

對於二人因告借而生成的心理負擔，先生在信中不無幽默地寬慰道：「來信上說到用我這裡拿去的錢時，覺得刺痛，這是不必要的。我固然不收一個俄國的盧布，日本的金圓，但因出版界上的資格的關係，稿費總比青年作家來得容易，裡面並沒有青年作家的稿費那樣的汗水的——用用毫不要緊。而且這些小事，萬不可放在心上，否則，人就容易神經衰弱，陷入憂鬱了。」同時，還勸他們亦不要憤怒於當局對他的迫害，認爲「這是不足爲奇的，他們還能做什麼別的？」回信中，魯迅還回答了兩人所提的一些問題，包括酒瑩問孩子的名字叫什麼，以及她在閱讀《兩地書》時不明白「阿菩」是誰，先生是否如傳聞所說的那樣嗜酒等等。

十二月十日，魯迅回覆蕭軍、酒瑩八日信時，深入談到上海文壇的景況以及左聯的歷史與現狀。現景雖然都並不如意，但素來講求韌性戰鬥的先生還是比較樂觀。爲了讓二人有書可看，他還隨信寄出自己的譯作《桃色的雲》、《小約翰》、《豎琴》、《一天的工作》各一本。

一桌新師友

不久，魯迅夫婦精心設計了一場飯局，致使蕭軍、酒瑩在上海的境況發生實質性改變。十二月十八日，他們意外收到魯迅、許廣平的邀請信：

劉吟先生：

本月十九日（星期三）下午六時，我們請你們倆到梁園豫菜館吃飯，另外還有幾個朋友，都可以隨便談天的。梁園地址，是廣西路三三二號。廣西路是二馬路與三馬路之間的一條橫街，若從二馬路彎進去，比較的近。

專此布達，並請

儷安

豫
廣同具
十二月十七日

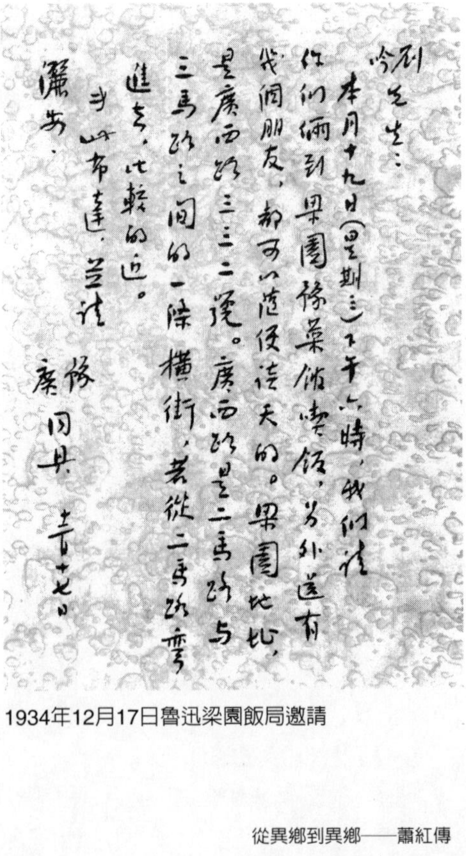
劉吟先生：本月十九日（星期三）下午六時，我們請你們倆到梁園豫菜館吃飯，另外還有幾個朋友，都可以隨便談天的。梁園地址，是廣西路三三二號。廣西路是二馬路與三馬路之間的一條橫街，若從二馬路彎進去，比較的近。專此布達，並請儷安。豫 廣同具 十二月十七日

1934年12月17日魯迅梁園飯局邀請

顯然，十一月底的見面，蕭軍、迺瑩給魯迅夫婦留下了良好印象。爲了給予切實的幫助，好讓兩人早點進入上海文壇，不至於因人地兩生的寂寞而沉淪，魯迅夫婦藉著給胡風初生子做滿月的名義請客吃飯，其目的是想將他們介紹給周圍朋友，擴大其交際，以便將他們引進上海的進步文化圈和出版界。魯迅對這個飯局非常重視，查一九三四年十二月十八日魯迅日記載有：「往梁園豫菜館定菜」。可見，爲了引薦兩位年輕人，他還特地提前一天到菜館定菜。而且，邀請信是以他和許廣平的名義共同發出，表示全家對他們的歡迎。

十八日，收到這封非同尋常的短簡，蕭軍、迺瑩都不敢相信是眞的。意識到這是先生全家對他們兩個寂寂無名的年輕人的接納。兩人難以言說內心的激動，以及那慣於漂泊的苦難心靈，一旦被一種偉大的溫

愛收容後的喜悅與幸福。那處處顯示魯迅細膩用心和溫和關愛的寥寥數語在他們手裡來回傳遞。爾後，兩人又一起捧在胸前共讀，激動的心情讓捧信的雙手不停顫抖。洒瑩臉上早已淌滿淚水。蕭軍晚年深情回憶說：「我們這兩顆漂泊的、已經近於僵硬了的靈魂，此刻竟被這意外而來的偉大的溫情，浸潤得近乎難於自制地柔軟下來了，幾乎竟成了嬰兒一般的靈魂！」

從巨大喜悅的暈眩中沉靜下來之後，洒瑩看著蕭軍身上的衣服若有所思；蕭軍則馬上找出一張上海市的市區地圖，確定好先生在信中提及的街道，用手指估量圖上距離，然後根據比例算出大致的實際距離，接著，找到所有可能的乘車線路。他像個軍人根據地圖對方向、地形以及地上建築物作了一番想像和研究，直到一切心中有數才鬆口氣。專注中，他感到洒瑩似乎在向他說著什麼，至於內容則一句也沒有聽進去。等他抬頭看著女人，並想和她說點什麼，才發現洒瑩一直在用那雙濕漉漉的大眼睛看著自己，不等他開口告訴其軍人般研究之後的結果，便揶揄地問：「你要出兵打仗嗎？和你說話竟裝作沒聽見，一個勁兒在那張破地圖上看來看去，又用手指量來量去，簡直像個要出兵打仗的將軍！」蕭軍對剛才被冷落一旁的女人解釋說，總得把方向、地點確定下來，心裡有譜，省得到時候臨時瞎摸亂撞，爾後，忽又想起什麼似的對她說：「你要和我說什麼？」

「我想和你說……」自言自語的洒瑩走到男人跟前，伸手扯扯其罩衫袖管，若有所思地接著說：「你脫了外套，就穿這件灰不灰、藍不藍的破罩衫去赴魯迅先生的宴會嗎？」

蕭軍說：「那穿什麼？又沒有第二件……」

「要新做一件！」女人的語氣不由分說。

蕭軍自然想到在目前的經濟條件下，爲赴宴而做新衣服顯然不現實，便以「沒必要」斷然拒絕了她的主意，同時曉之以理：「上次會見魯迅先生，不也就是穿這件罩衫嗎？」聽洒瑩回答說「這回有客人」，他繼續爭辯道：「先生信上說不都是幾個可以隨便談天的朋友麼？他認爲是可以隨便談天的朋友，我想不會有什麼高人貴客，只不過是些左翼作家們，我以為他們不會笑話我的罩衫吧。」

「你這個人！……眞沒辦法！」

女人似乎有些生氣，轉而，大眼睛閃亮、興奮起來，一把抓過床上的大衣隨便披在肩上，一扭身子衝了出去。緊接著樓梯間傳來一陣急促的下樓腳步聲，聽節奏似在小跑。男人被莫名其妙地丟在屋內，剛才來不及問她為什麼生氣，也沒問她出去幹什麼。然而，以自己對她的瞭解，此時，斷然不能阻止她，更不能在後邊追趕。根據以往經驗，出現類似情況，她不會回答什麼，亦不可能聽從任何勸阻；如果她在前邊跑，自己在後面追，她會跑得更快，最好的應對就是隨她去。往往過了一段時間，她會什麼事也沒發生過一樣，又孩子般邊跳邊叫地回來。

大約兩小時後，果然又聽見迺瑩那熟悉的上樓腳步聲。依然是腳不點地的急促，進門時，蕭軍假裝沒聽見，繼續看自己的書。忽然，他感到一捲軟綿綿的東西敲打在頭上，同時，聽見女人那笑咪咪的責備：「你沒聽見我回來了嗎？」他這才慢慢扭過頭，歪動一下嘴角假裝說：「沒聽到……我什麼也沒聽見！」

「壞東西！——看，我給你買了一件衣料！」

迺瑩邊說邊用雙手拎著一幅黑白縱橫的方格絨布料，站在男人面前。蕭軍意識到剛才敲打自己的原來是這塊布料。繼而，他陡然擔心女人會因此將家裡的所有餘錢花掉，心情沉重地問：「買它幹什麼？」

「我一定要給你做一件禮服，好去赴魯迅先生的宴會。」蕭紅抖了抖布料，又仔細看了又看，然後問呆在一旁滿腹狐疑的男人：「好不好？你喜歡嗎？」蕭軍嘴裡說著「好，喜歡」，其實是怕她再生氣，既然已成事實，最好還是讓步。接著，迺瑩讓猜布料花了多少錢，他自然沒有心思，害怕明天乘車的錢又沒有了。最後，迺瑩只好告訴面前這個有些「無趣」的男人，這塊布料是在一家「大拍賣」的鋪子碰巧買到的布頭，只花了七角五分錢。對這差不多白撿的便宜，她急於知道是否夠給男人做一件罩衫，因而急切命令蕭軍：「站起來，讓我比量比量，看夠不夠？」瞭解到布料的花費，男人總算輕鬆下來，心想任性的女人並非全然不顧日子，家裡剩下的餘錢仍可維持一段時間的生活。起碼，不用擔心明天的電車費。前次見面的經驗對他來說實在太過尷尬——再也不想向魯迅借錢搭電車了。

參照蕭軍身上的罩衫比量了一下，又從皮箱裡找出那件「高加索」式立領繡花大襯衫鋪在床上，洒瑩然後用新買回的布料仔細比量一番，竟拍手跳腳地高聲叫嚷道：「足夠啦！足夠啦！」蕭軍不明白她爲何如此激動，更無法想像短時間內這塊布料如何變成「禮服」，便一本正經地對激動不已的女人說：「你知道，明天下午六點鐘以前，我們必須到達那家豫菜館！你難道讓我像個印度人披著這塊布頭兒當禮服嗎？」

「傻傢伙！我怎麼能讓你當『印度人』！你等著瞧，明天下午五點鐘以前，必定讓你穿上一件新禮服去赴魯迅先生的宴會，顯顯我的『神針』手藝！」蕭紅的語氣充滿不容置疑的自信。

原本就沒有陽光的亭子間早已昏暗下來。在一盞昏黃的電燈下，洒瑩鋪開布料開始剪裁，一直忙到深夜。第二天一大早，天還沒亮便起床開始飛針走線。雖然早知道洒瑩善女紅，但在幾小時內一針一針縫製起一件樣式複雜的襯衫，蕭軍實在沒有信心。女人幾乎不吃，不喝，不停，不休地縫著，美麗而纖細的手指不停地上下飛動，一言不發，全當男人不存在。果然，十九日下午五點之前，一件全新的「禮服」終於誕生，樣式全然仿照那件高加索式立領、套頭、掩襟大襯衫，只是袖口略加改良地束縮起來，而花邊實在來不及繡上。

蕭軍順從地穿上新禮服，在感嘆女人神針技藝的同時，沒想到「禮服」穿起來竟如此合身而舒適。

「過來！試試看。」

「軋起小皮帶！圍上這塊綢圍巾！」

「走開，遠一些，讓我看一看！……」

蕭軍完全聽從迺瑩的指令，在亭子間走來走去，像個列兵。迺瑩接著命令立正站住，他便馬上按照《步兵操典》裡的規定站在她面前。迺瑩從正面、側面、後面打量穿上「禮服」的蕭軍，眼光挑剔得如同專業設計師，爾後，又讓他回到原來位置，從遠處注視、觀望一番。

一切都是那麼完美無缺，迺瑩收穫著大疲勞之後的成就與喜悅。當四目相對，兩人陡然無法克制那份欣喜和感動，迺瑩雀躍到男人身邊，蕭軍順勢攬入懷中，緊緊擁抱在一起。

蕭軍、迺瑩趕到豫菜館，許廣平正在客房門口張望，像在等待他們。屋內除魯迅夫婦、海嬰外，迺瑩看見還有幾位全然不認識的客人都早到了。見迺瑩到來，許廣平猶如見到多年不見的故友，表現出女人間特有的熱情和關切，一臂將她攔抱過去，海嬰亦攙在中間，她們耳語著來到另一間客房，說些女人間的私密話題，十多分鐘後，才回來。這時，侍者詢問魯迅先生是否可以布菜，許廣平看了一眼腕上的手錶，向魯迅徵詢意見：「現在快七點了，怎樣？還等他們嗎？」先生爽利做出決定：「不必了，他們大概沒有收到信，我們吃吧。」

魯迅、許廣平所指的「他們」是指胡風、梅志夫婦。據胡風一九八一年回憶，他和梅志那次赴宴不成，是因爲魯迅的請柬寄到了梅志家，被小姨子耽誤了，第二天才送到他們手裡，並說：「我現在想起還感到對不起當時魯迅先生的一片精心安排，他是要我帶著妻子和初生的嬰兒一同赴宴的。」

當晚，除魯迅一家三口和蕭軍、迺瑩外，還有茅盾、葉紫、聶紺弩及夫人周穎，一共九人。迺瑩迅速打量了一下四位陌生的客人。待侍者布好菜，許廣平出門看了一下，回來在魯迅耳邊輕聲說了個「沒」字後，魯迅這才以主人身分向蕭軍、迺瑩介紹今晚他們所不認識的客人，同時將他們介紹給對方。介紹生人時，先生多用暗語，對他們的眞實身分多有隱晦。介紹茅盾說：「這是我們一道開店的老闆」，但並不說其姓名。蕭軍覺得客人之間彼此似乎都很熟識，只有他和迺瑩是外來的「闖入者」。對這些客人，他有些茫然無知，又不便詢問，更無從猜測，對於魯迅介紹爲「葉先生」的西裝青年，以爲可能是《小小十年》的作者葉永蓁。

這是一家以吃烤鴨爲主要特色的豫菜館。蕭軍、迺瑩來上海後難得消受如此美食。席間，蕭軍更感到他們相互間的談話也多用「隱語」、「術語」，聽起來有些莫名其妙。見那位姓聶的先生不停給夫人夾這樣那樣的菜，而那位周女士亦不客氣，蕭軍覺得很有趣，於是學著樣子，也給迺瑩夾取她不容易夾到，或伸長手臂去夾又覺不好意思的菜肴。迺瑩很不自在，暗暗用手在桌子底下制止。出於禮貌或「不甘寂寞」，蕭軍、迺瑩也講了一些東北的風俗習慣和發生的事情，大家都專注地聽著。蕭軍提出想買幾本俄文書，茅盾十分誠懇地爲之做了一番指點，讓他在心裡暗暗佩服——「這位老闆的文化知識還很豐富咧！」

上次見面，迺瑩並不知道海嬰的名字，後來在給先生的信中專門問及。這次，她特地爲海嬰準備了「見面禮」。席間，拿出一看便知不知經過多少年代用手滾弄過、呈醉紅色的兩只核桃，光滑滑的在桌上閃動。「這是我祖父流傳下來的，」她對海嬰說：「還有這對小棒槌，也是我帶在身邊的玩藝，是擣衣用的小模型，統統送給你。」

晚宴將近九點才散，葉紫主動走過來與蕭軍互相交換地址。蕭軍、迺瑩相互挽著胳膊，腳步輕快地走在大街小巷，覺得自己是這世界上最幸福的人。一路上，迺瑩告訴蕭軍四位生客的眞實姓名和具體背景，並說明席間留出的空位子是爲胡風、梅志夫婦預備的。這些，都是飯前飯後許廣平悄悄告訴的。許廣平飯前之所以到外邊看看，是怕被國民黨特務盯梢。這次晚宴，除蕭軍身上那件哥薩克式的方格襯衫誇示著「天眞無邪的喜悅」，給了許廣平較爲深刻的印象外，她更加深了對迺瑩的瞭解。一九四五年，在《憶蕭紅》一文中，許廣平詳細描述了在這次宴會上所見到和所瞭解到的張迺瑩：

中等身材，白皙，相當健康的體格，具有滿洲姑娘特殊的稍稍扁平的後腦，愛笑，無邪的天眞，是她的特色。但她自己不承認，她說我太率眞，她沒有我的坦白。也許是吧，她的身世、經過，從不大談起的，只簡略的知道是從家庭奮鬥出來，這更堅強了我們的友誼。何必多問，不相稱的過早白髮襯著年輕的面龐，不用說就想到其中一定還有許多曲折的人生旅程。

我們用接待自己兄弟一樣的感情招待了他們，公開了住處，任他們隨時可以到來。

爲了紀念這次宴會和那件洒瑩巧手縫製的「禮服」，一九三五年春蕭軍、洒瑩特意到法租界萬氏照相館拍照留念。蕭軍穿著那件有特殊意義的「禮服」，脖子上圍著那條留有佛民娜刺繡的米色軟綢圍巾；洒瑩則穿著一件暗藍色的開領「畫服」，平時並不吸菸的她，見道具盒裡有一只菸斗，便好奇地咬在嘴裡。這便是那張日後廣爲流傳，見證了兩人愛情也見證了兩人苦樂的經典合影。

宴會次日，魯迅在致兩人信中，首先代表海嬰謝謝洒瑩所送的小棒槌。但也因此引出他的冷幽默，說兒子之於自己已「確是一個小棒喝團員」，去年還問爸爸是否可以吃掉，而他的回答是「吃也可以吃，不過還是不吃罷」；海嬰今年不再問，「大約決定不吃了」。這封信裡，魯迅除了回答蕭軍關於田漢的一些情況外，還告知洒瑩此前寄給他的《麥場》，生活書店願意出版，已送至國民黨書報檢查委員會檢查，如獲通過即可發排。這自然是令人非常振奮的好消息。當天他們便回覆表達興奮之情。而二十日的信因沒得到魯迅及時回覆，他們又於二十四日去信詢問是否又生病了，並告知即將搬家。二十六日，魯迅收信後對前後兩信一併作覆，告知並沒有生病，沒有及時回信

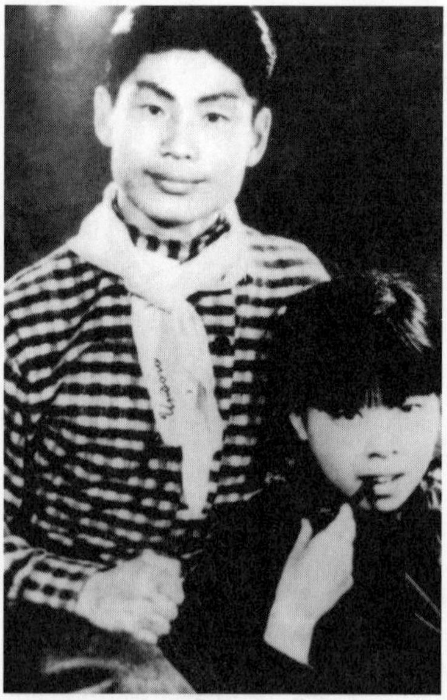
1935年春二蕭留影

只是因爲忙碌。

後來，蕭軍、迺瑩更多瞭解到魯迅這次請客的良苦用心。蕭軍還瞭解到，先生因擔心他生性魯莽，不明白上海的政治、社會環境之險惡，怕他直衝蠻闖惹出禍事，特指派葉紫作爲他和迺瑩的「嚮導」和「監護人」。宴會後他們與葉紫漸漸熟悉起來，成了很要好的朋友。

葉紫（一九一一—一九三九），原名余鶴林，湖南益陽人，左翼作家。與蕭軍結識後，曾帶他到幾個文學雜誌編輯部走走，目的是讓他見見世面，認識一些圈內人物。然而，大致走了一遭，他半開玩笑地對蕭軍說，人家都感覺到他身上有股大兵勁兒，匪氣十足。別人如是感觀和評價多少令蕭軍有些不愉快，也引起一些自卑。自我反省一番，又覺得他人印象並非全然偏見，想到自己一個出身行伍的東北佬「野里野氣，憨頭憨腦」，的確讓上海人看不入眼。然而，雖然明白這些，但不知該如何進行自我改造才能擁有「斯文」，讓上海文壇接納。於是寫信向魯迅請教。

先生回信直接表達了對所謂江南才子的討厭，認爲他們「扭扭捏捏，沒有人氣，不像人樣」。這或許是對蕭軍身上的匪氣或野氣的變相認同，但是，也不忘做出一如慈父般的提醒：「此後所遇到的人們多起來，彼此都難以明白眞相，說話不如小心些，最好是多聽人說，自己少說話，要說，就多說些閒談。」後來，當黃源也說他「野氣太重」時，蕭軍很有些「悲哀」，再次致信魯迅想瞭解先生對此的看法。一九三五年三月十四日魯迅回信說：「由我看來，大約北人爽直，而失之粗，南人文雅，而失之僞。粗自然比僞好」；而對蕭軍所謂的「野氣」，他認爲「不要故意改」，但要注意的是，對人也不要處處坦白赤膊上陣，需要區分對象。

這封信裡，魯迅還談到國民黨書報檢查的嚴苛，文章動輒被刪得不成樣子，並舉例說自己的一篇短文曾被刪掉四分之三，只剩下一個腦袋，不值錢了。轉而，他又怕這會給迺瑩帶去小說稿遭刪的壓力，便安慰道：「吟太太的小說，我想不至於此」，但接著又給她打打預防針：「如果刪掉幾段，那麼就任它刪掉幾段，第一步是只要印出來」。信尾，魯迅與他們約定「今年不再寫信了，等著搬後的新地址」。

一九三四年十二月底，蕭軍、迺瑩從拉都路二八三號搬至拉都路四一一弄二十二號二樓。當年，拉都路已是上海市區法租界西南角之邊陲，房屋稀少，樓宇間夾著荒地、菜園甚至墳墩，十分荒涼。四一一弄又稱福顯坊，裡邊共有二十多幢坐北朝南的石庫門弄堂房子，蕭軍、迺瑩租住的二十二號位於北邊最後一排，但既無石庫門也沒有天井。相比於此前的亭子間，這裡因是前樓正房，居住條件自然好多了，從南面的窗戶向外眺望，正面和馬路兩側全是廣闊的菜地。隆冬季節還能看到滿眼油綠、嫩青，兩人感到無比新鮮，東北家鄉此時只是白茫茫、灰蒼蒼一片。

安頓好後，他們於一九三五年一月二日給魯迅去信告知新家地址，並表達了看到青綠色大草地、大菜園的興奮。一如往常，信中除了蕭軍那些「莊嚴」的問題之外，迺瑩按捺不住好奇又提了些「搗亂」的問題。舊曆新年將近，她問先生是否想念住在北平的媽媽？是否想去北平看看？更不忘就魯迅二十六日信調侃一番。在她看來，魯迅對蕭軍諸如「自己少說話，要說，就多說些閒談」的告誡，不過是「老耗子」在教「小耗子」各種避「貓」的法門。雖然，蕭軍覺得這玩笑很可惡，但也拿她沒有辦法。

一月四日，魯迅回信說「有大草地可看，在上海要算新年幸福」，並說自己到上海後兩三年才習慣「被裝進鴿子籠一樣」的侷促。他幽默回應迺瑩，因爲新年頭三天一直忙著翻譯，寢食難安，哪裡還記得媽媽，更不用說跑去北平看望。對於她的調侃，先生自然不會放過，回覆時的語氣似在跟蕭軍說話，其實，在說給迺瑩聽：「吟太太究竟是太太，觀察沒有咱們爺們的精確仔細。少說話或多說閒談，怎麼會是耗子躲貓的方法呢？我就沒有見過貓整天的咪咪的叫的，除了春天的或一時期之外。貓比老鼠還要沉默。自然，春天又作別論，因爲牠們另有目的。平日，牠總是靜靜的聽著聲音，伺機搏擊，這是猛獸的方法。自然，牠決不和耗子講閒話的，但耗子也不和貓講閒話。」貌似調侃，魯迅其實時時不忘告誡兩人上海政治環境的惡劣，怕他們初來乍到不明就裡而遭遇危險。此前柔石等左聯五作家遇害，是他心頭永遠無法消抹的心痛。正是基於此，當獲悉蕭軍有考察上海的想法，先生很是支持，但想到他的樣子不像上海人，就仍不忘叮囑：「不過工人區域裡卻不宜去，那裡狗多，有點情形不同的人走過，恐怕牠就會注意」。

《麥場》送檢一時沒有結果。到上海這麼長時間，迺瑩也沒有什麼具體寫作計畫，比較閒適。比起蕭軍，她對環境的適應能力要差得多，一到晚上九、十點鐘便呵欠連連，一打呵欠，兩隻大眼睛裡便溢滿淚水。一雙濕漉漉、毛茸茸的大眼睛加上她那長胖後近乎圓形的面龐，在蕭軍看來儼然一隻趴在冰面上的小海豹，於是便給她一個諢名：小海豹。蕭軍身體健碩、精力充沛，視過早睡覺是「浪費」，夜裡要抓緊時間寫一陣，是個名副其實的「夜貓子」。

兩人不一樣的生活習慣對迺瑩的睡眠頗有影響，加之生活困難無力添置家具，長期擠在一張小床上，亦讓她不能很好休息。搬家後，迺瑩的睡眠較差，常常失眠，爲了睡個安穩覺，提出與蕭軍分床而睡。當兩人爲到哪裡弄到一張床而犯愁時，葉紫告知木刻家黃新波處，保管有此前同住的朋友搬走後遺留下的小鐵床。蕭軍、迺瑩找到黃新波位於呂班路的住所，蕭軍自稱「劉三郎」向他說明意圖，並說是魯迅介紹他們前來商借的。黃新波見是魯迅介紹前來的，便慷慨應允，借出兩張小鐵床，並到外邊叫了兩輛黃包車送他們回去。

借回的兩張小鐵床合併在一起便成了一張大床，兩人不再逼仄地擠在一張單人床上，亦可分床而睡。迺瑩執意分床而睡，自告奮勇地睡到新借來的小床上。蕭軍只好滿足其要求，將自己的床安置在房間東北角，迺瑩則在西南角。自同居以來，兩人第一次分床，臨睡前彼此互道了「晚安」。夜裡，正當蕭軍朦朦朧朧將要入睡之際，忽被一陣啜泣驚醒。他急忙開燈奔到女人床邊，伸手撫其前額，焦急詢問哪裡不舒服，生怕又犯了什麼急症。迺瑩並不回答，將臉側轉了過去，兩股淚水從那雙圓睜睜的大眼睛裡滾落到枕頭上。探知並不發熱，蕭軍鬆了口氣，又扯過她的一隻手想把把脈。洒瑩將手抽了回去，蕭軍無法看清她的神情，正茫然不知所措，聽見女人說：「去睡你的吧，我什麼病也沒有！」

「那你爲什麼要哭？」

洒瑩聽罷禁不住憨笑起來，接著說：「我睡不著！不習慣！覺得我們離得太遙遠！」說罷，眼淚又溢滿大眼睛。

明白是一場虛驚，蕭軍覺得可氣又可笑，用指骨節在其前額啄了一下說：「拉倒吧！別逞『英雄』了，還是回來睡吧！」

三〇年代，在上海，像蕭軍、洒瑩這樣的無名作者，如果沒人介紹，想在「大雜誌」上發表作品，幾乎沒有可能。這也是他們在亭子間四處投稿而沒有任何回應的原因所在。除了寫作，他們別無所長，到上海後一直靠朋友接濟生活。這自然不是長久之計，他們想望有一天能夠靠寫作養活自己，但關鍵一步是要進入上海文壇，得到認同和接納。蕭軍自然也想到請魯迅先生介紹文章到雜誌發表，但文章寫好後，卻沒有勇氣向先生開口，羞澀於文章寫得不好，怕讓先生爲難。

直到有一天，聶紺弩夫婦來訪，眼見二人艱窘之狀，便問爲什麼不寫點稿子換錢？當蕭軍說出即便寫出文章也無處發表的苦衷，聶說：「你可以找魯迅先生啊！他總有辦法。」見蕭軍還有些扭捏，他便接著說：「你總得生活下去呀！老頭子介紹去的文章如果不是太差，他們總是要登的。太差的文章老頭子也不肯介紹。」不久，葉紫也表達了同樣意見。聶、葉的鼓勵給了蕭軍、洒瑩巨大的勇氣，既然別無所長，爲了生活就得發表文章。於是，一月中旬，蕭軍將剛剛寫好的兩篇小說《職業》、《搭客》寄給魯迅，希望介紹發表，以應對生計。

收到信稿，魯迅於二十一日回信鼓勵說兩篇稿子「寫得很好」，計畫將一篇「介紹到《文學》去」，另一篇「就拿到良友公司去試試」。兩人收信後喜出望外，一來沒想到先生幾乎有求必應，二來覺得從此有了奮鬥目標，每天的生活一下子充實起來。受文章漸有出路的鼓舞，蕭軍一口氣另寫了《櫻花》、《軍中》等短篇，寫好後便投寄給魯迅。

當時，左翼作家唯一能夠發表文章且能比較可靠地拿到較豐稿酬的「大雜誌」，只有《文學》月刊，一般來說每千字三元。對一般作者而言，已十分可觀。《文學》月刊名義上由鄭振鐸、傅東華編輯，實際上由黃源負責，魯迅、茅盾及其他一些著名左翼作家是其幕後支持者。無名作者都希望作品能在「大雜誌」上刊出，一舉成名，再到其他雜誌賣稿也就暢通無阻。

《文學》創刊號

自然，「一登龍門」的機會不是人人都有，因爲每種雜誌都有自己相對固定的作者群，類似同人刊物。基於三〇年代上海灘極爲複雜的政治、社會背景，左翼刊物往往對作者的政治背景有了比較可靠的瞭解，才敢刊載其文章。《文學》月刊表現得尤其明顯。基於此，文學雜誌對陌生作者往往採取「介紹制」。介紹者自然是已成名的文壇名家。這一制度對於編者來說，一來不用擔心作者的政治背景，介紹者會對此負責；二來不擔心來稿品質，介紹者自然也要對文章品質負責。而更大的好處在於，刊物因此可以拉到名家稿子。按照慣例，介紹者在介紹無名作者時，往往要陪上一篇自己的文章作爲「人情」。蕭軍後來懷疑魯迅在爲自己和蕭紅介紹文章時，很可能也「陪」過稿子。

迺瑩見魯迅回信說蕭軍小說大致有了出路，而自己來上海後什麼都沒有寫出，《麥場》也沒有動靜，便著急起來，但一時又似乎很難沉靜。於是，不甘示弱的她又孩子氣大發，二十四日給魯迅去信希望他用鞭子抽打一下，那樣，便能振作寫出文章來，而近期因爲懶散、了無用心，身體都胖得像個蟈蟈了。見信後，先生覺得迺瑩實在是個孩子，二十九日回信說「吟太太的小說送檢查處，亦尚無回信」，認爲可能與稿子用複寫紙寫的，看起來比較費力有關。而對「抽打」請求，他自然要幽上一默：「我不想用鞭子去打吟太太，文章是打不出來的，從前的塾師，學生背不出書就打手心，但愈打愈背不出，我以爲還是不要催促好。如果胖得像蟈蟈了，那就會有蟈蟈樣的文章。」

蕭軍的勤奮對迺瑩是一種激勵。一向爭強好勝的她不甘人後，希望魯迅「抽打」是她對自己的鞭策。給魯迅的信發出後，便沉靜下來取材青島時期所見到的鄰居小販的生活，於一月二十六日寫成小說《小六》。二月三日，她不再與蕭軍共同署名給魯迅寫信，而是自己單獨給先生去信附上《小六》，希望介紹發表。而且，蕭紅這次單獨去信亦另有原因。葉紫家境貧寒，嘴饞了，又沒錢吃點好的，就前來與她和蕭軍商量，要先生再請一次客，打打牙祭。蕭軍並不贊成，但迺瑩卻自告奮勇地將寫信要魯迅請客的任務承攬下來，並在信中說如果先生怕費錢，吃得差一點也可以。

二月八日，魯迅將《小六》寄給由陳望道主編的小品文半月刊《太白》。魯迅日記當天載有，上午「寄陳望道信並悄吟稿一篇」。次日，他給蕭軍、迺瑩回信說，兩人的小說稿都看過了，且給以熱情鼓勵：「都做得好的——不是客氣話——充滿著熱情，和只玩些技巧的所謂『作家』的作品大兩樣」，並告知迺瑩小說稿已經寄給《太白》，而蕭軍的兩篇稿子要等等再說，因爲此前寄出的還沒有回音。對於迺瑩提出的請客主張，先生略表異議，認爲暫時尚無把握，因爲，與其想法不同，他認爲「要請就要吃得好，否則，不如不請」。

《職業》發表在一九三五年三月一日出版的《文學》第四卷第三號上；三月五日，《小六》發表於《太白》第一卷第十二期。這是蕭軍、迺瑩到上海後第一次發表作品，也是兩人走進上海文壇的第一步。此後，在魯迅幫助下，他們有更多作品相繼發表，生活條件亦因稿費收入，大有改觀。《職業》換來的三十八元稿酬，令他們無比驚喜、快樂，解決了一個月的生計，此前，單篇文章從未有如此豐厚的收入。

六月一日，迺瑩在《文學》第四卷第六號上發表散文《餓》，八月五日在《太白》第二卷第十期上發表小說《三個無聊的人》。蕭軍另有系列作品經魯迅介紹，先後在幾家大型雜誌刊出。由此，蕭軍、悄吟漸爲上海文壇接納。

雖然每天很忙，但迺瑩提出的打牙祭的小小要求，魯迅卻始終放在心上。三月一日在給兩人信中說，已經讓葉紫約定一個日子大家在一起談談。五日，魯迅日記載有：「晚約阿芷、蕭軍、悄吟往橋香夜飯，適河清來訪，至內山書店又值聚仁來送《芒種》，遂皆同去，併廣平攜海嬰。」阿芷，即葉紫；河清，即黃源；聚仁，即曹聚仁。

那是一家吃廣幫菜的飯館，菜肴比較精緻。對於要魯迅請客，蕭軍雖然事先並不贊成，但在飯桌上卻自認爲迺瑩、葉紫二人合起來也沒有他吃得多。迺瑩則是叫得最凶而吃得最少的了。就在這次飯局上，蕭軍代葉紫、迺瑩向魯迅提議創建奴隸社，準備自費出版「奴隸叢書」。魯迅聽後十分支持三人的想法，對「奴隸社」的名稱亦比較認同，認爲奴隸比奴才強，因爲奴隸會反抗。

《豐收》因題材敏感輾轉黎明等多家書店，老闆們都鑒於當時的政治形勢不願出版。葉紫也知道，即便有書店願意出版，亦無法通過國民黨當局的審查，於是，便聯繫與黎明書店有來往的民光印刷所一位姓王的先生，決定自費排印。因有較爲熟識的關係，印刷費和白報紙只需交部分定金，餘額可以賒帳。而想讓這種「非法」出版的「私書」有個合法出版的樣子，就得有出版者、發行者及地址。葉紫於是虛設了個「容光書局」作爲發行者，並將地址含糊定爲「上海四馬路」；出版者就是「奴隸社」。蕭軍想到《八月的鄉村》因題材關涉抗日，更不可能通過國民黨的書報檢查，便想仿效葉紫非法排印私書。因有稿費收入，印書費用不成問題，因此也開始張羅「出版」《八月的鄉村》。

迺瑩仍在等著官老爺們的審查結果，一時還考慮不到是否也自費出版這上面來，況且魯迅還在爲之爭取正式出版的機會。這期間，她回憶起在哈爾濱安家商市街的一段往昔生活，開始創作系列散文。該散文系列於一九三五年五月十五日最終完成，幾乎以紀實的方式，再現當時那段生活，其中一些篇章經魯迅介紹，在上海幾家雜誌零星發表，並於次年八月由文化生活出版社結集出版。飯局後較長時間不見悄吟寄稿件來，魯迅有些掛記，便在三月二十五日致蕭軍信尾，附上「吟太太怎麼樣，仍然要睏早覺麼？」他哪裡知道，此時的「吟太太」正悄沒聲地埋首「宏大」而相對完整的寫作計畫。

三月下旬，魯迅開始審校《八月的鄉村》，並於二十八日為之寫了一篇序言。出版在即，封面卻還沒有著落。三月底，葉紫帶蕭軍到江灣一個學生宿舍找黃新波，為《八月的鄉村》設計一幅木刻畫封面。臨別，蕭軍草率地向黃及另外幾個在座的青年人宣布了自己的住址，並邀請他們來家聊談。私底下，一時來不及制止的葉紫，偷偷猛踢蕭軍一腳。出來後，蕭軍才從葉紫口裡瞭解到，那些青年並不是全部、永遠可靠，萬不能隨便公開自己的住址，但既然已經說出去了，為安全起見，得馬上換一個地址。

「搬家吧，阿木林（上海話傻瓜）！」葉紫最後說。

回家路上，葉紫做了更詳細的解釋，並列舉了一些曾有過的慘痛教訓。蕭軍聽後，意識到自己確實做了一回「阿木林」，為了安全，回家後便和洒瑩商量搬家。四月二日，兩人搬至拉都路三五一號。當天便給魯迅去信告知新地址。收信後，魯迅對新地址的準確性有些不放心怕弄錯，剛好手上有幾篇重要文稿要給他們，擔心寄失。於是當天又回了封短信對新搬地址進行確認。新地址沒有具體的「里」，只有一個門牌號，魯迅懷疑「莫非屋子是臨街的？」其實，蕭軍、洒瑩的新居不在什麼「里」，亦並非臨街，而是一處小弄堂裡的第二幢房子。據丁言昭考證，一九四九年以前，上海的門牌不一定都以里、弄來標示，有時將弄堂裡的房子也編上像臨街房子一樣的號碼。三五一號是一幢坐北朝南中西式的假三層樓房，兩人住在三樓。

大約四月中旬的一天，洒瑩在拉都路一家油條小店買好油條後，發現包紙竟是魯迅翻譯班台萊夫童話《錶》的手稿。先生手稿的遭遇令蕭軍、酒瑩吃驚之餘，也感到有些氣憤和悲哀，連忙寫信告知。十三日，魯迅回信說，許廣平瞭解到手稿的如此遭遇「似乎有點悲哀」，而自己卻因手稿還能夠包油條而感到滿足：「可見還有一些用處」；並說自己在家裡，亦常常用它擦桌子，因為用的是中國紙，比起洋紙來更能吸水。酒瑩後來在魯迅家發現，他確實用手稿擦桌子或在飯桌上分給客人擦手，甚至放在洗手間當手紙。只是許廣平非常心疼那些手稿，常常及時保存起來，但稍有疏忽，便做了其他用途。

從魯迅對待自己手稿的態度上，蕭軍感到先生「似乎不願意存什麼『手跡』之類給人們，這是和一些到處『題字』企圖不朽的『大人』、『先生』們有所不同」。信中，魯迅亦告誡他們：「一個作者，『自卑』固然不好，『自負』也不好的，容易停滯。我想，頂好是不要自餒，總是幹；但也不可自滿，仍舊總是用功。要不然，輸出多而輸入少，後來要空虛的。」他是在教導兩人如何成為一個優秀的作家。魯迅手稿之所以流落到大餅油條店，是因為當時《文學》、《譯文》、《太白》編輯部就設在該店隔壁的敦和里。多年後，黃源說：「這原稿是我丟失的。我當時不懂得魯迅的原稿之可貴，清樣校完後，就把有的原稿散失了。一張原稿落在拉都路一家油條鋪裡用來包油條，和我同住在拉都路的蕭紅去買油條，發現包油條的是魯迅先生的原稿。」

自從與魯迅一家見面後，酒瑩常在信中邀請魯迅夫婦來家裡作客。一九三四年陰曆年底許廣平就想登門看望，不想，年關事雜到底未能成行。一九三五年三月，魯迅夫婦原本計畫前來拉都路，卻又因海嬰被開水燙傷了腳而再次作罷。十七日信中，魯迅說等海嬰的燙傷好了能走路，「我們再來看您罷」。魯迅夫婦到底惦記著對蕭軍、酒瑩一直被延宕的看望，五月二日攜海嬰突然造訪拉都路三五一號。蕭軍、酒瑩都在埋首工作，見魯迅全家從天而降，有說不出的喜悅和興奮。酒瑩更感到偉人光臨，蓬蓽生輝，平素在書信裡調皮任性，一旦如此親切地與先生晤面，卻因驚喜不知說什麼好。在酒瑩住處，四人大約坐聊了一個小時，魯迅邊抽菸邊爽朗地談笑。爾後，邀請兩人一起共進午餐。兩家人在法租界一家西餐館隨便吃了點東西。送先生一家上了電車後，蕭軍、洒瑩才興奮地步行回家。剛才吃了些什麼、先生說了些什麼，洒瑩全然不記得，先生那吸菸的姿勢和爽朗的笑聲倒是印象深刻。

繼《豐收》作爲「奴隸叢書」之一出版發售之後，經過一番努力，一九三五年五月《八月的鄉村》開始排印。《八月的鄉村》標明的出版日期是八月，事實上早在七月上旬就作爲「奴隸叢書」之二上市了，作者署名「田軍」。小說剛一面世，就引起十分強烈的反響，魯迅先後數次寫信向蕭軍索要樣書，分寄給外國朋友和身邊友人，希望能譯成其他語言，以便更廣泛地宣傳中國人民，特別是東北人民的反抗鬥爭，同時也讓更多人瞭解這位年輕的新晉作家。

《生死場》

一九三五年六月，蕭軍、洒瑩又搬至薩坡賽路一九〇號唐豪家，住在二樓的後樓。律師唐豪是蕭軍的朋友，經營有「唐豪律師事務所」。在法租界，這房子屬於中等以上的英式建築，後門臨街，正間寬大，居住條件比以前顯然更好些。安家不久，悄吟創作了小說《三個無聊的人》。

七月十五日，羅烽、白朗夫婦從哈爾濱輾轉來到上海，舉目無親，投靠蕭軍、洒瑩暫住。他們離開哈爾濱一週後羅烽便遭逮捕，後經多方營救，十個月後才取保釋放。兩家人擠在一間屋子裡，適值盛夏，日子十分艱苦。羅烽夫婦很想通過蕭軍的引見與魯迅見面。蕭軍爲此去信詢問，先生二十七日回信說：「你的朋友南來了，非常之好，不過我們等幾天再見罷，因爲現在天氣熱，而且我也眞的忙一點。現在眞不像在做人，好像是機器。」這一方面是實情，另一方面很可能有魯迅自己的考慮，是一種婉拒亦未可知。事實上，羅烽夫婦的這一願望直到魯迅逝世都沒有實現。舒群自一九三五年春天獲釋後，亦於七月輾轉來到上海，借住塞克處，後塞克的劇社垮台，舒群只好另找亭子間租住。舒群找到蕭軍，也是想見魯迅先生。

胡風（一九〇二—一九八五），湖北蘄春人，原名張光人，筆名有谷非等。一九三三年加入「左聯」後，與魯迅來往密切，是先生晚年最得力的助手和知心朋友。因錯過與蕭軍、悄吟的第一次見面，直到《八月的鄉村》付印，胡風才得以與兩人相見。他曾明確表示想與他們見面談談，四月上旬，蕭軍在致魯迅信中就此徵詢其看法，先生十三日回信非常支持，並打消他們的一切顧慮：「前信說張君要和您談談，我想是很好的，他是研究文學批評的人，我和他很熟識。」胡風後來說「當時叫悄吟的後來的蕭紅」在第一次見面時，給他留下了尤爲深刻的印象。一九八一年除夕夜，胡風回憶起與悄吟第一次見面的情景說：「我覺得她很坦率眞誠，還未脫女學生氣，頭上紮兩條小辮，穿著很樸素，腳上還穿著球鞋呢，沒有那時上海灘上的姑娘們的那種裝腔作勢之態。因此雖是初次見面，我對他們就不講客套，可以說是一見如故了。」七月下旬，蕭軍、悄吟請胡風、梅志來家吃晚飯，還邀請了幾位在上海的東北朋友。

當晚，大家圍在一張長桌旁包餃子。悄吟忙碌地擀皮兒。這種場面和陣勢，作爲南方人的梅志從未見過，她只會做肉菜餡的餛飩，對北方餃子一竅不通。在大家慫恿下也試著包起來，費了很大勁兒也不能包出一個來。悄吟見狀便過來替她解圍，讓在一旁歇著，梅志不服氣，堅持要包下去，結果包了幾個四不像的怪物，最後還是自己不好意思地放手作罷。喝酒的時候，梅志亦比較活躍，搶著要和蕭軍、悄吟乾杯，並說當晚準備的酒會醉人，自己要喝香檳。坐在旁邊的白朗提醒說香檳也會醉人，她才沒有堅持。在胡風看來，她已有些忘乎所以。

回顧當晚情形，梅志後來覺得自己在酒桌上的興奮，是因爲蕭軍、悄吟與胡風之間的友好往來，以及胡風對他們的誇讚，令其感到十分親近，而鑒於兩人是北國英豪，自己便也冒充起好漢來。更主要的是，她與悄吟年齡相仿，儼然同學，毫無顧忌。然而，梅志的「豪放」讓胡風非常著急，吃到一定時候，便藉口梅志要回家給孩子餵奶，兩人提前離席。回家後，胡風批評道：「你呀，眞是太幼稚了，說這麼些話，你可知道人家是小說家呀，會笑話你的。」梅志聽後十分懊喪，想到蕭軍、悄吟還有他們的朋友一定會把自己看作無知的傻女人。近半個世紀之後，梅志仍清晰記得悄吟留給她的第一印象：「我第一次見蕭紅，完全把她當作一個普通的但很能幹的家庭主婦。瘦高的身材，長長的白皙的臉，紮兩條粗粗的小辮，一對有點外突的大眼睛，說話時聲音平和，很有韻味，很有感情，處處地方都表現出她是一個好主婦。」

不久，一天上午，胡風又帶梅志來到薩坡賽路看望。進門見悄吟正吃力擦著地板，胡風便問：「怎麼你一個人？三郎呢？」悄吟邊給他們讓座，邊回答：「人家一早到法國公園看書用功去了，等回來，你看吧，一定怪我不看書。」說到這裡頓了頓，似乎想忍住，但到底還是說了出來：「你看這地板，菸頭，髒腳印，不擦行嗎？髒死了，我看不慣。」梅志這才發現房間很大，地板和窗框都是棕色的，屋內顯得比較陰沉。而悄吟也全然沒有那晚的精神和興致，臉上顯出一種不太健康的蒼白，看起來十分倦怠。

悄吟埋怨受不了上海的寒冷，這讓梅志很好奇，不理解來自冰天雪地的她，居然怕上海的冷。悄吟便給她講南北方房屋結構的差異。隨後，胡風向悄吟談起對其小說的看法，聊得十分投機。蕭軍回來了，腋下夾著幾本書，精神充沛容光煥發，在梅志眼中「不像是用腦的作家，倒像體育學校或是美專的學生」。與胡風夫婦熱情打過招呼後，蕭軍就興致高昂，語調自信地談到自己所看的書，說話間，果然在誇炫自己的同時譴責起悄吟來：「你就是不用功，不肯多讀點書，你看我，一早晨大半本。」邊說邊用手拍著書。即便當著胡風夫婦面，悄吟也有些按捺不住，冷冷說道：「你一早到公園用功，我可得擦地板，還好意思說呢！」蕭軍自知有些理虧，哈哈一陣大笑，女人忍不住也被逗樂了。兩人頗有生氣的生活讓胡風、梅志很受感染，聯想起進門時悄吟的話，也不禁大笑起來。

羅烽、白朗在胡風夫婦此次來訪前就已經搬走了。四人同住了一段時間，蕭軍嫌大家擠在一起妨礙寫作，悄吟於是悄悄告訴白朗這樣長住下去，三郎不高興。於是九月中旬，羅烽、白朗搬到美華里的亭子間。此時，衣食無著的舒群找過去與他們同住了一段時間。三人窮困得靠典當度日。好在十月白朗找到了一份打字員的工作，十一月通過周揚，羅烽接上黨組織關係並加入左聯，生活從此有了著落。

不久，他們在上海文壇亦開始嶄露頭角。《沒有祖國的孩子》最終轉到周揚手裡，一九三六年五月發表在《文學》上，舒群一舉成名，成爲繼二蕭之後，又一位聞名上海灘的東北作家，並於年底恢復了黨組織關係。可能因爲讓蕭軍引見與魯迅先生見面的願望遲遲未能實現，以及其他一些原因，蕭軍後來說，羅烽到上海後與自己「因有些見解的分歧，一度陷於『斷交』的境地」，直到一九三七年五月三十日才和解。

這一時期，蕭軍、悄吟還開始學習世界語。十月二十七日午後，魯迅夫婦前來看看蕭軍、悄吟新搬的家，原以爲午後一兩點鐘兩人應該在家裡，不想他們參加世界語五十週年紀念大會去了。得知魯迅、許廣平來過，害他們白跑一趟，蕭軍、悄吟非常懊喪，連忙去信表達歉意。好在魯迅總能給他們帶來驚喜。此次未能恭候先生的懊喪，不久就被更大的興奮一掃而光。十一月五日，兩人收到魯迅短柬，邀請到家中吃晚飯：

劉兄
悄吟太太：

我想在禮拜三（十月六日）下午五點鐘，在書店等候，您們倆先去逛公園之後，然後到店裡來，同到我的寓裡吃夜飯。

專此，即祝

儷祉

豫上

十一月四日

蕭軍、悄吟如約赴先生家宴。這也是他們第一次到先生家中作客。魯迅家住北四川路底施高塔路大陸新村九號，是一幢二樓一底的一般性上海弄堂房子。第一層是客廳、飯廳兼廚房；第二層是先生工作室兼臥室；第三層是藏書室。當晚的客人只有蕭軍、悄吟，飯後兩人和魯迅、許廣平一起圍坐在長桌旁喝茶聊天。

悄吟、蕭軍分別談了許多關於僞滿洲國的情況。魯迅興致頗高地聽著，聊談從九點延續到十點再到十一點。悄吟時時想退出，好讓先生早點休息，她觀察到先生比較虛弱，而且聽許廣平說過，他傷風一個多月剛剛好轉。但魯迅今晚沒有絲毫的倦怠，聽講的興致高漲，客廳擺著一張可以躺臥的藤椅，悄吟幾次勸先生躺在藤椅上邊聽邊休息，但他仍堅持圍坐桌旁，或許這樣更有飯餘坐聊的氛圍。中間，還上樓加了一件皮袍子。見先生難得有如此高漲的興致，蕭軍、悄吟怕掃了他的興。從先生對與人閒談坐聊的渴望中，悄吟感受到他內心那難以名狀的大孤獨。

十一點過後，天開始下雨，雨點淅淅瀝瀝打在窗玻璃上，偶一回頭，悄吟便能看見窗玻璃上往下淌著的小小水流。如此深沉的雨夜，她不免有些著急，幾次欲起身告辭，不想，魯迅和許廣平一再挽留說：「再坐一會兒，十二點鐘以前終歸有車子可搭的。」將近十二點，他們才起身告辭。臨別，魯迅、許廣平一定要送到弄堂鐵門外。先生家隔壁有一家日本人開設的吃茶店，弄堂門口鑲在電燈外邊的一大塊毛玻璃上寫著一個大大的「茶」字。魯迅指著那個「茶」字，對兩人說下次來，記住這個「茶」字，就是這個「茶」的隔壁，又伸手指了指門牌的「九」字，進一步強調說：「下次來記住『茶』的旁邊『九』號。」先生說話時的神態，似在叮囑兩個可能迷路的孩子。這一幕成了蕭紅終生難以消蝕的記憶。

此後，蕭軍、悄吟與魯迅全家更爲親近。海嬰更是歡迎大姐姐般的悄吟到來。中日即將開戰的謠言四起，魯迅周圍的人家「逃得一塌糊塗」，幼稚園的孩子也只剩下三個，快要關門了，喜歡朋友的海嬰十分寂寞，希望蕭軍、悄吟常去，更喜歡他們留下來一起吃飯。魯迅也邀請他們常來，十一月十六日信中說：

「有空隨便來玩，不過速成的小菜，會比那一天的粗拙一點。」

雖然從法租界到魯迅家要坐個把小時電車，但蕭軍、悄吟此後是先生家的常客，過從甚密。有時，碰到胡風亦在寓中，先生便留他們一起吃晚飯。一次，三人從魯迅家裡出來已是深夜，電車早停，只好步行回法租界。雖有十多里的路程，但大家邊走邊談笑，毫無倦意。悄吟忽然童心大發，提出要跟胡風在馬路上賽跑，蕭軍在後邊鼓掌助興。事後，她還將這件事說給先生聽，魯迅連忙致信胡風，嚴厲警告他再不要帶蕭軍、悄吟在馬路上賽跑了。他想到這深夜街頭的乖張行為會引起巡捕的注意，萬一被他們攔住訊問身分，很可能惹出禍患，孩子氣會帶來大危險。

《麥場》自一九三四年十二月生活書店表示願意出版，送呈國民黨中央宣傳部書報檢查委員會半年後，終未獲得出版許可。魯迅後來在為之作序時說：「人常常會事後才聰明，回想起來，這正是當然的事：對於生的堅強和死的掙扎，恐怕也確是大背『訓政』之道的。」書稿退回，先生又介紹到《文學》雜誌社希望連載。《八月的鄉村》付印後，胡風在與二蕭第一次見面時，《麥場》還在等著《文學》社的消息。不久，還是被退了回來，一九三五年八月二十四日魯迅在致蕭軍信中，說退回的理由是，他們認為「稍弱」。先生轉而交給胡風，讓他拿到《婦女生活》試試，如果不行就只好擱起來。

悄吟再次陷於渺茫的等待，此時距《麥場》完成已一年有餘。焦慮中的悄吟一時也不知做點什麼好，心氣有些浮躁。安家商市街系列散文寫好了，但找魯迅介紹發表的興致似乎一時還沒有。期間，《八月的鄉村》反響很不錯，雖是非法出版物，但在魯迅、胡風等人幫助下，銷售得很好。蕭軍勤奮寫作，新作不斷問世，個人與魯迅書信往還頻繁。九月，文化生活書店通過魯迅邀請蕭軍出版短篇小說選集《羊》。悄吟一時間沒有什麼動靜，這讓忙於翻譯《死靈魂》的魯迅非常關切，擔心她因書稿出版受阻而氣餒，便在九月十九日致信蕭軍問道：「久未得悄吟太太消息，她久不寫什麼了吧？」顯然，先生表面上在問蕭軍，實質是對「悄吟太太」的鞭策，怕她懶於寫作荒廢了時日。

《麥場》最終還是被《婦女生活》退了回來。至此，魯迅將能夠動用的關係都試探過了，終是無能爲力。悄吟沒想到書稿獲准正式出版如此之難。比起《八月的鄉村》，《麥場》的完成時間本來早得多，不想面世反落其後。她自然不甘心讓書稿擱起來，於是仿效葉紫、蕭軍以「奴隸社」名義自費出版。

魯迅聽悄吟談了將《麥場》作爲「奴隸叢書」之三自費印行的想法後，十分贊同，並讓她送給胡風看看。整部小說還沒有一個合適的書名，「麥場」只是第一章的標題。胡風在與他們一起討論時，悄吟希望他提出個書名。胡風琢磨一番，最後從書中小標題裡提煉出「生死場」作爲書名。悄吟比較滿意這個書名，覺得傳達出了自己的意思，還請胡風爲之作序。對此，胡風有所婉辭，要她仍請魯迅寫序。但在與魯迅閒談時，魯迅叫他也來一篇，說自己一個人已經寫了兩篇序言，再寫怕不好，且也實在沒什麼好說的。胡風自然拗不過先生答應下來。但悄吟轉念一想，同是作爲「奴隸叢書」，《豐收》、《八月的鄉村》都由魯迅作序，《生死場》也應如此。因而，十月十九日晨連忙給先生去信，除告知書稿定名爲「生死場」外，更主要是向先生索序。說先生既然已經寫了兩篇，臨到《生死場》自然不能另眼相待，一再強調：「我也要！」

終於有了悄吟太太的消息。可能此前很長一段時間一直單獨與蕭軍通信之故，魯迅次日恢復了給二人的回信，且故意表達得格外正式，抬頭並列稱呼完「劉軍兄、悄吟太太」後，特地加上「尊前」二字。魯迅此前回信，極少出現「尊前」二字，蕭軍認爲這次可能因爲「有太太在內，所以特別客氣」。當然，其中或許也有魯迅那不動聲色的幽默亦未可知。他在信中說：「《生死場》的名目很好，那篇稿子，我並沒有看完，因爲複寫紙寫的，看起來不容易。但如要我做序，只要排印的未校寄給我看就好，我也許還可以順便改正幾個錯字。」

拿到經悄吟仔細校對過的《生死場》清樣，魯迅又精校了一遍，將錯落之處和不恰當的格式用紅筆一一改正。全部看完後，於十一月十四日深夜為之寫了一篇序言，第二天寄給悄吟。當天，他還將經自己審校過的《生死場》交給來訪的胡風，雖有自己的序言，但先生還是希望他就這部書寫點文字，以便於讀者理解。胡風應承下來，於二十二日凌晨寫了一篇「讀後記」。

魯迅十五日的信和序言，悄吟當天便收到，並於次日給先生回了封信。悄吟對《生死場》書稿經過自己多次校對，先生居然還能校出這麼多錯字感到十分吃驚；而對於先生所評價的「敘事寫景，勝於描寫人物」，她理解為是魯迅對自己的誇獎，特地表示感謝。此前，蕭軍拿到魯迅為《八月的鄉村》作序的手稿，以其中先生的親筆簽名製版印在書上。此次魯迅郵寄過來的序言，是許廣平的抄稿並非魯迅手跡。一心仿效蕭軍將魯迅手跡製版印在書上，因不見其親筆簽名，悄吟便在信中又特地索要「筆跡」。

魯迅當日回信說，校出幾個錯字沒有什麼吃驚的，因為自己曾在雜誌做過校對，經驗比較豐富，能校是當然的，並說看得快了些，裡邊也許還有錯字。對悄吟理解為誇獎的那句話，魯迅並不以為然，明說那「也並不是好話，也可以解作描寫人物並不怎麼好。因為作序文，也要顧及銷路，所以只得說得彎曲一點」。雖然覺得悄吟索要親筆簽名製版有些孩子氣，但還是愉快地滿足了她這小小的願望：「不過悄吟太太既然熱心於此，就寫了附上，寫得太大，製版時可以縮小的」。面對她孩子般的調皮、任性，先生不無幽默地感嘆道：「這位太太，到上海後，好像體格高了一點，兩條辮子也長了一點了，然而孩子氣不改，眞是無可奈何。」

一九三五年十二月，《生死場》終於作為「奴隸叢書」之三自費印行，書的樣式為三十二開，正文二百一十頁，前有魯迅《序言》三頁，後有胡風《讀後記》六頁，最後還有奴隸社的《小启》一頁，內中說道：「至於還想要知道一些關於在滿洲的農民們，怎樣生，怎樣死，以及怎樣在欺騙和重重壓榨下掙扎過活，靜態和動態的故事，就請你讀一讀這《生死場》吧。」

《生死場》作者署名「蕭紅」。這是張迺瑩第一次使用「蕭紅」這個筆名，此前更常見的筆名是「悄吟」。魯迅在書信、日記中對她最常見的稱呼是「悄吟」、「悄太太」或「悄吟太太」。張迺瑩當年何以在出版《生死場》時，給自己另起筆名「蕭紅」？

對此，人們往往基於「蕭軍」這個名字，聯想到二者連在一起便諧音「小小紅軍」，認爲這是他們對國民黨當局圍剿江西紅軍的抗議，和以自己的方式對紅軍的支持。此說並非空穴來風，蕭軍一九八〇年解釋說「田軍」中的「軍」和「蕭紅」中的「紅」，讓他們倆在字面上正正堂堂做了「紅軍」，並認爲當時這種天眞的想法和舉動，如今想起來很幼稚可笑，之所以這麼做，是因爲「那時國民黨正在江西一帶『剿共』，因此就偏叫個『紅軍』給他們瞧瞧」。

然而，這應該是一種刻意附會的說法，其意圖無非唯恐蕭紅不夠革命、進步、左傾。其實，《八月的鄉村》、《生死場》都是非法出版物，二蕭都以原來常用的筆名如「悄吟」、「三郎」等發表過一些文章，爲了避免引起國民黨文藝官員的注意，他們此時故意使用一個全然陌生的名字。蕭軍在近五十年後的解釋貌似合理，但也並不全然可信。很長時間以來，人們往往習慣於將二蕭連在一起看待，因此，蕭軍的說法似乎就具有絕對的權威性。然而，值得注意的是，蕭紅、蕭軍畢竟是兩個性情很不一致，且自主性都很強的人。蕭紅表現得尤爲鮮明。顯見的事實是，張迺瑩當年何以使用「蕭紅」這一筆名，蕭軍並非當事人。

當年劉均第一次給魯迅寫信時，使用了「蕭軍」這個名字，後來他表達了對這個名字的偏愛。或許悄吟瞭解到這個拯救了自己的男人對「蕭軍」這個名字的偏愛，在出版《生死場》需要一個陌生的作者署名時，她根據「蕭軍」衍生出「蕭紅」，這樣讓人們永遠將二者聯繫在一起。她沿用了男人喜愛的「蕭」，而「紅」大約是女性的表示。「蕭紅」的署名，或許就只是當年悄吟太太想以自己的方式，表達對蕭軍的感激，同時也是兩人在一起生活的紀念。這個命名，或許是一個歷經磨難的女人在成名上海灘前夕，最爲複雜、婉曲的內心流露，而並非關涉其他。

事實上，蕭紅、蕭軍這兩個名字從此就眞的連在一起，更多場合並稱「二蕭」。這也是悄吟太太那沒能明確表達的婉曲意圖的成功實現。賦予二蕭名字所謂「紅軍」的影射，實際經不住仔細推敲。當時，他們在明知自己的書是遭當局禁止的非法出版物的情況下，應該全然沒必要以那種刻意招搖的方式，表達其政治取向而以卵擊石，給新書帶來更不可測的命運。況且，「蕭紅」這個名字伴隨《生死場》出現，已是《八月的鄉村》面世近半年後，是否用「紅」字全然取決於蕭紅，並非蕭軍。因而，蕭軍事後的解釋，或許是一種「過度闡釋」也未可知。但已然的事實是，當時上海國民黨當局似乎也沒有就此做「紅軍」的聯想。不然，「奴隸叢書」的命運應該是另一種樣子。

二蕭闖入上海文壇，攝於1935年底

毫無疑問，《生死場》奠定了蕭紅在中國現代文學史上的地位，同時，讓人們漸漸忘記那個名叫「悄吟」的女人，只知文壇崛起了一個名叫「蕭紅」的女作家。這是個重大的文學事件。這個名字從此廣爲人知，流傳至今，成了呼蘭、哈爾濱以及黑龍江的文化印記——那是她再也不曾回過的故鄉。而這個女性化的名字至今仍令人自然關聯到另一個男性化的名字：「蕭軍」——那是她曾經摯愛過的男人。

蕭紅自己設計了《生死場》的初版封面，線條簡單，色彩強烈。後來人們對此也有一些附會性理解，認爲上半部畫的是東北三省的版圖，攔腰一條斜線象徵將東北從祖國版圖上劈開。一九七九年四月十日，蕭軍在致丁言昭信中，道出當時的眞實情形：「我記得，在她設計、製作這封面時，我在場，因爲封面紙用的是紫紅色，想要用這紙本色，把封面做成半黑、半紅的樣子。算作代表『生』與『死』。當她用墨筆把雙鉤的書名鉤出以後，正企圖把二分之一封面完全塗成黑色時，我覺得這太呆板了，就建議她只把書名周圍塗黑就可以了，不必全塗，就像『未完成』的樣子就可以了。她聽從了我的主張，就隨便塗成這個樣子，它既不代表東北的土地，也非是城門樓子……如果說它『像』什麼，那只是偶合而已。」

《生死場》初版封面

《生死場》自初版至今再版不下二十餘次，在紀念世界反法西斯勝利六十週年之際，人民文學出版社在二〇〇五年五月還再版了這本自費印行於七十年前的書。

正如許廣平所說的那樣，《八月的鄉村》和《生死場》「作爲東北人民向征服者抗議的里程碑的作品」，其面世「無疑地給上海文壇一個不小的新奇與驚動」。隨著兩本書的流傳，人們紛紛談論著這對文壇伉儷。二蕭同時成名上海灘被傳爲佳話。一九三六年六月二十五日，周揚在發表於《光明》第一卷第二號上的《現階段的文學》一文中評價道：「由《八月的鄉村》和《生死場》，我們第一次在藝術作品中，看出了東北民眾抗戰英雄的光景、人民的力量、『理智的戰術』……它們很快獲得了廣大讀者的擁護，正說明了目前中國大眾所需要的是什麼樣的作品。」

值得一提的是，一九三五年夏，上海聚集了一批流亡關內的東北籍作家，除前文提到的舒群、羅烽、白朗外，還有劇作家、導演塞克，翻譯家金人，小說家李輝英、黑丁等。一九三六年他們不斷推出佳作，羅烽、白朗分別發表了《呼蘭河畔》、《伊瓦魯河畔》等作品。九月舒群出版了小說集《沒有祖國的孩子》。同月，上海書店推出《東北作家近集》，內收錄羅烽、宇飛、穆木天、舒群、白朗、塞克、李輝英、黑丁等八人八部作品，多反映東北淪陷後人民的生活和反抗。

「九一八事變」後陸續流亡關內的東北籍作家，第一次以群體方式亮相上海灘文壇。一九三六年初，另一位東北作家端木蕻良也來到上海，隨後創作了長篇小說《大地的海》，並在鄭振鐸、魯迅等人幫助下，在《文學》、《作家》等刊物上發表了《鴜鷺湖的憂鬱》、《爺爺爲什麼不吃高粱米粥》等作品。這批東北作家再加上蕭紅、蕭軍在上海文壇的影響，讓人們切實感受到一個由東北作家組成的群體在文壇迅速崛起。這一文學事件便是中國現代文學史上著名的「東北作家群」崛起。毫無疑問，二蕭是這個群體的領軍人物，《生死場》和《八月的鄉村》是這個群體最具代表性的創作。

幸福時光

長篇小說《生死場》的出版，讓蕭紅完美終結了她的一九三五。誠如許廣平所言，這部小說是「蕭紅

左起舒群、羅烽、蕭軍，「東北作家群」崛起上海

女士和上海人初次見面的禮物」，而上海對她的回饋同樣極其豐碩。可以說，在蕭紅短促的一生中，成年之後，她只是在此時的上海，充分享受著立地成名的喜悅，還有輾轉流浪多年所換得的一份安寧與無憂。雖是非法出版物，但《生死場》非常暢銷。因爲《生死場》的熱銷效應，其安家商市街系列散文，隨後在上海的一些文學雜誌上陸續刊出。從此，作品再也不愁發表，一些刊物還想辦法拉攏二蕭捧場。一九三六年，蕭紅在上海灘成了知名女作家。

二蕭雖然齊名，但周圍朋友似乎對蕭紅抱有更高期許。這也並非偶然，比起蕭軍，蕭紅在創作上表現出更多靈氣和不羈個性。蕭軍的創作雖然規整，但往往有失之直白、呆板的平庸。許廣平認爲在「手法的生動」上，「《生死場》似乎比《八月的鄉村》更覺得成熟些」。她回憶說魯迅每每和朋友談起二蕭亦多推薦蕭紅，認爲在寫作前途上，她更有希望。據相關資料顯示，一九三六年五月間，斯諾訪問魯迅，讓他回答夫人海倫．福斯特提出的，有關中國現代文學的一些問題。問到當時最優秀的左翼作家，魯迅所列舉的作家中就有田軍，並且認爲：「田軍的妻子蕭紅，是當今中國最有前途的女作家，很可能成爲丁玲的後繼者，而且她接替丁玲的時間，要比丁玲接替冰心的時間早得多。」

繼《生死場》之後，蕭紅發表的散文、小說，無論在表達還是立意上都更加圓熟，很快克服了《生死場》的生澀。更重要的是，基於自身對文學創作的認知，蕭紅在漸漸形成屬於自己的創作個性，不時閃露天才的靈光，炫耀著人們的眼目。安家商市街系列散文甫一問世，便引起廣泛關注，讀者都覺得蕭紅是個很有天分的女作家。文壇上的女作家本來就稀少，蕭紅的出現就更加奪人眼目。爲此，胡風常常在蕭軍面前誇獎蕭紅，禁不住當面說蕭紅的寫作才能在他之上，並坦率地指出兩人間的差異。認爲蕭軍可能寫得比蕭紅深刻，但沒有蕭紅動人，其根源在於蕭軍是靠刻苦達到一定的藝術高度；蕭紅則憑著個人感受和天分在創作。對於這樣的評價，胡風說「一向非常驕傲專橫的蕭軍」也完全承認，每有友人談到自己創作上不及蕭紅，他便常常不好意思地笑笑說：「我也是重視她的創作才能的，但她可少不了我的幫助。」蕭紅聽後，多半很委屈地在一旁撇撇嘴。

一九三五年底，蕭紅、蕭軍、聶紺弩都各有以魯迅爲旗幟創辦文學刊物的想法。魯迅與胡風商量，覺得這樣分頭各辦各的，分散了力量，難以取得比較好的效果，還是以胡風爲中心，事實上也就是以魯迅爲中心，合力辦一個爲好。一經商量，大家十分認同先生的想法。雜誌的名稱最終確定爲胡風提議的「海燕」，雖然，他覺得魯迅提議的意在喚醒沉睡者的「鬧鐘」更爲合適，但先生還是支持了他的意見，並親筆題寫了刊名。《海燕》的文稿由胡風集結，編好之後交給聶紺弩付排，校對等一些雜事亦由其負責。編排時大家一起商量，但最後由胡風做主。

一九三六年一月，《海燕》第一期出版，當天售罄二千冊。大家沒想到新誕生的《海燕》如此受歡迎，頗爲歡欣鼓舞。十九日，魯迅、許廣平攜海嬰邀請二蕭、聶紺弩夫婦、胡風夫婦、葉紫等共十一人，在梁園飯店吃晚飯，慶賀《海燕》創刊和暢銷。當晚，大家的興致都格外高漲，盡情暢飲，吃了三個多小時才星散而去。這是二蕭應魯迅之邀在梁園第二次吃晚飯，相比前次，蕭紅今晚的心情已全然不同，當時，渴望進入上海文壇的她，惴惴不安地面對著全然陌生的面孔，而現在，她已是這個文人圈子裡的佼佼者。歡娛之餘，其內心對魯迅先生的那份感激，自然亦非外人所能體會。短短幾個月，她和蕭軍在上海的境遇就有了戲劇性變化，而這一切無疑都得力於魯迅的幫助、提攜。《海燕》第二期同樣出版、銷售得十分順利，但隨即引起國民黨書報檢查部門的注意，第三期雖然已編好，卻被勒令不能出

蕭軍1936年攝於上海

版。蕭紅在《海燕》上發表了《訪問》、《過夜》等作品，都是對哈爾濱往昔生活的紀實性回憶。

一九三六年春，二蕭應《作家》雜誌編輯孟十還之邀同遊杭州。他們流連於西湖、斷橋、葛嶺等名勝，充分享受著這份來之不易的閒適與喜悅，還有知名作家的榮光。離開杭州時，蕭紅特地給魯迅買了一罐白菊花茶，聊表對先生那親人般的感念，亦童心煥發，在工藝店給自己買了一根精緻的小竹棍。

自從有了受邀到魯迅寓中作客，並深夜傾談的經歷後，魯宅的大門便徹底爲蕭紅、蕭軍敞開。雖然從他們租住的法租界到魯迅家路途比較遙遠，但二蕭還是常常坐個把小時電車來先生家坐聊。魯迅在此後的日記裡，頻繁記載著蕭紅或蕭軍的來訪。有一晚，二蕭和另一位朋友又在魯迅家坐聊。先生興致很高，蕭紅覺察好像他們所講的內容，引動了先生的無盡想像，安寧地舉著象牙菸嘴邊聽邊陷於沉思，安然而悠閒。這是魯迅平時很難見到的神情。桌上的小鬧鐘指示著時間在向午夜推進，過了十一點四十五便沒有回去的電車。許廣平不願掃先生難得如此高漲的興致，更不想破壞他這份深夜聽友人閒談的悠閒，便勸慰二蕭：「反正已十二點，電車也沒有，那麼再坐一會兒吧。」直到凌晨一點，蕭紅他們才離開，此時，下著濛濛細雨，魯迅囑咐許廣平將他們送到弄堂大門外，付錢讓他們坐小汽車回法租界。與相投者聊天，是魯迅寫作、翻譯之餘比較愉快的休憩，以此慰藉先生那偉人心胸的寂寞與孤獨。

魯迅比較偏愛北方飯食。細心的蕭紅不時帶些黑麵包以及俄國香腸之類給先生品嘗。有一次，從菜館帶來一隻燒鴨的骨頭，進門後便忙著幫許廣平配黃芽菜燒湯，爾後大家在一起談談吃吃，十分有趣。在許廣平記憶中，蕭紅最拿手的美食是包餃子和做吃燒鴨時配用的兩層薄薄的餑餑。她認爲蕭紅包餃子有特別的技巧，又快又好，且煮起來絕不漏餡。蕭紅逝世四年後，許廣平回想起她來家裡做美食時的情形，禁不住感嘆道：「如果有一個安定的、相當合適的家庭，使蕭紅先生主持家政，我相信她會弄得很體貼的。」

蕭紅也一直記得第一次到先生家包餃子的情形。事先約好之後，她自帶了些外國產的酸菜和絞好的牛肉餡，來到魯迅寓中，先生正和一些朋友在樓上聊天，不時有爽朗的笑聲傳出。她便和許廣平在客廳的方桌邊包起來，海嬰在一旁調皮地拿麵團做各種各樣的器物。爲了避免他做得更起勁，許廣平示意蕭紅不要理會他，更竭力避免對他的贊許。

在一起包餃子，讓蕭紅、許廣平有了傾心長談的機會，彼此有了大致瞭解。蕭紅瞭解到許先生離家的情形，以及在天津和北平女師大讀書時的情形；許廣平亦從蕭紅的話語片段中，瞭解到她那平時諱莫如深的身世，如家裡有父親，母親死了，有一位後母，家境很好，在北平女師大附中讀過書，還有曾經遭遇的種種困厄等等。如若不是在這種家人般的協作和濃郁的家庭氛圍中，平時大家絕難談到這些。蕭紅、許廣平互不設防的聊談極爲投契，以致影響了包餃子的速度，過了很久才發現包成的餃子還是很少。餃子煮好了，蕭紅盛好送到樓上，一上樓梯，便更加清晰地聽見魯迅那明朗的笑聲。那一晚，先生和朋友們都吃得很好，蕭紅感到十分滿足。在魯迅寓中，蕭紅似乎找到了那種久違的家之安寧，內心被多年嚴酷生活所封凍死寂的親情，在與魯迅一家的交往中漸漸甦醒。

蕭紅還觀察到魯迅比較喜歡吃煎炸和較硬的食物，便提議做自己拿手的韭菜合子、烙荷葉餅。每次只要她的提議一出，先生必然贊成，即便有時做得並不成功，但在飯桌上，先生還是舉著筷子問許廣平：「我再吃幾個嗎？」此時，平素極其擔心魯迅脾胃不好的許先生，亦往往不忍異議。蕭紅做的蔥油餅是先生念念不忘的家常美食，在生命晚期飽受疾病折磨但仍然拚命忙於工作的魯迅，在一九三六年四月三日的日記裡，仍不忘記下：「晚烈文來。蕭軍、悄吟來，製蔥油餅爲夜餐。」

隨著日漸頻繁的接觸，蕭紅、許廣平之間的瞭解更加深入，聊談的話題甚至涉及彼此間有關身體疾患的隱私，常常在一起交流治療婦科或是其他疾病的經驗。

蕭紅瞭解到許先生和自己一樣也有頭痛的毛病。許廣平告訴她每每頭痛時，通常按量服幾次阿司匹靈就會好，但副作用是對腸胃的刺激比較大，引起不適。蕭紅以自己的經驗告訴她一種名叫 Socoloff 的藥，法國普世藥房有售也並不太貴。許廣平其後買回試用，果然效果不錯。自此，每逢頭痛便想到蕭紅的指導。

蕭紅有嚴重的痛經宿疾，每個月發作起來好幾天不能起床，像是大病一場，每次服用「中將湯」亦不見好。許廣平聽說後，告訴她自己當年瞞著極其不相信中醫的魯迅，偷偷服用烏雞白鳳丸治好婦科病的經驗，並推薦給蕭紅。試用一些時候，蕭紅告訴她效果果然不錯，每月不再有肚子痛的困擾。她為根除多年困擾不已的宿疾而快活無比。許廣平回憶說，「八一三」後撤回內地的蕭紅，在給她的信中還似埋怨似稱謝地說，烏雞白鳳丸不僅讓她的身體變好起來，而且有了身孕。戰亂中懷孕是難以想像的負擔，許廣平擔心烏雞白鳳丸害了她。

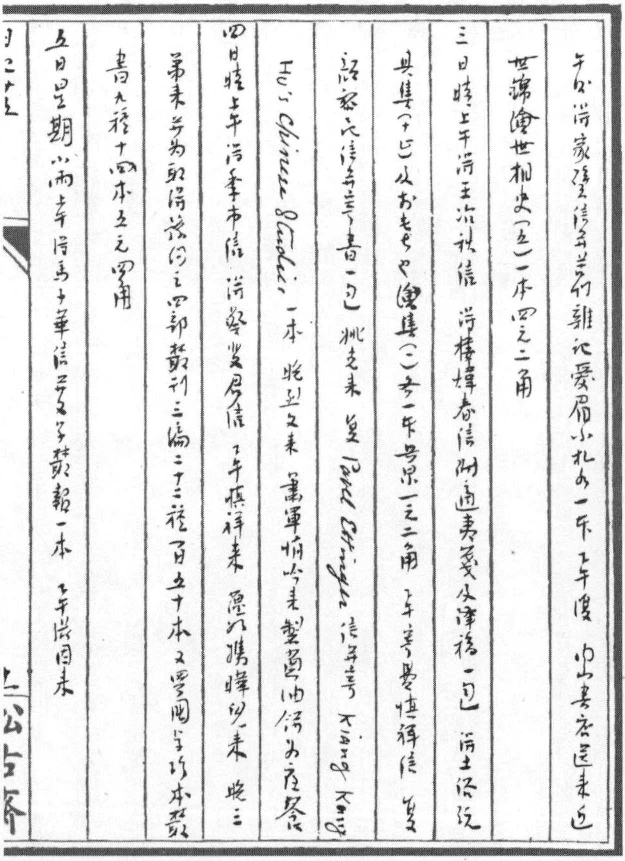

1936年4月3日魯迅日記

一九三六年，魯迅的身體狀況愈來愈差，為了便於和魯迅一家來往，以免先生經常給他們寫信，並給先生全家一些切實的幫助，二蕭決定將家搬到先生家附近。三月，二蕭搬至北四川路底「永樂坊」住下來。

同住北四川路底，二蕭步行幾分鐘便可到魯迅先生家。從此，蕭紅更是每晚飯後必到大陸新村來，刮風下雨亦不間斷，像一個從此找到了家的孩子。一天下午，蕭紅來到書房看望先生，他正忙著校對瞿秋白的《海上述林》，聽見蕭紅進來，從圓轉椅上轉過身子，微微起身點頭笑道：「好久不見，好久不見。」蕭紅頓時有些摸不著頭腦，因爲上午她還來過，而且覺得即便先生不記得她上午來過，但這幾天她也是天天都來的呀。見蕭紅一時怔怔地站在那裡，滿臉天眞的疑惑，魯迅轉過身坐在躺椅上自個兒笑了起來。蕭紅這才意識到魯迅是在跟自己開玩笑。

和魯迅全家在一起除了做好吃的、聊天外，週末，先生有時還邀請來訪的二蕭一起看電影。這自然是非常時髦而愉快的消遣。

三月二十八日下午，二蕭來魯迅寓中坐聊，夜裡許廣平留二人一起吃晚飯。飯後，周建人夫婦攜女兒來訪，又適逢李小峰夫人送來李給魯迅的信，並付版稅二百元。有了大額進項，先生心情頗爲愉快，聽說麗都影戲院放映《絕島沉珠記》下集，便邀請蕭紅、蕭軍、周建人全家，攜許廣平、海嬰一起前往觀影。出門後，魯迅在施高塔路汽車房叫上一輛小汽車，讓蕭紅、許廣平、海嬰、周建人夫人及女兒們上車先走，自己和周建人還有蕭軍在後面邊走

蕭紅（左）與許廣平攝於大陸新村門口

邊聊。看完電影出來，他又叫一輛小汽車讓周建人全家坐上先離開，自己帶著許廣平、海嬰和二蕭在蘇州河大橋等電車。等車當兒，先生坐在橋邊石圍上，悠然吸著香菸，海嬰在橋邊不安分地來回亂跑，先生招呼他在自己旁邊並排坐下。蕭紅覺得坐在那裡沉靜吸菸的魯迅就像一個安靜的鄉下老人，愈來愈瘦弱、衰老。四月十一日晚，魯迅、許廣平攜海嬰又帶著二蕭、黃源還有周建人一家，前往光陸戲院看電影《鐵血將軍》。還是一如上次，魯迅先將女眷送到影院，回來時則叫車將周建人一家先送走。

四月十三日晚飯後，魯迅夫婦邀請留在寓中吃飯的二蕭一起前往上海大戲院看電影《夏伯陽》。前兩次看電影都由許廣平買票，二蕭有些過意不去，這次在去電影院的路上，蕭軍囑咐蕭紅在前頭走，以便有機會回請一次。許廣平發覺後，疾步跟了上來。蕭軍見狀不妙，便直接對先生說：「這次由我們買票吧，老作家請十次客，青年作家也應該請一次客了。」不想，魯迅馬上回駁說：「等老作家把十次客請完了，青年作家再來請吧。」蕭軍一時語塞，找不到辯駁的理由，結果還是被許廣平搶了先。魯迅應變的機敏令蕭軍終生難忘。另有一次，看電影時，故事片前加映的新聞片，是蘇聯人民在紅場舉行「五一節」紀念的情景。魯迅坐在樓上第一排，不無感傷地對周圍人說：「這個我怕看不到了，你們將來可以看到。」蕭紅聽後，有說不出的悲愴，兩眼不覺溢滿淚水，誰曾想，幾個月後先生便與世長辭。

一九三六年三月二十三日午後，二蕭來到魯寓，適逢史沫特萊和她的朋友前來拜訪，並贈鮮花一束。在魯迅介紹下，蕭紅和史沫特萊得以相識，兩人一見如故，建立持久而深厚的友誼。當天，蕭紅眼中的史沫特萊「穿一件小皮上衣，有點胖，其實不是胖，只是很大的一個人，笑聲很響亮，笑得過分的時候是會流著眼淚的」。這一點蕭紅覺得她們之間很相像。魯迅家生客很少，但四月的一天，蕭紅發現來了一個打扮成商人模樣有些神祕的客人。住了一些天，客人走後魯迅告訴她，那是參加完二萬五千里長征回來的馮雪峰先生。魯迅進而問道：「你看他到底是商人嗎？」得到蕭紅肯定的回答後，先生若有所思地在房間裡踱了幾步，然後對她說：「他是販賣私貨的商人，不過販賣的是精神上的私貨。」

五月下旬，魯迅大病一場，此後在須藤醫生的治療下時好時壞。月底的一天，蕭紅穿著一件袖子寬大、款式新奇的大紅上衣來到書房，先生感覺身體好了一些，正坐在躺椅上抽菸。蕭紅孩子般想讓他注意到自己的新衣服，不想，先生卻似乎視而不見。見蕭紅進來，一邊將菸嘴裡的菸捲用手裝得緊一些，一邊對她說：「這天氣悶熱起來，快到梅雨天了。」期待著先生對她今天的衣著發表一點看法，但他轉而又開始說別的，蕭紅不免有些失望，許廣平走來走去忙著家務，也沒空對她這身鮮亮的衣著做鑒賞。

蕭紅到底沒有隱忍住她那小小的表現欲，主動問道：「周先生，我的衣裳漂亮嗎？」魯迅上下打量了一下，然後說：「不大漂亮。」過了會兒，他抽著菸捲悠然地陳述著理由：「你的裙子配的顏色不對，並不是紅上衣不好看，各種顏色都是好看的，紅上衣要配紅裙子，不然就是黑裙子，咖啡色就不行了；這兩種顏色放在一起很渾濁。」說到這裡，抬眼看著蕭紅繼續說道：「你這裙子是咖啡色的，還帶格子，顏色渾濁得很，所以把紅色衣裳也弄得不漂亮了。」接著，又給她講了些高矮胖瘦者著裝的忌諱，蕭紅頓時有所領悟，覺得受益匪淺。

或許是疾病稍癒的緣故，魯迅的精神較好，見蕭紅來也有了說話的興致，接著又略略批評了她曾經穿過的一雙短筒靴子，認爲那種式樣的靴子是軍人穿的，於她並不合適。蕭紅聽後調皮地問道：「周先生，那靴子我穿了很久，您都不告訴我，怎麼現在才想起來？我現在已經不穿了。」魯迅回答說：「你不穿

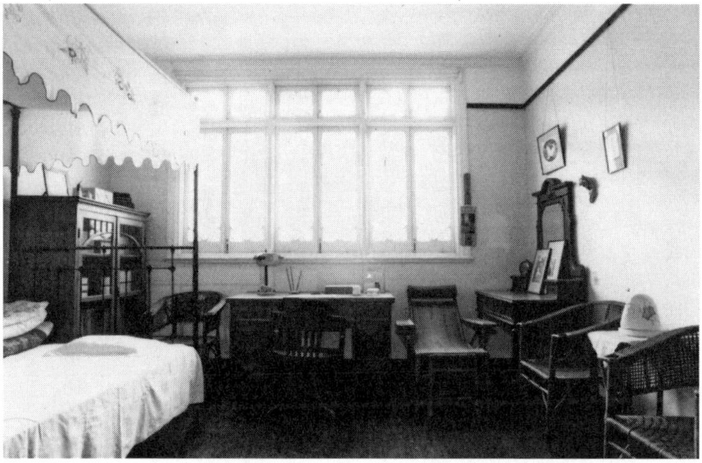

二樓是魯迅先生的臥室兼工作室

我才說的，你穿的時候，我一說你該不穿了。」

下午，蕭紅將赴一個宴會，要許廣平找一點布條或綢帶束一束頭髮。許廣平拿出各種顏色的布條，然後兩人一起挑選，她們最終選定米色的。但爲了在對比中獲取最佳效果，許廣平亦將桃紅色的布條放在蕭紅頭髮上，開心地說：「好看吧！多漂亮！」其目的也是想吸引先生的注意，蕭紅很得意，規矩而頑皮地等著魯迅看看她們這小小的「搗亂」。不想，先生看後眼皮往下一放，一臉嚴肅地對許廣平說：「不要那樣裝飾她……」一時間，許廣平很有些發窘，蕭紅也立馬安靜下來。她常聽許廣平講，魯迅在女師大教書時從不發脾氣，但常常好用這種眼光看人。此刻，她眞切感受到先生那不怒而威的眼光裡，有「一個曠代的全智者的催逼」，那是一種霎時便威嚴得令人難以忘懷的目光。

爲了消釋許廣平的窘迫，蕭紅調皮地詢問魯迅爲什麼如此瞭解女人穿衣服，她似乎一時難以將這些女性著裝經驗與先生聯繫在一起。魯迅回答：「看過書的，關於美學的」。蕭紅接著又孩子氣地連續發問：「什麼時候看的？」「是買的書嗎？」「看了有趣味嗎？」「大概在日本的時候」，「不一定買」，「隨便看看……」。待魯迅一一作答之後，她更加好奇地問道：「周先生看這書做什麼？」這下子倒眞令魯迅有些犯難，不知該如何應對這個打破砂鍋的孩子。「周先生什麼書都看的」。許廣平在一旁替他解圍。魯迅吸一口菸，臉上帶著一絲解嘲的笑容，想到悄吟太太永遠是個長不大的孩子，心思坦白純淨得如同一張白紙，坦白得令他有小小的尷尬，但更有一種基於純粹的感動與快樂。他是發自內心喜歡這個似乎長不大的孩子。

進入梅雨季節。蕭紅耐不住糟糕的天氣，心情一如梅雨天般鬱悶。一天上午，天剛放晴，心情亦隨之開朗起來。她想和魯迅先生一起分享這鬱悶暫時散去的心情，便一口氣跑到先生家裡。魯迅對上樓後仍氣喘未定的蕭紅說：「來啦！」蕭紅回答說：「來啦！」一時難以平復的氣喘，讓她連茶也喝不下。以爲她有什麼緊急的事情，先生便問：「有什麼事嗎？」

「天晴啦，太陽出來啦。」蕭紅望著窗外難得一見的陽光，興奮地對魯迅、許廣平說道。二人聽罷，也受這種孩子氣的感染，都笑起來。蕭紅感到他們在分享自己的快樂，因爲他們的笑是「一種對於衝破憂鬱心境的嶄然的會心的笑」。蕭紅的到來讓海嬰無比快樂，過來拉她的衣裳或頭髮，要她和自己一道到院子裡玩耍。蕭紅問魯迅海嬰爲什麼不拉別人偏偏是自己，先生分析說：「他看你梳著辮子，和他差不多，別人在他眼裡都是大人，就看你小。」許廣平指著蕭紅，笑著問兒子：「你爲什麼喜歡她呢？不喜歡別人？」「她有小辮子」。海嬰說罷，又伸過小手抓蕭紅的頭髮。

自一九三五年底，魯迅先生的身體大不如從前，看起來十分疲倦，而要做的事情仍那麼多，如果不是病倒，經常通宵達旦地工作。寫作、翻譯、校稿，長期不得休息，一天天拖垮了他的身體。醫生每次來看完病，便勸他多休息，但他實在放不下手上的一切，稍有精神又接著工作。見魯迅先生如此辛勞，蕭紅很想爲之分擔點什麼，多次詢問有什麼事情可以代勞。魯迅怕給蕭紅添麻煩總說沒有，實在拗不過，就拿出署名蕭參的譯作《高爾基短篇小說集》讓她和蕭軍幫忙圈點，以備付排。拿到書稿，蕭紅說：「這有何難？」一把從蕭軍手上搶了過去，只用一天時間就「圈點」完畢交了回來。魯迅看了看沒有說什麼，直到逝世後，許廣平才告訴蕭紅那部書稿先生後來又重新圈點過，並說這些青年人沒有事情要事情做，給了事情又不認眞去做。蕭紅聽後非常懊悔，認識到自己的浮躁，但她一點都想不起先生當時有任何氣惱的表示，這更讓她有說不出的感動。

魯迅處處給予的溫和關愛、寫作上的成功，還有家庭生活的安寧，讓蕭紅在一九三六年上半年擁有幾個月的幸福時光。她像一個充分享受著陽光雨露、有些任性的孩子。

鬱悶誰訴

也許是一種宿命，蕭紅所能享受的幸福時光總是那麼短暫。她在享受這份來之不易的幸福與安寧的同時，危機和焦慮已然如影隨形。蕭軍所說的「不管天，不管地，不擔心明天的生活；蔑視一切，傲視一切」的那種「流浪漢」性格，爲二蕭所共有；但蕭軍也自感與蕭紅存有明顯的性格差異。如果拿音樂做比方，他認爲蕭紅「如用一具小提琴拉奏出來的猶如蕭邦的一些抒情的哀傷的，使人感到無可奈何的，無法抗拒的，細得如一根髮絲那樣的小夜曲」；而他自己「則只能用鋼琴，或管弦樂器表演一些Sonata（奏鳴曲）或Sinfonia（交響曲）」。基於性別和性格的差異，蕭軍對自己與蕭紅的認識，顯然不無道理。

總體上說，蕭紅敏感、纖細，心思細膩，容易感傷，幼時受到祖父的溺愛，而在隨後的成長歲月裡得到的關愛又非常之少，因而，在性格中形成一種任性且渴望得到關愛、照顧的傾向，稍不如意便容易使性子，其實倒也未必往心裡去，常常過不了多久又一切如常。蕭紅這種性格似乎兼具北方女子的直爽，自尊心強，受不得一點委屈，以及南方女子的婉曲，受了傷害喜歡藏在心底，不願意找人訴說的特點。這對於長期與之在一起生活的男人來說，可能是耐心上的考驗。這種纖弱、敏感的心靈，如果與一個心思細膩、善解人意的男性生活在一起，也許是另一種面貌。然而，蕭軍偏偏表現出一種不折不扣的粗豪與俠情。而且，極度自尊與倔強是他們倆最鮮明的個性標識。蕭軍後來坦言，「由於我像對於一個孩子似的對她『保護』慣了，而我也很習慣於以一個『保護者』自居，這使我感到光榮和驕傲！」但是，時間一長，在受到蕭軍呵護的同時，蕭紅也漸漸對他的「粗糙」不滿意，而且她雖然像個長不大的孩子，但畢竟是在「成長」中。蕭軍那俠情式的呵護，在嚴苛的環境中，如在東興順旅館和醫院對蕭紅的拯救，自然呈現出一種粗糲的詩意，一旦物質和精神生活環境全然改觀，就顯得有些武斷與大男人主義。這或許與他那種一以貫之的戰鬥性生活態度密不可分，不自覺地就在以軍人的方式處理生活中的一切，包括與蕭紅的感情。蕭紅曾罵他是具有「強盜」一般靈魂的人，這令蕭軍很受傷害；對於蕭紅的「婉曲」與自尊，他的耐心愈來愈少，畢竟是在一起長期生活。他亦曾坦言：「我愛的是史湘雲或尤三姐那樣的人，不愛林黛玉、妙玉或薛寶釵……」

由此可見，二蕭在性格上先天存有非常明顯的不和諧，當他們共同面對巨大困厄，這種不和諧被生存壓力擠到了一個很不起眼的位置，一旦困厄漸漸消失，先前可以容忍、忽略的不和諧，便慢慢在兩人心底各自放大開來。古往今來，顯然非獨二蕭如此，這也許是天底下所有婚姻的困境之一。要走出「只能共苦不能同甘」的婚姻悖論，需要處於婚姻「圍城」中的雙雙適時調適心態，更新生活。這近乎濫俗的眞理，卻是每對夫妻最爲切實的面對，在某種意義上，二蕭在上海灘的成名，讓他們提前遭遇了婚姻的「七年之癢」。當兩人還不自知的時候，身邊的朋友卻看得非常清楚。胡風後來回憶說，《八月的鄉村》、《生死場》出版後銷售得很好，二蕭成了知名作家，在上海賣稿已不成問題，還被人拉攏捧場，生活上衣食無憂，但成名過快也讓他們滋生了高傲情緒。自此，他明顯感到他們「反而沒有患難與共時那麼融洽，那麼相愛了」。一九三五年七月到九月，在羅烽、白朗夫婦與二蕭共同生活的兩個月裡，白朗就以女性的細膩和敏感，覺察到蕭紅「那只注滿的幸福之杯彷彿已在開始傾瀉了」。

蕭紅平靜而完美地終結了她的一九三五，但一九三六之於她，卻是名副其實的多事之秋。上半年，將蕭紅內心滋生的成功喜悅和那份生活的安寧一點點驅逐殆盡，代之以無邊鬱悶的，自然還是與蕭軍那「愛的哲學」相伴生的切切實實的緋聞。

蕭軍與陳涓的故事並沒有因爲當年「南方姑娘」的離開而終結。一九三四年秋，漂泊在瀋陽的陳涓，收到家裡來信，說有個名叫三郎的寫文章的「老粗」來家找過她。她便知道二蕭已經到了上海。剛到上海的蕭軍雖然親到陳宅拜訪不遇，但獲知了陳的去向，從此建立了書信聯繫。次年暮春時節，蕭軍以自己和蕭紅的名義給遠在哈爾濱舉行婚禮的陳涓發去賀信，信中，除祝賀當年的「南方姑娘」與有情人終成眷屬外，還埋怨起上海多雨的天氣。

因陳涓老家在上海而勾起蕭軍來上海後對其念念不忘，引起蕭紅的不滿。生性敏感的女人對蕭軍以他們兩人的名義與陳涓通信，自然十分不快。一九三五年五月完成的商市街系列散文中，《一個南方的姑娘》詳細記述了當年陳涓與蕭軍的交往在其內心所引起的不愉快。或許，這篇文章也是蕭紅兩年後，見蕭軍與陳涓繼續書信往還，引動不快的一種影射。換句話說，《一個南方的姑娘》雖是記述兩年前的舊事，但其中流露的卻是眼下新生的鬱悶和無奈。

然而，這僅僅是鬱悶的開始。

蕭紅逝世後，一九四四年六月，陳涓署名「一狷」，在《千秋》創刊號上發表《蕭紅死後——致某作家》一文，詳盡而坦誠地記述了一九三六年春天與蕭軍交往的始末。「某作家」所指應該就是蕭軍。從陳涓的敘述中，亦可想見蕭紅當時心情鬱悶的根源。以下內容不過是對陳涓文章的轉述。

一九三六年初春，新做母親的陳涓帶著孩子回上海省親，其兄就住在薩坡賽路十六號，距二蕭所在的薩坡賽路一九〇號很近。二三月間，陳涓帶著幼妹前來看望二蕭。她簡單地想到自己都已經結婚生子，應不會再令二蕭產生誤解，所以，坦白而親切地與他們有說有笑。陳涓自然並不瞭解蕭軍對於情愛的理念和方式，蕭紅卻非常瞭解，因而，對於她的南來和上門拜訪，本能地充滿防禦的敵意，與蕭軍已經很不愉快。臨出門，陳涓提出要蕭軍送她們回家，蕭軍礙於蕭紅在場很為難地答應了。想到家裡的蕭紅自然會因此不快，一路上蕭軍很少說話，但陳涓並未察覺出什麼異樣，只是簡單地想，送送來訪客人應該沒有什麼關係。

此後，蕭軍一個人得便常到陳家，邀請陳一起出去吃東西。一段時間後，陳涓慢慢感覺到蕭軍的異樣，以致見他就覺得「很駭怕」。蕭軍那「固執的性格」、「強烈的情感」令她開始煩惱，覺得他「太把自己沉溺於幻想中了」，隱隱感到事情愈來愈糟，因爲他「那種傾向實在太可怕了」。蕭軍和陳涓間的頻繁交往，要想完全騙過蕭紅自然不太可能，她的心情因之漸漸變壞。這時，他們的搬家計畫提上議事日程，蕭紅想到搬家後離陳家遠一些，情況或許有所好轉。

然而，搬到北四川路之後，即便離陳家所在的法租界比較遙遠，但蕭軍還是時時不辭辛勞地來見陳涓。蕭紅的警覺在一天天提高，一天，問即將出門的男人是否去找陳涓，蕭軍連忙撒謊說到書店去，並說距陳家那樣遠的路程去幹什麼？然而，一見到陳，便向她轉述了出門時與蕭紅的對話，然後很高興地笑了笑，似乎在很驕傲而討好地向面前的女人示意：「我這不是來找你了嗎？」

成名後的蕭軍應酬多起來，他得便利用在外吃飯局的機會輕鬆躲過蕭紅。一天晚上，他酒後來到薩坡賽路十六號，敲門進去，見到陳興匆匆劈頭第一句就是：「我在四川路橋新亞吃飯」，然後就沒了下文。陳涓意識到他是想告訴自己：「我不怕路遠又來找你了」。蕭軍的到來完全沒有其他的因由，只是想見見陳，來了之後沒有什麼話說，這讓陳涓在客廳非常發窘，空氣沉悶無比。好不容易等到蕭軍起身要走，送到門口，蕭軍回身在她額角上吻了一下。再次被強吻令陳涓十分不安。然而，她一方面怕和蕭軍在一起，另一方面更怕自己的拒絕會令他失望，因而雖然不情願，但實在無法拒絕他的到來和邀請，即便情緒再惡劣，也勉爲其難地與之周旋。

不久，在丈夫的不斷催促下，陳涓最終決定五月一日北上。臨行前，蕭軍送來幫助籌措的二十元旅費，這令她非常感激。離滬頭晚，有位男同事帶了許多禮物前來看望，瞭解到對方那令人同情的遭遇，陳涓很想勸慰幾句，正想說話，蕭軍來了，進屋後不跟任何人打招呼，不問情由，要她馬上一起出去吃東西，一點商量的餘地也沒有。實在纏不過，陳涓就讓男同事在融光戲院門口等她，然後跟著蕭軍來到靶子路一家咖啡店。蕭軍的強人所難令她很不愉快，兩人相對無言地坐了半天。爾後，蕭軍要了一瓶伏特加，陳涓要了杯咖啡。沉默中，陳涓尷尬已極，因擔心男同事會在戲院門口久等而十分焦慮。人家老遠跑來爲自己送行，送了東西也不致謝、也不談話，就打發走了，實在太有悖情理。

然而，面對一口一杯地給自己灌酒的蕭軍，實在無計可施。見他喝了一瓶又一瓶，最後實在忍不住，陳涓按住酒瓶一再央求甚至哀求不要再喝了。蕭軍最後答應：「從明天起，我就不再喝酒了，爲了你的緣故。這一杯，你讓我痛痛快快地喝了吧。」喝完最後一杯酒，兩人走在大街上已是晚上十一點，陳涓不肯讓蕭軍送她回家，只好撒謊說要到別的地方去，支走蕭軍，獨自來到融光戲院門口找到已經等了很久的同事，又一同走回靶子路。就在這時，蕭軍突然從電線杆後面走出來，向她慘厲地獰笑幾聲，然後揚揚手走了。面對蕭軍的誤解，陳涓有說不出的痛苦與難過。

蕭軍本就是那種心底有事、表面上絕不會掩飾甚至也不願掩飾的男人。蕭紅雖然不能詳細瞭解，在她背後蕭軍和陳涓之間到底發生了什麼，但她愈來愈感到男人在情感上似乎在背叛自己，只是一時沒有確切的證據。而女人對此的敏感卻是不可理喻地靈敏，心靈隨之遭受重創。兩年後，陳涓再次回滬，從朋友口中得知二蕭當年在聽說她要回上海就開始常常爭吵，她的那次登門拜訪正是兩人大鬧一場之後，所以她要蕭軍相送，對方才顯得那麼爲難。陳涓還瞭解到，自那以後二蕭爲此常常吵鬧，疑神疑鬼感情很不好。就正如從陳涓的敘述裡，我們瞭解到蕭紅的猜疑和痛苦並非空穴來風；她兩年後所聽到的傳聞，也一定包含著再眞實不過的事實。一九三六年間，蕭紅創作了題爲《苦杯》的組詩，大約是此時內心痛苦的自我宣泄：

已經不愛我了吧！
尚與我日日爭吵，
我的心潮破碎了，

他分明知道，
他又在我浸著毒一般痛苦的心上，
時時踢打。

——其四

往日的愛人，
爲我遮蔽暴風雨，
而今他變成暴風雨了！
讓我怎樣來抵抗？
敵人的攻擊，
愛人的傷悼。

——其五

據曹革成在《我的嬸嬸蕭紅》一書中似乎有所隱晦，實際上欲蓋彌彰地提及，一九三六年上半年給蕭紅帶來情感創痛的，還不只是陳涓的回滬與離開。三〇年代的上海灘到底是時尚人士的薈萃之地。二蕭當年「狂戀」之初，便令蕭紅產生「幻覺」的 Marlie（本名李瑪麗）也來到了上海。據曹著，她的到來似乎也攪擾了蕭軍這往日崇拜者那本來就不安寧的內心。上海灘新近成名的男作家也變成了一個痛苦的暗戀者，一首首情詩從心底湧出。舒群曾不忍見其痛苦之狀，主動替他上門要向瑪麗挑明，對方頷首微笑著道：「你們都是我的朋友」。曹革成此說雖然支吾其詞，沒有指出其確切根據，但從《苦杯》組詩中似乎也可以見到一些端倪：

帶著顏色的情詩，
一隻一隻是寫給她的，
像三年前他寫給我的一樣。
也許人人都是一樣，
也許情詩再過三年他又寫給另一個姑娘！

——其一

昨夜他又寫了一隻詩，
我也寫了一隻詩，
他是寫給他新的情人的，
我是寫給我悲哀的心的。

——其二

他又去公園了，
我說：
「我也去吧！」
「你去做什麼？」他自己走了。
他給他新的情人的詩說：
「有誰不愛個鳥兒似的姑娘！」
「有誰忍拒絕少女紅唇的苦！」

我不是少女，
我沒有紅唇了，
我穿的是從廚房帶來的油污的衣裳。
爲生活而流浪，
我更沒有少女美的心腸。
他獨自走了，
他獨自去享受黃昏時公園裡美麗的時光。
我在家裡等待著，
等待明朝再去煮米熬湯。

——其六

這些感傷、哀怨的詩句，最爲明白不過地在宣示蕭紅、蕭軍之間一場情感危機的肆虐。而且，兩人在爭吵中，蕭紅再次感受到男人的暴戾和作爲女人的無助，在《苦杯》之七中寫道：

我幼時有個暴虐的父親，
他和我的父親一樣了！
父親是我的敵人，
而他不是，
我又怎樣來對待他呢？
他說他是我同一戰線上的夥伴。

蕭軍的暴虐讓蕭紅非常失望，感到又回到了無望的從前，沒有絲毫的安全感，整個心靈被無邊的失望、哀怨和鬱悶籠罩。而這樣的苦悶又不便向別人訴說，而且，以其個性也不願意向別人訴說。在蕭軍寫作的時候，她還要振作精神幫助他整理、抄寫文稿。成名後的二蕭生活全然沒了往日生氣，溝通的機會愈來愈少，碰到蕭軍在外應酬飯局的時候，鬱悶、落寞的女人便一個人到俄國大菜館吃兩角錢一客的便宜飯對付。正如許廣平的理解，蕭紅雖然在文章裡表現出一種男性的英武，但在實際生活中卻還是女性的柔和本色，對待蕭軍也還是「感情勝過理智」。女性的世界終究那麼狹小，在上海灘即便二蕭齊名，但在蕭紅的世界裡仍只有蕭軍，一旦蕭軍對她的情感出現了變故，便自感失去了整個世界；成名對於蕭軍卻全然是另一番面貌，社會地位的提高、經濟收入的增加、社交範圍的擴大，讓他擁有一個更廣闊、更豐富的世界。因此，蕭紅內心那份世界將失的惶恐與幽怨，只有通過詩歌，吟唱給自己聽：

我沒有家，
我連家鄉都沒有，
更失去朋友，
只有一個他，
而今他又對我取著這般態度。

——《苦杯》其八

在茫茫大上海，魯迅先生家是幾被苦悶、失望和哀怨窒息的蕭紅唯一願意去的地方。那裡，她可以毫無顧忌地恢復孩子般的天性，亦可訴說委屈。然而，自五月下旬以來，先生一直在大病中，六月五日以後，甚至連寫了幾十年的日記也被迫中斷。眼見疼愛、寬容、提攜自己的先生一病不起，蕭紅的心情更加沉重、焦慮。魯迅已不能見客，蕭紅也怕自己打擾了他的休息，但她實在沒有別的去處。一如心靈受傷的孩子只想回家，蕭紅一天兩次地來到魯寓，想望先生能夠奇蹟般地好起來，然後他們又可以一起閒聊，又可以打破砂鍋地問，也可以盡情地訴說。蕭紅怕看見魯迅病中的樣子，也怕自己那難以掩飾的不快讓先生擔心。

每次前來，許廣平都要努力抽出時間陪她在客廳長談。姊妹般的聊談也有讓蕭紅暫時忘卻不快的時候，然而，更多時候，許廣平感到她們之間的談話只能勉強進行，蕭紅那話語和神情間流露出的強烈哀愁，「像用紙包著水，總沒法不叫它滲出來」。即便在許廣平面前，蕭紅也還是強力克制內心的流露，但在許廣平看來，她那寫在臉上的哀怨、憂傷卻是再明顯不過。蕭紅的鬱悶、哀怨被許廣平看在眼裡，也被魯迅看在眼裡，但幾十年來，他們養成了不輕易打聽別人即便好友的私人生活的習慣，除非對方主動說出來。而以蕭紅的個性，她絕對不會說出，因爲她那個世界的裂痕關乎其自尊和臉面，正如對身邊的朋友，她從不輕易談及身世一樣。她不僅不願意訴說，而且也不相信眼淚：

淚到眼邊流回去，
流著回去浸食我的心吧！
哭又有什麼用！
他的心中既不放著我，
哭也是無足輕重。

——《苦杯》其九

更何況，即便一個人有了想哭的衝動，卻也找不到可以痛哭的處所：

近來時時想哭了，
但沒有一個適當的地方：
坐在床上哭，怕是他看到；
跑到廚房裡去哭，
怕是鄰居看到；
在街頭哭，
那些陌生的人更會嘩笑。
人間對我都是無情了。

——《苦杯》其十

無以排遣的苦悶與憂傷，令無處遁逃的蕭紅整天待在魯宅，整個失掉了精神，頭痛厲害，臉色蒼白，一望便知嚴重貧血。爲了減輕魯迅病中整天陪客的辛勞，爲先生糟糕的身體狀況而焦慮不堪的許廣平，不得不獨自陪著蕭紅在客廳裡聊天，心思卻在魯迅先生身上，兩者互相牽扯，常常令其不知所措。七月初，魯迅病情稍有好轉，朋友們零星前來看望。蕭紅此前雖然天天來，但已有一個月沒有上樓見先生，現在，上樓去看望精神稍微好起來的先生，心裡頗有些不安。她難以想像魯迅病後那極其衰弱的樣子，更怕他看見自己仍處於無邊的不快中。想到這裡，一進先生臥室，便覺得站也沒地方站，坐也不知坐哪裡好。許廣平遞過茶來，她緊張得似乎連茶杯也看不見，只是倚靠著桌子邊站著。

魯迅看出她的不安，一臉慈祥地對她說：「人瘦了，這樣瘦是不成的，要多吃點。」先生的神態、語調令她陡然想起多年前病中的祖父對她說話時的情形，難以克制的憂傷湧上心頭，眼睛發澀，但轉念想到先生剛剛好轉一點，不應該因自己的憂傷帶給他不好的情緒，於是強忍住淚水和酸辛想逗他開心，調皮地說道：「多吃就胖了，那麼周先生為什麼不多吃點？」魯迅聽罷，爽朗大笑起來。看見先生開心的樣子，聽著他那明朗而率眞的笑聲，蕭紅內心非常期望先生能從此好起來，可以經常見到這樣健康而有感染力的大笑。受魯迅笑聲的感染，好像在那一刻什麼樣的煩惱都會頓時一掃而光——那是多麼久違的快樂！

魯迅身體雖有所恢復，但朋友們還是盡量不去打擾，好讓他有更多時間休息——他太需要休息。期間，魯迅委託胡風幫助一個不懂中文的日本人翻譯其著作，胡風便常往魯迅寓中，有時帶上梅志，甚至讓梅志代送文件。去先生家之前，胡風總要囑咐她不要隨他上樓，只是在樓下和許先生談談。梅志非常喜歡先生家那種安詳肅穆的氛圍，也很喜歡和許廣平聊談。她後來回憶說，在魯迅先生家一樓經常遇見蕭紅。一次，胡風悄悄從後門直接上樓去了，許廣平把梅志引到大廳，悄聲說「蕭紅在那裡，我要海嬰陪她玩，你們就一起談談吧」，然後就去忙自己的事情。梅志見蕭紅「形容憔悴，臉都拉長了，顏色也蒼白得發青」。梅志見她對自己比較冷淡，似乎有點心不在焉的樣子，倒是海嬰很活躍，搬出玩具和書本要蕭紅和他一起搭積木。海嬰不停地問這問那，蕭紅的興致漸漸高起來，和梅志拉拉家常。當她問到梅志的孩子時，海嬰用上海話插嘴說：「儂格小弟好白相勒！」蕭紅和梅志聽後都笑起來，氣氛隨之變得愉快和諧。

據梅志一九八四年回憶，對於蕭紅的不斷來訪，且一來半天不走，許廣平有時也頗有煩言，向她大訴其苦：「蕭紅又在前廳……她天天來，一坐就是半天，我哪來時間陪她，只好叫海嬰去陪她，我知道，他也苦惱得很……她痛苦，她寂寞，沒地方去就跑這兒來，我能向她表示不高興、不歡迎嗎？唉！眞沒辦法。」這樣的埋怨應該是確實的。一九四六年，許廣平在《追憶蕭紅》一文中談到，一九三六年夏天，在陪蕭紅在客廳聊了大半天後，上樓才發現忘了給午睡中的先生關窗戶，那天風很大，所有的窗戶都沒關，結果導致先生受涼，剛剛好一點，又病了一場。蕭紅只知道先生又病了，但許廣平一直沒將先生的病因說出來，怕引起她的不安。許廣平在文章中也不禁感嘆道：「從這裡看到一個人生活的失調，直接馬上會影響到周圍朋友的生活也失了步驟，社會上的人就是如此關聯著的。」

白朗眼中的蕭紅「是一個神經質的聰明人」，以其敏感，自然知道時常逗留魯宅是對先生一家生活的極大干擾。然而，在上海這是她唯一的去所，如果先生沒有生病，她會孩子般說出內心的苦惱、憂傷和無盡委屈，現在先生輾轉病榻讓她更難受。由此也可以看出，蕭紅、蕭軍之間這次所產生的情感裂痕之大，蕭紅內心的創痛之巨。

眼見蕭紅如此苦惱，身體、精神愈來愈差，黃源向蕭軍建議讓蕭紅到日本住上一段時間。因爲日本距離上海不算太遠，比起上海，生活費用貴不了多少，但環境幽靜，既可以休養，也可以專心讀書寫作，還可以學習日文。而且，日本的出版業十分發達，在那裡可以很方便地讀到一些外國的文學作品。黃源之所以如此建議，還有一個重要原因：其夫人許粵華正在日本專攻日文，不到一年已能夠翻譯一些短文了。許粵華，筆名雨田，魯迅日記還有她在日本因翻譯事宜與先生書信往來的記載。有許粵華照應，蕭紅初到日本也不會寂寞。

黃源的建議讓蕭紅頗爲心動，想到自己老是處於這樣一種精神狀態，將會一事無成。現在，文章的出路不成問題，但自完成商市街系列散文後，只寫出了《手》等很少的幾篇文章，大量時間就在無邊的哀怨、傷感中虛擲。荒廢了自己，也打擾了周圍朋友的生活。她覺得需要一個全然屬於自己的空間和時間，來療治心靈創傷，就像一隻受傷的小獸，需要逃到林中，靜靜舔舐自己的傷口。另外，蕭紅很意外地收到一封張秀珂自東京寄來的信，告知姊姊自己在東京念書。離家出走多年，不知弟弟現在該是什麼樣子，無限傷感中的蕭紅也自然想到了親情，到日本可以見到多年未曾謀面的親弟弟。這也是黃源的建議令之心動的重要原因。經過反覆商量，二蕭最終決定：蕭紅去日本，蕭軍去青島，一年後再來上海聚合。想到兩人分開一段時間，各自都會有一定的調整，也許可以平復此前的所有不愉快而和好如初。蕭紅於是立即給弟弟去信，說明自己大概七月下旬到東京，並詢問打算暑假回家的張秀珂「是不是想看看我」。《八月的鄉村》和《生死場》在書店代售，剛好結算了一筆大約三百元的書款，二人各帶了一部分，蕭紅要出國，自然多帶一些。

前往日本去的決定做出後，蕭紅找裁縫店做了西裝，燙了頭髮。當她以全新的形象出現在朋友們爲之餞行的場合，給梅志的印象反倒不及以前。她覺得西服是便宜料子，又是小店做的，穿在蕭紅身上，反而讓她失去了過去的平淡樸素，一頭蓬鬆的鬈髮也沒有先前兩條粗辮子顯得大方，「倒有點不倫不類，很像當時的朝鮮婦女了」。不過，梅志轉念想到蕭紅之所以如此，是想徹底改變自己——舊的形象和舊的生活環境都想改換掉。很顯然，蕭紅想以一種全新的姿態，去面對新的環境、新的生活，想望著能與所有不愉快徹底告別。

病中魯迅自然知道二蕭間的矛盾，但他不願過多干涉他們的私生活，蕭紅不主動說起，他便只是看在眼裡，絕不主動打聽、詢問。不過，聽說悄吟太太要東渡扶桑，企圖擺脫目前的困境，先生還是爲之頗感欣慰，苦難終於有了可能解決的辦法。一九三六年七月十五日，魯迅在家設宴爲蕭紅餞行，許廣平親自下廚做菜。

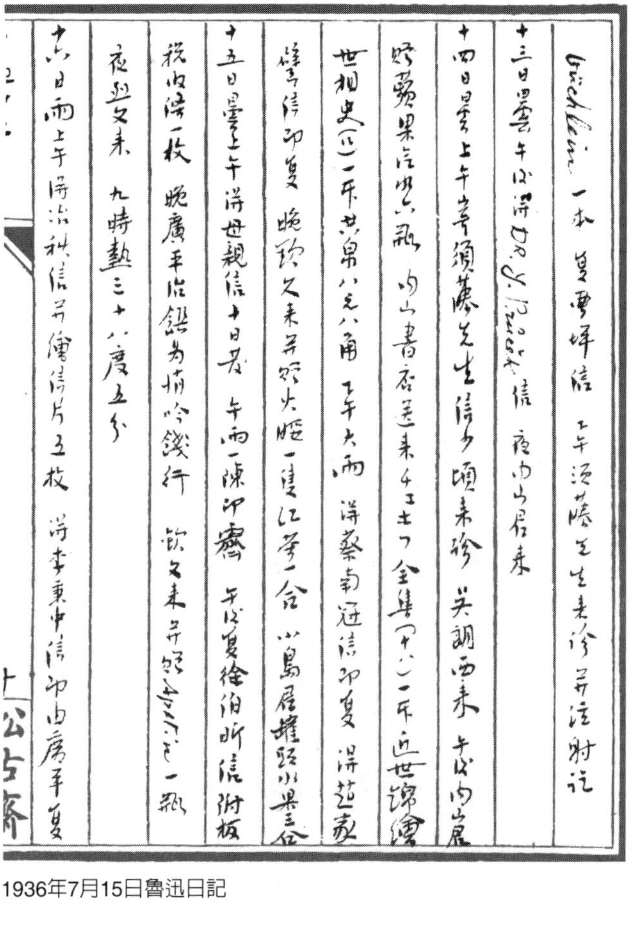

1936年7月15日魯迅日記

魯迅日記當天載有：「晚廣平治饌爲悄吟餞行」。當晚先生仍在病中，日記還載有：「九時熱三十八度五分」。飯後，魯迅支撐著病重的身子，坐在藤椅上，仍不忘告訴從未出國的蕭紅一些經驗，叮囑說，每到日本碼頭就會有當地的日本檢疫人員上船來查驗是否有病，不要怕，而中國人專會嚇唬中國人，跟隨的茶房往往會大驚小怪地亂喊，不必理會。面對雖在病中但仍然關心著自己的先生，蕭紅內心無比酸楚，而她又何曾想到，這是先生與自己的最後一次談話，當晚一別竟成永訣。

次日，蕭紅、蕭軍、黃源在一起好好吃了一頓。飯後，三人到照相館拍了一張合影。相片上黃源居左戴著眼鏡沉靜而文弱，蕭軍居中意氣飛揚，蕭紅居右臉上顯出似乎有些勉強的喜悅，穿著一件格子布的旗袍，神情在一頭蓬鬆鬈髮的映襯下，頗爲洋氣。

相片出來後，蕭軍將尺寸較小的一張送給了魯迅，至今藏在北京魯迅博物館。蕭耘、建中編著的《蕭軍與蕭紅》一書收錄此照，並說：「在照片的背面魯迅先生寫著『悄於一九三六年七月十七日赴日，此相攝於十六日宴罷歸家時』。」編著者斷定照片背後的字爲魯迅所題，不知所據爲何。長期以來，因爲沒人見過照片背後的筆跡到底出自誰手，因而也就由《蕭軍與蕭紅》一書如是說。最近，蕭紅研究者章海寧先生在北京魯迅博物館拍到了這張照片背後的圖影。初步經過筆跡比對，可以認定，筆跡應該是蕭軍的，魯博資深魯迅研究者認爲，照片背

左起黃源、蕭軍、蕭紅，攝於1936年7月16日

後題字出自魯迅純屬無稽之談（眾所周知，魯迅一直以毛筆爲書寫工具）。

爲什麼強調這一史料呢？

因爲「悄於一九三六年七月十七日赴日，此相攝於十六日宴罷歸家時」，這句話給人太多曖昧遐想。由前文可以看出，魯迅稱呼蕭紅一般爲「悄吟」、「悄太太」、「悄吟太太」，而絕沒有稱「悄」的。稱「悄」是蕭軍的專利，安在魯迅身上，就成了巨大的曖昧。讓人對魯迅與蕭紅的關係產生一些不恰當的聯想。直到當下，一些捕風捉影甚至無中生有的文字，仍不時見諸報端，好事者常常以此說事。

一九三六年七月十七日，蕭紅乘船赴日，開始了蟄居東京的日子。

第五章　蟄居東京

別人的城市

輪船緩緩離岸，倚著船舷的蕭紅早已看不清蕭軍的身影，碼頭上森林般揮動的手臂，讓她意識到自己是在與多災多難的祖國告別。上海固然是異鄉，但此行的目的地，卻是無法想像的異國，而且是與祖國關係日趨緊張的異國。況且又出於這樣一種動機與心境——站在岸上的男人令她又愛又怨。異樣的別離滋味，讓蕭紅內心瀰漫著無限悲愴。如果不自欺，她知道自己此次從異鄉遠赴異國，不過是對眼下狀態的一種逃避，一種無奈的面對，一種無法可想的自我救贖，以即將到來的大寂寞，驅趕眼下的鬱悶與心痛。

站在甲板上的蕭紅內心冰涼而感傷。她不願回想岸上那個她所愛著的男人此前所給予的種種傷害，更不敢想像即將獨自面對的異國生活。自與蕭軍同居以來，分隔得如此遙遠，再見面預期得如此久長，還是第一次。蕭紅難以掩抑沉重而傷感的心情，一時五味雜陳，淚流滿面。岸上的人影早已在視野裡模糊、消失，船頭犁開寬闊無邊的湛藍海面，強勁濕熱的海風吹乾了滿臉淚水。困乏，潮水般侵漫了身體和心靈，回到艙裡，艙底的空氣不太好，即便有準備地服下了大量預防暈船的粉劑，腸胃還是開始了劇烈攪動。一個人的寂寞旅途，便只是與噁心、嘔吐這些翻江倒海般的器官反應相伴隨。

黃昏時分，站在船尾甲板上，看著湛藍的海面一點點變成黑藍，蕭紅心想，如果自己一個人被放置在這四顧茫茫的一片大水上，該如何渡過這樣的大海！獨自面對闊大無邊的遐想，讓她一下子回想起很多，特別是近幾年的酸甜苦辣。那些不堪回首的往事，湧到眼前令她不能自制地隱隱心痛。離開上海，只想好好安慰一下自己，暫時忘掉在這裡的一切，包括蕭軍。然而，一到傍晚，只是幾個小時的分離，就禁不住想念他。已然遠離的男人，所給予的傷害隨著輪船漸行漸遠而漸漸模糊、淡化，不值一提。內心湧動著無限溫柔和幽遠綿長的思念。

甲板上低徊久久，蕭紅回到艙裡，拿出紙筆表達人在旅途的孤寂與思念，即便平淡淺顯的寥寥數語，此刻亦是對她自己的莫大安慰。時間、空間具有多麼不可想像的魔力，離開蕭軍只有幾小時，她內心因思念而生出的傾訴衝動，便徹底清掃了所有哀怨。然而，給蕭軍的信只是簡單地開了頭便擱下，不知從何說起，也不知該表達點什麼。次日輪船停靠在長崎，她接著昨晚續寫了一點內容，告訴蕭軍到東京後再寫信，在長崎打算下去玩玩。蕭軍晚年回憶說，他們就像兩個刺蝟在一起，太靠近了，各自身上的尖刺會刺痛對方，離得遠了又覺孤單。

抵達東京，在許粵華幫助下，蕭紅在麴町區富士見町二丁目九一五中村方找好房子安住下來。那是一間六張席的居室，十分規整，鋪著乾淨素雅的席子。向房東借來一張桌子、一把椅子，稍稍布置，便是一個溫馨安寧的臨時小家。看著窗明几淨的屋子，感嘆可惜蕭軍沒跟來，如果來了，見到這像是畫裡一般的房子，一定會孩子氣大發地在席子上打個滾。安頓好一切，一坐下來便覺得好像少了什麼，毫無疑問，所缺的自然是另一隻「刺蝟」。

東京街區十分安靜，獨處異國的寂寞，很容易在這整個街區空無一人般的寂靜裡生出。迫不及待地給蕭軍寫信，告知初到日本的一切，但她更關心蕭軍的狀況，起首便是一串急切的詢問：「身體這幾天怎麼樣？吃得舒服嗎？睡得好嗎？」如果僅有屋外的蟬鳴，沉浸在思念中的蕭紅，眞有不知身在何處之感，但四周不時傳來「踏踏」的木屐聲，又令她新奇之餘意識到已然身處異國。在這個世界上，蕭軍是她唯一的牽念，瀰漫而起的思念，令她生出滿腹柔情，信尾仍提醒不要忘了吃藥，針對其暴食傾向，更不忘提醒「飯少吃些」。在鼓勵他游泳的同時，更不忘告誡如果身體狀態不好，就不要到海裡……

東京全然是別人的城市。

剛開始的半個月，蕭紅陷於大寂寞中。許粵華每天忙於在圖書館查資料，很多時候連個說話的人都沒有，中文的書籍、報紙也沒有，加之天氣炎熱，她的心情變得非常糟糕，想到街上走走，又不認識路，也無法與人交流；到書鋪逛逛，但見滿屋子日文書籍全然與自己無關。心情一壞，不絕於耳的木屐聲亦讓她覺得厭煩。她感到自己就像是一個人被放逐到了西伯利亞，比起她和蕭軍初到上海益覺無聊。擔心這樣的適應期會很長，蕭紅對自己是否能在日本堅持到最後很不樂觀。十多天了，不見男人寄來隻字片語，很是失望。想繼續給他去信，只是開了頭，便再也寫不下去。聽不見蕭軍往日那「登登登」上樓的聲音，便覺得自己的世界缺失了最重要的東西。她一時難以適應這種缺失，內心焦慮而煩躁。

期間，更大的打擊是當她找到弟弟的住所，卻被告知張秀珂已離開東京。這是上天多麼陰錯陽差的安排，像是跟她開了一個略顯殘酷的玩笑。但這可能是蕭紅與弟弟房東因交流不暢而造成的誤解。事實上，張秀珂並沒有離開日本，直到一九三六年冬才轉道東北跑到上海，只比蕭紅從日本回上海早兩個月。

一到東京蕭紅就給弟弟去信，兩人住處相隔很近。蕭紅本來可以讓朋友帶著直接與之見面，但考慮到自己以民國公民身分來日本，而弟弟的身分是滿洲國公民，「已經不是一個國度的人了」，直接見面怕給他帶來不便，就先寫信約在兩天後下午六點在一家飯館見面。當日，她特別穿了一件紅衣裳，五點鐘就在飯館裡等，但快到七點仍不見弟弟來。蕭紅不免失望，轉念又想弟弟大概來過，可能沒認出自己而錯過。

第二天，她親自找到張秀珂所在的神田町住處，一位穿著灰色大袖子衣裳的老太太告知秀珂月初就離開了東京。她看見弟弟曾住過的房子還放著竹簾子，裡面靜悄悄的，好像他正在睡午覺。張秀珂是否出於考慮到姊姊和自己的安全，故意讓老太太這麼說亦未可知。據他一九五五年四月二十八日在病床上的口述，當時，他知道姊姊在東京，只是「怕特務發覺」，「竟未敢去找她」。由此可見，他對與姊姊相見似在故意迴避，而這與當時日本政府對國內民眾的高壓政策分不開。

姊弟倆就這樣咫尺天涯地分隔著。蕭紅似乎注定要一個人面對寂寞。無比失望地從弟弟租住處回來，滿腹委屈無以傾訴，唯一能做的，就是給蕭軍寫信，一開頭便說：「現在我很難過，很想哭」。無助中鋼筆也似乎在欺負自己，提筆發現墨水沒了，並且怎麼也裝不進去，好不容易抽進去，隨即又被壓了出來。失望、孤寂與煩躁擠兌了給蕭軍寫信的心情，只好出去胡亂走走。等到煩惱過後冷靜想想，蕭紅意識到寂寞無法規避，自己必須獨自面對，也是一種考驗。一向要強的她不願被寂寞打倒，咬牙度過這難熬的最初適應期，往後也許漸入佳境。

蕭軍於八月初離開上海來到青島。適值在山東大學任教的友人周學普暑假回南方，便獨享了他那間位於二樓的單身教員宿舍，心境沉靜，全無打擾地開始按部就班地實現事先制訂的寫作計畫。

二蕭行蹤在上海文壇引起一定程度的關注。有些小報趁機炒作花邊新聞，蕭軍離滬前夕，有家報紙在一篇題爲《愛侶變成怨偶　蕭紅一怒走東京　田軍預備追蹤前往》的文章中，捕風捉影地寫道：「田軍與蕭紅，這被稱爲『東北』作家的一對，以往是有過一番熱戀的，但蕭紅的心情很高傲，而田軍則又是一個稟性倔強的人，於是，兩下裡慢慢的有了意見，甚至於發生了口角，結果是蕭紅一怒而出國。在這一種情形之下，田軍是覺得有一點兒後悔的，他在考慮之下，以爲這樣的決裂畢竟是甚可惋惜的事情，第一是居住的無聊與寂寞，使他十分的不慣；因此，這幾天的田軍，也預備摒當行袋，向東京走一趟，去尋找他的愛侶去了。」

漸漸熬過獨處異國的苦寂，蕭紅煩躁的情緒趨於安寧，精神亦從失望裡逐步振作。驅遣孤寂的最好方式，就是找到自己想做的事情。心境安定後，她便開始寫點短文章。八月上旬，完成了描述一個人在東京孤寂生活的散文《孤獨的生活》，和回憶中的鄉村人物故事《王四的故事》。雖是兩個短篇，但畢竟有了比較好的開端。寫作讓她一天比一天充實，有了沉浸其中的事情，身處異國、語言不通的孤寂漸漸消失。從蕭軍八月四日信中瞭解到他在青島快樂、健康，讓她放心不少。八月十四日，蕭紅在回信中頗有成就感地彙報了近期寫作成績，說已寄回國內一個短篇和兩篇散文，並聲稱以後「就不來這零碎，要來長的了」。前信叮囑男人每天吃兩個雞蛋補充營養，獲悉已「遵命」，她很是高興。來信中，蕭軍故意誇大在青島的幸福，想給她一點刺激，不想蕭紅回信調侃道：「我也不用羨慕你，明年阿拉自己也到青島去享清福。我把你遣到日本島上來」。蕭紅還另紙附上剛到東京時創作的小詩《異國》。難以排遣的寂寞，洋溢在樸拙的詩行間：

夜間：這窗外的樹聲，
　聽來好像家鄉田野上抖動著的高粱，
　但，這不是。
　這是異國了，
　踏踏的木屐聲音有時潮水一般了。
日裡：這青藍的天空，
　好像家鄉六月裡廣茫的原野，
　但，這不是，

這是異國了。

這異國的蟬鳴也好像更響了一些。

直到八月十七日，蕭紅才第一次有了上街逛逛的興致。雖然不過三五里的路程，但已是很大的進步，邊走邊打量身邊的一切，內心也在試圖接納這座城市。神保町書局較多，街市亦非常熱鬧，然而蕭紅還是覺得興味全無，似乎一切都與己無關，一無所獲地又沿著原路走了回來，邊走邊體會東京與國內都市的差異。一切到底如此生疏，街市的面貌、風情都全然相異。只是，一見到城中被污染的黑色河流，停靠在岸邊的破舊船隻，以及船上衣衫襤褸的女人和孩子，她就很自然地想到眼前情形頗像上海的徐家匯。當天給蕭軍信中感慨道：「像這樣的河巴黎也會有！」

一直惦記著蕭軍的小傷風，怕他太過大意，於是信中提醒：「你的小傷風既然傷了許多日子，也應該管它，吃點阿司匹靈吧！一吃就好。」而更「莊嚴」地告知男人的是另兩件事，其一，要他買個軟枕頭，認為枕硬枕頭會使腦神經受到損壞；其二，要他買一床薄毛被，並「責令」收信後就去買，且令他回信寫明是否已照做。瞭解到蕭軍不願理會這些在他看來不值一提的瑣事，蕭紅便在信中叮囑，如果懶得買就來信告知一聲，她可以在日本買好給他郵過去。同時，還告誡夜裡不要吃東西，以防吃得過多傷了脾胃。雖是瑣屑叮囑，字裡行間卻盡顯蕭紅作為人妻的體貼與柔情。這隻雌性的「刺蝟」早已全然收斂她那帶刺的甲冑。然而，蕭軍晚年注釋此信時說：「她常常關心得我太多，這使我很不舒服，以致厭煩。這也是我們常常鬧小矛盾的原因之一。我是一個不願可憐自己的人；也不願意別人『可憐』我！」

在苦寂中度過一天天的蕭紅，常常想像帶著剛買的相機，在青島故地重遊的蕭軍所擁有的幸福。男人在信中亦肆意渲染在海濱邊消暑邊寫作的愜意，故意引動她對故地的神往。回信時，蕭紅半開玩笑地問，怕不怕因信中「這也好那也好」的渲染，會刺激她說不定哪天也從日本趕到青島。不過，隨即強調自己在開玩笑，但接著又說「也許是個假玩笑」。

蕭軍自然知道，以她那極其要強的個性，即便東京再難熬，如果不是完全克服不了困難，她絕不會輕易妥協。但在蕭紅的玩笑裡，顯然也不乏一些真實的矛盾心理的流露。即便來東京快一個月，她在信中仍對蕭軍說「我在這裡多少有點苦寂」，不過，已全然沒有剛來時面對寂寞的無助，轉而安慰道：「不過也沒什麼，多寫些東西也就塡補起來了。」她要蕭軍見信後寄一兩本她沒讀過的書來，因爲愈寂寞愈想讀書。一天到晚不能說話，再加上無書可讀，實在太殘酷。這種困處一室的苦寂，又令她想起當年困居東興順旅館的情形。那時，是因爲身無分文的極度困窘；現在有了錢，卻除了吃喝，買不來任何別的趣味。

八月十七日信蕭軍還未收到，蕭紅就大病一場。一連幾天的發燒，讓她感到渾身骨節痠痛，了無精神。想得到蕭軍的些許安慰，卻久久不見其回信，加上令人惆悵，徒增寂寞的雨天，更增添了蕭紅內心的孤寂，百無聊賴中又禁不住抽上半支禁吸多時的香菸。

父親病重，加重了黃源的經濟負擔，無力繼續支持許粵華在日本留學的費用。不久，許粵華告知定於二十七號啓程回國。蕭紅聽後倍感沮喪，想到華姐一走，在日本就再也沒有熟人了，眞是「舉目歡笑，誰與爲親」。稍後，即便與許粵華同住的那位與蕭紅亦比較相熟的女士也搬走了。趁許還沒有離開，蕭紅讓她帶自己到醫院檢查看病，因爲她有朋友是女醫學士，因語言障礙獨自到醫院看病，即便許粵華也不行。眼下蕭紅唯一的企盼，就是早點好起來，身體好一些就可以投入寫作中。在這種近乎溫柔的放逐裡，除了寫作，她全然沒有別的事情可做。

蕭紅在東京

許粵華走後，蕭紅身邊一個說中國話的人也沒有。想到日後要在這裡長住下去，就不可避免地要與人交流，至少需要應對一些日常生活起居問題，因此學點日語已是當務之急。她想去東亞補習學校，但目前還沒有開學。好在房東十分友好，蕭紅與其五歲的孩子混得很熟，那孩子常教給她一些日語單字。身體漸漸恢復，蕭紅的生活又變得極其簡單，每天只吃兩頓簡單的飯食，連出門花錢的興致也沒有，只是計畫將來學好日語，再到銀座這些漂亮的地方走走。不願出門，唯一可做的事情只有寫作。蕭紅自己亦常常感到這似乎不是一個人的正常生活，有點類似放逐或隱居。但時間稍長，也就漸漸適應了這份單純與安寧。二十七日在給蕭軍信中寫道：「若把我這種生活換給別人，那不是天國嗎？其實，在我也和天國差不多了。」

《作家》編輯孟十還不時來信約稿，半開玩笑說：「可不要和《作家》疏遠啊！」這從外邊極大刺激了蕭紅的寫作欲望，獨處異國的寂寞很容易催生濃郁的懷舊。寫了幾篇零碎文章後，回想起小時候與家裡長工（有二伯）在一起時的情形，她計畫寫一部三萬字的小說。這便是後來刊載在《作家》十月號上的《家族以外的人》。八月，散文集《商市街》作爲由巴金主編的《文學叢刊》第二集第十二冊，由上海文化生活出版社出版。蕭軍及時將這一消息告訴了她。

分開日子雖不算長，但蕭軍從來信所流露的情緒，感到蕭紅似乎有些堅持不下去，自己其實也非常想念她，因而信中故意說，如果日子捱不下去了就「滾」回來吧，不必矜持。他自然想不到蕭紅此時在日本的情形已大有好轉。接信後，一眼看穿了男人的心思，禁不住回信調侃道：「你說我滾回去，你想我了嗎？我可不想你呢，我要在日本住十年。」不過，信尾又不忘加上：「你等著吧！說不定哪一個

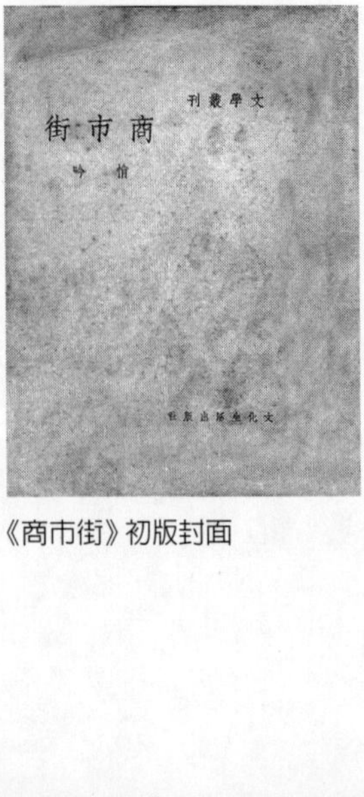

《商市街》初版封面

月，或哪一天，我可眞要滾回去的。到那時候，我就說你讓我回來的。」

身體恢復，蕭紅每天沉浸在《家族以外的人》的寫作中，對兒時生活的回憶驅散了眼前的孤寂，四百字稿紙每天非寫滿十頁不止的速度，讓她在享受一種成就感的同時，也因充實而覺得異國生活有了無限趣味，發現東京的單純生活對寫作十分有利。而這種全身心投入創作、心無旁騖的樂趣，因一年多來心境的不平靜而久違。三十一日的寫作超過了十頁稿紙，蕭紅心生大歡喜，夜裡將小說放在一邊，又開始給蕭軍寫信，要和他分享這份歡喜。

屋外風雨大作，電燈忽明忽暗地閃爍了幾次。一個人面對如此風雨之夕，她擔心該不是地震前兆，雖然自己也知道這是多麼幼稚的想法，但心情還是頗爲惶恐。在信中說道：「從前我對著這雷聲，並沒有什麼感覺，現在不然了，它們隨時都會波動我的靈魂。」由此也對自己的性格做了反省：「靈魂太細微的人同時也一定渺小，所以我並不崇敬我自己。我崇敬粗大、寬宏的！」勤奮寫作的蕭紅不願辜負美好時光，一改多年早睡的習慣，每晚要寫到凌晨才停下，早晨亦不睡懶覺。她很滿意於自己的出息，興奮地說，「小海豹也不是小海豹了，非常精神」。

然而，消失三年多的嚴重經痛九月二日又犯了。從上午十點到下午二點，陣痛發作全身發抖，大劑量服下「洛定片」亦不管用。在無助中堅忍的蕭紅，想到以前碰到這種情形，往往是蕭軍出去給她買回「凡拉蒙」，服下便會好一點。當天信中，她不無感傷地寫道：「但，這回沒有人給買了。」日常生活中的一切，似乎時時處處都在提醒她的個人世界的缺失。這種缺失又自然引動她那幾乎可以觸摸、無限質感的懷念。到下午五時，經痛的災難終於過去。兩天後，《家族以外的人》寫滿了五十一頁稿紙終於告竣。自感寫得不錯，蕭紅心情十分愉快，雖然身體有些發熱，但新作誕生的愉悅一點沒受影響。來東京一個多月，九月四日是最快樂的一天。

進入秋天，天氣十分涼爽。蕭紅計畫補習學校一開學就上學去。這樣，在東京的生活因多了一項全新的內容，會更加豐富。太單調的生活容易倦怠，她期待開學的日子早點到來。蕭紅信中不時訴說的孤寂，令蕭軍有些擔心，怕她因倔強過於刻苦了自己，便回信常常勸她不要遲疑早點回到青島團聚。粗豪的男人對她的稱呼變得柔情萬種，以致令蕭紅感動之餘稍感不適，九月六日回信開頭便說：「你總是用那樣使我有點感動的稱呼叫著我。」然而，情感歸情感，理性還是歸於理性。蕭紅回覆說自己並非遲疑，而是並不打算回去，既然來了就好好待下去，況且離滬前，兩人的預期是一年。蕭軍寄來蹲在青島游泳場沙灘上的相片，見他那健壯黝黑的樣子，她說一望便知是個「體育棒子」，好像一匹強健的小馬，心生羡慕的同時，亦由衷爲之高興：「你健壯我是第一高興的。」晚年蕭軍認爲，蕭紅對其「勸誘」回國的拒絕，其實內心也是矛盾的，只是爲了自尊「還是隱忍地要堅持原來的計畫」。因爲「逞強」是她突出的個性。

《家族以外的人》修改謄清之後，寄給了孟十還。稿子寄出，接下來兩天無事可做，就給蕭軍做了一條手帕。十日中午收到黃源郵寄來的書信，其中有蕭軍的小說集《江上》、自己新出散文集《商市街》，還有近期的《譯文》雜誌等等，要蕭軍買的唐詩也寄到了。有這麼多書可看，蕭紅的精神生活一下子變得無比豐富，連忙讀上兩首唐詩。匆忙中來不及細細品味，也就感受不到具體韻味，於是放下再看看別的書，心想，等到夜裡再好好享受東京靜夜讀唐詩的境界。

次日，蕭紅到東亞補習學校交了三個月的學費，並買好書本。學校定於十四號上課，每天下午上課四小時。東亞補習學校專爲中國人預備，報名時，蕭紅想秀珂可能也來這裡學習過。蕭軍仍不斷來信勸她回去，有了學習的勁頭，她更打消了提前回國的念頭，明確告知不會提前回國。來一次不容易，一定要將日文學到可以看書的程度才回去。況且，她發現這裡的書確實多得很，住上一年，即便不很用功，日文也差不了。隨著分開的時間愈來愈長，彼此間的思念漸漸濃郁。爲了讓蕭紅瞭解自己在青島的居所大致是個什麼樣子，蕭軍發揮其軍人特長，來信附上了一張示意圖；出於回應，蕭紅用鋼筆畫了一張居室速寫，讓他大體知道自己在東京居室的布置。面對出自各人之手的圖畫，想像各自的起居，也是二蕭聊慰相思的方式。

九月十日前後，蕭紅可能寄出了應創刊於一九三六年五月一日的《大滬晚報》關於「九一八」五週年的一篇約稿。這就是刊載於《大滬晚報》一九三六年九月十八日第三版上的《長白山的血跡》，署名「蕭紅」，是目前所見蕭紅最早的一篇紀念「九一八」的文章。這篇二〇〇九年由章海寧先生發現的蕭紅佚文，寫得慷慨激昂，對生活在日寇鐵蹄下的堅忍反抗者給予了熱情的歌頌：

時光很快地逝去，變色的山河在敵人掌下已是五年了，他們也在風雨飄搖四面楚歌的環境中，度過了這悠長的歲月。凶暴的敵人也漸漸感覺得這班青年的生存，是實現整個大陸政策美夢的掣肘，而且有無限的危機潛伏，於是下了一個殘滅無餘的決心。

快樂與安寧之於蕭紅總是那麼短暫，大不安隨即攪擾了她那剛剛寧靜的心境。九月十二日一大早，還沒有起床，便來了便衣警察要對她進行盤查。房東與之交涉能否讓她下樓來談，結果不肯，他們非要進入房間不可。

二戰前夕，奉行軍國主義路線的日本，對外侵略對內高壓，國內便衣警察無處不在，對自認爲可疑的對象實行嚴密監視。蕭紅在東京期間，正是中日邦交極其敏感、戰爭一觸即發的特殊時期，因而對中國人的監視也就更加苛嚴。這也是張秀珂沒有見姊姊的根本原因。這種情形雖然來日本之前就想到了，亦有朋友提醒，已有一定的心理準備，但是一旦突如其來地碰上，她還是非常難以接受。敏感如蕭紅，一方面感到民族和個人尊嚴受到了嚴重傷害；另一方面因缺乏應對經驗而異常惶恐、焦慮。周圍一個熟識的人也沒有，不知道警方的眞實意圖如何？以後是否還會經常前來？而之所以會有這次的突然盤查，可能與對蕭紅的書信檢查中，發現了那篇寄往國內的壯懷激烈的國恥五週年祭的文章有關。

蕭紅爲此著急上火，喉嚨灼痛，心神極其不安。本來，再過兩天就可以高高興興地補習日語，突然的遭遇讓學習的興致被消解殆盡。民族自尊受到傷害，對日本亦從心理上排斥起來。而在這種惶惶不可終日的心態下，創作更是奢談。她爲自己幾天沒有寫作而不安，覺得白白浪費了時間，但眼下這種不適的心態，顯然是寫作的最大妨礙。潛心創作是她來東京最主要的目的，煩躁中蕭紅想到既然這樣，在這裡待下去也沒有什麼意義，就眞的萌生了回國的念頭。盤查當日，在給蕭軍信中，難以壓抑的憤怒幾乎讓她在罵大街，居然出現了「他媽的」、「混帳王八蛋」等字眼。知道有便衣跟蹤，爲了避免引起警方懷疑，在信尾叮囑即將離開青島的蕭軍，告訴其他朋友不要直接寫信來，而是通過他代轉，且信封上不要寫寄信人地址。

一想到被跟蹤、監視，蕭紅的心情就變得非常糟糕，吃不好也睡不好，躺下後老是前前後後地亂想，肚子痛的毛病又經常犯。她陷於巨大的焦慮——爲處境而焦慮，亦爲一天天白白流逝的時光而焦慮。

秋意愈來愈濃，天氣愈來愈涼，東京此時還用不著添置秋天的衣裳，但她想到蕭軍回到上海得添秋裝。離滬前，蕭紅準備給他買件稍微貴重的皮外套，現在身在國外難以兌現，便寫信讓他領出自己在上海幾家刊物的稿酬，買件高檔的皮外套。回上海後，蕭軍用《家族以外的人》所得稿酬，買了一件棕紅色牛皮面抵膝棉、夾兩用的漂亮大衣，花去四十五元。在銅臭氣味甚濃的上海灘，他說這件漂亮大衣讓他看起來像個有錢的「紳士」，是外出租房時的必備行頭。不然，勢利的房東不願將房子租給他們。

蕭紅所擔心的便衣常來騷擾的情形終究沒有出現，這顯然與她十分注意和國內的通信有關。一週後，心態趨於平和，心神漸漸歸於寧靜。十多天沒有寫作，她計畫動手寫一篇童話，預計花一個月時間，創作期間什麼事也不理會，滬上此前常有刊物寄來，也回絕了，從此讓他們不要寄。什麼事也不管，只努力寫童話，還是想以潛心的工作，排擠內心的雜亂與不安。

日子一天天平靜過去，蕭紅與日本房東相處得愈來愈融洽。房東經常送給她諸如方糖、花生、餅乾、蘋果、葡萄甚至盆花之類的禮物。普通人之間溫暖的人情亦在漸漸消釋其內心的惶恐與焦慮，還有對這個國家的排斥。

下雨時，穿著一雙男式雨鞋在大街上走，沒想到招致許多人看著自己發笑。在給蕭軍信中，蕭紅說東京是一個如此守舊的地方，只要衣服穿得和周圍人不一樣誰都會笑你。日本女人穿西裝囉哩囉唆，但必須和她們一樣囉唆，不然就會招致嘲笑。用在日語學習上的時間比較多，寫作受影響，但生活開始忙碌起來。

沒有便衣騷擾，蕭紅愈來愈喜歡東京非常沉靜的夜。忙碌一天，睡前讀幾首唐詩。雖然身處異國，但一樣也有對故國的精神觸摸。倦怠中沉沉睡去，安寧而舒適，偶爾醒來，卻因太安寧又即刻昏昏睡去。陽光滿窗的早晨，呼吸著新鮮空氣開始新的一天的讀書、寫作和學習。規律而無憂的生活，讓蕭紅內心重新歸於寧靜，便衣騷擾只當一場虛驚，從此也不在乎了。坐高架電車的經驗無比新鮮，當電車呼嘯著鑽過涵洞，她既慌亂又興奮。而隨著掌握的簡單日本語漸豐，她也敢大膽逛街了，不再像剛來時害怕丟失。許粵華臨走教給的記住周圍大參照物的方法，對於迷路很管用。有了興致，甚至一個人出門看電影。

一次在銀幕上見到了久違的上海北四川路和施高塔路，熟悉的街市到底勾起濃稠的鄉愁，自然想起在老病中仍努力不已的魯迅先生。離開上海前曾與蕭軍約定，爲了免去先生覆信辛苦，兩人都不給他寫信，看到熟悉的一切已是遠隔重洋，不知先生近況如何，只是默默祈福他健康。而對於遠渡重洋孩子般的「悄太太」，病中魯迅亦時有惦記，十月五日致茅盾信中還念叨：「蕭紅一去以後，並未給我一信，通知地址；近聞已將回滬，然亦不知其詳……」這是魯迅生前最後一次在文字裡提及蕭紅，十四天後便帶著他那

「不知其詳」的遺憾與世長辭。

日本便衣跟蹤一段時間後，發現蕭紅的生活非常簡單，每天出門次數很有限，便放棄了對她的繼續「關注」。十月十三日，蕭軍回上海後和黃源都來信勸她回國，此前孟十還亦來信勸其回去。十七日，蕭紅給黃源回信說：「我不回去了，我就在這裡住下去了」；留下來的打算幾天後變得更加堅決，二十日在給蕭軍信更強調：「我這裡很平安，絕對不回去了」，並告訴他胃病好了大半，頭痛次數也減少了很多，至於此前信中擔心的便衣再來盤查的意外也不會有，還認識到那一事件事實上也沒必要大驚小怪。因而，還是按照當初計畫住滿一年。

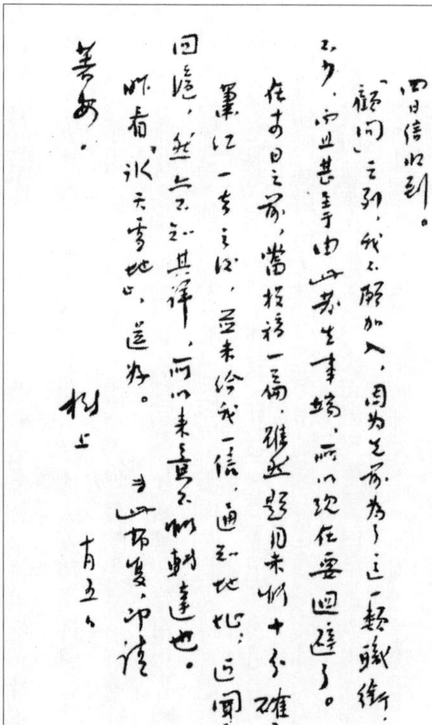
明甫先生：
四日信收到。
「顧問」之列，我不願加入，因為先前為了這一類職銜，吃苦不少，而且甚至由此發生事端，所以現在要回避了。
在十日之前，當校稿一篇，稍遲，須月末始十分確定。
蕭紅一去之後，並未給我一信，通知地址；近聞已將回滬，然亦不知其詳，所以來意不能轉達也。
昨看「冰天雪地」，還好。專此布復，即請
著安。
樹 上 十月五日

1936年10月5日魯迅致茅盾信

焦慮完全消除，東京生活愈來愈自在。二十日這天心情似乎尤其舒暢，上午上街買了一套毛線洋裝和一張草褥。回到家裡，興致盎然將房間收拾得乾淨利落，好像等待某位客人的到來。草褥摺起來當作沙發，小圓桌上站著一瓶紅色的葡萄酒，酒瓶下站著一對金酒杯，在牆上特意掛了一張小畫片。稍加布置，小屋頓時顯得浪漫而溫馨。她自己也意識到，這其實是自身心境變化的體現，不要說剛來東京，就是半個月前，絕對沒有這樣的閒情逸致。

蕭紅那好不容易擁有的好心情，旋即被更大的悲痛擊碎。魯迅逝世的消息已傳到東京，只不過她還不知道而已。蕭紅不知道一如祖父般的魯迅先生，已於十月十九日晨五時二十五分，永遠離開了這個世界。

驚悉魯迅之死

因與日本有著十分特殊的關係，魯迅逝世的消息很快便在東京見諸報端。二十日早晨，蕭紅在一家飯館吃早餐，不經意間看見一張日文報紙上有「魯迅的偲」的標題，且文中不時出現「逝世」等字眼。日文的「偲」字，雖並不知是什麼意思，但她想到底是誰逝世了呢？

難道是魯迅先生？

連日來下著大雨。從飯館回來路上，望著從傘翅上不住往下流淌的雨水，神情怔怔的蕭紅似乎預感到了什麼——那是一種令她極其不安的預感。她實在不願將魯迅與「死」聯繫在一起。前兩天報紙上還有消息說先生要來東京訪問、演講。但不祥之感還是令她心神不寧起來，腦海裡不斷變幻著剛才在小飯館所見到的一切：女服務員張嘴露出的金牙，吃早餐的人們的各種臉孔，還有他們的眼鏡和雨傘，飯館廚房邊上張貼著的帶有軍國主義意味的巨大宣傳畫……似乎這一切驟然間都與魯迅先生的死有了關聯。

沉浸在難以遏抑的想像中，回到住處，拉開房東家的格子門便往裡走，結果怎麼也進不去。她立時有些氣惱，心想難道自己的身軀忽然間變大了？正在瓦斯爐旁切蘿蔔的房東見狀，放下手裡的刀具，雙手抓住白色的圍裙「格格」地大笑起來，不斷衝她喊：「傘……傘……」蕭紅這才意識到進門前忘了收雨傘，撐著雨傘上樓當然進不了門。

回到房間，連忙找出中文字典，想弄清楚「偲」的意思。字典裡並沒有這個字，而周圍可以請教的熟人一個也沒有。報紙上那篇文章到底說魯迅什麼，一時無法知道。她不願過多往壞處想，幾天前還買了一本畫冊打算送給先生。她想可能是自己過敏了些，先生不會輕易死去。然而，一旦安靜下來，又不自覺地要做那樣的猜想，心底瀰漫著不祥的預感和難以釋懷的焦慮。爲了給自己一點排遣，在房間呆坐片刻，便上街購物，中午回來又著手布置房間。早晨那些給她帶來大不安的聯想漸漸拋卻，當晚，給蕭軍信尾還提到：「報上說是L.來這裡了……」

二十一日晨，蕭紅又來到昨天那爿小飯館，用餐時在一份報紙的文藝版，看見一篇文章裡密集出現「逝世」字樣，往下，還看到「損失」、「殞星」之類詞語。她的內心眞正大不安起來，昨天那些被自己努力排解掉的不祥預感，又愈來愈眞切起來，心情隨之非常難過。她急於找人確證信息，早餐吃了一半，便再也沒有心思吃下去了，急匆匆往家裡趕，內心十分空落、惶悚。回到房間，一時六神無主，頭腦裡一片蒼茫，前房裡的老太婆打掃窗欞、收拾席子的劈啪聲，讓她覺得好像有人在用拍子抽打自己，稍大一點的聲響更讓她心驚肉跳。屋外清晨的陽光今天似乎也變得格外刺目。蕭紅神情恍惚，感受到一個全然相異的世界，她急於找人證實，報紙上那明顯關於死亡的消息到底說的是誰。

該問誰呢？茫然中，蕭紅想到曾經和許粵華住在一起，後因病搬到市郊的那位同樣來自中國的女士。迅速乘電車趕往市郊，煩躁和恐慌令蕭紅坐立不寧，車廂內並不擁擠，但她寧願站著，滿腦子都是報紙上那些黑體字的「逝世、逝世」。站在車窗前，一路上看見連綿起伏的山巒、蒼翠茂密的森林，還有點綴其間的人家。一切都是那麼平安、溫煦。隨著眼前景物的飛快掠過，她不斷默問自己：「逝世的就是魯迅先生？」

來到友人住處，對方正在走廊刷一雙鞋子，見蕭紅如此匆忙趕來，吃驚地問道：「啊！來得這樣早！」待說明原委，她並不相信蕭紅那大不安的揣測。兩人想找張報紙確認，然而，友人這些日子生病連報紙也沒訂。沒有最近的報紙，自然無法確認蕭紅的擔心是否爲杞憂。友人查了日文字典，說「偲」是「印象、面影」之意，並揣測蕭紅所見到的那篇文章，可能是有人到上海訪問魯迅之後，回來撰寫的諸如

「魯迅印象」之類。

蕭紅又疑惑爲什麼文中會有「逝世」等字眼，並且想起那篇文章好像又說到魯迅的房子有槍彈穿進來，而先生竟安靜地坐在搖椅上搖著。難道魯迅被子彈擊中身亡？蕭紅又進而聯想前段時間看電影時，在加映的時事片中瞭解到日本水兵被殺事件，還看見先生家所在的北四川路被戒嚴，以及老百姓紛紛搬離的情形。蕭紅此時太需要一個聽她傾訴的對象，對著友人不斷說出自己連日來鬱積的擔憂、揣測和焦慮。

友人進行了一番寬慰，說「逝世」可能是魯迅在談別人的逝世，而「槍彈」是先生在談「一二八」時的槍彈；至於「坐在搖椅上」，因爲談論過去的事情自然不用驚慌，安靜地在搖椅上搖著，也就並不稀奇。朋友的解釋似乎不無道理，但蕭紅事後覺得那眞是阿Q式的自我寬慰。一席交談之後，她的慌張有所消釋。臨出門，友人還對她說：「你這個人啊！不要神經質了！最近在《作家》、《中流》上都有魯迅的文章，先生的身體可見是在復元中。」得到寬慰，蕭紅平靜地懷揣一顆自我安慰的心趕了回來。一連三晝夜不間斷下著小雨的天空終於放晴，她的心情亦隨之新鮮、明朗許多。

然而，當晚在給蕭軍的信中，她說：「前些日子我還買了一本畫冊打算送給L.，但現在這畫只得留給自己來看了。」從友人處回來後，蕭紅似乎還是知道了魯迅逝世的消息，或是聽到了更加確切的傳聞，只是沒有最終證實。她在散文《在東京》一文中說，確切知道先生的死訊是在二十二日。適逢靖國神社開廟會，一大早就聽見四周騰空而起的煙火的爆炸聲，隔壁老太婆在向著天空高呼口號。房東孩子送來壽司，因害怕她那由於心情的沉痛而變得可怖的眼神，不等她說完「謝謝」，便拿著小碟匆匆下樓去了。除了孩子下樓的腳步，蕭紅還聽見碟沿不斷碰撞樓梯扶手的聲音。

靖國神社的廟會持續了三天。日語課上，老師喜歡講些在他們看來十分有趣的故事，諸如廟會時節那些下女的種種表現、神的故事以及日本人拜神的故事等等。聽講的中國學生對此十分新奇，不時爆出哄堂大笑。坐在這樣的人群裡，蕭紅有說不出的心痛，好像沒有人知道魯迅已經死了。還有人將魯迅批評徐懋庸視為文人間鬧意氣，當作無聊的談資寫在黑板上。課上，日本教員讓大家談談對魯迅的看法。一開始，蕭紅以為提問針對自己，不免有些慌張。她知道，在這種場合，在這樣的庸眾裡，她的看法注定不合時宜。結果，老師的意向是她旁邊那位頭髮花白、看起來年過五十實則三十出頭、每每酒後做舊詩的詩人。聽見有人問他意見，便站起來回答：「我說……先生……魯迅，這個人沒有什麼，沒有什麼了不起的，他的文章就是一個罵，而且人格上也不好，尖酸刻薄。」

在異國他鄉聽見對本民族精神領袖如此評價，蕭紅既心痛又氣惱。更有一個戴著四角帽來自「滿洲國」的大個子留學生站起來說：「聽說魯迅不是反對『滿洲國』的嗎？」一聽口音，就知道是自己的同鄉。聽罷，日本教員有些輕蔑地「嗯」了一聲。幾天後，華人學會召開魯迅追悼會，班上四十多個中國人，去參加的只有一位小姐，回到教室裡大家都在笑她。除記住了眾人對她的嘲笑，蕭紅還對其衣服顏色的極不調配印象深刻。兩年後，蕭紅撰文感慨：「這就是我在東京看到的這些個不調配的人，以及魯迅的死對他們激起怎樣不調配的反應。」

幾天來，不斷想起在上海與先生交往的點點滴滴，而一旦想到先生已逝這個殘酷事實，蕭紅便止不住奪眶而出的眼淚。二十三日晚，她在中文報紙上終於見到魯迅仰臥床上形銷骨立的遺容，難禁巨大的悲慟，獨自淌了一夜眼淚。次日上午心情稍稍平靜，便提筆給蕭軍寫了一封信：

軍：

關於周先生的死，二十一日的報上，我就渺渺茫茫知道一點，但我不相信自己是對的，我跑去問了那唯一的熟人，她說：「你是不懂日文的，你看錯了。」我很希望我是看錯，所以很安心的回來了，雖然去的時候是流著眼淚。

昨夜，我是不能不哭了。我看到一張中國報上清清楚楚登著他的照片，而且是那麼痛苦的一刻。可惜我的哭聲不能和你們的哭聲混在一道。

現在他已經是離開我們五天了，不知現在他睡到哪裡去了？雖然在三個月前向他告別的時候，他是坐在藤椅上，而且說：「每到碼頭，就有驗病的上來，不要怕，中國人就專會嚇唬中國人，茶房就會說：驗病的來啦！來啦！……」

我等著你的信來。

可怕的是許女士的悲痛，想個法子，好好安慰著她，最好是使她不要靜下來，多多的和她來往。過了這一個最難忍的痛苦的初期，以後總是比開頭容易平伏下來。還有那孩子，我眞不能夠想像了。我想一步踏了回來，這想像的時間，在一個完全孤獨了的人是多麼可怕！

最後你替我去送一個花圈或是什麼。

告訴許女士：看在孩子的面上，不要太多哭。

紅　十月二十四日

這封信後來以「海外的悲悼」爲題，發表在《中流》半月刊「紀念魯迅先生專號」上。編輯加了一段按語：「這是蕭紅女士在日本得到魯迅先生逝世的消息後，寫給她的戀人田軍的信。因爲路遠，我們來不及叫她給《中流》專號寫稿，便將這信發表了，好讓她的哭聲和我們的哭聲混在一道。」

在魯迅面前，蕭紅永遠是個孩子。先生死了，她仍有那孩子氣的發問：「不知現在睡到哪裡去了？」她難以想像對於自己來說，沒有魯迅的上海會是什麼樣子。而眼下，魯迅之死帶來無邊的傷痛、煩躁和焦慮，嘴唇全部燒破了。她自感像個無助的孩子，沒有絲毫安全感。她要蕭軍寄一百元錢來，起碼留足回國的路費，心裡才踏實。

出於理性，她也知道一個人的死是必然，但理性總歸是理性，情感上卻難以接受。想到自己和蕭軍初到上海，除了魯迅一個人也不認識，那段難熬的時光就是靠著先生給他們不厭其煩的回信支撐著度過。在那清冷、孤寂的亭子間捧讀魯迅先生來信，並從中獲取戰勝困厄的力量的情形又歷歷在目。沒有魯迅先生，就沒有今天的自己和蕭軍。每每不經意間回想起與魯迅先生在一起的情景，蕭紅就難以控制自己的情緒。像蕭軍那樣，跪在先生床前，握住他那瘦削而沒有溫度的手，痛快大哭一場，是她此刻最強烈的願望。然而關山阻隔、重洋遠涉，魯迅之死成了她一個人無比幽遠、深邃的傷痛。太過強烈的情感無處表達，在這樣的異國異鄉，只好一個人哭給自己聽。

悲苦中，她想全身心投入創作，好

《作家》1936年11月號刊登哀悼魯迅先生的圖片

讓自己從魯迅逝世的傷痛中慢慢走出來，但原先的童話寫作計畫，因自感民間生活經驗不足而放棄，她隨即醞釀寫作篇幅稍長的小說。

天氣日漸變冷。房間裡生好的火盆，像個夥伴陪著蕭紅度過一個個孤寂、清寒的日子。快半個月了，她還是難以從魯迅之死的空落與哀傷中走出。花不買了，酒亦不想喝了，對周圍的一切失去了興味。悠長的靜夜，常常對著窗欞和空空四壁發呆，心境已然蒼老，熱情亦漸漸褪去。

從蕭軍信中獲悉秀珂已回東北，並要來上海；黃之明夫婦，亦即當年「牽牛坊」的黃牛和小蒙古，也從哈爾濱流浪到了上海。兩三年工夫，「牽牛坊」朋友因兵荒馬亂的時局，早已風流雲散。來東京不久，便聽說金劍嘯八月在齊齊哈爾英勇就義，年僅二十六歲。想到這些，她在心生傷感的同時，亦有淡淡虛無，因爲自己在不太長的人生歷程裡，直面了太多死亡，親人、先生還有朋友。

蕭紅更能理解許廣平的心情，先生已逝，海嬰那樣小，周圍環境又是那樣惡劣，如果自己在國內，對她的幫助會更方便一些，但現在一切都不能夠。信中，她不斷叮囑蕭軍常約別的朋友去看望許先生，以排解她的悲痛與憂傷。臨了，她不無感傷地想到，魯迅未竟的事業自會有後來者繼承，「但他的愛人，留給誰了呢？」她想給許廣平親自去信，但一直延宕著。一來，一時不知說什麼好，再者，更怕本來是想安慰，結果卻事與願違地引動她的悲傷。

害怕觸景傷情，許廣平決定搬出大陸新村。蕭軍便在自己租住的法租界霞飛坊，替她找好了一幢三層的房子。許廣平搬過來後，他們同住在一個大院，每天都見面。蕭軍正在編輯整理紀念魯迅先生的文章，並時常代許廣平跑印刷廠，取送《且介亭雜文》一、二、三集的校樣。許每每向他打聽蕭紅近況，蕭軍將這些寫信轉告蕭紅。爲此，蕭紅特別感動，回信說：「許，她還關心別人？她自己就夠使人關心的了。」

蕭紅的掛念亦令許廣平感動不已。一九四五年十一月二十八日她署名「景宋」，在《大公報・文藝》

上發表《憶蕭紅》一文談到，蕭紅那最好讓她「不要安靜下來，多多的和她來往」的動議，大約是被周圍的朋友採納了。蕭軍、黃源、聶紺弩夫婦、張天翼夫婦、更有胡風夫婦時常前來看望。有一次，蕭軍、黃源還半勸半強迫地要她去看電影。沒法子跟著去了，但在開映的時候，她卻利用光線的遮擋一直暗中流淚。十年來，每次都是和魯迅先生一起踏進電影院，看到會心處，兩人就會用臂膀彼此碰觸一下。往日生動的情景又宛在眼前，電影院實在更加重了她的傷痛。然而，蕭紅的動議和朋友們的好意，許廣平卻怎麼都不願辜負。他們自然想不到會產生全然相反的效果。

在《作家》上讀到連載的《第三代》，蕭紅十一月六日致信蕭軍稱讚寫得不錯。而蕭軍九月三十日完成於青島的短篇小說《爲了愛的緣故》未刊稿看完後，令她一時五味雜陳。小說基本取材於二蕭當年在哈爾濱的一段經歷，敘述一個受過正式軍事訓練的知識青年，憧憬到東北磐石一帶參加「人民革命軍」的武裝鬥爭，卻在哈爾濱不幸遇到一個等待他拯救的有才華的女子。青年最終爲了女孩，放棄了自己那爲大眾而鬥爭的理想，爲此遭到周圍一些地下黨員朋友的批評甚至諷刺。小說人物「我」和「芹」分別對應的原型是蕭軍、蕭紅。在蕭軍看來，這篇小說「可以說算不得文藝作品，只能算我們之間生活的『實錄』」。

蕭軍以小說的方式，重提在哈爾濱拯救蕭紅的這段舊事，並將它上升到因此而導致自己選擇了並不想要的生活的高度。以蕭紅的敏感與自尊，心裡自然很不舒服。理性地說，蕭軍當年未能實現去磐石打游擊的願望，應該是受到主客觀多方面因素的制約。對蕭紅的拯救或許是主要因素之一，但其中可能也有其自身的考量。然而，四年後蕭軍將拯救蕭紅，視爲此舉不能成行的唯一客觀原因，今天看來似乎不太符合事實。

讀罷小說，蕭紅覺得芹簡直如同幽靈，難以相信她就是當年的自己，並爲此感到戰慄。雖是一篇小說，她卻由此開始審視自己與蕭軍的關係。意識到在蕭軍看來，是自己的拖累讓他過上了本不想要的生活。而這或許是他們不能和諧的根源。上升到一定高度，這根源就是蕭軍因她之故，在「爲一個人的打算，還是爲多數人打算」上，做出了違心選擇。比起其他人，毫無疑問，蕭紅更瞭解蕭軍，而在心情十分落寞的情形下，讀到這樣的文字，其內心婉曲就非外人所能全然領會。十一月六日信尾，蕭紅不無幽怨地明確告知：「從此我可就不願再那樣妨害你了。你有你的自由了。」

事實上，兩年後二蕭在臨汾分手，蕭軍已然自由，照說更有機會自由參加到抗戰中，但終究出於這樣那樣的原因，而沒有實現他那投筆拿槍的夢。對於人生道路的選擇，一九七八年九月十日，古稀之年的蕭軍注釋蕭紅此信時，寫下這樣一段話：

> 坦率地說，儘管我從事文藝寫作已經有了幾十年的歷史，在起始是由於偶然的情況，但我卻一直「不安心」也不「甘心」……似乎覺得這並非是我應做的終生「職業」，做一個「作家」也不是我終生的目的。而覺得自己並非是一個適於做這類工作的人或這類「材料」。我就是這樣矛盾了幾十年……

晚年蕭軍對自己的認知，顯然更趨理性、澹定，再次反觀自己人生道路的選擇，似乎更多了宿命的意味。他更認爲，與蕭紅的不和諧，早在結合之初就已然埋下，最終在西北勞燕分飛亦是必然。

在某種意義上，《爲了愛的緣故》這篇小說在讓蕭紅認識到一個她並不認同的自己的同時，也瞭解到蕭軍的眞實所想，並對他們之間的關係有了更趨理性的認知。一個人在異國他鄉獨自經受苦寂生活的歷練，蕭紅慢慢變得堅強，其內心的女性意識亦漸漸萌生或甦醒。

一個月來，蕭紅還是難以從因魯迅之死而帶來的那種幽遠、深刻的心痛中走出。疾病始終困擾著她，夜裡常常噩夢連連，動輒高燒，嘴唇這一塊那一塊地破著，情緒煩躁。寫作基本停止，腦子裡只有一些無用而遙遠的想法，忌了一段時間的香菸又開始吸了。國內一些雜誌來信約寫回憶先生的文章，也一時難以寫出。正如她自己所說，「不是文章難作，倒是情緒方面難以處理。本來是活人，強要說他死了！一這麼想就非常難過。」魯迅逝世已二十天了，但她內心仍不能接受這個事實。

期間，令人欣慰的是，從蕭軍信裡獲悉《商市街》出版後大受歡迎，銷售得很好，一個月後就再版了。受此鼓舞，蕭紅很想振作起來，走出眼前的頹唐。出門買了些畫片裝飾牆壁，努力給自己一點新鮮的心情。獲悉日本十一月就要出版魯迅的全集，她想，在國內蒐集中國人的文章總比在日本方便，恨不得馬上回去找胡風、黃源、聶紺弩等人商量，立刻著手整理、編輯魯迅全集，以之作爲對先生的最好紀念。

然而，這到底只是空想。在如此孤寂的異國什麼也做不了，憂愁來襲，只好一個人借酒澆愁，小圓桌上的那瓶紅酒已經喝去大半。一天，她向房東借來小鍋子，就著火盆燒了點菜在小圓桌上擺好，等她一個人開吃的時候，卻陡然覺得很不是滋味，不禁悲從中來。雖然，自認爲不是個多愁善感的人，但情緒襲來，往往不能自持。實在太孤寂，於是將房東的孩子喊來陪自己。

除了寂寞、頹唐，還有地震的驚嚇。對於蕭紅，這同樣是十分新鮮的經驗，不時體驗著死亡與恐怖的威脅。日本地震頻發，對於小地震，蕭紅亦漸漸習以爲常。不過，也經歷過震級稍高的地震。那天，還在睡夢中，陡然被驚醒，聽見房子「格格」地響著，壁上的掛鐘不停搖擺。她懵懵懂懂地穿好短衣裳便往樓下衝，房東亦驚慌棄屋而逃。隔壁老太婆好心地招呼她逃離，見房門大開卻沒有人應聲，下樓才發現蕭紅已經逃至樓下，大家相視大笑。左鄰右舍面對災難表現出的友好，讓蕭紅在落寞、苦寂中亦感到無比溫暖。

每天繁重的日語學習也對寫作產生了極大影響。語言學習回來便是閉門枯坐、空想，蕭紅感到自己像蛹一樣蜷縮進了自己織就的繭裡。這樣的蟄居，希望和目標固然都有，但都是那麼大、那麼遠。她意識到自己是不能靠這些遠而大的希望和目標生活，得儘快進入一種切近的生活，卻又總不能夠。寫作已是她的生活方式，一旦放下或因故不能進行，便有一種比孤獨、寂寞更難忍受的空落。魯迅逝世後的一個多月，蕭紅便處於這種難以言說的空落中。爲此，常常進行自我反省。

夜裡，皓月當空銀輝滿窗，關燈默坐窗前，享受一份獨自面對自我的沉靜與孤獨，對著月亮自問：「這不就是我的黃金時代嗎？此刻。」她陡然覺得眼前的一切都不切實，難以感受它們的質感，甚至懷疑自己生活在夢中，於是用手摸摸桌布、藤椅的邊緣，再將手舉到眼前，雖在朦朧月光下，但還是能夠眞切看見那確實是自己的手。爾後，再看看那細細的窗櫺以及窗外月輝下的房屋和樹木，這才切實感到自己當下所擁有的一切都是如此眞實：在這樣的異國，自由、舒適、平靜而安閒，沒有經濟壓迫，沒有精神苦難，以自己最喜歡的方式養活自己，寫作鋒頭正健。這一切無不預示自己的黃金時代已然到來，應該爲此而滿足，但她馬上又不滿意於眼下的現實境況——這困在籠子裡的生活。具體說，這困在籠子裡的黃金時代。

這樣的月夜沉思，常常讓蕭紅陷於「一個人的戰爭」。或許，幾年來的經歷給了她太過深刻的苦難體驗，即便是已然來到的幸福，亦並不能給她安全感。危機似乎無處、無時不在，眼前的幸福和平安，反而令她有些不習慣。她愛這平安，但更害怕這平安，生活中的平安總是那麼有限，此刻享用了，彼時便沒有了，她內心常有潛在的惶恐。蕭紅對自己也很無助，明確意識到自身實在太敏感，幾乎什麼事情來到自己這裡便不對了，也不是時候。她就這樣時常陷於對幸福、平安的愛與怕之中。想傾訴內心的焦慮，然而將這些寫給蕭軍，又擔心會引起他的誤解，她十分清楚，男人一向將自己看得很弱。

十一月，散文集《橋》作爲巴金主編的《文學叢刊》第三集第十二冊，由上海文化生活出版社出版。消息傳到東京，可能因爲心情頹唐，蕭紅對這本書和蕭軍近期出版的《綠葉的故事》都興味不高。而隨著一些作品問世，她在國內文壇的名氣愈來愈大，有些作品甚至在海外也受到一定程度的關注。十二月初，有人想將《生死場》選譯幾段介紹到國外，蕭軍來信徵詢其意見。

雖然很長時間沒有寫作的心境，但令蕭紅倍感欣慰的是，經過兩個多月的學習，自感日文進步很快，已能夠讀懂《文學案內》裡一多半的文章。十二月中旬，就能夠用日文進行很多會話，即便是找房子，與房東辦辦交涉之類，差不多都能勝任。看來，補習學校裡大課時量的強化學習，短期內還是比較有效果，只是花費時間太多。這期學習班到十二月二十三日終結。此後蕭紅打算不再進行這種強化訓練，計畫到一個私人教授的地方繼續學習，以便騰出更多時間閱讀、寫作。

《橋》初版封面

十二月初，蕭紅買票去聽郁達夫演講。會場不大，前來聽講的人卻很多，差點沒把門給擠下來，她的座位也被人占了，只好擠在門口，致信蕭軍說，對郁的觀感倒是不壞。

蕭軍回到上海，她再次告誡男人去買一個軟一點的枕頭，否則她在日本無法安心。以她的經驗，頭痛與硬枕頭有比較大的關係。不久，黃源來信說，蕭軍爲報復自己在日本開始抽菸而大開酒禁。瞭解到男人喝酒是因爲這層原因，蕭紅在十二月五日信中淒婉而懇切地勸道：「這不應該了，你不能和一個草葉來分勝負，眞的，我孤獨得和一張草葉似的了。我們剛來上海時，那滋味你是忘記了，而我又在開頭嘗著。」孤獨與空落讓她難以進到完整的構思和寫作中，從十一月底開始，每每隨手記下一些湧上心頭的短句，到一九三七年一月離開日本前，這些短詩一共有三十四組，六月十五日這些組詩以《沙粒》爲題，刊載於《文叢》第一卷第一號。《沙粒》最初八九組多感懷身世，言說寂寞，怕蕭軍又說自己老是念叨「寂寞寂寞」，蕭紅一開始不想寄給他，打算郵給黃源看看。與蕭軍彼此太熟悉，她想給別的朋友看看，或許能夠讀出一些新趣味。

魯迅先生逝世週月的時候，蕭軍到墓前將新出版的《作家》、《譯文》、《中流》各焚燒了一本作爲祭奠。這三種刊物不僅都得力於先生的鼎力支持，而且，本期全刊有先生逝世時的各種照片和紀念文章。蕭軍來信說了此事，不想蕭紅回信說「到墓地去燒刊物，這眞是『洋迷信、洋鄉愿』，說來又傷心，寫好的原稿也要燒去讓他改改，回頭再發表罷！」轉而，又安慰道：「燒刊物雖愚蠢，但情感是深刻的。」

以前，蕭軍常說女人做了太太便變得愚蠢，但蕭紅沒想到他自己也有諸如燒刊物之類的愚蠢行爲。在國內，蕭紅常常早睡，現在一個人在東京卻每晚不到十二點不睡，只好躺在床上給蕭軍寫信。想到這些，她又覺得女人確實大半愚蠢。

十二月中旬，蕭軍再次來信催促回國，認爲不必「逞強」再待在東京了，儘快回來不必遲疑，且張秀珂來信說即將來上海。十五日，蕭紅再次回信明確告知，對於回國，自己並沒有遲疑，一直就沒有中途回去的意思。中間寫信說想回來，不過是鬧著玩，那次眞正萌動回國的念頭，是因爲日本警方的壓力，並非出於本心。蕭紅還談到這段時間以來對日本的觀感，認爲這是一個比中國還病態的國家，並不適合久待，之所以一定要繼續待下去，一方面出於原來的預期，而更多出於學習日語的考慮，不想就此放棄。還有，如果心境安寧，想東京對創作十分有利。

事實上，蕭軍此次催蕭紅回國另有隱衷。一九七八年九月十九日，在給蕭紅的信件做注釋時，他坦言：「那是她（蕭紅）在日本期間，由於某種偶然的際遇，我曾經和某君有過一段短時期感情上的糾葛——所謂『戀愛』——但是我和對方全清楚意識到爲了道義的考慮，彼此沒有結合的可能。爲了要結束這種『無結果的戀愛』，我們彼此同意促使蕭紅由日本馬上回來。」據季紅眞《蕭紅傳》載，蕭軍這場「無結果的戀愛」的對象是許粵華；而「偶然的際遇」大約是魯迅逝世。魯迅逝世後，蕭軍、黃源、許粵華等一時間忙於治喪和紀念活動，接觸頻繁。時日稍長，蕭軍與密友妻子發生了有違道義的戀情。

蕭紅、許粵華、蕭軍、黃源四人畢竟是如此相熟的朋友，而這種不倫的愛戀在決定終結之前，蕭軍和許粵華心裡自然有一番心靈的掙扎。蕭軍此時催促蕭紅回國，應該包含著讓她早點回來，從而讓自己和許粵華在心靈上有一份更爲強大的外在規約，不至於讓戀情繼續深化的動機，只不過信中沒有明說而已。

蕭紅自然不明瞭這些。此時，受到嚴重頭痛折磨的女人，仍不忘提醒蕭軍夜裡吃東西於他很不合適，喝酒時一定要吃點下酒的東西等等。此外，還惦記著他的被子薄擔心受凍，叮囑一定花三塊錢買一張棉花，將被子帶到袁淑奇家，請她幫忙將棉花加進去，如果手頭寬裕，就乾脆到外國店鋪買一床被子，以免勞煩別人。她也知道自己叮囑的這些，男人一樣也不會照做，但還是禁不住要說。

「西安事變」那天，蕭紅住在友人沈女士的住所，第二天天未亮就讀到相關報導。國內如此巨大的變動讓她驚慌了一天，急切等待蕭軍來信告知事變對上海的影響。

臨近新年，走在年味愈來愈濃的東京大街上，蕭紅無比落寞，周圍所有人的快樂都好像與己無涉。她認爲所謂「有趣味」須得參與其中，如果不能融入、參與，那麼所謂趣味就無從談起。年底一直盼著蕭軍有信來，卻常常失望。她想念蕭軍、也想看看離別多年的淑奇和秀珂，然而，一切都不能夠，理智要戰勝情感，不能因爲想念而回去。爲了打發年關的落寞，她希望蕭軍新年裡郵寄幾本小說來。一九三六年的最後一天，對比自己與蕭軍在身體上的差異，蕭紅生出無限幽怨，不無自怨自艾地感嘆道：雖同爲人，但一個健康，一個多病，因而「常興健牛與病驢之感」每每「暗中慚愧」。値得慶賀的是，頭痛痊癒，去信讓蕭軍「勿勞念念耳」。

一九三七年一月二日，除蕭軍信外，蕭紅還收到秀珂滬上來信。告知已到上海，並在蕭軍幫助下順利安頓了下來，還熱情洋溢地表達了對蕭軍的好感。蕭紅無比欣慰，四日，給蕭軍回信時，將秀珂對其印象摘抄出來附上，還告訴他元旦那天鄰居家起了一場大火，自己因在沈女士處，並未受驚。發出這封報平安的信後，蕭紅於一月九日從東京趕到橫濱，搭乘日本郵輪「秩父丸」啓程回國。
蕭紅何以突然改變主意提前回國，可能與她二日所收到的蕭軍那封信有關。在那封信裡，蕭軍或許直接說出了催促其回國的眞正原因，或者，她從另外的途徑獲悉蕭軍身上到底發生了什麼。獲知蕭軍與許粵華的戀情，對於她來說，自然不啻青天霹靂。雖然，蕭軍此前因情感出軌而傷害過她，但她無論如何不敢相信，他這次愛戀的對象竟是密友的妻子、妻子的女友。悲憤中，蕭紅寫下大量言辭淒苦、情緒悲觀的詩句保留在《沙粒》裡，傳達出幾至絕望、極度厭世的心情：

今後將不再流淚了，
不是我心中沒有悲哀，
而是這狂飇的人間迷惘了我了。

——《沙粒》之十一

和珍寶一樣得來的友情，
一旦失掉了，
那刺痛就更甚於失掉了珍寶。

——《沙粒》之十二

理想的白馬騎不得，
夢中的愛人愛不得。

——《沙粒》之二十

此刻若問我什麼最可怕？
我說：
氾濫了的情感最可怕。

——《沙粒》之二十七

只要那是真誠的，
哪怕就帶著點罪惡，
我也接受了。

——《沙粒》之三十二

我本一無所戀，
但又覺得到處皆有所戀。
這煩亂的情緒呀！
我詛咒著你，
好像詛咒著惡魔那麼詛咒。

——《沙粒》之三十三

什麼最痛苦，
說不出的痛苦最痛苦。

INK PUBLISHING

讀者服務卡

您買的書是：______________________________

生日：　　年　　月　　日

學歷：□國中　□高中　□大專　□研究所（含以上）

職業：□學生　□軍警公教　□服務業

□工　□商　□大衆傳播

□SOHO族　□學生　□其他 ______________

購書方式：□門市 _____ 書店　□網路書店　□親友贈送　□其他 _____

購書原因：□題材吸引　□價格實在　□力挺作者　□設計新穎

□就愛印刻　□其他 ________________（可複選）

購買日期：_______年_______月_______日

你從哪裡得知本書：□書店　□報紙　□雜誌　□網路　□親友介紹

□DM傳單　□廣播　□電視　□其他

你對本書的評價：（請填代號　1.非常滿意　2.滿意　3.普通　4.不滿意）

書名_____　內容_____　封面設計_____　版面設計_____

讀完本書後您覺得：

1.□非常喜歡　2.□喜歡　3.□普通　4.□不喜歡　5.□非常不喜歡

您對於本書建議：

感謝您的惠顧，為了提供更好的服務，請填妥各欄資料，將讀者服務卡直接寄回或傳真本社，我們將隨時提供最新的出版、活動等相關訊息。

讀者服務專線：（02）2228-1626　讀者傳真專線：（02）2228-1598

廣	告	回	信
板橋郵局登記證			
板橋廣字第83號			
免	貼	郵	票

舒讀網「碼」上看

235-53

新北市中和區建一路249號8樓

印刻文學生活雜誌出版有限公司　收

讀者服務部

姓名：＿＿＿＿＿＿＿＿＿＿ 性別：□男　□女

郵遞區號：＿＿＿＿＿＿＿＿

地址：＿＿＿＿＿＿＿＿＿＿＿＿＿＿＿＿

電話：（日）＿＿＿＿＿＿＿＿（夜）＿＿＿＿＿＿＿＿

傳真：＿＿＿＿＿＿＿＿

e-mail：＿＿＿＿＿＿＿＿＿＿＿＿＿＿＿＿

INK

——《沙粒》之三十四

很難想像蕭紅一個人在東京該如何承受如此沉重的打擊。輪船離岸時，她意識到就這樣結束了近半年蟄居東京的日子。雖是蟄居卻絲毫都不平靜。給自己無限幫助、有求必應，精神上一如祖父的魯迅先生死了。她一時難以想像上海沒有了魯迅，對自己來說該是怎樣深刻的變化。而蕭軍的再次出軌，事實上導致了二蕭間永遠都不能彌合的情感裂痕。這是他們情感歷程的轉捩點，二人從此漸行漸遠，直至最後分手。上海已是沒有魯迅的上海；蕭軍卻是眞正愛上了別人的蕭軍。她該回到哪裡尋找情感的歸依？又該向誰傾訴那無以言說的心痛？

或許，她想，如果能夠，寧願永遠待在這樣的異國，永遠不去面對那無法面對的尷尬與苦痛。

孤獨，心痛，落寞，虛無。

蕭紅就這樣踏上回國的旅程，目的地是從此令她心碎的上海。

第六章　重返上海

驚喜的歸航

返回上海途中，蕭紅意外與昔日好友高原（高永益）相遇，給孤獨的歸航帶來莫大驚喜。

在東京，高原並不知道人們所談論的女作家蕭紅，就是當年東特女一中的張迺瑩。身邊旅日同學對他說：「蕭紅和你都是東北人，你一定知道她的地址，請她來給我們大家做一次講演多好啊！」因為不瞭解，高原只好回應說：「老鄉倒是老鄉，可是我不認識她啊！」也許注定要獨自面對孤寂，東京期間，除弟弟張秀珂雖近在咫尺終未能相見外，蕭紅也陰錯陽差地失去了與昔日好友「他鄉遇故知」的機會。倘能與高原相見，她在東京最初的生活就不至於那樣苦寂。

「西安事變」後，大批留日學生相繼回國。高原亦在此時做出回國選擇。輪船離開橫濱，岸上送別的人群漸漸在視野裡消逝，他注意到身後不遠處有位女乘客在甲板上緩緩走來走去，心想對方此刻的心緒，或許如同自己一樣悵惘、煩亂，不由自主地關注著她。輪船在神戶稍事停留，高原上岸參觀了當地幾所由華僑創辦的學校，返回路上又注意到那位女乘客，尾隨其後進行了一番仔細觀察：她身著一身黑白紅三色方塊花紋的衣衫，剪裁式樣既非日式，亦不像中式民族裝，頭上蒙著一條深色頭巾，僅僅露出臉的中部，除眼、鼻、口外，看不清其全貌。高原猜想，對方或許是菲律賓或馬來亞人，還注意到她穿了一雙很特別的棕褐色小皮靴，鞋口是鬆緊的駱駝鞍形，沒有扣帶，很像是男人的鞋子。

在船上，高原一日三餐都與這位引起他極大關注興趣的女乘客同桌進餐，只是斜對面就座，不能準確地看清她的臉，但發現她也使用筷子。這更引起他的好奇，以筷子做餐具的只有中國人和日本人，而日本人有專門餐桌就餐。

輪船行駛在太平洋上，風浪漸大，有此顛簸，許多乘客開始有些不適應，到大餐廳用餐的人愈來愈少。據高原觀察，那位女乘客倒是每日按時前來，絲毫沒有暈船跡象。抵達上海匯山碼頭的頭天早晨，二人又在同一張餐桌不期而遇，仍是斜對面落座。高原不斷打量對方，愈看愈覺得就是當年的張迺瑩，內心不斷湧起與之交談的強烈衝動。心想，日後遇見迺瑩，也好告訴她，在「秩父丸」上曾經遇見一位與其相貌極其相似的外國女人，並與之有過交談。那該是件多麼有趣的事情。高原私下準備用日語或英語與之交談。然而，一旦付諸行動，卻又有些猶豫，畢竟是與外國人打交道，弄不好引起誤會，鬧出笑話或自討沒趣。經過多日觀察，喝湯是對方每次餐畢退席的前奏。眼見她又開始喝湯了，高原害怕失去這次再也碰不到的機會，便急中生智，對鄰座熟人大聲說道：「對面坐著的那位女士，很像是我以前的一位朋友」。話音剛落，喝湯女客抬起頭轉過臉來問道：「是說你的朋友像我嗎？」聽見對方講著很好的國語，高原無比興奮，回應道：「是的，您很像我的一位朋友。」

「你的朋友叫什麼名字？」

「她叫張迺瑩」。

只見對方一下子從座位上站了起來，迅速繞過餐桌，皮靴踏得地板咚咚作響，來到高原面前，緊緊握住他的雙手，激動地說：「你是高——永——益？」巨大的巧合令高原激動得一時說不出話來，沒想到眼前自己關注多日的女子，眞是當年的張迺瑩。當蕭紅關切地問：「你還沒吃完吧」，他激動地說：「不吃了，不吃了，也吃不下了。來，坐下來聊聊吧……」兩人重新坐下，蕭紅取出手帕擦拭滿溢淚水的大眼睛；高原亦情難自禁，雙眼噙淚。餐廳稍坐片刻，高原挽著蕭紅的手回到房間，同住其他八人都是旅日同學。兩人在長沙發上一坐下便開始聊談。簡單寒暄，高原得知蕭紅就住在隔壁。這是多麼巨大的巧合，只是相認來得遲了些。

此前，高原聽說張迺瑩與一個名叫「三郎」的日本人生活在一起，很是不齒，認為往日同學做了頭等亡國奴。當他得知「三郎」就是蕭軍，而眼前的老同學就是蕭紅時，難掩激動，一下子從沙發上蹦起來，向室友介紹：「這是我的老朋友張迺瑩，也就是大家在東京想見的作家蕭紅！」眾人都為兩人的巧遇而高興。連日來的哀怨和傷感一掃而光，蕭紅陽光滿臉地回到自己的住艙，取出一瓶白蘭地和一聽（當時大陸香菸包裝的一種單位，一聽大約是三十至四十支香菸）櫻花牌香菸。臨出門，同室一位從美國歸來的華僑老人問還下棋不？蕭紅連忙說：「不下了！」

「遇見親人了？」大家見狀都有些詫異。

「嗯，遇見親人了。」蕭紅興奮地回答。

回到高原房間，蕭紅打開酒瓶，斟滿酒杯，高高舉起與高原一飲而盡。在高原眼裡，她那一連串動作爽利、粗獷、自如。在酒精刺激下，話匣子一旦開啓便再難合上。在東京近半年來無處訴說的各種心願，終於找到了一個最合適不過的傾訴對象，如煙往事潮水般奔湧而來，兩人為別後各自的命運唏噓、感嘆。高原更為蕭紅所取得的文學成就而驕傲。

他們有說不完的共同話題，不約而同地談起往日在哈爾濱讀書時的好友。說到徐淑娟，高原還將小徐寫給他的信拿給蕭紅看。幾年來命途多舛，蕭軍幾乎是她生活的全部。蕭紅從未與昔日女友有過任何聯繫，得到小徐的消息，自然有說不出的興奮。而從高原口中獲悉，往日女友都一直在關注著自己的命運，她為此感到無比溫暖。瞭解到高原也要去上海，蕭紅便說：「到了上海，咱們就一起去常熟看看小徐……」談到魯迅先生的逝世，雖然過了這麼長時間，蕭紅還是難掩悲痛，大眼睛裡不能自禁地溢滿淚水。說起與先生間的諸多往事，一室聽者都為魯迅的精神、人格深深感染。

從早晨聊到黃昏，午飯、晚飯都不想吃，兩人似乎要抓住這令人激動的分分秒秒。海上風浪漸大，人們大都躺在床上閉目養神。傍晚，蕭紅和高原一起來到甲板上，觀看隆冬時節極其晦暗的黃昏海景，以及隨之而來的沉沉夜色。久久凝望星空，蕭紅突然很悲憤地說：「亡國奴，我們還要做第二次的！」動盪時局讓她意識到自己和高原這些流亡關內的異鄉人，不可避免地要再次面對淪為亡國奴的命運。

海上夜色愈發深沉，風變得愈來愈冷，高原用幾乎凍僵的手指幫她整整圍巾，將她那瘦弱的身軀緊緊靠在自己身邊，以此給她溫暖。回到艙內，蕭紅仍然凍得發抖，高原拿來一條毛毯，將兩人的腿腳嚴嚴實實地包裹好，坐在沙發上繼續聊下去。這情形令高原想起，幼時在哈爾濱過冬，夥伴們坐在馬車裡就是如此抗禦嚴寒。當他將聯想說給蕭紅聽，兩人都笑起來，彷彿一下子回到頑童時代，還有那時常出現在夢中的故鄉：寒冷的氣候、油黑的土地、一望無際的高粱大豆……

漫長的寒夜不知不覺褪去。雖然不會抽菸，但高原也幫著蕭紅將一聽香菸吸得一根不剩。同室一位來自廣州的同學，笑著說：「你們談了整整二十四小習（時）！」聽著他那古怪的口音，蕭紅哈哈大笑。是啊，二十四小時就在這似乎仍不盡興的聊談中度過。上海快到了，風浪不像夜間那樣大，人們很興奮地來到甲板上做做運動。看著在單桿上運動的高原，蕭紅不禁向他說起蕭軍鍛鍊身體的情形，言談中流露出自豪，讓高原瞭解到一直處於傳說中的蕭軍是個文武全才的人物。

早餐回來，高原幫助蕭紅整理手提箱。行李非常簡單，但兩人還是興致頗高地整理著一件件蕭紅常帶在身邊的東西。箱子裡有一部舊版《唐詩三百首》，那是蕭軍從上海郵寄到東京，幫她打發寂寞的夥伴。

高原知道，那也是她從小就愛讀的書之一。給他留下深刻印象的，還有一只茶杯大小的木桶，那也許是蕭紅最喜愛的玩具。瞭解到高原經濟拮据，蕭紅將所剩不足二十元的日鈔全部留給了他，並囑咐了許多到上海後須注意的事項，特別是留心小偷，別丟了錢包。

一月十三日上午，當兩人再次登上甲板，上海匯山碼頭在明媚陽光下清晰可見。

難說心痛

回到上海，蕭紅和蕭軍住在呂班路（今重慶南路）二五六弄一處由俄國人經營的家庭公寓裡，仍屬法租界。弄堂裡是一排整齊的西班牙式樓房，房客大都是白俄，流亡上海的東北籍作家亦大都租住這裡。

蕭紅回國前，蕭軍就力圖理性地處理好與許粤華的情感糾葛。他們還有黃源畢竟都是具有理性的現代知識分子、進步作家，且黃源、蕭軍都是魯迅生前最爲親近的友人。自然意識到緋聞如果傳揚開去，無論對魯迅先生還是對他們自己，都會產生非常惡劣的影響。更何況，包括蕭紅在內，大家此前都是志趣相投的朋友，道義上，黃源亦不願這件事再給蕭紅帶來傷害。因而，蕭紅返滬，蕭軍和黃源夫婦盡量表現出若無其事，周圍瞭解內情的朋友像胡風、梅志等，更不會主動在她面前搬說此事。

返滬當晚，黃源設宴爲之洗塵，另外還有幾位相熟的朋友在座。席間，蕭軍對離別近半年的蕭紅表現出濃濃關切與愛意，在朋友們殷勤舉杯間，勸她少喝兩杯花雕酒，但她仍豪飲了幾大杯。乍見蕭軍、許粤華還有黃源，蕭紅複雜的內心或許連她自己都無法釐清。好在，兩性關係上，蕭軍對她的傷害也不是第一次。只是她暫時還不知道男人與女友之間，那場蕭軍所謂「無結果的戀愛」，究竟發展到了何種地步。自然不會有人告訴她，一切都有待自己發現，而這一切她本不想知道。前文說過，蕭紅是那種即便受到再深的傷害，亦不願在人前輕易流露內心苦痛的女人。她不願主動打聽、追問什麼，內心甚至極力說服自己，那一切根本就沒有發生過。

安頓之後，蕭紅最爲迫切的願望就是到先生墓前拜謁，告知此前那個調皮而哀怨的悄太太已經回來了。遊子歸來，親人已逝，她想到魯迅墓前痛痛快快地大哭一場。深冬的上海總是如此潮濕、陰冷而晦暗，在蕭軍帶領下，蕭紅踩著枯敗的落葉和衰草，走進寂靜的萬國公墓，遠遠便看見墓碑上鑲嵌著先生的半身瓷像。見到昔日那熟悉的面容，蕭紅一時難以接受魯迅先生睡在這冰冷的墓地已逾百日。無限往事湧眼前，不禁想到，偌大的城市裡最疼愛自己的那個人早已永遠離去——上海早已不是去年離開之前的上海。蕭紅難以克制情感，眼淚奪眶而出，淚眼中的先生還是那樣溫和地看著自己，耳畔又回響起先生設宴餞行時溫暖的囑咐：「每到碼頭，就有驗病的上來，不要怕……」

墓前草地上的一只花瓶裡插放著祭拜者的鮮花，有些已經枯敗。時隔半年，蕭紅還是一眼認出這花瓶曾放在先生客廳的黑色長桌上，種著一株萬年青。她清晰記得，前年的冬天黃昏，第一次走進先生家，便對客廳黑色長桌上那株四季不凋的植物發生興趣，好奇地問先生花瓶裡的植物叫什麼，並且不解：「屋裡不生火爐，也不凍死？」而眼前的花瓶，令她腦海裡又清晰浮現魯迅當時一邊抽菸一邊回答的神態和情形。菸捲的輕煙升騰在他那花白的髮際：「這花，叫『萬年青』，永久這樣！」蕭紅還記得先生將菸灰彈在花瓶旁的菸灰盒裡，火紅的菸頭像一朵小紅花在其指間開放、閃爍。

隨處都可觸發關於先生的記憶。滿臉淚水的蕭紅，怔怔望著墓碑上的半身像神情恍惚。蕭軍上前將墓碑清掃了一遍，她將鮮花插放在花瓶裡。然後，兩人一齊在墓前深深鞠躬，低頭默哀時，蕭紅再次一任眼淚奔湧而出。良久，緩緩離開。與先生長眠之地漸行漸遠，蕭紅像一個孤單無助的孩子，不時回頭望望那變得愈來愈小、愈來愈模糊的半身像。墓地回來，情感難遏，不久，她沉痛而深情地寫下謁墓詩：

跟著別人的腳跡，
我走進了墓地，
又跟著別人的腳跡，
來到了你的墓邊。

那天是個半陰的天氣，
你死後我第一次來拜訪你。

我就在你的墓邊豎了一株小小的花草，
但，並不是用以招弔你的亡靈，
只是說一聲：久違。

我們踏著墓畔的小草，
聽著附近的石匠鑽刻著墓石，
或是碑文的聲音。
那一刻，
胸中的肺葉跳躍起來，
我哭著你，
不是哭你，
而是哭著正義。

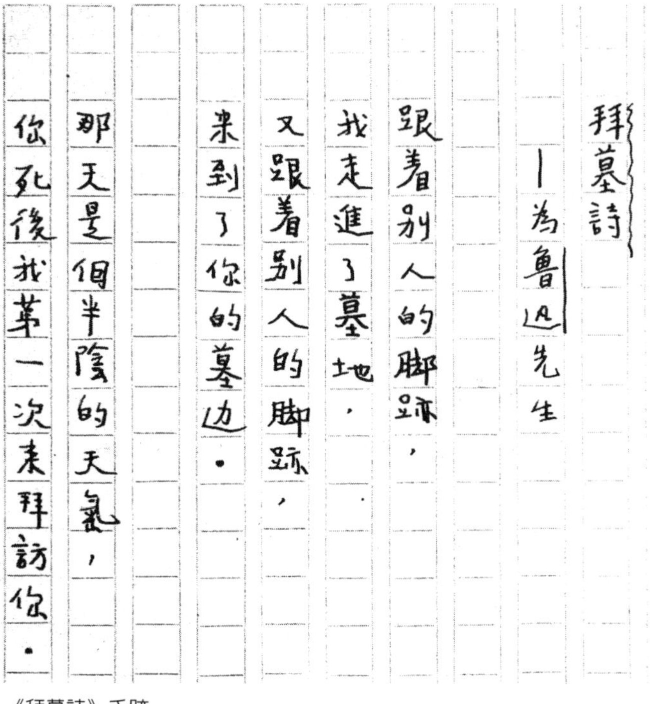

《拜墓詩》手跡

你的死，
總覺得是帶走了正義，
雖然正義並不能被人帶走。

我們走出墓門，
那送著我們的仍是鐵鑽擊打著石頭的聲音，
我不敢去問那石匠，
將來他爲著你將刻成怎樣的碑文？

這首詩後來公開發表於一九三七年四月二十三日的《大公報》副刊《文藝》。在日本期間，蕭紅完成散文《永久的憧憬和追求》，深情懷念祖父，發表在一九三七年一月十日出版的《報告》第一卷第一期。在她看來，祖父的死帶走了世間所有的「溫暖」和「愛」，但是祖父也讓她知道世間除了冰冷和憎惡外，還有「愛」和「溫暖」，進而讓她向著這「愛」和「溫暖」懷著永久的憧憬和追求；而魯迅之死則帶走了世間的正義，但從先生那裡，她又認識了正義，並在先生指引下同樣不懈地追求著正義。祖父、魯迅就這樣支撐著她的精神世界，始終活在其靈魂深處。只要想起，就讓她內心自然瀰漫著感恩與懷念。

蕭紅更惦記著許廣平，常到家中看望。雖然搬家了，但蕭紅發現那株萬年青仍然站在那張黑色長桌上，其後便是魯迅先生的大幅相片。花瓶搬到了先生墓前，就用一只玻璃瓶裝著，淺黃色的鬚根立在瓶底。許廣平每每邊跟蕭紅聊天，邊修剪著它的枝葉，話題自然圍繞著逝去的先生。看著相片，還有這株記憶裡似乎永遠跟魯迅先生連在一起的萬年青，蕭紅覺得和許先生就像在談論一樁悠遠的往事，那樣遙遠而切近，內心充盈著無盡傷感。怔怔中，她甚至有一種錯覺，覺得先生並不曾離去，只是出門到雜誌社送文稿，或到內山書店取郵件去了，說不定在她們談話的當兒就會推門而進。

一個晴朗的春日，二蕭帶上張秀珂，約上翻譯家金人和「小蒙古」袁淑奇一起到許廣平家裡，適值周建人夫人王蘊如和兩個女兒也在，於是，許廣平帶上海嬰，一行人到萬國公墓祭奠。祭掃完畢，除了所有人在一起合影之外，二蕭與許廣平及海嬰還單獨在先生墓碑前照了一張相。爾後，二蕭與金人、張秀珂、袁淑奇亦在先生墓前留影。

高原在上海安居後，就寫信告知蕭紅具體地址。蕭紅曾親自到其租住地法租界勤樂村看望。不久，二蕭還約這位東北老鄉在霞飛路文藝復興茶社見面。第一次見到「傳說」中的蕭軍，其帥氣、健談和那件醬紅色的皮革大衣，給高原留下了十分深刻的印象，覺得有些像大學生運動員。蕭紅給他帶來幾本自己的著作，還有凱綏・珂勒惠支的版畫集，瞭解到昔日的張洒瑩現今有如此突出的文學成就，高原內心充滿敬佩，亦爲自己擁有二蕭這樣有作爲的朋友而驕傲。

蕭紅的社會交往漸漸多起來，梅志常在許廣平家裡遇見她。梅志眼中，蕭紅恢復了過去的樣子，穿著簡單、樸素，留著平順的短髮，一如從前平易可親。魯迅雖然不在，但隨著一些新著的陸續出版，二蕭在上海文壇的影響力愈來愈大。許多刊物向他們約稿，有的還拉兩人做台柱。一次，一家雜誌創刊，在主編

1937年在魯迅墓前，左起金人、袁淑奇、蕭紅、張秀珂、蕭軍

邀集撰稿人的小型宴會上，蕭紅情緒高昂，自信地談著自己的主張，給梅志留下極爲深刻的印象，感到她抱負宏大，是那麼熱愛自己的文學事業，覺得此時的二蕭獲得了名譽和金錢的雙豐收，蕭紅顯得非常愉快。

事實上，梅志所見只是表象。

沒了魯迅，蕭紅在精神上好像失去了歸依。再者，她畢竟離開這個熟悉的朋友圈子近半年，再次完全融入需一段時間，況且，這個朋友圈子發生的最大變故便是魯迅之死。而魯迅對蕭紅的賞識和揄揚是人所共知的事實，當她再回到圈子裡，因爲沒有魯迅，失落自然難免。蕭紅敏感周圍朋友基本以蕭軍爲交往核心，自己似乎永遠是個從屬或附庸。也許一直都如此，但此前有魯迅的賞識、揄揚，她並沒有如此鮮明的感受。

不可忽視的是，蟄居東京是蕭紅思想上漸漸成熟起來的時期。作爲一個成績斐然、且歷經磨難的年輕女作家，她那潛藏靈魂深處的女性意識亦漸漸甦醒。這讓她明顯感受到來自男權社會的擠壓，本能意識到女性生存空間的侷促。她渴望得到認同，但不是基於蕭軍的影響。蕭紅一時難以回到往日的朋友圈子，還在於這個圈子的生態早已全然改變。蕭軍和許粵華的「戀愛」，無疑是發生在這個圈子裡的最大緋聞，而最直接的無辜受害者，莫過於蕭紅和黃源。對於這樁緋聞，圈內朋友當面自然諱莫如深，背後或許津津樂道。黃源對此已經瞭解，大家需要戒備的就只有蕭紅。所有這些，讓蕭紅似乎在踏上上海碼頭的那一刻，便敏感到與這個曾經因爲有魯迅而讓她無比依戀的城市之間，有了一道難以言說的隔膜——沒有魯迅的上海已然變得如此陌生。

二蕭基於這次緋聞而產生的情感裂痕實際已難癒合。蕭紅甫回上海，無論蕭軍還是黃源，雖然大家都極力規避尷尬和不快，但那些已然發生的事實，並不因刻意規避而不存在或沒發生。不經意間，蕭紅在一點點獲知，傷痛由此不斷生成。敏感要強如蕭紅，不願讓內心苦痛流露，更無法向別人訴說，那份鬱悶和心痛只有她自己最清楚。謁墓詩裡，她不斷強調「跟著別人的腳跡」，或許就是這種隔膜和失落心態的自然流露，暗指二蕭已經不是一個整體，蕭軍已成「別人」。這是很重要的信息，看似突兀實則必然。

蕭紅難以適應新的生活，亦難投入新的寫作計畫中，頻繁社交的表面風光下，極力掩飾難以言說的空虛與沮喪。蕭軍仍一如既往，如軍人般進行著每天的寫作，內心平靜，生活規律，這讓她既羨慕又嫉妒，甚至莫名其妙地「生氣」。一天，對著蕭軍光著背脊、頭戴一頂壓髮帽專注寫作的背影，蕭紅很是「生氣」，用炭條速寫下來。蕭軍事後瞭解到那是女人對其嫉妒的宣泄。那張速寫保存了下來，蕭軍晚年再次拿出把玩，不禁感嘆畫得確實不壞，線條簡單、粗獷、有力，特徵抓取鮮明，嘆惋因種種條件所限，蕭紅沒發揮出那原本極高的繪畫天分。

駱賓基《蕭紅小傳》裡，有如此記載：

> 那一次，蕭紅一個人走到她的友人H家宅裡去。那友人是一個有名雜誌的編輯。一上樓，蕭紅就欣喜著，在H的寢室裡，有蕭軍和H以及H夫人的談話聲。但蕭紅一出現，這談話就突然停止了。蕭紅當時並不驚疑，這在婦女的生活上已經習慣了的。她向H夫人說：「這時候到公園去走走多好呀！」彷佛是H夫人躺在床上，而且窗子是開著。她說：「你這樣不冷麼！」要把大衣給她披

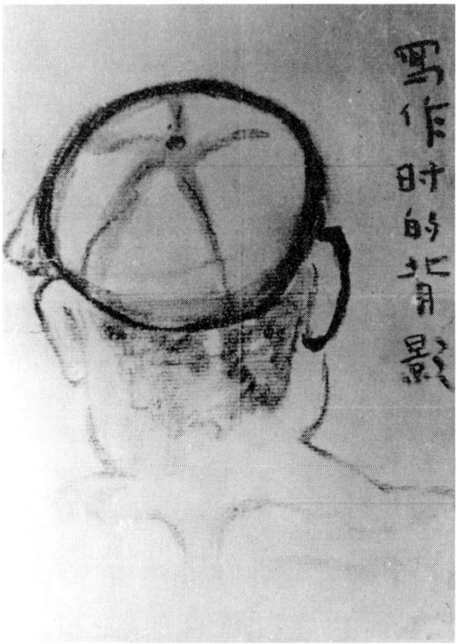

蕭紅手繪蕭軍寫作時背影

上，就在這時候，H說話了：「請你不要管。」

蕭紅立刻從三個人的沉默而僵持的臉色上，發覺存在這之間的不愉快是什麼了。蕭紅悻悻地走出來。她當時想，這和我有什麼關係呢？H是作爲蕭軍的「弱」的地方，在她頭上顯示他的氣憤。而在這裡蕭紅的附屬性是再明顯不過了。

駱賓基是最早爲蕭紅作傳的作家。《蕭紅小傳》完成於一九四六年十一月，距蕭紅棄世不過四年多，而作者本人又是蕭紅棄世前接觸最多的人之一。因而，關於此事的記載應具有極高的可信度。文中雖以符號對當事人進行刻意掩飾，實則不難看出所指是誰。作爲蕭紅的友人，以及「那友人是一個有名雜誌的編輯」，可以看出似乎指的是黃源；而H夫人就是許粵華了，《蕭紅小傳》後文亦提到蕭軍「確實是向H夫人『進攻』過」。這樣，所指就更其明顯了。

由此，在表面一團和氣的朋友關係下，蕭紅漸漸感受到了異樣，夾雜著一種說不出的屈辱與傷痛。除蕭軍的背叛令其心痛外，還有作爲朋友的黃源因在蕭軍面前的弱勢，亦將對他的氣憤和自感的屈辱發洩到自己身上。原本對友情有所期待的蕭紅，因之經驗到一種更大的傷痛。她自信蕭軍仍然愛自己，他們之間的愛情不可能輕易被裂解，雖然，蕭軍確實向許粵華「進攻」過，但那是發生在兩人分離的「間隙」裡。然而，黃源所給的刺激，令蕭紅內心湧起極爲強烈的獨立訴求，無論精神還是人格，不再作爲男人的附屬而存在。她似乎向著無邊虛空發出了挑戰。

蕭軍與黃源夫婦這次不愉快的交談究竟說了些什麼，今天自然不得而知。當事人已然作古，即便健在，話題如此私密，大家自然避之唯恐不及。蕭軍當時正忙於和朋友們編輯《報告》雜誌，而與許粵華那段「無結果的戀愛」雖然出於道義終結，但後續影響遠沒有結束。據《蕭紅傳》作者季紅眞女士日後對梅志的訪談中瞭解到，「許粵華（筆名雨田）卻已珠胎暗結，做了人工流產手術，蕭軍又忙著照顧她，根本無暇顧忌蕭紅」。蕭紅在黃宅臥室所撞見的不宜聽知的話題，是否關乎此不得而知。蕭軍確乎是他那曠世的「愛的哲學」的努力踐行者。值得一提的是，經過與蕭軍的這段愛戀，許粵華不久與黃源離異，分道揚鑣。晚年黃源在回憶錄中對他們離異的原因，同樣諱莫如深。而從《黃源回憶錄》裡可以瞭解，當年他與許的自由戀愛同樣眞誠、熾烈。

「愛便愛，不愛便丟開」，或許，許粵華之於蕭軍並非基於「不愛」而「丟開」，因而在蕭軍心底仍占有一席之地。十一年後的一九四八年七月二十四日，在注釋魯迅寫給自己和蕭紅的一批書信時，蕭軍發現魯迅信中提及俄國作家波里包衣（Novikov-Priboi）。許粵華翻譯過他的《小雞》等作品。蕭軍因之引動對許的無限思念，情深款款地寫道：「據說波里包衣已故去，這位偉大的海洋小說家的作品我是喜愛的，更是他有幾個短篇——其間有《小雞》和《歌者》——曾被譯出發表於《譯文》上。這是兩篇描寫海兵生活的作品，它深刻的印象和情節到如今尙存留於我的印記中。而《小雞》譯者雨田先生是否尙在人間或流浪何方？……也是我深深繫念著的。」

事後看來，二蕭最終勞燕分飛，顯然與這場讓蕭軍始終深深懷念的不倫之戀有直接關聯。而在距離寫下上述文字三十年後的一九七八年九月十九日，在注釋蕭紅的信件時，晚年蕭軍明確說明，這段戀愛完全是在主觀意志的規約下人爲終結，並坦言：「這種『結束』也並不能說彼此沒有痛苦的！」

由此看出，蕭軍對許粵華的愛發自內心，動了眞感情，而非僅僅出於年輕時的浪漫、多情，與發生在他和陳涓間的故事完全兩樣。正因如此，蕭紅更覺傷痛深巨。在日期間和回滬之初，她並不瞭解男人與許粵華的愛戀發展到了何種程度，產生了怎樣的後果。而隨著那令人難以置信的後果在她面前一點點浮出水面，她近乎絕望。剛回上海時，二蕭間那種親密與甜美旋即蕩然無存，敏感、自尊如蕭紅，自然無法容忍丈夫無視自己的存在，忙於照顧人工流產的情人，何況她還是自己以前的親密友人。作爲公眾人物，在一些公開場合，二蕭還是盡量保持親密、和諧，但在文藝觀念或對作品的評價上，如果有了自己的想法，蕭紅不再附和蕭軍，觀點相左時常常針鋒相對，私下已近乎陌路。不久，朋友們亦瞭解到二蕭感情不太融洽，在他們眼裡，「蕭紅個性極強，和蕭軍針鋒相對，搞不到一塊兒」。當時與二蕭相熟的青年作者白危晚年回憶，在馬路上常見他們「一前一後地走著，蕭軍在前大踏步地走，蕭紅後邊跟著，很少見到他們並排走」。

二蕭私下裡頻繁發生激烈爭吵。張秀珂往往難明究竟，只覺得姊姊動輒與蕭軍鬧意見。一天，剛進屋，蕭紅就告訴他剛才與蕭軍的爭吵，說蕭軍氣頭上把電燈泡都打壞了。蕭軍馬上搶過來說是碰壞的，並分辯自己如何有理。秀珂想問姊姊這到底是爲什麼，蕭紅卻支吾不答。即便是自己的胞弟，蕭紅亦不願坦露內心苦痛，外人就更無從知道了。時間稍長，張秀珂也漸漸不太贊成姊姊的做法，覺得她在蕭軍面前過於敏感，甚至有些無理取鬧，一些事情上亦不大聽得進她的話。他哪裡知道姊姊心中那無法言說的心痛。一九五五年四月二十八日，張秀珂臥床口述《回憶我的姊姊——蕭紅》一文時，沉痛說道：「直到十年後，我才知道他們那時鬧意見，並不是完全怨蕭紅的。」

據身邊朋友觀察，二蕭的私下爭吵偶爾還發展到家庭暴力的程度。一九三七年春天，有位日本進步作家來上海遊歷，很想見見許廣平及周圍的朋友。大家高興地聚在一間小咖啡室裡，在座除蕭紅、蕭軍外，還有胡風、梅志及靳以等等。見面後，朋友們最奇怪、最關心的卻是蕭紅的眼睛。其左眼青紫了很大一塊，熟識的朋友不時背著客人，走到她身邊輕聲詢問：

「你怎麼了？碰傷了眼睛？」

「好險呀！幸好沒傷到眼球，痛不痛？」

「怎麼搞的？以後可得小心呀！」

面對朋友們善意的關心、痛惜和提醒，蕭紅只是很平淡地回答：「沒什麼，自己不好，碰到了硬東西上。」又怕大家不相信似的補充說：「是黑夜看不見，沒關係……」雖然吞吞吐吐，大家還是相信了她的說法。見面會結束，送走客人，大家一起遛馬路，太太們又提起蕭紅的眼睛，再次紛紛提醒她以後多加小心。蕭紅不停點頭回應大家的好意，一旁的蕭軍卻忍不住要表現他那「男子漢、大丈夫，一人做事一人當」的豪邁氣概，大聲說道：「幹嘛要替我隱瞞，是我打的……」蕭紅淡淡一笑，繼續掩飾道：「別聽他的，不是故意打的，他喝醉了酒，我在勸他，他舉手把我一推，就打到眼睛上了。」同時，低聲對梅志說：「他喝多了酒要發病的。」蕭軍卻毫不領情，大聲說：「不要爲我辯護，我喝我的酒……」一行人不好再說什麼，連忙各自散去。

梅志以當事人的身分，將這件事清晰記在《「愛」的悲劇——憶蕭紅》一文裡。然而，針對蕭紅這次挨打，晚年蕭軍另有解釋。一九七八年九月十一日，他在注釋蕭紅書信時寫道：「還有一次在夢中不知和什麼人爭鬥了，竟打出了一拳。想不到這一拳竟打在了她的臉上，第二天她就成了『烏眼青』；於是人們就造謠說我毆打她了，這就是『證據』！」他進而說像這樣無意間的「施虐」亦表現在其他場合，一次橫穿霞飛路，因怕蕭紅被車輛撞倒，就緊緊握住她的一條胳膊，過了馬路一看，其手臂上竟留下五條黑指印。

但對於蕭紅這次挨打，作家靳以在《悼蕭紅》一文裡，亦有類似梅志的敘述：

……從前那個叫做S的人，是不斷地給她身體上的折磨，像那些沒有知識的人一樣，要捶打妻子的。

有一次我記得，大家都看到蕭紅眼睛的青腫，她就掩飾地說：

「我自己不加小心，昨天跌傷了！」

「什麼跌傷的，別不要臉了！」這時坐在她一旁的S就得意地說：「我昨天喝了酒，藉點酒氣我就打她一拳，就把她的眼睛打青了！」

他說著還揮著他那握緊的拳頭作勢，我們都不說話，覺得這恥辱該由我們男子分擔的。幸好他並沒有說出「女人原要打的，不打怎麼可以呀」的話來，只是她的眼睛裡立刻就蘊滿盈盈的淚水了。

文中的「S」所指似乎就是指蕭軍。之所以對「蕭紅挨打」從多角度進行敘述，因爲在筆者看來，這件事對於二蕭最後分手，具有非同尋常的意義。由此亦可窺見，因蕭軍、許粵華之間的戀情，最終導致這對曾經患難與共的夫婦作家之間，產生了怎樣難以彌合的巨大裂隙。

也許是二蕭間頻繁的爭吵以及蕭紅那日漸甦醒的女性意識，讓她改變了對蕭軍的看法，漸漸不能認同原本是兩人共有的社會生活和社會資源只爲蕭軍獨占，雖然，基於中國社會的傳統慣習似乎理應如此。對於蕭紅的改變，蕭軍自然愈發難以認同。晚年蕭軍仍一再強調：「蕭紅是個沒有『妻性』的人，我也從來沒向她要求過這一『妻性』。」其所指，大意是說蕭紅作爲妻子不夠溫柔體貼。白朗的看法卻恰恰相反，她覺得蕭紅對蕭軍表現出的是驚人的隱忍。蕭紅棄世兩個多月後，她於一九四二年四月十日在《遙祭——紀念知友蕭紅》一文中，深情而痛惜地寫道：

> 紅是一個神經質的聰明人，她有著超人的才氣，我尤其敬愛她那種既溫柔又爽朗的性格，和那顆忠於事業忠於愛情的心；但我卻不大喜歡她那太能忍讓的「美德」，這也許正是她的弱點。紅是很少把她的隱痛向我訴說的，慢慢地，我體驗出來了；她的眞摯的愛人的熱情沒有得到眞摯的答報，相反的，正常常遭到無情的挫傷。她的溫柔和忍讓沒有換來體貼和恩愛，在強暴者面前只顯得無能和懦弱。

沒想到，與蕭軍久長的分離所換得的喜悅竟如此短暫。蕭紅心靈再次受到重創，遠遠甚於去日本之前，咀嚼著無邊屈辱，什麼事情都做不下去。偌大的城市，唯一可去的地方仍只有許廣平家，常常一坐半天。她不輕易訴說苦難，即便面對胞弟或是親密知友，但此時的許廣平是個例外。在她面前，蕭紅像個備受委屈的孩子。許廣平盡最大可能給以撫慰，但更多時候，她也不知道說什麼好，畢竟話題如此私密，且當事人都是身邊每日往來的好友。

太想得到親人的撫慰，哀怨、屈辱和無助中，蕭紅第一次專門撰文寫到生母，深情表達對母親的思念。精神苦難已然將她變成一個想母親的孩子。在《感情的碎片》開頭，她陳述想念母親的當下心境：「近來覺得眼淚常常充滿著眼睛，熱的，它們常常會使我的眼圈發燒。然而它們一次也沒有滾落下來。有時候它們站到了眼毛的尖端，閃耀著玻璃似的液體，每每在鏡子裡面看到。」正是在這每天雙眼噙淚的日子裡，她點滴回想起母親逝世的情形。蕭紅的身體非常差，常常整夜失眠，肚子痛。有時對著許廣平傾訴，適值梅志也在，她也不迴避。許廣平、梅志對她只能給以言語上的安慰，內心都十分惋惜這對如此令人羨慕、大有前途、且經歷了那麼多磨難的夫婦作家，怎麼會在生活中如此不協調。

蕭紅將完成於日本期間的《沙粒》組詩略加修改，署名「悄吟」，於一九七三年三月二十日發表於《文叢》第一卷第一號。以往面對蕭軍的情感出軌，她只是一個人自怨自艾地寫作《幻覺》、《苦杯》等詩篇給自己看，聊以紓解心痛。這次公開發表《沙粒》組詩，在明示其態度的同時，也把兩人情感上的不和諧公開化了。很顯然，面對蕭軍那「愛的哲學」所帶來的傷痛，雖然哀怨、傷感依舊，但蕭紅這次選擇了一種不同於以往的直面姿態。

每晚睡前，馬路上遠遠傳來盲人賣唱者的胡琴聲，悲切而悽楚，令蕭紅生出濃重的身世感，爲自己亦爲人世間的不幸而感傷。蕭軍還沒有回來，開窗向那衣衫襤褸的盲者觀望，領路的小女孩發現窗後的蕭紅便停下腳步，盲人胡琴手開始悽楚地唱「道情」。靜聽琴音，俯視這深夜街頭的賣唱者，蕭紅爲他們飄零的身世心生無限悲憫，一時間想起自己的前世今生，不覺淚眼婆娑。琴音寂止，她蒐集起散放在窗台上的所有銅板，用紙緊緊裹住投到小女孩面前。

從此，賣唱的祖孫倆每晚都準時前來淒切地唱上一番。蕭紅每晚都如同第一次傾聽，等他們唱完，便投下白天爲之準備好的小洋角子和銅板。一天夜裡，回來晚了，在馬路口就看見已經走到道路另一端的賣唱者，一長一短兩個身影拖在深夜的大街上。回到房間，發現出門前忘了關燈，蕭紅立時想到那小女孩看見房間有燈光，一定像往常那樣，讓老人有所期待地拉唱很久。今晚，他們該是帶著怎樣的失望離開？寂止的琴音或許在訴說一老一小今晚所收穫的空虛與悲苦。迅速打開窗子，看見漸漸消失於夜色中的一老一小，蕭紅悵然若失，但旋即想到對比這悲苦的流浪者，自己的哀怨和傷痛又算得了什麼？

她想努力改變自己。

與蕭軍在一起，蕭紅更多時候表現出難覓共同話語的沉默。蕭軍仍在忙碌，女人的沉默並沒有引起他的注意。「他太自信了」，蕭紅常常在心底對自己說。作爲作家，她想到自己與蕭軍是平等的，眼下雖難有心情寫作，但得努力改變自己的生活狀態，儘早從哀怨中走出。注意到報紙上有一則私立畫院的招生廣告，且就在薩坡賽路附近，蕭紅連忙打電話詢問是否招收寄宿生，是否還有床位。得到肯定答覆，她決定親自探看一番。當一名畫家，一直是蕭紅遙遠而切近的夢想，之前，還有去巴黎專門學畫的願望。眼下，之所以有去寄宿畫院的衝動，是想從與蕭軍共有的朋友圈子裡暫時消失。那些所謂「朋友」都站在蕭軍一邊，她需要逃離他們的關注。

一個猶太畫家熱情接待了她。畫院隨時都可報名，然而臨到做出決定，蕭紅反倒有些猶豫。這畢竟是個莊嚴的決定，是一種選擇，而她畢竟不是幾年前那個任性的中學生。從畫院出來，大門口碰見了蕭軍。男人還是那麼自信地邁著大步走了過去，對她如陌生人般幾乎視而不見。她也沒有招呼，一如往常，蕭軍走在前面，她就那麼習慣性地跟了回來。邊走邊湧起無盡傷感，看看身處其中的這個城市，上海似乎還是原來的上海，當年一文不名的兩個年輕人，以自己的才華征服了這座城市。然而，兩年前融合在一起的整體，如今卻形同陌路，濃重的宿命感瀰漫心底。想到這座城市成就了自己，成就了蕭軍，但更感到這座城市即將毀滅他們的曠世愛情。太懷念那個有魯迅的上海；懷念與蕭軍在濕冷的亭子間，守候每一個希望的日子；懷念那每一天的快樂和每一天的困窘。現在，在這個城市裡擁有了金錢、聲名，卻如此形單影隻、傷心欲絕。蕭紅意識到，上海在給予的同時，更在向自己索取——這座城市即將拿走她最寶貴的東西。

晚上，蕭紅照例周到招呼蕭軍和住在同一公寓的幾位東北籍作家朋友吃喝。心裡始終在盤算是否做出到寄宿畫院的決定。晚飯後，她感到倦怠而沮喪，早早上床躺下。蕭軍與幾個朋友繼續圍著餐桌閒談。還沒有睡著，就聽見他們在談論自己，蕭軍說：「她的散文有什麼好呢？」朋友們馬上附和：「結構卻也不堅實！」男人們的語氣明顯帶著輕鄙，蕭紅悲哀地想，自己無論做出了什麼，在這個男人群裡都不可能得到承認。就因爲自己是女人而做了他們所能做的事情，而且，或許比他們更出色。一股莫名的力量促使她從床上爬起來，出現在他們面前，男人們愉快的閒談旋即停止。從東京返滬，她明顯感到周圍人不時規避自己談論著什麼，久之，已經習慣了。「你還沒有睡著呀！」爲了緩解尷尬，蕭軍關切地問。「沒有」。她面色和婉，目光冷峻地回應道。心想，我每天家庭主婦一般地操勞，你以一家之主的儼然模樣往桌邊一坐，興致高時還要悠然喝上兩杯小酒，而在背後還和朋友們一起鄙薄我！

就在與這群男人面對的一剎那，蕭紅做出了逃離的決定！

深夜，當蕭軍和朋友們各自安睡，她悄悄起床準備好所帶衣物，將僅剩的十二元法幣留下一半。黎明時分，蕭紅拎著箱子悄然出走，想永遠藏在畫院，隱於都市。蕭軍打聽過所有她可能接近的朋友，均一無所獲，後來回想起他們在畫院門口相遇的情形，由此猜測到其行蹤。第三天，蕭軍的兩個朋友找到畫院，與主持者辦著交涉。畫院主持者十分詫異地對蕭紅說：「你原來有丈夫呀！你丈夫不允許，我們是不收的。」沒有比這更赤裸地彰顯這個社會的男權性質了。她無話可說，像「俘虜」一樣被帶了回來。

蕭紅的離家出走，非但不能引起朋友們的同情、理解，反倒招來更多非議，成了她孤僻、倔強、不合群的口實，也成了獵奇者的談資。愈益苦悶的蕭紅，不知該如何重新打理自己的生活。許廣平仍處於魯迅逝世的巨大傷痛中，而且，還有許多紀念魯迅的繁重工作要做，不能再去打擾了。一如去年心靈受傷後逃往日本，眼下，她仍然想到必須離開蕭軍一段時間。她太需要再好好舔舔自己的傷口。

該逃到哪裡？

蕭紅想起當年在北平念書時經常往來的一些哈爾濱籍朋友，才是真正基於自己的交往而建立起的友誼。隨即，做出了到北平訪友、散心的決定。這一決定，亦根源於她內心一直非常懷念北平，很想有機會再住住。對此，蕭軍比較贊同，雖然，他第一次到北平收穫的印象不佳，但還是願意陪蕭紅住上一段時間。讓她作爲「先遣部隊」北上，自己處理完一些事情隨後跟至。決定做出後，蕭紅曾詢問弟弟是否願意同往。秀珂因不太瞭解姊姊的心情而拒絕，隨後去了西安。

北平之行

「在路上」是蕭紅的宿命。

一九三七年四月二十三日夜，蕭軍和張秀珂將蕭紅送上北去列車。這是蕭紅短促一生中第三次亦是最後一次北平之行——一次預期逃離現實的懷舊之旅。與蕭軍、秀珂道別的一剎那，蕭紅內心湧起無限傷懷與不捨，但她知道，現在必須離開上海一段時間，讓自己，也讓蕭軍有反思、調適的機會。

列車啓動，目送女人遠去，蕭軍心裡同樣充塞著濃郁的歉疚與依戀。與秀珂分手後，一個人回到空蕩蕩的住處，頓覺生氣全無，面對無邊無際的空落，房間、心靈還有眠床都一下子變得如此空曠。當晚日記裡，蕭軍寫道：「這是夜間的一時十分。她走了！送她回來，我看著那空曠的床，我要哭，但是沒有淚。我知道，世界上只有她才是眞正愛我的人。但是她走了！……」

出了上海，蕭紅感受到三個多月來少有的輕鬆。黑沉沉的夜幕下，點點燈光在車窗外飛逝而過。傷感的女人靠在鋪位上，腦子一片空白，茫然中祈求回滬三個月來所經歷的一切都隨風而逝，更祈求不久從北平回來與蕭軍會有全新的開始。發自內心，還是太愛他。委實身心俱疲，躺下後，隨著列車的搖晃漸漸入睡。那是三個多月來最爲漫長的一覺，醒來已是次日中午。列車快過黃河，上海已是遙遠的南方。醒後精神煥發的蕭紅，陡然心生難言的空落，眞切感到這又是一個人的無邊孤旅。沒有親人，沒有朋友，對蕭軍的思念隨即漫過心頭。

過了黃河橋已是下午二點。百無聊賴中，拿出紙筆想給蕭軍寫信，火車搖晃得厲害，幾乎寫不成字，但蕭紅想將沿途所見，以及離開上海後每時每刻的心情都告訴他。一過黃河，滿目所見盡是被砍折的光禿禿的樹、白色的鵝鴨，還有一撥撥從西安返回的東北軍。馬匹就在鐵道旁吃草，也有的成排站在貨運車廂裡，脊背成一條直線，如同魚的脊背。車廂顯眼處寫著「津浦」字樣。坐在窗邊，蕭紅一邊看窗外風景，一邊抽著紙菸。很快便又覺厭倦，無聊而煩躁，什麼興致都沒有。就這樣等待黑夜來臨，然後在黑夜裡再次睡去。

明天便可回到闊別了五年的北平——那少女時代的夢想之城。

二十五日，迎接她的是個春光明媚的早晨，朝霞裡的村野景致，深深吸引著她。離開北方很久了，眼前一切喚醒了她的記憶，感到無比親切。上午九點，火車停在靠近北平的一個不知名小站，蕭紅坐在會客室裡邊抽菸邊觀賞窗外的野景。平地上淨是些墳墓，烏鴉和別的大鳥在低空盤旋。火車繼續前行，經過兩大片梨樹林，朝霧裡白色的梨花若隱若現。並行的另一條鐵軌上，仍不時出現運送東北軍的專列。看見那些來自家鄉的子弟泥猴般，如同馬匹一樣冒著小雨站在貨車廂裡，鬧著、笑著，蕭紅不理解他們的歡喜來自哪裡。到了唐官一帶，農民們在忙著下種，隨處可見黑牛、白馬在一望無際的平地裡拉著犁杖。

抵達北平，蕭紅先到迎賢公寓，覺得住宿條件不好，又轉至中央飯店，不過，每天兩塊的價格實在昂貴，不宜長住。放下行李，便忙著去找她和蕭軍在北平的熟人。離滬前，蕭軍讓她到北平後，就去找當年講武學堂的同學周谷香。可能記錯了周的住址，等蕭紅找過去，發現並沒有姓周的，只是一家糧米鋪。只好另做努力，但都無結果，蕭紅不免有些沮喪。再坐車趕到七年前租住過的二龍坑舊居，發現已被改造成了一家公寓。茫然中，想起當年一個姓胡的女同學，及至找到府上，門房說小姐不在了。蕭紅心想大約是出嫁了。正是北平風沙瀰漫的季節，塵土幾乎迷住了雙眼，一無所獲的尋找，令蕭紅由沮喪變得極爲懊惱。漫無目的地走在街頭，當年流浪哈爾濱街頭的破落滋味，立時浮上心頭——北平已如此陌生。

多次失望、碰壁之餘，蕭紅陡然想起七年前與陸哲舜共住二龍坑時，經常前來聊談的東北籍老鄉中，有個畢業於哈爾濱「三育中學」，名叫李荊山的北平「匯文中學」職員。期間，她亦曾與其他人一道去過李供職的學校。蕭紅心想，到了那裡或許還可以找到他，而找到李荊山，就可以打聽到當年其他熟人。趕到匯文中學一看，令她頗爲感慨的是，七年如同一日，學校幾乎沒有絲毫變化，聽差告知李家就在學校旁邊。找到李家，難以置信的是，當年的小夥子早已兒女成群。聊談中，蕭紅得知李潔吾亦仍在北平，有了一個剛過週歲的女兒。蕭紅喜出望外，急著要李帶她去潔吾家看看。

薄暮時分，聽見敲門聲出來開院門的李潔吾，看見身穿黑大衣的蕭紅，一時難以認出就是當年的張迺瑩。蕭紅上前緊緊握住他的手說：「潔吾！還認識我嗎？找到你可眞不容易啊！」連忙回頭對身後的李荊山說：「眞得感謝你，鏡之哥！不先找到你，就無法看到潔吾了。」李潔吾這才回過神來，大聲驚叫：

「啊！酒瑩是你！」邊說邊牽著她的手進到屋內。脫下大衣，蕭紅疾步上前張開雙臂，給已有五年不見的老友一個熱烈擁抱。這極其西化的舉動，讓李潔吾嚇了一跳，怕在廚房忙乎的妻子看見，窘迫中連忙讓兩人坐下，招呼妻子過來與蕭紅相識。其實，自一進院門，蕭紅的一舉一動就都被在廚房準備晚飯的李妻看在眼裡。蕭紅那主動、熱情的擁抱，自然讓這個來自東北鄉下的女人，開始懷疑她與自己丈夫的關係。出來與蕭紅見面，態度非常冷淡，不斷用懷疑的眼光打量蕭紅。蕭紅很快感受到李妻的敵意。

李潔吾留兩人在家吃了頓麵條。飯後，大家簡單聊了些別後。蕭紅覺得潔吾關於自己的消息知道得很不少，一問才知道有些是從文章裡看到的，有些是聽了傳說。夜裡九點多，潔吾才將蕭、李二人送出胡同口，叫了洋車送蕭紅回下榻飯店。臨別，蕭紅託兩位老友幫忙在北平看房子想長住。潔吾約她次日再來家中詳聊。客人一走，潔吾回屋便遭妻子詰責，反覆追問與蕭紅是如何認識的？爲什麼從來沒談起過？無論怎麼解釋、說明都無濟於事。

回到飯店，接著昨天和上午在火車上所寫的片斷，蕭紅又詳述了在北平找朋友的過程，並告知蕭軍一定弄錯了周谷香的地址。寫完信已是凌晨一點。次日上午，先找到郵筒發出，爾後趕至李家。在家裡一直等到十點多仍不見人來，潔吾擔心蕭紅這次又會像五年前那樣不辭而別。不久，他看見再次來家的蕭紅，穿了件深天藍色的毛織西裝套裙，頭髮用一根絲帶束在腦後。看上去很像個日本女人。午飯後老友間開始從容的聊談，蕭紅詳述了五年來的經歷，深情憶及魯迅、許廣平所給予的幫助與呵護。李潔吾聽後感動地說：「魯迅先生對你眞像是慈父。」蕭紅聽罷立即糾正道：「不對！應當說像祖父一樣……」即便在多年未見的老友面前，蕭紅也不願說出此次北平之行的眞正原因。當對方問及蕭軍，她回答說：「他爲人是很好的，我也很尊敬他，很愛他。只是當過兵，脾氣太暴躁，有時眞受不了。」

一個人在北平找房子很難。李潔吾打聽到北辰宮公寓比較闊氣，房租每月二十四元或三十元，比較適中；但眼下一間空房也沒有，需要暫等兩天。蕭紅急於搬離飯店，見李家有多餘房屋，便主動提出能否搬來暫住幾天。一開始，李潔吾就有讓蕭紅來家共住的意思，之所以沒有說出，一來覺得家裡條件太差，而迺瑩從日本回來，生活習慣有了很大改變，未必適應；再者擔心妻子未必接納。見蕭紅主動提出，便與妻子商量，也沒有遭到明確反對。

於是，當天下午，李潔吾夫婦將蕭紅從飯店接至家中，安置在東邊的一間房內，布置了一床、一桌。蕭紅拿出蕭軍的大照片端正地擺在桌上。二蕭所有文章，潔吾差不多都看過，讀完《大連丸上》，常常想像蕭軍的長相。長時間端詳照片，他不住誇讚蕭軍是個很厲害的人物，很有魄力，而從最近讀到的《第三代》上，更可以看出這一點。聽見老友對蕭軍有如此高的評價，蕭紅很是高興，次日在給他的信裡特地提及。

蕭紅在李家獨占一間房，十分愜意，想早點安頓下來，以便重拾荒廢已久的寫作。然而，畢竟相處時間太短，李妻的疑慮、敵意並沒有完全消除。爲了給丈夫施加壓力，第二天大清早便丟下孩子，獨自到朋友家去了。李潔吾很爲難，出去上課，孩子卻沒人帶，只好請蕭紅幫著照看，下課後匆匆趕回。

潔吾出門後，蕭紅在院心邊替他照顧女兒，邊給蕭軍寫信。李妻的態度讓她意識到在這裡不能再待下去。兩天來，在與潔吾夫婦的交談中，也瞭解到他們各自的痛苦。讓她覺得好笑的是，自己本是爲了逃避直面痛苦才來到北平，不想到了這裡，反倒要傾聽朋友訴說苦痛，自己則像老大哥一樣扮演開導的角色。給蕭軍的信中不免感慨道：「我眞奇怪，誰家都是這樣，這眞是發瘋的社會。」離開上海，對於淑奇、秀珂還有蕭軍，她都放心不下，尤其擔心因自己不在身邊，蕭軍又會大量飲酒，亦想念上海那間屬於自己的小屋，提醒蕭軍不要忘了給窗台上的花盆澆水。

潔吾帶回北辰宮有空房的消息。蕭紅當晚便決意搬過去，見家裡如此情形，潔吾也不好再勸其留下。這樣，蕭紅在李家只住了一天便搬到北辰宮公寓，想將就五、六天，期間出去看看是否有民房可租，以便長住。次日，即四月二十八日（蕭紅在信尾署的日期四月二十七日，可能有誤，根據前後幾封信的內容推算，應是四月二十八日無疑），蕭紅立即給蕭軍去信告知行蹤，同時，亦為自己已來北平數日，還是難以安心而焦慮，感嘆「人這動物，眞不是好動物」。

收讀兩信，蕭軍於五月二日做了回覆。首先告知上海的收信地址記錯了，二五六弄寫成了二五七弄。別後不到十天，蕭軍的思念之情亦與日俱增，除告知秀珂狀態很好、日本人鹿地夫婦正將他倆的文章譯成日文介紹到日本去、自己已與羅烽和解等情況外，更主要表達了對她的思念。平素暴躁的男人，此時亦表現出無限柔情。蕭軍將蕭紅離滬當晚，他一個人走在往日兩人一起行走的街道上，不禁悲從中來吟出的一首小詩錄在信中，並告誡：「你只當『詩』看好了，不要生氣，也不要動情。」

信中，蕭軍還敘述了那晚與秀珂一起送走蕭紅後，一個人回到家裡的無限失落。因害怕她擔心，於是說：「吟，你接到這封信，不要惦記我，此時我已經安寧多了。不過過去這幾天是艱難地忍受過來了！於今我已經懂得了接受痛苦，處理它，消滅它。」並強調酒也不再喝了，雖然家中酒瓶裡還有，但現在已經有了抵抗誘惑的意志，菸倒是偶爾吸吸。

蕭紅一時還是難以進入自己所期望的工作狀態，換了住處一切都有待適應。白天仍常到潔吾家裡坐坐，但已沒有更多可談的話題，特別是與李妻更有短期難以消抹的隔膜。蕭紅想努力打消她那其實不必有的猜忌。而在李家時間稍長，她也漸漸感到潔吾夫婦家庭生活的沉悶。原本對朋友有所期待，想重溫七年前，大家在一起毫無顧忌地暢談的快意，以及相互幫助的溫暖，沒想到時過境遷竟是這樣。

一個人回到住處，蕭紅再次感受到一種徹骨的寂寞與孤單，原本以為可以懷舊的北平，竟然找不到一個可以傾心聊談的朋友。她盡力排遣寂寞，畢竟有了一個人在東京的歷練。五月二日是週日，一個人到電影院看《茶花女》，次日寫信告訴蕭軍自己對影片很不錯的觀感，並告訴他《海上述林》也讀得很有趣味。一個人在異鄉，她對蕭軍懷有無限擔心與期待，念念不忘地勸其戒酒的同時，亦希望收到他的來信。五月三日信中說：「我想你應該有信來了，不見你的信，好像總有一件事，我希望快來信！」

蕭軍於六日給她回了一封長信，先介紹上海一些朋友的近況：許先生忙著整理魯迅的三集《且介亭雜文》；秀珂的世界語學習已告一段落；淑奇很好，黃之明加入了一個劇團，並有了屬於自己的角色；羅烽母親去了漢口，白朗辭掉了職業；舒群早就去了北平……之所以不避瑣碎，是蕭軍想以此排解她的寂寞，同時消除她對朋友們的擔心。對境況不太好的朋友，蕭紅時常掛念於心，信中屢屢提及淑奇，很是爲其近況擔憂。談到自己，蕭軍再三強調已經戒酒，且對酒沒了興趣，偶爾抽支菸安寧情緒。心緒已不像前幾天那樣煩亂，雖然還沒有具體的寫作計畫，但內心已漲滿寫作的衝動，只是想將其保留到青島，眼下正著迷於《安娜．卡列尼娜》，說：「那裡面的渥倫斯基，好像是在寫我，雖然我沒有他那樣漂亮。」獲悉蕭紅在北平仍難擺脫煩亂心緒，他結合自身經驗詳談了應對之策。那就是，早晨一睜開眼就對自己說：「我要健康，我要快樂，我要安寧，我要生活，我要工作下去……」經過刻意的心理暗示，再果斷地開始一天有計畫的讀書和工作，臨睡前再給自己一如早晨起床時的心理暗示，將起床時對自己所說的話再說一遍。這樣做了之後，一天便沒有什麼情緒波動。

蕭軍或許眞的就是如此應對當時所處的巨大情感糾葛，向蕭紅強調這「不是迷信或扯淡」。他也不想掩飾與蕭紅在情感上已然出現的裂痕，坦言：

我現在的感情雖然很不好，但是我們正應該珍惜它們，這是給予我們從事藝術的人很寶貴的貢獻。從這裡我們會理解人類心理變化眞正的過程！我希望你也要在這時機好好分析它，承受它，獲得它的給予，或是把它們逐日逐時地記錄下來。這是有用的。

在這段充滿規訓意味的話裡，看不出蕭軍對於因自己的情感出軌，而給蕭紅帶來巨大精神傷害的些許愧意。相反的，傳達出一種有悖常理的邏輯，那就是，無論他自己還是蕭紅，對於這場情感變故，都應該看作上天的賜予，是難得的經驗，從中可以理解「人類心理變化眞正的過程」；對於從事文學創作的他們，是難得的可以對之進行分析的機會。

自然，蕭軍所言並非全無道理。這也是他一以貫之的坦蕩與率眞的表現。毫無疑問，善都是眞，但眞未必是善。一個男人處處表現出他那充滿豪霸之氣的眞實，對於一個熱愛他、敏感而自尊的女人來說，何嘗不是一種痛徹心肺的傷害。蕭軍實在太自信，以致蕭紅看到這些將會作何感想，他並不考慮，而認爲她應該是那種可以亦應該經受得住任何苦難的女人。不管來自她的家族，還是來自他自己。他哪裡知道，已經與自己生活五年的女人，實際是個可以與家族抗爭到底、永不言敗，但在深愛的男人面前，卻脆弱得如同一片已然發脆的草葉，早已不堪搓捏。

信的後半，蕭軍還說到自己有時靜靜躺在大床上，透過玻璃窗看外邊的天空和黃楊樹，很快便獲得心靈安寧，勸蕭紅不妨試試。因爲紙上說女人每天看天一小時，一週後會變得美麗如嬰兒。信尾，他還告訴蕭紅自己在學習「足聲舞」，學費十五元，兩月畢業。

對待這次情感危機的態度，二蕭顯然大不一樣。蕭軍採取一種坦蕩而不在意的直面，很少顧及作爲無辜受傷者的蕭紅的感受。或許，這與他一開始就對其強調了自己那獨特的「愛的哲學」有關。言下之意，你既然選擇了我，就應該接受這一切。甚至可能認爲，蕭紅仍得懷著感恩的心領受這一切，因爲她得益於自己的拯救。然而，對於深愛著他，並以之作爲生命全部的蕭紅來說，這實在太過殘酷。當年，他們的東興順旅館之夜，她心裡就是如此怪誕地交織著，即將被拯救的喜悅和只得無奈接受心靈刺傷的傷痛。

正因如此，在上海，她不願與蕭軍直接談論他跟許粵華之間的一切，以盡力規避來保護自己——那已是解不開的死結。逃避實際是極其無奈的面對。然而，蕭軍每天都在爲自釀的情感苦酒而奔忙，作爲妻子，她即便有再大的容忍度亦難以視而不見，於是再次選擇了逃避。她原本以爲逃到北平，心靈會慢慢重獲安寧。事實上，她全然做不到。一個人住在北辰宮，獨自面對本心，她發現自己無法迴避男人所帶來的傷痛。她不想對蕭軍表示怨懟，但內心的哀怨卻漫無邊際，自己幾乎溺斃其中。在上海努力規避的一切，隨著一個人的靜處紛至沓來，不得不獨自一點點細細品味其中的酸苦。

五月四日，蕭紅終於收到蕭軍五月二日的回信。這是她來北平後收到的第一封信。閱罷，五味雜陳，當讀到轉摘於日記裡的話：「我知道，世界上只有她才是眞正愛我的人。但是她走了」時，淚水奪眶而出。待心情稍稍平復，邊流淚邊寫回信。幾個月來，極力迴避的話題，逐漸被蕭軍點擊，他們之間眞的需要就此好好談談。蕭紅多麼希望男人能瞭解自己的眞實內心——那些傷痛和無奈。想讓他知道，雖然經歷了那麼多的大苦難，但自己並沒有一如他所想像的那樣堅強；想讓他知道，因爲太愛他，自己是如此脆弱，如此容易受傷；想讓他知道，居然寫錯上海住所的門牌號碼，可見她當時是怎樣爲別離而慌亂——她記起昨天寄信時寫的仍是那個錯誤的數字。歸國這麼長時間，只在今天她才全然向蕭軍敞開心扉，急切告白：

> 我雖寫信並不寫什麼痛苦的字眼，說話也淨是歡樂的話語，但我的心就像被浸在毒汁裡那麼黑暗，浸得久了，或者我的心會被淹死的，我知道這是不對，我時時在批判著自己，但這是情感，我批判不了，我知道炎暑是並不長久的，過了炎暑大概就可以來了秋涼。但明明是知道，明明又做不到。正在口渴的那一刹，覺得口渴那個眞理，就是世界上頂高的眞理。

蕭紅向蕭軍坦言面對情感變故的無助，動機自然不是不想原諒他的背叛，而是出於一個女人實在無法克服那近乎宿命般的傷痛所帶來的濃重虛無。幾天來，一個人睡在黑夜裡，又感受到一如當年被棄東興順旅館般的害怕。獨自面對寂靜的虛空，常常糾纏有關生與死的思考；常常懷疑自己是否能夠承受得住蕭軍所給予的一切——愛與傷痛；也在不斷反省自己是否神經過於纖弱。她常常不願相信，發生在蕭軍身上的那一切爲眞實。但在事實面前，她又實難說服自己，不斷追問自己：「還有比正在經驗著的更眞切的嗎」——她實在無法欺騙自己。太愛和太恨交織在一起。蕭紅意識到自己對蕭軍的感情太複雜。想找人訴說，而話題又太過私密，找不到啓齒的對象；太想表露，卻又不得不極力掩飾，只好在信中說：「我哭，我也是不能哭，失掉了哭的自由了。我不知道爲什麼把自己弄得這樣，連精神都給自己上了枷鎖。」

朦朧淚眼早已讓她看不清筆底流出的心酸字句，墨水變成了有顏色的淚水。難以自抑，一任眼淚恣肆流出，淌在臉上，滴在信紙上，浸漬大片文字。與男人遠隔千里，終於有了一次獨自痛哭的機會，言詞淒苦地感嘆：「痛苦的人生啊！服毒的人生啊！」去年，離開上海遠赴東京是爲了療治心靈之傷，如今再來北平，同樣爲的是療治心靈之痛。但是，蕭紅眞切感受到，這回遠處異鄉的心情明顯不比去年在東京。她近乎絕望地感到，沒有什麼辦法可以救助自己——無法面對，亦無處躲藏。在信尾，她發出絕望的呼告：

「上帝！什麼能救了我呀！我一定要用那隻曾經把我建設起來的手把自己打碎嗎？」

八日，收讀這封言辭淒苦的信後，蕭軍回信繼續進行了一番勸導和規訓，意欲讓蕭紅振作起來。他說：「你應該像一個決鬥的勇士似的，對待你的痛苦，不要畏懼它，不要在它面前軟弱了自己，這是羞恥！人生最大的關頭，就是死，一死便什麼全解決了。可是我們要拿這『死的精神』活下去！便什麼全變得平凡和泰然。」他認爲蕭紅目前所需要的只是忍耐，並不恰當地打比方說，如果現在被投進監牢，「漫漫長夜，連呼吸全沒了自由，那時你將怎樣？是死呢？還是活下來？」

蕭軍只是鼓勵女人勇敢面對苦難，堅忍活下去，幾乎閉口不談這苦難的根源，亦沒有表示絲毫的愧疚與歉意。他自然不會不知道，女人那苦難的根源正來自於他自己。講完一番道理，或許自己也意識到思維邏輯的霸道，轉而寫道：「因為我不想在這裡說我的道理，那樣你又要說我不瞭解你，教訓你，你是自尊心很強烈的人。你又該說你的痛苦，全是我的贈與等……現在反來教訓你等等……」接著，他又自問自答地說道：「但是，我的痛苦，我又怎來解釋呢？我只好說這是我『自作自受』，自家釀酒自家吃……我不想再推究這些原因。」

蕭軍始終不懷疑蕭紅是這個世界上眞正認識自己、熱愛自己的人，但在他看來，這份濃烈的眞愛正是她痛苦的根源，亦是自己痛苦的根源。這裡似乎最明白不過地傳達出，蕭軍對待蕭紅的愛戀的矛盾態度。究其原因，自然是蕭紅這份至愛，與他那「愛的哲學」相衝突。由此可見，二蕭不能彌合的情感裂痕和兩人漸行漸遠以致最後分手，直接根源於兩人對待「愛」的態度以及對「愛」的理解存有明顯錯位：蕭紅追求的是矢志不渝的恆久，蕭軍所追求的則是「在路上」的無限「愛」之風景。這正如靜與動、恆久性與階段性的涇渭分明之異。

既然苦痛已然存在，蕭軍覺得逃避總不是辦法，理性的態度應該是面對，準備對一切應戰。在他看來「凡事不能用詩人的浪漫感情來處理，這是一種低能的、軟弱的表現！自尊心強烈的人是不這樣的」。他還打比方說，一個醫生淨說安慰話，對於病人沒有多大用處，應該指示病人該怎麼做才能起到療治的效果。言下之意，這封信就不是醫生的安慰話，雖然不中聽，卻是具體可行的療治之方。在信尾告誡道：「不要使自尊心病態化了，而對我所說的話引起了反感！」

回想當初，二蕭的相遇該是怎樣一種宿命。眼下，當蕭紅被蕭軍傷害得痛感絕望的時候，男人沒有表示絲毫歉意，反倒規訓她不夠堅強，並以一種強勢邏輯，指示她該怎麼做。然而，蕭紅這個可憐的「病人」在蕭軍這個強勢「醫生」面前，此時所需眞的就只是一點點「安慰的話」而已。只要他能夠表示一點歉意，她的心就會再次被俘，所有傷痛就會再次抹平；而讓她走出絕望無助的最好方式，也就是來自他的尊重與關愛。尊重她的存在，愛護她那敏感纖弱的心靈。她所期待的也許就是一聲「對不起」，如此而已！

然而，要此時的蕭軍表達歉意幾乎不可能。一來，作爲上海灘新進知名作家，自信度隨著日隆的聲譽在增長，以至於太自信！二來，他認定尊重他那曠世的「愛的哲學」是他們結合的前提——那宿命般的癥結！面對女人，一個男人的自信與霸道表現得如此淋漓盡致。在這個男性中心的社會裡，作爲女人的蕭紅，面對這樣一個男人，除了無可奈何又能怎樣？接到這封同樣洋洋灑灑的規勸長信，她實在無話可說，連回信的興致也沒有。十五日，就這極其堂皇的「眞理」她只回應了一句：「我很贊成，你說的是道理，我應該去照做！」

蕭軍日後注釋此信，坦言這是蕭紅說的「反話」，實際認爲他在「唱高調」。顯然是年齡與閱歷的作用，對蕭紅四日的信，青年蕭軍表現得如此強勢、霸道；及至古稀，給它作注時，他就自己年輕時那場風花雪月給蕭紅帶來如此深重的心靈災難，坦然做了懺悔：「如果對於蕭紅我引爲終身遺憾的話，應該就是這一次『無結果的戀愛』，這可能深深刺傷了她，以致引起她對我深深的、難於和解的憤恨！她是應該如此的。」這是蕭軍非庸常之輩可及的坦蕩可愛之處，亦是他的魅力所在。只是這份懺悔來得太遲，此時，蕭紅已棄世三十六年矣！

四日信寄出後，蕭紅心情一直很不好，六日又寫了一信但沒有寄出，怕自己低落的情緒影響了蕭軍。蕭紅常常掛記著他的生活起居，知道他晚上睡得晚，便囑咐買點餅乾準備著，注意多吃水果等等。每天還是到李潔吾家坐坐，這是北平她唯一可找的熟人。蕭軍郵寄來的書籍、信件都通過李家中轉，每天到那裡都懷著一份巨大的期待，希望有信來。只是，在李家能待的時間愈來愈短，與他們可說的話愈來愈少。她更願意一個人待在公寓，將憂傷訴諸紙筆。

來北平不久，蕭軍就囑咐她也給袁淑奇去信，怕她失望。舒群年初就到了北平，住在沙灘北京大學學生公寓。可能袁淑奇得信後，寫信囑託舒群有時間去看顧看顧蕭紅。同爲女人，袁淑奇自然更能理解她的心情，更何況，她與黃之明亦陷於情感危機中。蕭紅也很能理解淑奇的苦痛，當蕭軍來信說「奇他們很好」時，她回信說「奇是不可靠的」，意指淑奇的「好」只是表象。獲悉蕭紅也在北平，舒群喜出望外，立即找到李潔吾家，兩人見面後非常高興。爲了紓解蕭紅心中的苦悶，舒群邀請她和李妻一起逛北海。此後，得便常到蕭紅寓中看望。作爲二蕭最親密的朋友，舒群對他們之間的情感危機自然非常清楚，想盡其可能地給她一些幫助，就像當年在哈爾濱、青島一樣。趙鳳翔在《蕭紅與舒群》一文中記載，北平期間「他們有時去中山公園散步，在『公理戰勝』的白石牌坊下面說古論今；有時去看美國明星嘉寶主演的好萊塢影片；有時去聽富連成小班演唱的京戲；有時也去逛逛王府井大街、東安市場，每逢走到兒童服裝店的櫥窗前，蕭紅就躊躇不走，望著陳列的童裝，思念她那沒有下落的孩子；他們還常常坐在環行電車上兜風聊天；有時也去吃吃東來順……」因爲舒群，蕭紅的北平生活有了明顯改觀，不再整日沉浸在無邊哀怨中，鬱結的心情漸漸開朗。

五月九日，蕭紅在李家拿到蕭軍六日信後，便跑回寓所再次淌著眼淚給他回信。告訴男人自己雖已離開上海半個多月，但心緒仍然絞亂，覺得自己在走敗路，不願多說心情。她告訴蕭軍《海上述林》已經看完了，既然《安娜．卡列尼娜》令他那麼著迷，她也想看看，請他把書郵寄過來一讀，還想看《冰島漁夫》和《獵人日記》。

對於蕭紅的心靈創傷，蕭軍六日信既沒有表示任何歉疚，也沒有任何言語上的安撫，相反的，字裡行間表現出不可理喻的自信與輕鬆。這讓蕭紅更加受傷，再就是，她更不習慣蕭軍那高高在上的規訓語氣。面對洋洋灑灑五頁稿紙的長信，她無話可說，特別是在信尾，見他居然還有閒心學跳舞。聯想自己一個人獨自在北平孤獨而傷感，無言的怨憤由衷而生。對男人每日看天的「經驗之談」，回信揶揄說自己自幼就喜歡看天，一直到現在還喜歡，但是沒有變成美人。隨即還開了一個不無心酸的玩笑：「若是眞是，我又何能東西奔波呢？可見美人自有美人在。」

蕭軍信中提醒道：「大約在七月十日以前我是可以離開此地的。還不足兩月，我們又可以再見了。注意，現在安下心好好工作罷，那時我要看您的成績咧。」其中「注意」二字底下還加了著重號。看到這些，蕭紅難掩怨憤，回信尖刻譏諷道：

> 我的長篇並沒有計畫，但此時我並不過於自責「爲了戀愛，而忘掉了人民，女人的性格啊！自私啊！」從前，我這樣想，可是現在我不了，因爲我看見男子爲了並不值得愛的女子，不但忘了人民，而且忘了性命。何況我還沒有忘了性命，就是忘了性命也值得呀！在人生的路上，總算有一個時期在我的腳跡旁邊，也踏著他的腳跡。

接下，還有一句：「總算兩個靈魂和兩根琴弦似的互相調諧過」。轉念，她又將這句塗掉了，並在括弧裡注釋道：「這一句似乎有點特別高攀，故塗去。」

前文說過，蕭紅在東京讀到蕭軍那篇關於他如何拯救自己的「實錄文字」《爲了愛的緣故》，自尊心有些受傷。自傷之餘亦有自責。然而，聯繫蕭軍近期所爲，蕭紅覺得他那「爲多數人打算」的宏大志向，在他那順從不約束情感的「愛的哲學」面前，實在也不堪一擊。沒有她的存在，「志向宏大」的男人卻做出了更爲荒唐的事情。

對於蕭紅明確表達的尖刻譏諷，晚年蕭軍注釋此信時說自己並不生氣，認爲受了「侮辱和損害」的蕭紅理當如此。並說蕭紅當時即便拿拳頭「敲打」，他也不會在意，因爲她捨不得當眞就打，即便眞打也沒有力道。而更可能的情形是，在「敲打」過程中，她自己會哭起來，接著也許就會笑起來。蕭軍認爲自己太瞭解她。然而，晚年蕭軍所揣測的也許是回國之前的蕭紅，意氣而感性；而此時，在這尖刻的嘲諷裡，蕭紅明顯帶著理性與認眞。對蕭軍，她反倒有了更爲深刻的瞭解。

收讀蕭軍接連三封均帶有濃郁規訓意味的長信後，蕭紅意識到基於各自的立場，他們之間目前不可能達成眞正的溝通。因而對蕭軍的來信，也就漸漸沒有剛來北平時的那份重大期待，回信亦只有寥寥數語。她意識到苦難眞的就只能獨自面對，對任何人懷有企望都不現實。對蕭軍來信沒有過分期待，她便不願多去李潔吾那沉悶的家，更多時候待在寓中，買來筆墨練寫大字以遣孤獨。十日下午，寂寞無聊難以排遣，一個人跑到北海公園坐了兩個鐘頭。蕭紅更感到作爲女人的不幸，在於一個孤獨的女人呆坐在公園裡，同樣會引動周圍好奇的目光，讓人家左一眼右一眼地看來看去，渾身不自在，最後只得離開。

十二日夜，蕭紅和舒群一同到戲院看戲。散場時已經過了舒群所在公寓的關門時間，蕭紅只好讓他在自己房間的地板上將就一宿。一個異性朋友睡在地板上，即便如好朋友舒群，蕭紅仍覺很是窘迫，一夜未能安眠。次日，兩人一起逛長城。第一次見到長城，蕭紅受到極大震撼，登高遠望，頓覺那些綿延起伏的群山，比起海洋來更能震驚人的靈魂。

這曠古的雄偉工程頓然厚重了她那纖弱、敏感的心靈，濃重的歷史滄桑感油然而生，充分感到自己如此渺小，而個人的一生之於這數千年的風景是如此短暫。薄暮時分，大風起於山間，風聲一如狂濤巨浪般動人心魄，注視著眼前夕暉下的群山和蜿蜒其上的長城，蕭紅不禁想起幼時祖父所教讀的《弔古戰場文》中的句子：「風悲日曛，群山糾紛」，認爲古人所見或許就是眼前此景。逛完長城與舒群分手，蕭紅一個人回到公寓已是夜裡十一點多，加之昨晚失眠，委實困乏得不行。

收讀蕭紅九日信後，蕭軍於十二日突然發出一封催促其南歸的短信：「來信收到。我近幾夜睡眠又不甚好，恐又要舊病復發。如你願意，即請見信後，束裝來滬。待至六月底，我們再共同去青島」；並說：

「本欲拍電報給你，怕你吃驚，故仍寫信」。蕭軍何以突然改變主意不得而知。其實，在九日信尾，蕭紅還特意告知在北平找民房長期租住是有可能的，並已找到一處房子，只是要跟人家共用一個院子，不是很方便，是否立合同，須等他來北平商量。

一九七八年九月十九日，蕭軍在注釋蕭紅一九三七年五月十一日信時說：「既然我一時不能到北京去，就決定要她回上海了。在那裡像一顆飄飄蕩蕩的『遊魂』似的，結果是不會好的。我很理解她好逞剛強的性格，主動是不願回來的，只有我『請』或『命令』以至『騙』才能回來」。這段話透露出，蕭軍當年似乎並沒有眞正打算陪蕭紅在北平共住，而這封要她回上海的短信，明顯既不是「請」，也不是「命令」，那就只是「騙」了。大約他想要蕭紅回滬便謊稱生病，以終結她的「飄飄蕩蕩」。至於眞實動機，只有蕭軍自己知道。

收到信後，因擔心蕭軍身體和生活起居，蕭紅決意啓程回滬。據季紅眞《蕭紅傳》載，與舒群分手時，爲了感謝他一以貫之的幫助，也爲了紀念他們之間的友誼，蕭紅將魯迅先生修改過的《生死場》手稿送給了他。離開北平那天，李潔吾去北辰宮公寓幫助她收拾行李，東西裝得太滿，怎麼也合不上手提箱的蓋子，還拉壞了提手。蕭紅最後只好將一件薄藍呢大衣、一個油畫架子和一個長方形的嵌裝著西洋畫的小鏡框取出留在李家。短信中蕭軍亦提醒「不必要的書物，可暫寄潔吾處」。蕭紅與李潔吾約定秋天再和蕭軍一起來。

此後，李潔吾一直等著蕭紅再來北平，只是再也沒有等到。

滬戰經驗

一九三七年五月中旬，蕭紅從北平回到上海。

這次小別給二蕭提供了直接面對、反省此前出現的情感危機的機會。兩人住在一起有些話題難以直面、展開，分開後通過筆談，各自反倒容易將內心想法和盤托出。平滬兩地的書信往還，讓蕭紅徹底傾吐了內心苦痛。在內心深處，她到底是那樣熱愛著蕭軍，一旦聽說他身體有些許不適，便再也無心在北平待下去。苦痛與哀怨一旦說出，就不會再過多往心裡去。這大約也是東北姑娘的普遍個性。另外，北平期間有舒群陪著散心，也讓她的心境有了極大改觀，此前的鬱悶幾近消釋。回到上海，二蕭重顯融洽，又漸漸恢復了往日的平靜。

一本新著亦迎接著蕭紅的南歸。短篇小說集《牛車上》當月由上海文化生活出版社出版，列爲巴金主編的《文學叢刊》第五集第五冊，是她繼散文集《商市街》、《橋》之後，列入該叢書的第三部新書。蕭紅在文壇上的影響愈來愈大。

金劍嘯於一九三六年八月十五日英勇就義於龍沙，流亡上海的東北作家多半是其生前好友，在烈士一週年忌日來臨之際，決定出版其生前留下的歌頌東北抗聯的敘事長詩《興安嶺的風雪》，以表達對當年好友的懷念與崇敬。流亡滬上的東北作家紛紛創作詩文。金劍嘯慷慨赴死時，蕭紅在東京，得到消息無比傷感。如今想起他當年對自己的熱情幫助，還有他爲民族受難的偉大，蕭紅內心不禁生出無盡感懷與崇敬，於六月二十日創作詩歌《一粒土泥》深情悼念亡友。

南歸不久，「盧溝橋事變」爆發，北平危在旦夕，全民族抗戰的序幕即將拉開。在憂慮國家前途與命運的同時，蕭紅也擔心著北平友人的安危，致信潔吾問候平安。七月十九日，李潔吾回信詳述了北平瀕於陷落的情形。蕭紅認爲這封信對於想瞭解北平眞實情形的人們來說，是很好的材料，於是在原信前加了一段話，以「來信」爲題，發表於八月五日出版的《中流》第二卷第十期。她在信前「按語」中寫道：「坐在上海的租界裡，我們是看不到那眞實的鬥爭，所知道的也就是報紙上或朋友們的信件上所說的。若來發些個不自由的議論，或是寫些個有限度的感想，倒不如把這身所直受的人的話語抄寫在這裡。」

雖然戰爭迫近，但魯迅先生紀念委員會還是於七月十七日，在上海華安大廈召開成立大會，決議於先生一週年忌日前，編輯出版《魯迅先生紀念集》和側重於研究性質的《魯迅先生紀念冊》。許廣平、蕭軍、蕭紅、胡風、許粵華、臺靜農、黃源、吳朗西等人共同擔負起編纂任務。蕭紅具體負責關於魯迅逝世的新聞報導的剪裁及編輯訂正工作。在魯迅一週年忌日來臨之際，能爲紀念先生出一份力，對蕭紅而言，具有非同尋常的意

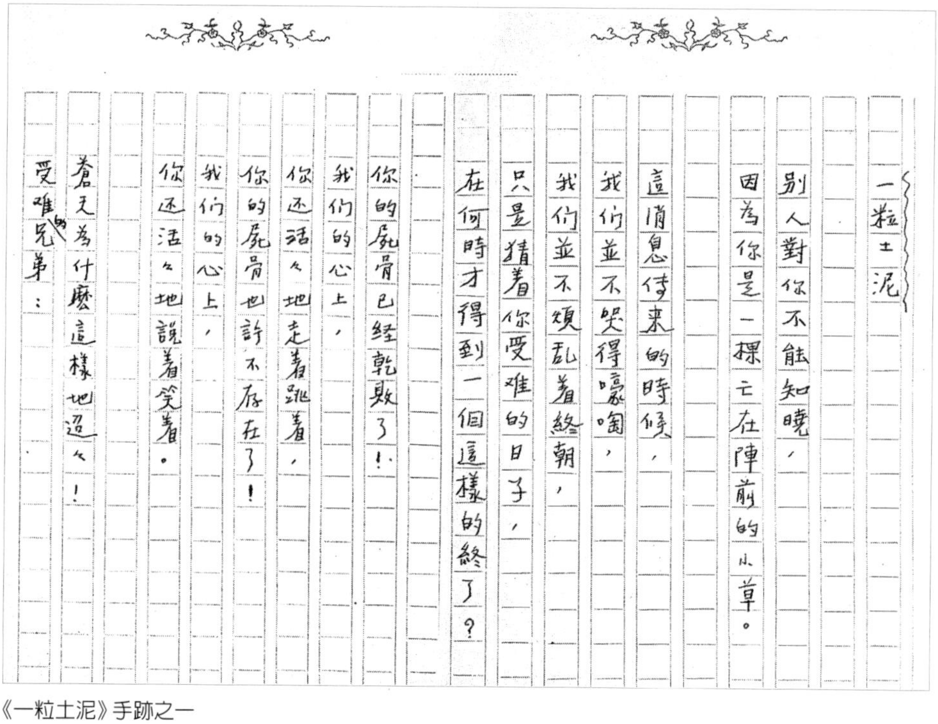
一粒土泥

別人對你不能知曉，
因為你是一棵〻在陣前的小草。
這消息傳来的時候，
我们並不哭得嚎啕，
我们並不煩乱着終朝，
只是猜着你受难的日子，
在何時才得到一個這樣的終了？
你的屍骨已经乾敗了！
我们的心上，
你还活〻地走着跳着，
你的屍骨也許不存在了！
我们的心上，
你还活〻地說着笑着。
蒼天為什麼這樣地迢〻！
受难的兄弟：

《一粒土泥》手跡之一

義，因而，帶著一份格外的情感投入工作，寄託無盡哀思。

鹿地亙（一九〇三—一九八二），本名瀨口貢，在東京帝國大學讀書期間就參加了無產階級文學運動。「九一八事變」後因發表反戰言論，遭受軍國主義迫害，一度被捕入獄。雖終獲保釋，但在政府的嚴密監視下，生計非常艱難，迫不得已在劇團當一名雜役，四處走碼頭，一九三五年流浪到上海。內山完造惜其才，介紹與魯迅相識。魯迅選擇一些中國作家的著作讓他翻譯，並替其校正，再由內山介紹到日本改造社出版。因著這份機緣，鹿地亙和夫人池田幸子與二蕭亦極為相熟。

與鹿地的沉靜完全不同，眉清目秀，有著一雙黑白分明的大眼睛的池田幸子，生性活潑，對蕭紅頗有好感，時相過從。池田非常喜歡她那隻小貓仔，給蕭紅留下深刻印象；而她身邊不離貓仔，後來亦給一九三八年十一月護送她和于立群去桂林的著名戲劇家馬彥祥留下深刻印象。魯迅逝世後，鹿地旋即投入到「大魯迅全集」的翻譯中。因限在短期內出書，需要隨時請人校正，為了方便工作，一九三七年春，鹿地夫婦也由北四川路搬到法租界。池田與蕭紅的往來更加方便，但在中日關係緊張的八月間，她和鹿地又搬回了北四川路，作為日本人，他們住在周圍全是中國人的地方太顯突出。

你怎樣終止了你最後的呼吸？
你沒喝到朋友們端給你的一盃清水，
你沒听到朋友們呼叫一声你的名字，
處理着你的，
完全是出於我們的敵人。
朋友們慌忙的相繼而出走，
只把你一個人獻給了我們的敵手，
也許臨行的時候，
沒留給你一言半語；

《一粒土泥》手跡之二

八月十二日夜十一時許，突然聽見有人敲門。開門後，蕭紅發現池田帶著那隻小貓仔站在門外。讓進屋內，來不及問明究竟，只見池田閃亮著那雙像被水洗過的玻璃一般明澈的眼睛，激動地說：「日本和中國要打仗了」，時間是凌晨四點。蕭紅下意識地看看掛鐘，距離開戰還有五個小時。當晚，蕭軍睡到外屋小床上，睡在裡屋大床上的蕭紅、池田隨便聊了一會兒。天氣異常悶熱，加之小貓仔在室內不停走動、叫喚，蕭紅難以安睡，凌晨四點，迷迷糊糊之中似乎聽見兩聲槍響，便連忙叫醒池田：「是槍聲吧！」對方仍在睡夢中，不敢確定，只說：「大概是」。蕭紅擔心起鹿地來，問若眞的打起仗來，他明早是否能跑出來。池田表示沒有把握。

十三日早晨起床後，才知道昨夜的槍聲並非事實。午飯後，三人坐在地板上乘涼，身穿黃色短褲、白色襯衫的鹿地匆忙趕到，進門後以日本式步伐走到席子旁邊，習慣性地脫掉鞋子坐下來。看起來十分興奮，說話時夾雜著中文和日文，用力吸著紙菸。池田一旁替他做翻譯，說話間鹿地嘴裡不時模擬著槍聲，手上不停做出開槍動作。一詢問，才知道他剛剛看見了日本海軍陸戰隊與中國守軍交火的情形。

實際情形是，上午九時十五分，日艦重炮開始轟擊閘北，海軍陸戰隊一部由天通庵及橫濱路，越過淞滬路衝入寶山路，向駐紮在西寶興路附近的保安隊射擊。中國軍人予以還擊，「八一三」淞滬抗戰正式拉開序幕。鹿地所見或許是雙雙街市交火的情形。在蕭紅眼裡，激動講述著的鹿地，此刻就像洗過羽毛的雀子一般振奮，眼神讓人覺得是在講述一個與自己不相干，同時又非常感興趣的人一樣。據梅志《胡風傳》，胡風在當天日記裡寫道：

> 下午訪劉均夫婦（即蕭軍與蕭紅），見到K夫婦（即鹿地與池田）。他們睡在地板上面，乃從北四川路越過警戒線逃來的。K君在稿紙上畫圖向我說明中日軍隊底對峙形勢，並力言戰爭不會發生。K君來時，已親耳聽見過前哨的槍聲，而猶力言可以和平了結，蓋不相信中國政府有抗戰決心也。一路出

來喝過俄國飲料以後，悄吟同K君夫婦去許先生處，我去看張天翼。無話可談，他和他那外甥女的臉色，很難形容。

到許女士處，馮在，正和K談政治形勢，結果替他們做了一通義務翻譯。

從許廣平處回來，二蕭和鹿地夫婦待在室內，聽著四周傳來的零星槍聲，漫無邊際地聊著一些往事。晚飯時，遠處傳來隆隆炮聲。池田大睜著眼睛看蕭紅；側耳傾聽的蕭軍似在根據炮聲分析炮彈的當量和發射方位；鹿地則緊緊抿著嘴唇一言不發；蕭紅同樣睜著大眼睛緊張地看著面前神色各異的三人，覺得心臟似在移動。大家還沒有緩過神來的當兒，第二枚炮彈緊接著呼嘯而過。很顯然是中國守軍的還擊。池田仍以日本女人的跪法跪在席子上，四人都以刻意掩飾的假象力圖讓自己鎮定，平靜地吃著晚飯。剎那間，蕭紅發現鹿地的臉色變得很難看。還擊的炮聲讓他意識到自己生活在與祖國正式交戰的敵國，而他自己又是如此詛咒祖國所發動的這場極其邪惡的戰爭。蕭紅心想：「若是我，我一定想到這炮聲就使我脫離了祖國」。鹿地的神情不一會兒就恢復了正常，喃喃自語道：「日本這回壞啦，一定壞啦……」他想到，在這場戰爭中倒楣的還是日本老百姓，至於軍閥，倒是希望愈早破滅愈好。

鹿地夫婦平素常來二蕭住處，周圍鄰居都知道他們是日本人，但其中有一個白俄在法國巡捕房當差，很可能會告密。為安全計，他們不能再住下去。一旦交戰，中日雙雙都在打擊間諜，日本警察已到北四川路找過他們。雙方夾擊下，這對日本友人的處境異常艱難，次日，便搬到許廣平家暫住。隆隆炮聲裡，送走鹿地夫婦，蕭紅牽念不已。再次面對這即將傾覆的城市，蕭紅一時有些茫然，想起一九三二年二月困處東興順旅館，亦聽著不絕於耳的槍炮聲，真切感受哈爾濱的陷落。上海是否一如當年的哈爾濱？內心不無惶恐，只是眼下的心境自然非五年前所能比。

中午，聽見頭頂上不斷有飛機掠過。蕭紅捲起紗窗長久注視著天空，雲層裡不時出現與平時所見不太相同的飛機，先是一兩架，爾後是大規模的機群，巨大的轟鳴聲，聽起來就像連綿起伏的海濤聲。無法辨認這些戰爭機器到底屬於日本還是中國，機群過去，排山倒海般的轟鳴聲消失，她的心情才漸漸平靜。午飯後，出去洗刷碗筷，剛到走廊，又看見機群編隊飛過，鄰居說這是日本人去轟炸虹橋機場。

昨晚的炮聲和此刻戰機的轟鳴，讓蕭紅切實感受到戰爭的迫近。雖然無法分辨這聲音屬於哪一方，但是鄰居的話，讓她自然湧起許多不安的想像：一定是日本取得了勝利，所以安閒地去轟炸中國的後方；進而想到日軍那沒有止境的屠殺，一定會像大風裡的火焰一樣無止境地蔓延。隨即，她又否定了自己的念頭，將這沒有把握的想法壓了回去，心想一定是中國占著優勢，侵略者遭受了挫傷。遊廊上吹來一陣大風，陷於想像中的蕭紅一時還沒有回過神來，只覺得手裡的炊具變得沉重，隨風搖擺起來。大風吹掉了小鋁鍋的蓋子，很響地滾動著，她醒過神來連忙去追那只鍋蓋，回到廚房，她又想著那些飛機上的炸彈該會落在哪裡，西北和東北方向都有爆炸聲。因著回音的關係，也不知道爆炸到底在哪裡。

蕭紅親歷的正是二戰中令國軍空軍引以爲傲的「八一四空戰」，亦即著名的「筧橋空戰」，是國軍空軍抗擊日軍空中襲擊的第一次作戰。日軍大批戰機的轟炸目標是位於杭州的筧橋機場，國軍空軍奮起抵抗，經過約三十分鐘的激戰，擊落日機三架、重創一架，國軍無一損傷。空軍首戰完勝，給日軍沉重打擊，極大鼓舞了中國軍民的抗日鬥志。國民政府後將八月十四日定爲「空軍節」。蕭紅將在這個特殊日子裡的所見、所感，完整而細膩地記錄在散文《天空的點綴》裡。戰爭讓她更眞切地感受到殘酷的迫近，文中坦言，看見這些掠著雲層飛過的戰爭機器，「實在的我的胸口有些疼痛」。

蕭紅始終掛念著鹿地夫婦的安危，第二天又跟蕭軍一起趕到許廣平家看望。上到三樓，見鹿地、池田各自坐在寫字檯前，叼著香菸在工作。鹿地心情不錯，見二蕭來，儼然主人般表示歡迎。如此情形下居然還能安心寫作，不禁令蕭紅佩服鹿地夫婦那異於常人的自控力，心想：「無論怎麼說，這戰爭對於他們比對於我們，總是更痛苦的」。因爲他們生存於如此窘迫的夾縫裡。

過了兩天，二蕭再去看望，鹿地夫婦勸他們參加團體工作，說：「你們不認識救亡團體嗎？我給介紹！」鹿地自言自語道：「應該工作了，要快工作，快工作，日本軍閥快完啦……」他和池田都決定現在趕快寫文章，以後翻譯成別國文字，如有機會，他們要到世界各地進行反戰宣傳。蕭紅很受感染，在她眼裡，這對日本夫婦似乎已然是中國同胞，更加覺得有責任盡自己的能力幫助他們、保護他們。幾天後，蕭紅再到許家，卻被告知他們頭天下午一起出門後，就再也沒有回來，臨出門，還說晚飯不等他們，至於去了哪裡，許先生說她也不知道。過些天，再去打聽仍然音信杳無。

難道被日本警察捕去？抑或被遣回日本？蕭紅心裡充滿擔憂，祈禱兩人能在一個更安全的地方。

爭奪上海的戰爭處於膠著狀態。對於普通民眾，戰亂中的日子還得一天天過下去。二蕭住在租界，相對安寧一些。八月下旬的江南秋意翩然，天空似乎一夜間變得無比高遠，白棉般綿軟的雲彩低近了，拂面的風亦不再是那種飽含水分的悶濕。這高遠天空、棉白的雲朵還有乾爽的秋風，令蕭紅想起遙遠的故鄉。在江南，一年中只有這個季節才與塞外的故鄉最爲相似。記憶中的呼蘭，秋天最爲可愛。天藍得有點發黑，潔白的雲朵一如白色的大花朵，點綴在天幕上，比起江南，天空還要高遠得多。

國共再次合作，全民族抗戰的序幕已然拉開。時局變化給流亡滬上的東北作家以巨大振奮，期待不久就可以打回滿洲。八月二十二日，到朋友處走了一遭，蕭紅聽到的都是相同的心願，希望早日回到夢寐中白雲、黑土的故鄉。秋天之於這群異鄉人是一個懷鄉的季節。大家聚在一起如數家珍般談論著故土的一切，想念風味獨特的高粱米粥、碗大的馬鈴薯、一尺來長老得一煮就開花的珍珠包米，還有那久違的鹹鹽豆……高粱米粥加鹹鹽豆是故土食物的最佳搭配，有人說若眞的打回滿洲，三天兩夜不吃飯，扛著大旗往家跑，到家第一件事就是就著鹹鹽豆吃一碗高粱米粥。夥伴們熱烈的談論，自然引動蕭紅的無邊鄉愁。高粱米粥到底是粗糙的吃物，雖然，以往在家不常有吃它的機會，對那堅硬、發澀的口感亦沒有什麼好感，但此刻經他們一說，倒覺得眞的非吃不可——那是故鄉最地道的味道。

到底什麼時候能夠吃到呢？

熱烈的憧憬之後，亦有淡淡失落。看看現狀，結束戰爭尙需多少時日一時還很難說。短暫興奮過後，蕭紅帶著些許感傷回到家裡。晚飯後，坐在餐桌旁，二蕭又說起白天和朋友們聊談的話題。鄉愁引動蕭紅關於故土的無限遐想：想起院門前的蒿草；想起後花園的茄子綻開的紫色小花；想起爬滿棚架的黃瓜；想起那些朝陽帶著露珠一起到來、空氣無比清新的早晨……

說到故鄉，一向情感剛硬的蕭軍亦顯得無比陰柔。不再是此前那粗豪的硬漢，相反的，漲滿傾訴的渴望。聽女人談到蒿草、黃瓜，便擺手搖頭道：「不，我們家，門前是兩棵柳樹，樹蔭交織著做成門形，再前面就是菜園，過了菜園就是山。那金字塔形的山峰正向著我家門口……」說起故家的一切，蕭軍便無法打住。見男人興致正高，蕭紅故意常常打斷：「我家就不這樣，沒有高山，也沒有柳樹……只有……」蕭軍則不等她說完，又接著說下去。兩個異鄉人都太需要傾聽，但又無法做到彼此傾聽。傾聽，基於對對方的包容與關愛，是一種能力，亦是一種境界。兩個太強勢的人在一起，往往難以做到。最後，蕭紅不無沮喪地感到，「我們講的故事，彼此都好像是講給自己聽，而不是爲著對方」。

嫌如此談論故鄉太抽象，蕭軍買回一張《東北富源圖》掛在牆上，以不同顏色表示的平原、山川、海洋一目了然。他在上面尋到位於離渤海不遠的山川中的故家，然後，儼然是指戰員般指著作戰地圖，對蕭紅詳細講解故鄉的山川、河流。指明大凌河後，卻怎麼也找不到小凌河，這才不無沮喪地發現，面前的地圖不過是個略圖。女人趁機調皮地給他一點掃興：「好哇！天天說凌河，哪有凌河呢！」蕭紅自己也不知道，爲什麼只要蕭軍一提家鄉，便往往要給他一點掃興。男人自然不甘心，一邊嚷著「你不相信？我給你看」，一邊翻箱倒櫃地找資料證明大凌河、小凌河的實際存在。然後給她講在凌河沿上抓小魚的童年趣事。

蕭軍的興奮感染著她，也刺激著她。蕭紅想到自己被故鄉、家族放逐浪跡天涯，即便現在回去，亦不能被接納。想到這裡，無比傷感、失落，意識到自己是個沒有家的人——一個宿命般的異鄉人。夜裡，男人呼呼睡去，她又一個人想起關於故土的點點滴滴難以自持，感傷得幾乎一夜無眠。黎明時分，高射炮聲中傳來一聲聲雞鳴。一如存留於記憶中震抖在家鄉原野上的雞唱。

《東北富源圖》仍掛在床頭。一睜開眼，仍沉浸在昨晚故土懷想中的蕭軍，一把抓住她的手，又開始了新的想像。想像有一天帶著「媳婦」回老家，買兩匹毛驢二人各自騎著，先到姑姑家再到姊姊家，順便也許看看舅舅。姊姊出嫁後，每次回來都要哭一場，想到這裡，蕭軍動情地喃喃道：「姊姊一哭，我也哭……有七八年不見了，也都老了。」蕭紅不忍打斷男人不無感傷的懷舊，盯著地圖上所標示的小羊、小馬、小駱駝，還有那各色的魚，傾聽其喃喃訴說。那匹驢子一定要黑色的，掛著鈴鐺，他嘴裡甚至模擬出鈴鐺的聲音，甚至想到回家後要帶女人到沈家台趕集，由此又自然想起集市上美味的羊肉燉片粉——多年沒吃到那羊肉了。

不忍掃了男人那念想故土的興致，然而，蕭紅又實在沒有心情參與這話題。自離開呼蘭，她就始終覺得自己是個沒有「家」的人，也記不起是在哪天離開呼蘭的。家，實在太遙遠，更何況這炮火連天的歲月。默默傾聽，她不無幽怨地想到：家再好是你的，而自己畢竟是外來的「媳婦」。蕭紅似乎一下子參悟到「女子無鄉」的命定。蕭軍還有朋友們所談論的一切，似乎與自己很切近，又異常疏遠。買驢子、吃鹹鹽豆都屬於他們，而自己坐在驢子上，所要去的地方，仍是一個陌生的地方。在對待「家」的態度上，她無法自欺，正如在文章中所寫的那樣：「家鄉這個概念，在我本不甚切的，但當別人說起的時候，我也就心慌！雖然那塊土地在沒有成爲日本的之前，『家』在我就等於沒有了。」

鹿地夫婦「失蹤」月餘，有人來家告知，他們在熟人家躲了快一個月，最終被趕了出來，因爲家裡住著日本人怕被人當作漢奸。他們倆只好又回到許廣平家，但同樣很不便。許先生正忙著救亡工作，怕他們會被日本便衣警察注意到，更何況外界謠傳她家是個容留了二三十人的機關。危難中，鹿地夫婦想讓蕭紅幫忙聯繫個住處。兩人認爲此前給池田看病的一位德國醫生，可能願意收留他們，戰事開始時，醫生的太太曾對池田說過，假如在別的地方住著不便，可以搬來暫住。鹿地因此託人讓蕭紅送信給德國醫生。

拿著老醫生的回信來到許廣平家裡，蕭紅再次見到這對已有個把月沒見面的日本朋友。鹿地不再神氣，說話刻意壓低聲音，亦不敢站起來在地板上走動。德國醫生用英文回信說：「隨時可來，我等候著……」他們決計晚上稍晚些時候離開許家。三人坐在地板上吃晚飯，檯燈放在地上，燈頭上蒙了一塊黑紗布。看著池田那雙發亮的大眼睛，蕭紅不免替他們的命運充滿無限擔憂，端起飯碗再三不能下嚥。然而，日籍女友對未來一切似乎不很在意，將一段魚尾夾到她碗裡。蕭紅完全沒有吃飯的興致，不斷想著這對相依爲命的日本夫婦，何以在如此險惡的環境中，還能夠保持內心的安寧。爲了減輕他們的心理壓力，她幾次試著跟他們說些不相干的閒話。

晚上八點剛過，蕭紅就要出去叫汽車。鹿地說晚點出去更安全。從北四川路逃出，他的衣服都丟掉了，現在只能穿一個西洋朋友送的一些不相稱的舊衣服。蕭紅見他身著寬大的西裝黑上衣、白褲子，滑稽可笑。像日本人，更像卓別林。汽車來了，蕭紅叮囑他們一路上不要說話，一開口就會讓人知道他們是日本人。三人最終慌張地來到醫院，經過溝通才知道，德國醫生以爲他們來看病，所以說「隨時可來」，至於來家暫住則沒有可能。蕭紅立即想到這回問題大了，許先生家絕對不能再回去，立時找房子亦不可能。焦急中，只好徵求鹿地夫婦的意見，是否願意住到自己家裡。池田顧慮她那位隨時可能告密的白俄鄰居，只好請醫生幫忙找房子租住，對方穿上雨衣很有把握地出去了。德國醫生出門多時沒有回來，令池田非常恐慌，因爲出門前他說附近就有房子出租，而隨身攜帶的箱子裡有她和鹿地所寫的大量反戰文章。「老醫生是否是去通知捕房？」池田驚恐地問鹿地和蕭紅，那雙好看的大眼睛睜得如同梟鳥的眼睛。

半小時後，德國醫生回來，告知房子已租好，並將他們送到那裡。進去一看，蕭紅覺得像個旅館，但「茶房」非常多，且操著諸如中文、法文、俄文、英文等各種語言。她不禁想起，鹿地說要到國際上做反戰宣傳，現在搬到這樣一間公寓裡，差不多已到「國際上」了。蕭紅明白鹿地夫婦住在這裡，毫無疑問非常危險，但實在沒有他法可想，只能在這裡暫住一些時候。面對操中國話的茶房的詢問，鹿地剛開口又將半截話嚥了回去，大概日本話又到嘴邊了。池田只好時而用中文，時而用英文來應對那些茶房，好不容易將他們都支應走。因不能開口說話，鹿地只是木然地靜靜站在房間中央的地毯邊上。臨別，蕭紅勸他們好好休息，一再告誡不要講日文，隔壁房間說不定就住著中國人，還叮囑衣箱也不要打開，可能三兩天就要搬，她回去後會將這裡的情況告訴別的朋友，讓大家一起想想辦法。

鹿地夫婦就這樣待在「國際公寓」，等待友人替他們向中國政府辦理證明書，原以爲三五日就可以領到，但直到第七天還沒有消息。終日躲在那間屋子裡，他們就像兩隻機警的小鼠，室內講話也盡量壓低聲音，外邊絕對聽不到。蕭紅不時前去看望，鹿地還是老樣子，喜歡講笑話。一天，他又向蕭紅用有限的中國話說自己最怕女人：「女人我害怕，別的我不怕……女人我最怕。」蕭紅聽後調侃道：「帝國主義你不怕？」對方一本正經地回答：「我不怕，我打死它。」

「日本警察捉你，也不怕？」蕭紅繼續笑著調侃。幾天來一直處於大恐慌中的池田聽後亦笑了起來。鹿地繼續表示日本警察也不怕，還是怕女人。蕭紅便不無戲謔地給他講道理：「那麼你就不用這裡逃到那裡，讓日本警察捉去好啦！其實不對的，你還是最怕日本警察。我看女人並不絕頂的厲害，還是日本警察絕頂的厲害。」說罷，三人都壓抑著音量笑起來。能給危難中的朋友些許安慰，蕭紅亦感欣慰。幾天來，她十分明顯地看見鹿地、池田的面容變得十分憔悴。

危難中，別的朋友都不敢接近，蕭紅卻不時陪他們聊談。對於這份情誼，鹿地夫婦非常感激，他們從蕭紅這裡得到了巨大的安慰。一天下午，蕭紅又前來陪著聊談了兩個多小時，鹿地夫婦的感激之情溢於言表。臨別，蕭紅說明天有工夫再早點來看望。池田聽罷，立刻握住她的手一再眞誠道謝。次日，蕭紅趕去稍遲，鹿地告知池田到許廣平家去了。因能說的中國話實在太少，見蕭紅來，鹿地便從桌上摸出一張白紙條，在上面寫好要說的話，然後拿給她看。從紙條上，蕭紅瞭解到不斷有英國和中國的巡捕在門外監聽鹿地夫婦的動靜。當她看到鹿地以日文語法寫下「今天我決心被捕」的中文字句時，不禁湧起陣陣心酸，不知該如何安慰他才好。

問及今後打算，鹿地亦感茫然。經濟困窘，中國政府的證明書還沒有消息，日本政府在租界有追捕日本人或韓國人的自由，到中國人的區域，又被誤認作間諜。處境如此艱難，眞可謂命懸一線，爲了朋友的安全，蕭紅當晚要將鹿地夫婦的日記、詩文包裹起來帶走。之所以這樣做，考慮到即便被日本人抓去，亦找不到兩人幫助中國的證據。包裹好後，便急忙離開。臨別，鹿地邊握手邊問她是否害怕。雖然嘴上說著「不怕」，實際上蕭紅自己也不知道下一秒是否還有把握如此說，而此刻的「不怕」，「就像說給站在狼洞裡邊的孩子一樣」。

過了兩天，再去看望，他們已經搬走了。危難中，蕭紅對鹿地夫婦的勇敢救助，給作爲當事人之一的許廣平，留下極其深刻的印象，在《追憶蕭紅》一文結尾，高度評價道：「也就是說，在患難生死臨頭之際，蕭紅先生是置之度外的爲朋友奔走，超乎利害之外的正義感瀰漫著她的心頭，在這裡我們看到她卻並不軟弱，而益見其堅毅不拔，是極端發揚中國固有道德，爲朋友急難的彌足珍貴的精神。」

戰爭激發出蕭紅爲民族抗戰鼓吹的熱情。「八一三」第二天，就寫作了《天空的點綴》一文，和八月二十三日創作的散文《失眠之夜》，一併發表在十月十六日的《七月》第一卷第一期。八月十七日，又創作了正面反映上海民眾同仇敵愾、奮勇抗敵的散文《窗邊》，與後來創作的《小生命和戰士》以《火線外》（二章）爲題，發表於十一月一日的《七月》第一卷第二期。

因戰爭之故，滬上許多文學刊物都被迫停刊，而應時局之需的抗戰報刊卻紛紛出現，擔負起抗戰輿論的重責。茅盾、王統照、鄭振鐸、巴金等人將上海最有影響的《文學》、《文叢》、《中流》、《譯文》四刊合併出版，改版爲《吶喊》週刊，並從第三期起更名《烽火》。八月，胡風出面邀請蕭紅、蕭軍、曹白、艾青、彭柏山、端木蕻良等人商議，也籌辦一個刊物。會前，二蕭第一次與端木見面，因都來自東北，三人很快就能談到一起，端木與蕭軍都來自遼寧，關係更近一層。當蕭紅瞭解到他在上海已一年有餘，便睜著大眼睛驚奇地問：「我們怎麼沒聽老胡說起過你呢？要不早該認識了」，並怪意胡風喜歡「單線領導」，不坦率，把作家當作「私產」。

籌備會上，胡風提議，刊物名稱就叫《抗戰文藝》。蕭紅坦率表示不喜歡：「這個名字太一般，現在正『七七事變』，爲什麼不叫《七月》呢？用『七月』作抗戰文藝活動的開始多好啊！」端木聽後亦表贊同，心想蕭紅到底不愧是北方女性，有股質樸、豪邁的氣度。見她老練地吸著紙菸，不禁想到這或許是作爲知名女作家的派頭。《七月》雜誌就這樣確定了下來，由胡風主編，大家義務投稿。一九三七年九月十一日，《七月》正式創刊，初爲週刊，出完三期，由於時局惡化，一些同人紛紛搬離上海，不得不停刊。後，胡風到武漢，《七月》改爲半月刊重新創刊。這份依照蕭紅意見而命名的雜誌，在中國現代文學史上占有突出地位，可以說是一個特定時代文學創作的縮影。而因著《七月》的機緣，蕭紅生命中另一個重要男人，作家端木蕻良已然出場。

端木蕻良（一九一二—一九九六），本名曹京平，原籍遼寧昌圖，

《七月》雜誌

出生於一個大地主家庭。「九一八事變」後，因在南開中學領導學生運動而被校方除名，次年考入清華大學歷史系，並加入北平左聯。一九三三年八月，北平左聯遭到破壞，避居天津，創作了長篇小說《科爾沁旗草原》。鄭振鐸看後，充滿信心地預言：「出版後，預計必可驚動一世耳目！」然而，該書出版並不順利，正式問世於六年後。一九三六年初，曹京平到上海不久，便以「葉之琳」的化名給魯迅去信，想與先生見面，但遭婉拒。此後，潛心創作了長篇小說《大地的海》，於七月中旬再以「曹坪」的化名給先生寫信，並附上小說的兩個章節。魯迅很快回信，讓他將全部書稿郵過去。魯迅不久回信認爲不錯，但鑒於出版長篇一時不容易辦到，要他趕快寫些短篇。八月一日，端木短篇小說《鴜鸕湖的憂鬱》經鄭振鐸推薦，發表於《文學》雜誌第七卷第二期，並第一次使用「端木蕻良」這個名字。胡風給這篇小說以高度評價，是端木蕻良步入文壇的第一步。魯迅逝世前曾將端木短篇《爺爺爲什麼不吃高粱米粥》介紹到《作家》第二卷第一期發表。此後，他在上海文化圈有了更多亮相機會，自一九三六年十月到一九三七年七月間，一共發表了十一個短篇和一部長篇。

1928年秋，端木蕻良攝於南開中學

蕭紅、端木雖是在《七月》籌備會上正式相識，但據孔海立《憂鬱的東北人——端木蕻良》一書可知，其實在那以前端木就見過蕭紅。一九三六年夏天，端木曾在上海法租界的一處公園裡看見二蕭、黃源等四人一起散步，一群人邊走邊聊，瀟灑不羈的文人風度十分引人注目。蕭紅當時已是上海灘著名女作家，端木不過是無名之輩，因此，他只是一個人遠遠注視著他們走過。晚年端木，甚至還記得蕭紅那天身穿大紅衣服，背影修長苗條，一副體弱有病的樣子。《七月》籌備會上，蕭紅自然不會想到，她與這個給自己印象不壞，名叫「端木蕻良」的東北老鄉會有另一場風花雪月。

戰事愈來愈吃緊，上海眼看即將陷落。一九三七年九月，二蕭周圍的新朋舊友大都選擇了新去向，先後計畫或已經離開上海。黃源參加了新四軍；羅烽、白朗遵照中共地下黨指示遷至武漢；舒群遠赴延安；茅盾回了烏鎮；艾青攜夫人回到浙江老家；胡風最後去了南京；端木蕻良到了浙江蒿壩。與此同時，二蕭商定轉移到當時還是大後方的武漢。九月中旬，他們從上海西站即當年的梵皇渡車站上車離滬，經由蘇嘉路轉滬寧路，到南京後再坐船去漢口。

在蕭紅短促一生中，上海是她離開東北後，逗留最久的地方。在這個「冒險家的樂園」成就了自己獨有的光榮與夢想，亦收穫了太多的鬱悶與傷痛。此次離開，就再也沒有回來。

第七章　轉移武漢

三人行

經過數日顛簸，一九三七年的「九一八」前後，二蕭終於跟滿目的傷兵、難民一道，乘坐一艘不足千噸的黑色輪船抵達漢口。清晨，輪船即將駛入江漢關，暫停江心等候例行檢疫。經受了劇烈嘔吐的蕭紅雙手支膝，捧著頭，坐在行李上疲倦已極；蕭軍則雙手扠腰地站在旁邊。一船人都在等著檢疫船「華佗號」靠過來。檢疫過程中，二蕭意外發現面前的檢疫官竟是故友于浣非。

于浣非（一八九四—一九七八），黑龍江賓縣人，早年學醫，亦好繪畫和文學創作。一九二九年初，孔羅蓀、陳紀瀅等在哈爾濱創辦文學社團「蓓蕾社」，並在《國際協報》出版

武漢江漢關碼頭

《蓓蕾》週刊，他是該社的主要成員之一。蕭軍大約基於《國際協報》的關係與之相識。此時的于浣非筆名「宇飛」，不僅在武漢海關當醫官，還出任《大光報》經理。該報由張學良出資，趙惜夢一九三五年創辦於武漢。

結識于浣非後，詩人蔣錫金經常在「華佗號」上寄宿過夜，當天早晨，來不及下船，「華佗號」就開始了對新來難民的檢疫。認出二蕭，于浣非驚喜地叫起來：「噢，是你們！不要緊，上我的小船」；並對身旁的錫金說：「你先招呼一下他們，我就來。」然後繼續對難民船上的嘔吐物進行採樣。錫金扶著蕭紅跨過欄杆下到檢疫船上，蕭軍連忙將行李搬下來。檢疫結束，「華佗號」駛回江漢關。一路上二蕭和于浣非說了很多相互問訊和闊別的話，錫金急於早點登岸去印刷所送稿，沒心思聽他們之間的聊談，船將靠岸就跳上躉船，匆匆離開。

在武漢時的于浣非

蔣錫金（一九一五—二〇〇三），原名蔣鏞，筆名錫金，江蘇宜興人。一九三四年畢業於上海正風文學院，同年在湖北省財政廳任職，曾與嚴辰、蔣有林等合編《當代詩刊》和《中國新詩》。抗戰爆發後，在漢口與孔羅蓀、馮乃超合編《戰鬥》旬刊，後又與穆木天合編《時調》半月刊。錫金和于浣非相識，大約因為孔羅蓀的緣故。馮乃超和孔羅蓀每天都要到民政廳和郵局上班，錫金自由一些，因此跑印刷所發稿、校對之類的事情，就都由他承擔。因住在武昌，他需要趕乘每晚十二點的最後一班輪渡，從漢口過江趕回，有時事情一多就誤船回不去了，住旅店既費錢，更嫌髒怕有傳染病，只好經常在江漢關檢疫船「華佗號」上借宿過夜。遇見二蕭正是基於這樣的機緣。

再次來到檢疫船上借宿，于浣非告訴錫金，那天難民船上遇見的一對夫婦是其老友蕭軍、蕭紅，兩人急於在武漢找個地方住下。因時局關係，各方難民潮湧武漢，立時造成房荒，居住成了大問題，即便肯花大價錢也找不到房子。于浣非聽說錫金在武昌住得比較寬綽，便與之商量，能否將二蕭安置在他那裡。雖沒讀過《八月的鄉村》、《生死場》，但錫金對二蕭並不陌生，在上海的文學刊物上零星讀過他們的一些文章，覺得應該幫他們。當時他與四家在財政廳工作的同鄉、同事，合租了一處新落成的獨門獨戶宅院，位於武昌水陸前街小金龍巷二十一號。他一個人分租其中坐西朝東的兩間廂房，裡間做臥室，外間爲書房。既然朋友說項，錫金便對于浣非說，如果二蕭實在找不到住處，他可以讓出臥室，住到書房裡。當于浣非談到房租，熱情開朗的錫金立即表示不必計較那區區房錢。談定後，二蕭便搬到錫金住處，三人和睦相處，隨即成了好友。

詩人蔣錫金

二蕭在家裡開伙做飯，往往蕭軍採買、蕭紅下廚。見錫金在包飯作裡吃不好，蕭紅就勸他在家裡三人一起吃，說反正他飯量不大，略加米麵就行。這樣，錫金就與二蕭吃住都在一起，如外出不回，就提前告知少做些。蕭紅在給自己和蕭軍洗衣服時，順便也將錫金的衣服洗了。天氣漸冷，她不願意到公共廚房與鄰居們一起做飯，就在臥室支個爐子，三人飯後還可以圍爐閒話一陣，即便在大戰亂中，亦能享受一刻難得的安寧。錫金不在家的時候居多，前後兩間屋子都有書桌，二蕭各自占用一間安心讀書、寫作，互不相擾。經常跑漢口的錫金有時半夜回來見裡間的燈還亮著，專心創作《第三代》的蕭軍有時懶得起身出去開門，便喊蕭紅起來，蕭紅睡眼惺忪披著棉襖趕忙將後門打開，讓進錫金的同時，常常捎帶悄聲罵一句：「你這個夜遊神！」

據梅志《胡風傳》記載，離開上海前，胡風就起意到武漢繼續編輯《七月》，且給熊子民去信，「要他在武漢代辦《七月》登記手續，登廣告，並找出版者」。滬戰爆發，他將梅志和孩子送回老家湖北蘄春鄉下，自己一直堅持到九月二十五日出版了《七月》第三期後，才跟端木蕻良一起趕到西站上車離滬。胡風帶著侄兒走京滬線先到南京，端木則經滬杭線去浙江找三哥。

十月一日，胡風抵達漢口，住熊子民家。次日晚，先期來漢的聶紺弩、麗尼、羅烽、白朗等人，找他商量準備出版刊物。爾後，胡風特意找聶紺弩詳細瞭解他們的具體運作情況，同時亦談了自己正在籌備《七月》的打算。不久，蕭紅、蕭軍趕來漢口看望，商量今後的打算。逗留漢口數日，在二蕭幫助下，胡風搬進位於武昌小朝街四十二號一幢帶花園的小洋房裡，房主是其友人金宗武，離二蕭住處不遠，胡風得便常到小金龍巷坐坐。

十月十六日，《七月》以半月刊的形式，在武漢再次創刊，每月逢一號、十六號按時出版。創刊前，胡風曾召集同人在二蕭住處開過幾次商議會。錫金晚年回憶，當時他對胡風印象不是太好，覺得其文章有點裝腔作勢，待人又有些婆婆媽媽，還對胡風與《七月》同人在一起稱呼魯迅先生時，往往略其本名單稱「導師」，感到十分彆扭。因此，每逢《七月》同人開會，他都聲稱有事離開。他也的確比較忙，除編輯《戰鬥》外，還參加「時調社」的活動。該社正著力推行詩歌朗誦運動，錫金將蕭紅也拉了進去。在漢口市廣播電台工作的梁韜，特意爲他們安排了每週一次大約十五分鐘的節目，由錫金組織人朗誦，限於技術和條件，電台的錄音和播出效果自然不很理想，只是爲了抗戰在做一種全新嘗試。蕭紅不止一次參加這種形式的詩朗誦活動，與錫金一道大約堅持了個把月。

《七月》再次創刊前後，胡風、蕭軍分別給在浙江蒿壩養病的端木蕻良去信，催其馬上動身來武漢。蕭軍那封文言信富有鼓動性，說此前上海的老朋友們都在，就等他了，信尾還附舊體詩一首。因風濕病發作，住在三哥曹京襄家養病的端木，本就不想再養下去，收到這封熱情洋溢的信，更住不下去，聽不進三哥的勸阻，執意於次日乘火車去武漢。十月下旬，端木抵漢，小金龍巷更加熱鬧。端木那西裝長筒馬靴的裝束，在同人中自然卓爾不群，加之很長的鬢角和腦後幾乎蓋住了脖子的長髮，以及憔悴的形容、羞澀的舉止，讓他更不類他人。近五十年後，錫金還記得他那身西裝是當時的流行樣式，塡了很高的肩，看起來兩肩幾乎齊平，大家都開玩笑稱他「一字平肩王」。相熟後，錫金給他起了一個有四個音的類似西班牙文的名字：Domohoro，爲了省便，平時就只叫他Domo。

經常前來小金龍巷看望二蕭的，還有兩人青島時期的好友張梅林。三人都沒有想到一九三五年初上海一別之後，居然又在武漢碰面了。張梅林就住在附近，在他眼裡，蕭紅的臉龐比以前白淨、豐滿了些。令他沒想到的是，第一次見面，蕭紅竟向他行西洋女性握手禮，側著頭，微笑著，伸出軟垂的小手與之輕輕相握。在他看來，這優雅的握手禮是兩年多不見，蕭紅最爲明顯的改變。以前與之握手，她總是將右手「老粗式」地伸出來有力一握。幾天後，張梅林一本正經地與其談起她那優雅的握手，不想蕭紅大笑起來，說那是故意裝出來的。張梅林是二蕭的常客，但和錫金沒有什麼共同話題。在二蕭住處，端木同樣給第一次見面的張梅林留下非常深刻印象：長頭髮、臉色蒼白、背微駝、聲音嘶啞，身穿流行的一字肩西服。進屋後從細瘦的手上脫下棕色的鹿皮手套，笑著對蕭紅說：「我的手套還不錯吧？」蕭紅接過來試著戴在自己手上，坦直地大聲說道：「哎呀，端木的手眞細呀，他的手套我戴正合適哩。」坐在木椅上的蕭軍見狀，同樣坦直地笑著。

不久，端木亦想搬來與二蕭同住，只是不便向錫金直說。二蕭轉達了他的想法，錫金心想反正自己在家時候不多，爲了方便《七月》同人活動也就同意了。他向鄰居借了一張竹床、一張小圓桌，讓端木睡在書房裡。小金龍巷由三人又變成四人的共同生活，依然蕭軍買菜，蕭紅做飯，錫金通常吃了早飯便往外走。

雖是四個性格迥異的文化人在一起，但相處得十分和睦。晚飯後，興致高漲時，他們還唱唱歌、跳跳舞。除中外歌曲，蕭軍還會唱京戲、評戲、大鼓書；二蕭都會跳卻爾斯頓，還會學大神跳薩滿舞。這些「文藝活動」一旦開展起來，引得同院孩子扒著窗戶看新奇。四人在一起常開玩笑、抬槓，這是東北人幽默、樂天的本性使然。他們常常討論中外古典名著和一些文藝問題，有時也議論時事、分析戰局。面對眼下境況，大家都不自覺地想到，如果武漢守不住該往何處去。端木說四人可組成一個流亡宣傳隊，人雖少，但能唱歌、朗誦、演戲、畫畫，能寫標語傳單，還能寫文章、寫詩，走到哪裡都可以拿出一手。錫金甚至不無調侃地想到，如果流浪宣傳不行，四人還可以開個小飯館，重活由蕭軍包攬，蕭紅上灶，他和端木跑堂，保證能把顧客伺候好。之所以對開餐館如此自信，是因為他發現蕭紅具有非同凡響的做菜天分。蕭紅仍經常顯露她那拿手的「大菜湯」廚藝，令男人們大快朵頤，以至於私下將之命名為「蕭紅湯」。其實，那就是一種俄國菜湯：白菜、馬鈴薯、番茄、青椒、厚片牛肉大鍋煮，也可以加些奶油和胡椒麵，上海叫「羅宋湯」，哈爾濱叫「索波湯」。這道菜對於蕭軍、端木來說，也許很平常，但錫金覺得，憑這道內地人喜歡吃而不懂得做，營養豐富、易做而好吃的菜，一定可以在南方創出招牌來。

在武漢安頓之後，蕭紅趁洗衣、做飯的空隙，開始了長篇小說《呼蘭河傳》的寫作。一段時間過後，錫金讀到部分原稿，包括第一章和第二章的開頭幾段，發現作者始終在抒發對土地的思念之情，對故鄉生活的品味細膩而深刻，意緒悲涼，低迴不盡，人物卻遲遲不出場，故事亦總不發生。錫金不知道蕭紅要精雕細琢出一部什麼樣的作品來，但對她在文字間所流露出的感受與情緒非常喜歡。蕭軍開始在《七月》上連載《第三代》，他對自己的寫作始終充滿自信。晚飯後的閒聊，四人更多時候喜歡就創作抬槓。

一天，蕭軍挑起話題，討論什麼樣的文學作品最偉大，於是大家就此閒聊。不想，他故意挑釁，大發謬論，認為文學創作以長篇小說最偉大，中篇次之，短篇更次之，劇本需要演出，不算它，至於詩歌，那就更不足道。進而聯繫自己和在座三位的創作實際，現身說法地將觀點詳細闡釋了一遍，認為他自己正在連載長篇《第三代》，且被評論家譽為「莊嚴的史詩」，自然最偉大；端木計畫重寫毀於「八一三」炮火中的《科爾沁旗草原》，是否偉大要寫出來之後再看（蕭軍可能聽說《科爾沁旗草原》被日軍飛機炸掉了。實際，這部原稿非常幸運地被開明書店徐調孚從大火中搶攜了出來，他對此可能有所不知）；至於蕭紅雖也在寫長篇，但發自內心認爲她「沒有那個氣魄」；而錫金寫詩，一行一行的，就更不像個什麼，並將小指頭伸出來對他說：「你是這個！」

知道蕭軍在故意挑逗，錫金不願上當，最好方式就是不理會。蕭紅、端木卻極其較眞地與之爭論起來。對於蕭軍那種不顧別人自尊的粗豪與霸氣，蕭紅愈來愈反感，爭論的時候表現得尤爲激烈，搬用了許多道理進行駁斥，並且毫不軟弱地對蕭軍進行挖苦。端木則繞著彎兒稱讚蕭紅的作品「有氣魄」，只是還沒有顯現出來而已。錫金後來忍不住也參加了進來，說蕭軍簡直胡言亂語。抬槓的調門愈來愈高，情緒火爆，有些像吵架。正吵得不可開交，胡風進來，問明原委笑著說：「有意思，有意思，你們說的都有合理之處，可以寫出來，下一期《七月》可以給你們出個特輯，讓讀者也參與討論。快發稿了，你們都把自己的想法寫出來，三天後我來取。」說罷告辭，爭論就此平息。

三天後的上午，胡風眞的來取稿，誰都沒寫，蕭軍卻交卷了。坐在錫金床上，胡風看著蕭軍原稿不住點頭稱是。大家都很訝異，蕭紅更沒想到老胡居然贊同蕭軍，於是問他蕭軍到底寫了點什麼。胡風便將認爲精彩的幾段讀給大家聽：「衡量一個文學作品可以從三個方面，一是反映現實生活的廣度，二是認識生活的深度，三是表現生活的精讀……這很對嘛！」蕭紅不聽則已，一聽簡直氣壞了，衝著蕭軍大聲叫嚷：「你好啊，眞不要臉，把我們駁斥你的話都寫成了你的意見！」進而，邊「控訴」邊涕泗滂沱地大哭起來。蕭軍見狀大模大樣地說：「你怎麼罵人，再罵我揍你！」蕭紅不甘示弱，邊哭邊揮拳狠狠捶他的背。蕭軍自知理虧，彎腰笑著讓她打了幾下，並說：「要打就打幾下，我不還手，還手怕你受不了。」

在這戲謔化的玩笑中，蕭紅知道蕭軍之所以覺得自己沒有寫長篇小說的氣魄，骨子裡自然還是認爲自己是女人之故。蕭紅極其自尊，最反感蕭軍有意無意地品評，或開玩笑攻擊女人這樣那樣的弱點、缺點。每每此時，總要將蕭軍作爲男人的代表或靶子加以無情批駁，認眞到生氣流淚，一定要他承認「錯誤」、服輸才肯破涕爲笑。蕭軍晚年反省：「我有時也故意向她挑釁，欣賞她那認眞生氣的樣子，覺得『好玩』，如今想起來，這對於她已經『謔近於虐』了，那時自己也年輕，並沒想到這會眞的傷害到她的自尊，她的感情。」蕭紅過於敏感的自尊，有時亦表現爲近乎嬌氣；雖歷經磨難，但在蕭軍面前，她永遠都「成熟」不起來。張梅林常與二蕭去蛇山散步，站在黃鶴樓旁，極目遠眺深秋季節長江落日的黃昏景致。一天下午，三人同去抱冰堂，中途蕭紅去買花生米，蕭軍沒有停下等待，先走了幾十步。蕭紅買好花生米，出來一看蕭軍竟沒有等她，就立即轉身衝向回家的路，後經蕭軍趕過去哄勸，才回心轉意。

蕭軍性情坦直，但嫌粗暴，與蕭紅相處，時常表現出大男人主義的霸氣，也喜歡在朋友面前揭其短處。毋庸置疑，這對敏感、自尊的蕭紅來說，是極大的傷害。加之一起生活的幾年裡，蕭軍身上時有移情別戀的故事發生，對於蕭紅亦是致命的傷痛。此前，面對傷害與傷痛，蕭紅大都只是隱忍遷就，眞切感到處於弱勢的無助。然而，自端木住進來後，情形似乎發生了明顯變化，每每與蕭軍爭執，端木多站在她的立場上，讓蕭紅覺得在蕭軍面前不再那麼弱勢、無奈。

端木比蕭紅小一歲，富家子弟出身，且是家裡最小的兒子，任性嬌慣。這一點他跟蕭紅倒有相似之處。他那沒落地主的家庭背景和在津、京大都市接受教育的成長經歷，都表現在他那不無孤傲的氣質和明顯帶有小資傾向的「洋化」作派上。這也是周圍朋友多半對其印象不佳，不大願意接納的原因所在。蕭紅對端木的眞實感覺非常複雜，然而，顯見的事實是，端木雖在體力上不及蕭軍，心思卻遠比他細膩，能理解蕭紅，亦能欣賞她的文學天賦，也很會對她示好。當時，蕭紅遠比端木知名，在將她看作姊姊的同時，端木更對她表示出發自內心的敬重；在端木面前，蕭紅則往往表現出姊姊對弟弟的關愛。而關鍵在於，端木的存在讓蕭紅感到，在這個處處彰顯男性霸權的社會裡，終於遇到了一個欣賞自己、支持自己的男人。

正因如此，駱賓基在《蕭紅小傳》裡敘述「買花生米」事件時，認為蕭紅之所以負氣向回家路上衝去，就是因為家裡有了端木這個憑藉。而端木作為蕭紅的精神憑藉，更表現為「不只是尊敬她，而且大膽地讚美她的作品超過了蕭軍的成就」。此前，雖也有魯迅、胡風等人對二蕭創作能力進行過比較性的評價，大都認為蕭紅比蕭軍更有前途，但那都只是朋友間的隨意閒談，某種意義上也是對蕭紅的預期。對此，一向比較驕傲、專橫的蕭軍，雖然表面上表示同意，內心顯然難以真正認同，作為女人的蕭紅能超過自己。

顯然，蕭軍基於傳統「女子定不如男」的認知慣習，對蕭紅文學成就的輕蔑，是除移情別戀之外，對她的又一精神傷害。因而，端木的誇讚，是蕭紅最願意聽到的，而「在蕭軍之上」的評價，自然是蕭軍最不樂意聽的。端木對蕭紅的誇讚，動機上或許基於某種藝術旨趣，真誠而發自內心，也不排除對蕭紅主動示好的善意阿諛。蕭紅後來對聶紺弩說端木「是膽小鬼、勢利鬼、馬屁鬼」，其中或有深意存焉，也許流露出她對端木的誇讚存有一份比較複雜的心態。而正如孔海立《憂鬱的東北人——端木蕻良》一書所說的那樣，比起蕭軍不時伸出的「拳頭」，端木的「馬屁」此時對蕭紅而言，自然容易接受得多。同在一個屋簷下，同在一口鍋裡吃飯的三人，關係就這樣漸漸微妙。

十二月一日，梅志帶著兒子曉谷來武漢與胡風團聚。胡風一家住在金家花園前面的兩間小屋裡，位於花園一角，一旁是養花的暖房；花園裡有竹編曲徑以及各種樹木，美麗幽靜。《七月》座談會便改在小朝街。二蕭、端木是這裡的常客，常常在外吃了早飯，順路到胡風家小坐；如果傍晚散步走到那裡，往往一坐三四個小時，晚上十點多才離開。每次到來，只要一過正樓，走上花園小徑，胡風夫婦就能聽見三人一路的爭吵聲。關係悄悄微妙之後，爭論更多發生在蕭軍、端木之間。蕭軍精力充沛、嗓門大，爭論起來滔滔不絕，至於為什麼爭執，梅志一開始並不清楚，但往往被其談風征服，總覺得他是對的。對兩個男人的爭執，蕭紅有時顯得厭煩，不是坐在一旁翻翻書、看看報，就是和胡風、梅志聊聊天，逗逗曉谷，有時還挖苦蕭軍、端木幾句。

而每逢四人開聊，梅志都帶著孩子走開，因爲小屋被幾支菸燻得煙霧繚繞，讓人睜不開眼。胡風是菸不離手，蕭紅那抽菸的氣派、手勢，梅志一見便知是個老菸客，蕭軍也抽得不少，但更多時候在說話。再次見到蕭紅，梅志感到她身上起了很大的變化，身體比過去結實多了，臉色亦不是此前那種不健康的青白，而是白裡透出紅潤，大眼睛有了神采，整個人顯得自信而颯爽。梅志心想，這才是眞正的蕭紅。

來往一多，梅志漸漸明瞭蕭軍、端木爲什麼爭吵。原來兩人一個自比托爾斯泰，一個自詡巴爾札克，兩位中國的「大師」常常爭論不休的焦點在於：一個認爲對方的自然景色描寫哪像托爾斯泰，另一位則反唇相稽：你的人物一點也沒有巴爾札克的味兒。就這樣，兩人爭執之餘復又相互討論，其他人插不上嘴，也不願插嘴。最後，蕭紅出面說：「你們兩位大師，可以休息休息了，大師還是要吃飯的，我們到哪兒去呀？回家？還是過江去？」此語一出，往往十分靈驗，兩個男人立馬住口，決定後邊的活動。

三人喜歡同去黃鶴樓、遊蛇山，臨走時，蕭紅總想邀上梅志同往，但她因孩子小，往往不能成行。在梅志眼裡，蕭紅與蕭軍、端木待在一起變得活潑多了，三人多半還是吵吵鬧鬧玩玩，盡情享受這抗戰後方的小小自由。梅志更發現，如果蕭紅、蕭軍之間發生爭吵，端木「就以義士自居出來衛護她」。

實際上，蕭紅此時更爲內在的變化，體現在她那愈發明確而自覺的女性意識上。更加痛切地感受到來自男權社會無處不在的擠兌與壓迫，而戰爭亦更加激發出其內心深處的人道主義精神。「八一三」的炮聲中，蕭紅閱讀了史沫特萊的《大地的女兒》和麗絲琳克的《動亂時代》。《大地的女兒》激發了她對「男權中心社會下的女子」的生存狀態的思考。

兩部女作家的著作，在引起共鳴、震撼的同時，亦讓蕭紅深深爲之驕傲，她更加自信女性一樣能寫出反映大時代變化的偉大作品，一直想爲這兩本書寫點什麼。及至一九三七年底重溫兩作，而住在一起的兩位男作家，對這兩本書所表現出的輕蔑深深刺傷了她。一位心不在焉地說：「這就是你們女人的書嗎？」爾後，邊練唱京劇古樂譜，邊隨意翻翻《大地的女兒》說「不好，不好」。另一位則用很細的指尖指著《動亂時代》的封面，輕慢地問：「這位女作家就是兩匹馬嗎？」且因見《大地的女兒》的封面畫了一個裸體的女子而笑得不亦樂乎：「《大地的女兒》就這樣，不穿衣裳，看唉！看唉！」

男人們對女作家著作所表現出的態度，給了蕭紅極大刺激，於是悄悄出門到菜市場買點菜，以逃離那於她極不相宜的語境。回來路上，在一家門樓下，發現一個老頭在這雨雪交加的天氣裡披著一件棉襖坐在一堆枯草上，凍得瑟瑟發抖。回家拿些零錢，遞給老人，發現對方是個瞎子，在轉身離開的剎那，蕭紅對戰爭有了全新認識。此前，她憎惡一切造成斷腿、斷臂的戰爭，當她眞切看見人像豬一樣睡在牆根，想法改變了：「我就什麼都不憎惡了，打吧！流血吧！不然，這樣豬似的，不是活受罪嗎？」

幾天後，蕭紅想到蕭軍、端木那晚對這兩部著作的嘲笑，未必出於眞心，不過笑笑玩玩；然而，她仍在追問男人們的說說笑笑「爲什麼常常要取著女子做題材呢？」她認爲答案就在這兩本女作家的書中。結合自身經驗的閱讀，讓蕭紅對女人的命運有了超越於時代的認知：「不是我把女子看得過於了不起，不是我把女子看得過於卑下；只是在現社會中，以女子出現造成這種鬥爭的記錄，在我覺得她們是勇敢的，是最強的，把一切都變成了痛苦出賣而後得來的。」

梅志在回憶文章中也提到蕭紅和這兩本書。一天，她在給胡風清理書桌時發現這兩本書，正在翻看，蕭紅來訪，見狀便坐下來和她聊聊這兩本書。蕭紅一本正經地想知道她閱讀這兩本書的眞實感受。梅志一時感到像是受了老師的考問，但蕭紅始終微笑著鼓勵她說下去。梅志說喜歡《大地的女兒》，是因爲小說主人公的「堅強勇敢，從小就反抗舊社會的不平等，尤其是男女不平等」。蕭紅十分認同，爾後繼續想知道她對《動亂時代》的感受。梅志說：「這不就是我們今天的生活嗎？它使我憎恨戰爭，但它寫得太眞實了，使我害怕，使我為孩子們擔心。」

稍後，梅志在《七月》上讀到蕭紅關於這兩本書的讀後感，覺得她似乎也沒有做出深刻的評價，並認為她可能不適合寫評論文章，因為所使用的仍是散文筆法，更多還是在寫自己的生活，特別是對那個因戰爭而逃亂他鄉、飢寒交迫的老者的憐憫與同情，令其印象深刻。

瓜田李下

不久，漫畫家梁白波也搬進了小金龍巷。

二〇年代末，梁白波在上海中華藝大學習美術，後因反對父母包辦婚姻而離家出走，輾轉新加坡、菲律賓教畫謀生。三〇年代初返回上海，進入時代圖書公司，開始在《立報》上連載長篇漫畫。作品《蜜蜂小姐》曾風靡一時，與葉淺予的《王先生》、張樂平的《三毛流浪記》鼎足而三。抗戰爆發，葉淺予、張樂平、梁白波等七人組成漫畫宣傳隊，戲稱「七君子」，由葉淺予帶隊在江南一帶進行抗日宣傳。此時，梁白波已與葉淺予同居，第一站到達南京後，她因事去了廣州，不久，宣傳隊準備撤往武漢，便通知她直接從廣州去武漢會合。梁白波比滯留南京的葉淺予一行先期到達武漢，與錫金相識後，偶然經過一晚深入的聊談，兩人才相互認出對方竟是十年前的鄰居，還是少年夥伴。

幾天後，錫金將前來看望的梁白波介紹給二蕭和端木。進入裡間，她對釘在牆上的風景畫非常欣賞，得知出自蕭紅手筆，便和她談得十分投契；蕭軍亦停下每日雷打不動的寫作計畫，殷勤陪著大家一起坐聊。錫金有所不知，二蕭與梁白波之所以一見如故，是因為他們雖素未謀面，但二蕭對她早已非常熟悉。金劍嘯當年在上海學畫時與梁相識，建立了非同一般的友誼，回到北方，經常向二蕭及周圍朋友提起這位

「鴿子姑娘」。蕭紅還對老金深情朗誦那首《白雲飛了》記憶猶新：

南方那有個姑娘，
她指著你，
念著我，
在眼中放著憂愁的光？
啊，白雲，
她穿著黑白格的衣裳，
常常孤獨的遙望。
望著海，
望著天，
望著我這海外的遊浪？

如今，「鴿子姑娘」就在眼前，而老金本人卻離開了這個世界。想到金劍嘯的死，想到幾個月前朋友們對他的紀念，蕭紅心裡不禁生出淡淡傷感，再看坐在面前的梁白波，就更有一份別樣的滋味。

見了小金龍巷諸位的居住環境，梁白波不無忸怩地提出想搬來同住。二蕭立即表示歡迎，倒是錫金有些犯難，眼下兩間房都住滿了人，梁搬來不知該怎麼安置。蕭紅見狀，便對面有難色的錫金說：「那好辦，讓端木住到我們房間裡，梁白波就住你這間。」錫金表示男男女女住在一起，無法避嫌，且文藝界嘴雜，一旦傳出閒話，就沒法說清。梁白波覺得錫金的顧慮不無道理，但還是對難以決斷的錫金說：「你去看看我的住處吧，看了之後，相信你一定會同意我搬來的。」二蕭亦催促錫金趕快去看看，如果真的不行，就索性幫她將行李搬過來。

飯後，錫金送梁白波回漢口。到其住處一看，果眞糟得沒法形容。一間牆壁已有些傾斜、屋頂漏著天光的偏廈，潮濕的磚地長著黴苔，空朗朗的屋子當中放著一張雙人床，上面鋪著兩套被褥。一問，錫金才知道梁借住在葉淺予一個男友家裡。她和房主輪流共著這張床，晚上房主不回來，床讓給她；但是每天清早她得提前早起將床讓出。見此情狀，錫金明白了幾天前，他們在武昌雨夜相遇，當他要送梁回去，她何以那麼發怵。後來，梁白波寧可和他在小旅館坐聊一晚，也不願過江回漢口。如此糟糕的環境，實在沒法再住下去，錫金於是幫她將被褥、行李之類打好包，雇街車運到江邊，過了江再雇車搬進小金龍巷。

五人忙碌了好一陣才安頓下來。他們將端木的被褥鋪到裡間二蕭的大床上；端木的竹床讓給梁白波。這樣，端木、二蕭合睡裡間大床；梁白波、錫金在外間分床而睡。戰時艱窘的生存，自然非承平年代的人們所能想像。無論端木還是錫金，幾十年後都坦率憶起當年睡覺的情形，說當時大家都是心底坦蕩純潔，沒有任何其他想法。然而，這些回憶倒是給了後人無限想像，不少人以今天的情形，揣測前人的動機與心態，甚至得出諸如蕭紅生活作風較「亂」之類，令人啼笑皆非的結論，恰恰彰顯某些今人的陰暗與褊狹。

之所以令今人有如此想像，是因爲按常理，三男兩女、兩間房，似乎應該讓男女分房而睡。端木夫人鍾耀群在《端木與蕭紅》一書中解釋說，之所以如此安排，蕭紅有著自己的打算。她或許看出梁白波雖與葉淺予同居，但她對錫金有明顯好感，況且，梁從來就不承認葉是其「丈夫」。如此安排是爲了給錫金、梁白波更多談心機會。此說不無道理，錫金晚年亦回憶說，後來梁希望自己和她一同去延安，遭拒後嘆息道：「你啊，不和我同走延安，你會後悔的。」梁對錫金的愛慕之意，讓蕭紅看出很有可能。

而蕭紅、蕭軍坦然接受與端木同睡一張大床，與他們三人都是東北人有關。當年東北鄉下，一家老幼不避男女同睡一炕，極爲平常，並沒有什麼忸怩之處。在戰亂的特殊情形下，三個東北人在同一張大床上各自睡下，也就不是那麼不可想像的事情。何況，蕭紅又是那種極坦蕩的女人，認爲此舉是急朋友所難，也就更沒必要大驚小怪。另再，鍾耀群談到，端木來武漢的第一天晚上，就是和二蕭擠睡的。而蕭軍對此亦坦然接受，表明當時端木、二蕭確實心底坦蕩、毫無芥蒂。

小金龍巷由三人而四人而五人，實在人氣熾旺，更加熱鬧。比起男人，女人更知道愛美，更何況蕭紅、梁白波都是極富繪畫天分的女人，對空間、色彩有特殊的敏感。安置妥當，她們便一道張羅布置房間。梁白波從箱子裡拿出一塊帶有方格子花紋的綢子，蒙在小圓桌上做桌布，並說自己對方格子布料有情結。大家通過她以前的許多照片證實了這一點。照片上的梁白波不是穿著格子襯衫，就是格子裙子。蕭紅想起金劍嘯那「她穿著黑白格的衣裳」的詩句，進而想到，老金當年念念不忘的「鴿子姑娘」，應是「格子姑娘」的諧音。

房間布置好後，鑒於大家都愛抽菸，梁白波又掏出一個瓷瓶和陶鉢放在小圓桌上，告知裡邊可以插花和存放菸頭，不許室內隨意亂扔，儼然新來主婦。平素見蕭紅洗衣做飯，梁也插手幫忙，甚至計畫著買這買那。身爲廣東人，她準備給大家做地道的廣東菜。一天，看見錫金抽屜裡有畫紙和色粉，便張羅要給四人每人畫一張速寫像。首先畫端木，因頭髮長，畫好後看起來像個女人。蕭軍見狀便不讓梁給自己畫了，害怕同樣畫出了女人氣。

梁白波搬進小金龍巷，不僅改變了四人原來的睡覺格局，也讓這裡更加熱鬧，始終呈現喜氣洋洋的局面。自然，蕭紅與端木到底因爲住處與生活的幾乎無間而更加親近。不久，南京陷落，葉淺予抵達武漢找到梁白波，在錫金幫助下，二人另外租屋居住，端木又搬回原來的竹床，四人生活旋即恢復如常。

一九三七年十二月九日，武漢青年宣傳隊在江漢關前廣場，組織群眾集會紀念「一二·九」運動兩週年。會後遊行中，有特務在民權路向隊伍開槍，打傷一名劉姓東北流亡青年。然而，特務被憤怒的群眾抓住後，旋即被憲兵提走。錫金此前經常參加武漢青年宣傳隊的活動，當他在碼頭被遊行的熱血青年圍住詢問對策時，公開表達了回校發動同學的建議，並說了一席憤激的話，不想，被混在人群裡的便衣特務盯上。第二天，他請同事張鶴暄上街吃飯，走在中正路上，被四個便衣特務假借羅隆基在冠生園請其吃飯爲由，劫持到軍人監獄的後院反省院。特務拿了張白紙，令錫金寫個條子說明自己已到，謊稱好讓羅隆基前來相見。意識到特務們的意圖，他在白紙條正中豎行寫下「蔣錫金到」四字。爲了防止他們利用自己的親筆簽名做文章，錫金在四字的頭尾各加了一個圓圈。

果然，兩個便衣拿著蔣錫金的條子，來小金龍巷，想順藤摸瓜，將他們自認與蔣錫金有染的「危險人物」都抓進反省院。二蕭、端木都是流亡關內的東北作家，且有明顯的反日傾向，自然是他們「重點關照」的對象。蕭紅正在裡屋接受兩位來自武漢女子中學的高中生的訪問，談論創作問題；蕭軍、端木都在寫作中。特務們闖進來後，揚揚手裡的條子問：「誰是蕭軍？」見蕭軍答話，便將紙條遞給他，說羅隆基在冠生園請二蕭吃飯，蔣錫金已經到了，現等他們去開席。瞟了紙條一眼，蕭軍立時就明白是怎麼回事，鎮靜地說：「這不是什麼請帖，我不去；你們有逮捕證嗎？要有你就拿出來，有槍也可以拿出來；沒有的話你給我滾，不滾我就揍你！」

伎倆識破，特務們繼續糾纏，蕭軍揮拳便打，兩個特務一起上前與蕭軍打鬥。怕蕭軍有所閃失，蕭紅在一旁不停地喊：「別打，別打！」端木待在一邊不敢說什麼，兩個女中學生嚇得直哭。吵鬧聲驚動了四鄰，有人趕緊報警。警察趕來，以「互毆」，將二蕭、端木以及兩個女中學生，還有特務都帶到警署訊問。臨出門，正好碰見剛才眼見錫金被特務劫持，特地趕來報信的張鶴暄。特務們剛才就注意到了他，見其前來通風報信便說，「原來你也不是好東西」，要求警察將他一併帶走。這樣，特務和警察從小金龍巷一共浩浩蕩蕩帶走了六人。臨行，端木無可奈何地挾了一條毛毯，並從錫金書架上抽下一部厚本的《新舊約全書》，似乎做好了長期坐牢的打算。到了之後，未經審問，六人就押進了拘留所。

當天下午，艾青一如往常來到小金龍巷，遠遠看見二蕭門口一群看熱鬧的人正在散去，覺得氣氛不對，一打聽，才知道二蕭、端木都被警察帶走了。艾青連忙趕到胡風家商討對策，消息在文化人中間一時迅速傳開。胡風跟國民黨上層有一定的關係，立即去行營找曾經見過面的曹振武處長，對方答應去交涉。回來後，又讓房主金宗武託人打聽具體的情形，才知道是省黨部的特務組幹的。胡風又通過金宗武在省黨部做特派員的學生疏通關節，要他們放人。結果，幾人在拘留所關押了幾個小時，未經任何審問，就莫名其妙地放了出來。夜幕降臨，三人虛驚一場地回到家裡。不一會兒，蔣錫金也莫名其妙地放了回來。後來才知道自己被劫持反省院後，同事張鶴暄連忙報告了馮乃超，馮找財政廳廳長賈士毅出面斡旋，才最終放人。

晚上，小金龍巷燈火通明，屋子裡來了許多前來問候的朋友，胡風、馮乃超還有別的一些人都在。錫金回來後，大家相互問明了情況，見他驚魂未定的樣子，蕭軍十分得意地說：「你這樣順從地跟著他們走就不對，就應該跟他們打，打不過也要打，一開打就成了鬥毆，歸警察系統受理，頂多關進拘留所，還能找地方要人，而像你那樣是政治綁票，一旦『失蹤』，誰也不知道下落，殺死了也沒法查證。」

錫金認為他的分析很有道理，不過，他知道自己和二蕭、端木之所以這麼快就被釋放，還是多虧時勢之賜，是朋友們的營救起了作用。特務們原想祕密將人弄去，不想被外面知道了，並且有人在查找，再扣下去就無法下台，只好不明不白地放人。蕭軍對國民黨的鬼蜮伎倆心氣難平，要登報控訴他們迫害文化人。胡風、蕭紅害怕節外生枝，都堅決不同意，說吃一塹長一智，大家以後多加小心就是。梅志晚年回憶，蕭紅為感激胡風這次營救之恩，特地刻了一方小圖章送他。這次被警察捕去到底一場虛驚，對蕭紅影響不大，兩天後，她回憶當年在哈爾濱參加「佩花大會」的情形，完成散文《一九二九底愚昧》，發表在十六日的《七月》上。

南京陷落，日軍溯江而上，武漢亦由後方漸漸變為前線，形勢一天天緊張起來，人們又紛紛內遷重慶。一九三七年底，孔羅蓀夫人周玉屏帶孩子去了重慶，爲了方便工作，錫金搬到孔羅蓀位於漢口三教街的家中與之同住，從此，再也不用在「華佗號」上過夜了。不久，馮乃超在夫人李聲韻搬去重慶後，也搬到孔羅蓀家中，三個男人住在一起。搬到漢口後，馮將自己位於紫陽湖畔的寓所讓給了二蕭，那裡離胡風住處更近，商談《七月》的一些事宜更加方便。端木仍留在小金龍巷，臨走，蕭紅笑著說：「我們走了，沒人給你做飯吃，看你怎麼辦？」端木回答有煤氣爐，再不濟可以下麵條，餓不死的。二蕭搬走後，端木搬進裡屋，一個人懶得收拾屋子，加之他喜好書法，桌上常攤放著筆墨、紙張，更其凌亂不堪。

二蕭雖然搬離，但時常回小金龍巷看看。有時兩人一起，有時蕭紅單獨一個人來，《七月》同人仍常來此聚會、碰頭。每次前來，蕭紅都要嘲笑端木髒亂，邊說邊順手幫忙整理。見桌上筆墨現成，她還興致頗高地不是畫上幾筆，就是寫幾個大字。端木小時候學過繪畫，也很欣賞蕭紅的繪畫天賦，除文學之外，他們有更多的共同話題。

一天，兩人相談甚歡不覺夜幕降臨，見窗外月色宜人，蕭紅興致盎然地對他說：「今晚月色這麼好，我請你出去吃吧。」端木看看窗外，月色確實不錯，便和她一起出門，到江邊挑了一家小館子，臨窗坐下，點了些小菜邊吃邊聊。從眼下各自手頭上的創作，到對未來的預期與想像，談得十分投契。蕭紅憧憬往後只要有個安寧的環境，全身心地寫點自己感興趣的東西，就是最大的滿足。幾年來顛沛流離的生活，她實在感到厭倦。聯想她的經歷，端木很能理解面前這位命途多舛的「姊姊」的心願。說到自己，他說最大的願望就是做一名戰地記者，只是苦於沒有機會。蕭紅聽後直搖頭，認爲他的身體根本做不了。

難得找到如此投契的傾訴對象，蕭紅感到無比快樂。蕭軍早就不可能如此耐心地聽她訴說心底所想了，似乎也不屑於知道女人心裡到底想些什麼，不知從哪一天起，他就始終那麼驕傲。從小飯館出來，月上中天，四周一片靜寂，清冷的月輝灑滿大地，江上薄霧瀰漫。初冬季節的江岸蕭索而枯寂，空氣清冽。兩人發現，原來這初冬的月夜竟如此別有風味，與關外家鄉自不相同。途經一座小橋，蕭紅拉著端木站在橋上，仰望空中那輪圓滿的冷月，忘情地欣賞了一會兒，爾後，倚欄輕聲念道：「橋頭載明月，同觀橋下水……」她想接著念下去，又似乎一時想起了什麼，便就此打住。端木覺得她可能是剛才喝了點酒的緣故有些興奮，便打斷欲言又止的蕭紅：「不早了，咱們回去吧。」蕭紅似乎也意識到，自己今晚的情緒有些異常，便回答說「好吧」，然後很自然地挽起端木的胳膊往回走。到了小金龍巷口，說了聲「再見」，轉身離去。

這樣一個月色溶溶的夜晚，蕭紅一個人走在回家路上，內心的興奮在漸漸消隱。她不想欺騙自己，知道自己對端木的感情在悄悄變化。雖然，一時也難以說出，比起蕭軍，端木到底好在哪裡，她同樣不喜歡他那種特出於旁人的氣質和作派。然而，她愈發覺得他是個善解人意的男人，有耐心傾聽自己。更重要的是，在他這裡，她感受到了一種被重視、被尊重的幸福。她需要這種尊重、理解、傾聽甚至寵愛。她也知道自己未必眞的對端木有愛慕，但她更願意和他在一起，就因爲可以享受到那種久違的幸福。此後，蕭紅更多時候一個人來小金龍巷與端木坐聊。

一天，端木不在家，蕭紅一個人進到曾是三人共處的裡屋，怔怔中腦海裡交替浮現蕭軍、端木的影子。看著三人曾經擠睡的大床，她心裡有一種難以言說的況味。一時想起很多，但始終理不清頭緒，心緒隨即變得煩亂，似乎一下子認不清楚自己。見桌上鋪著毛邊紙，便提筆習字以安心神。幼時祖父教讀的唐人張藉那首《節婦吟》不覺跳入腦中，於是在紙上斷續寫下：「君知妾有夫，贈妾雙明珠。還君明珠雙淚垂，恨不相逢未嫁時」等句子。最後一句，反覆寫了好幾遍。

看看自己無意間寫下的詩句，蕭紅很久都難以從怔怔失落中回過神來。祖父幼時教讀此詩時，自己並不理解其中含義，而今，祖父死去多年，自身亦歷盡坎坷且目前陷於情感起伏中，再來看這幾句詩，一時感慨萬千，傷感不能自已。久之，不見端木回來，默默離開這曾經歡笑熱鬧的空間，一個人落寞地往回走。一路上，蕭紅已明確意識到，在武漢，這不長時間的「三人行」，已然給她帶來了微妙的心理變化。

回家後，見蕭紅留下的墨蹟，端木同樣心情複雜。他知道自己對蕭紅有發自內心的愛慕，只是她的身分，又讓他不得不將這份愛慕盡力壓抑下去。

蕭紅、端木情感上微妙而明顯的變化，蕭軍自然有所察覺。他陪蕭紅來小金龍巷，也喜歡在毛邊紙上提筆揮毫，練字賦詩。一次，邊寫邊高聲念道：「瓜前不納履，李下不整冠。叔嫂不親授，君子防未然。」寫畢，仍覺言不盡意，又寂聲寫下「人未婚宦，情欲失半」八個大字。分明覺察蕭軍此舉別有深意，但蕭紅仍裝出若無其事的樣子湊過去，笑著說：「你寫的啥呀？字太不美了，沒有一點文人氣！」蕭軍立時雙眼一瞪，氣憤憤地搶白道：「我並不覺得文人氣有什麼好！」像往常一樣，端木剛想就此與之展開爭論，適值胡風和別的作家正在外屋討論問題，聽見蕭軍話裡隱有怒意，便連忙將三人都叫了出去。來到外屋，蕭紅偏偏擠在端木旁邊坐下，蕭軍則頭靠門框，歪著腦袋，眼神複雜地看著他們。

一九三八年一月十六日下午，《七月》召開第一次座談會，題爲「抗戰以來的文藝活動動態與展望」，參加者有艾青、東平、聶紺弩、田間、胡風、馮乃超、蕭紅、端木蕻良、適夷、王淑明，蕭軍因病未能出席。

會上，大家毫無顧忌地談著對一些問題的看法，氣氛熱烈。蕭紅發表了許多不同於男性作家的觀點，新銳而自信。關於抗戰以來文藝動態的整體印象，田間認爲文化人比較散漫，無中心組織，工作不緊張。蕭紅接著說：「問題太大了！」而談到文藝新形式的產生，胡風說一般人往往對新形式表示拒絕，並舉例說蕭紅的散文開始的時候，有人說看不懂。對此，她強調：「胡風說我的散文形式有人反對，但實際上我的形式舊得很」。適夷認爲文藝在大眾化過程中，之所以弄成了口號化、概念化、沒有力量和眞情，是因爲作家在後方的生活與抗戰隔離得太遠之故。對此，蕭紅明確表示不能認同：「我們並沒有和生活隔離。比如跑警報，這也就是戰時生活，不過我們抓不到罷了。即使我們上前線去，被日本兵打死了，如果抓不住，也就寫不出來。」

此言一出，立即引來更多人就作家與戰時生活的關係展開討論。艾青說能夠打進實際生活裡面，對作者決沒有害處，並說自己在監獄裡，只有零碎的斷片，如果現在來寫，也許可以融成一個有系統的東西。蕭紅接著艾青的話說道：「這是因爲給了你思索的時間。如果像雷馬克，打了仗，回到家鄉以後，朋友沒有了，工作沒有了，寂寞孤獨，於是回憶從前的生活，《西線無戰事》也就寫成了。」針對蕭紅「是否抓得住」的問題，胡風尖銳指出：「恐怕你根本沒有想到去抓，所以只好飄來飄去。」蕭紅則舉例反駁：「比如我們房東的姨娘，聽見警報響就駭得打抖，擔心她的兒子，這不就是戰時的生活嗎？」而淑明繼續爭辯道：「不打進生活裡面，情緒不高漲。」蕭紅卻強調：「不，是高漲了壓不下去，所以寧靜不下來。」

今天看來，蕭紅的看法，顯然在一幫男作家之上。她明顯感受到，大家戰時心態的浮躁，未經充分把握與沉澱，寫出的大都是些標語、口號化的抗戰八股。而她所強調的，是對戰爭的把握，須努力沉潛並用心在戰時日常生活中去體驗，才能寫出深刻的抗戰作品來。

前方傳來的消息除了失利還是失利。武漢由後方變爲前線的趨勢愈發明顯，整座城市漸漸變得緊張、混亂。日軍轟炸機隔三岔五地飛臨頭頂，引來探照燈光柱交叉撕裂夜空，也引來高射炮「砰、砰」作響。不時有建築物被炸毀，不時也有敵機被擊落，拖曳著火焰在空中金魚似地翻轉，然後栽向地面。對於武漢能否守住，太多的失敗讓人們已難有信心，從四面八

丁聰為蕭紅畫的漫畫像

方潮湧而來的大批難民，又各自到別處謀求生路。生計艱難、交通不便，到處人心惶惶，人們的心情焦躁而憤怒。二蕭、端木亦有些心神不定，每每來到胡風住處，談得最多的就是怎樣離開武漢，又該逃往何處？

離開武漢的機會終於來了。

抗戰爆發，閻錫山洞察時勢之變，聯共抗日，邀請薄一波等共產黨員前去工作。一九三七年十一月，中共山西黨組織幫助閻錫山在臨汾創辦了民族革命大學（簡稱「民大」），以培養抗日人才。閻錫山自任校長，李公樸任副校長。中共黨員杜任之任教務主任、杜心源任政治主任，教員亦多以中共黨員和愛國人士爲主，如侯外廬、何思敬、蕭三、徐懋庸等等。

一九三八年一月間，除蔣錫金要編刊物、胡風留守《七月》外，常來小金龍巷的幾位作家，應李公樸之邀，都願意前往民族革命大學任教。臨行前，胡風與《七月》出版者熊子民商量，讓他拿出六百元，名義上是《七月》前六期的結餘，給每位同人分了六十元，聊作稿酬。拿到錢後，大家非常高興，可以稍稍添置行裝。

一月二十七日，蕭紅、蕭軍、聶紺弩、艾青、田間、端木蕻良在漢口漢潤里集合，然後前往大智門車站以西一個濱臨漢水的小貨站上車離開武漢。蔣錫金、孔羅蓀、胡風等人前來送行。上車時，天已墨黑，隔著很遠才有一盞暗淡的電燈，照著月台上密密層層的人們。即將遠行的人們和送行的人們混在一起，大家彼此看不清臉面。前往民大的學生們已經上車，情緒高漲，高唱著救亡歌曲，月台上的送行者亦大受感染，於是車裡、車外歌聲此起彼伏。列車傍著月台長龍一般，都是平時裝載貨物的鐵皮車，中間是進出口，車廂裡沒有座位，鋪地的鐵板上有幾堆稻草，遠行者只能在鋪著稻草的鐵皮上坐臥。

或許，想到又可以回到北方，又可以見到漫天飛雪，蕭紅始終非常興奮，披著毛領呢大衣，矯健地走在前面。只是快上車時，才驚訝地發現，即將乘坐這連座位都沒有的貨車到臨汾。車站裡高漲的氣氛很快就感染了她，也沒什麼好計較的了。送行人中，胡風最感落寞，《七月》的七位同人走了六位，只剩下他一人留下苦撐。特別是田間、艾青兩位詩人一走，讓他如失臂膀。

臨出門，梅志看見艾青剛一歲多的女兒「小七月」，恬靜地睡在媽媽懷裡。想到艾青端莊淑靜的妻子，將要抱著孩子跟隨丈夫，在嚴寒大風裡奔走於西北前線，她心裡就有些難受。目送他們上路，梅志在心裡不斷爲遠行的人們祈福。

第八章　輾轉西北

傷別離

雖然在大冬天乘坐簡陋的鐵皮貨車旅行，但一路上大家有說有笑、熱情高漲，絲毫不覺其苦。蕭紅和其他人一道熱烈談論著抗戰形勢，以及一些文藝問題，甚至產生面紅耳赤的爭論，高漲的情緒、熱烈的氣氛，驅散了北中國冰天雪地的寒冷。對一些問題的看法，她常常與詩人田間不謀而合，兩個率眞的人一見如故，結下眞摯的友誼。一九一六年出生的田間，在蕭紅眼裡是名副其實的小弟弟。田間晚年還記得蕭紅在火車上與人爭論的情形：一激動便臉色發紅，音調高昂，不時重複著自己的話；「看來體格有些虛弱，性格卻很坦率、豪爽。」

詩人田間

進入山西境內，一行人又換乘山西特有的窄軌火車繼續趕路。一過黃河，便眞正進入了北方，所見不過無邊無際的黃沙。面對滿目蕭索與荒蕪，熱鬧的車廂頓時寂然無聲。窗外北中國的景象衝擊著作家們的心靈，聯想危亡中的國家，大家一時都陷入沉思與傷感。注視窗外，端木不禁悲從中來，神情凝重地自言自語道：「北方是悲哀的。」詩人艾青聽後，立時難過感懷，下車就創作了那首著名的《北方》。詩前「小引」寫道：「那個柯爾沁草原上的詩人，對我說：『北方是悲哀的』。」

一九三八年二月六日，經過十天顚簸，蕭紅一行終於抵達臨汾。令他們大失所望的是，原以爲，可以一展身手的民族革命大學，不過只有一個校址，掛了一塊牌子而已，幾乎沒有任何設備，學生卻還是從四面八方源源不斷而來，竟至五千多人，小小臨汾縣城幾乎整個就成了一所大學。連校舍都沒有，蕭紅這些從武漢延聘來的作家，以及從全國各地慕名奔湧而來的學生，都分散住在老鄉家裡。鑒於學校管理混亂，李公樸發表致學生的公開信，號召大家自己管理自己，自己管理學校。從此，局面才有所改觀。蕭紅、蕭軍、端木蕻良等人都在學校擔任「文藝指導員」。

稍後，丁玲率領西北戰地服務團三十多人從潼關趕來。丁玲及其團員與從武漢來的作家擠住在一起。蕭紅、丁玲，這兩位此前彼此聞名而未能謀面的現代著名女作家，就這樣適逢機緣聚在一起，彼此留下美好的記憶。一九四二年四月二十五日，蕭紅逝世三個月後，丁玲沉痛寫下

在解放區的丁玲

《風雨中憶蕭紅》一文，深情憶及蕭紅當年給自己的印象，還有兩人一起共度的那段快樂時光：

> 當蕭紅和我認識的時候，是在春初，那時山西還很冷，很久生活在軍旅中，習慣於粗獷的我，驟睹著她的蒼白的臉，緊緊閉著的嘴唇，敏捷的動作和神經質的笑聲，使我覺得很特別，而喚起許多回憶，但她的說話是很自然而真率的。我很奇怪作爲一個作家的她，爲什麼會那樣少於世故，大概女人都容易保有純潔和幻想，或者也就同時顯得有些稚嫩和軟弱的緣故吧。但我們卻很親切，彼此並不感覺到有什麼孤僻的性格。我們都盡情的在一塊兒唱歌，每晚談到很晚才睡覺。當然我們之中在思想上、在情感上、在性格上，都不是沒有差異，然而彼此都能理解，並不會因爲不同意見或不同嗜好而爭吵、而揶揄。

蕭紅與丁玲的親近、投契，或許源於同爲女性，她們那已然甦醒並不斷強化的女性意識。在男性中心社會裡，兩人形同姊妹。二十世紀三〇年代，女作家本來就稀少，蕭紅、丁玲這兩位左翼女作家風雲際會中的遇合，亦是文壇一段佳話。值得一提的是，一九三七年冬，由崔嵬、塞克、賀綠汀等組成的「上海文化界抗日救亡演劇一隊」輾轉來到山西抗日前線，與「西戰團」會合，爲山西抗日部隊演出，大受歡迎。塞克等人亦隨丁玲進駐民大。

塞克（一九〇六—一九八三），河北霸縣人，原名陳會新，現代著名詩人、戲劇家。一九二四年曾在哈爾濱任《晨光報》副刊編輯，一九二九年重回哈爾濱組織「蓓蕾社」，從事文學創作，次年自編自導自演話劇《北歸》、《哈爾濱之夜》和歌劇《愛情與生命》等，可謂哈爾濱文壇前輩。此前在上海，蕭紅或許與之有過接觸，臨汾重逢，因著

晚年塞克

哈爾濱這一共同背景，大家自然親切。大量文化人到來，臨汾的文化氣氛空前高漲。作家間有了更多切磋、交流的機會，蕭紅的交往圈子漸漸擴大。

每天早晨，一隊隊戰士跑步練操，塞克此前創作的《救國軍歌》此起彼伏地唱起來，民大呈現一派熱鬧歡騰、進取向上的景象。蕭紅深受感染，每天看著一群群與弟弟一般大小的年輕人，快樂而活潑地做事，快樂而活潑地唱歌，她看到了祖國的前途，眞切感到有這樣的年輕人「中國是不會亡的」。眼前的年輕人亦激起她對弟弟的思念。去年上海別後，起初，姊弟倆還有零星書信往還，後來張秀珂隨八路軍渡河東下，便斷了音信。聽說弟弟就在洪洞前線，離臨汾很近，蕭紅託人轉去一封信，原以爲姊弟倆不日就可以見面，不想預期竟然再次落空。不過看見眼前的小夥子們如此快樂向上的樣子，蕭紅心想弟弟一定也像他們一樣，沒什麼不放心的了。張秀珂當時隨八路軍在汾陽、孝義一帶戰後整軍，竟不知姊姊就在附近的民大任教。自此，直到蕭紅逝世，他都沒有機會再見。五〇年代，張秀珂棄世前，仍對此抱憾不已。

除與丁玲朝夕相處相聊甚歡外，蕭紅還與同住一個院子的聶紺弩接觸較多，交流深入。雖然二蕭剛到上海時，魯迅就把聶紺弩介紹給他們，但是蕭紅與之接觸的機會並不太多，彼此間亦沒有進一步的瞭解。如今，聶離開周穎，單獨一人來到西北，大家朝夕相處，接觸的機會自然多起來。

聶紺弩（一九〇三—一九八六），湖北京山人，著名散文家。一九二三年在緬甸仰光編輯報紙時，深受《新青年》影響，次年回國考入廣州中央陸軍軍官學校（即黃埔軍校）第二期，爾後參加過國共合作的第一次東征。二〇年代中期去蘇聯，進入莫斯科中山大學學習，一九二七年回國。「九一八」事變後，在上海加入中國左翼作家聯盟，三〇年代中期，先後編輯《中華日報》副刊《動向》和《海燕》雜誌。

聶紺弩

「左聯」期間，聶紺弩以短小精悍、犀利潑辣的雜文引起注意，寫法上有意學習魯迅筆法，但又形成了屬於自己的風格：行文恣肆，反覆駁難，雄辯中時顯俏皮。

聶紺弩思維敏捷，狂放不羈有名士氣。解放後，作爲知交的馮雪峰曾評價他「有著兒童似的天眞，也兒童似的狡猾」；好友黃苗子則在日記裡形容他「放浪形骸第一，自由散漫無雙」。二蕭成名上海灘，聶紺弩可謂見證者之一。一如魯迅、胡風，他亦極爲讚賞蕭紅的驚人才華。在臨汾，一次聊談中，他對蕭紅說：「你是才女，如果去應武則天皇上的考試，究竟能考多高很難說，當在唐閨臣前後，決不會與畢全貞靠近。」

蕭紅笑答：「你完全錯了。我是《紅樓夢》而非《鏡花緣》裡的人。」

一向自負熟讀《紅樓夢》的聶紺弩聽後有些詫異，實在想不起蕭紅應該與《紅樓夢》裡的哪個人物相對應，連忙說：「我不懂，你是《紅樓夢》裡的誰？」同時，腦海裡不斷搜索曹雪芹筆下的那些金釵粉黛。

蕭紅提醒：「書裡有個癡丫頭，你都不記得了？」

聶紺弩一時似有所悟：「不對，你是傻大姐？」

「你對《紅樓夢》眞不熟習，癡丫頭就是傻大姐？『癡』和『傻』是同樣的意思？」

調侃完畢，蕭紅一本正經地說：「很多人至今都不理解，曹雪芹爲何花費許多筆墨，寫一個與他的書毫無關係的人。對我來說，卻很有意思。我覺得寫的就是我。你說我是才女，也有人說我是天才，眾人如此說似乎要我相信自己就是天才之類。外國人視成就達到極點的人爲天才；而中國所謂天才，是指天生有些聰明、才氣，即俗說的天分、天資、天稟，不問將來成就如何。我也並不是說自己毫無天稟，但如果以爲我對什麼不學而能，寫文章提筆立就，那就大錯。一如香菱學詩，夢裡也作詩，我也是常常夢裡都在寫文章，不過沒向別人說過，人家不知道罷了。」

蕭紅聽過許多人說自己的成就在散文上，小說不行。聶紺弩亦表示她將成爲一個了不起的散文家。再次聽到這樣的論調，蕭紅便有些不屑地調侃道：「又來了！我知道你又會說：『你是個散文家，但你的小說卻不行！』」

沒想到她會有這樣的反應，聶紺弩連忙反駁道：「我說過這話嗎？」

「說不說都一樣，我已聽膩了。」

接著，蕭紅認眞表達了關於小說的見解：「有一種小說學，小說有一定的寫法，一定要具備某幾種東西，一定寫得像巴爾札克或契訶夫的作品那樣。我不相信這一套。有各式各樣的作者，就有各式各樣的小說。若說一定要怎樣才算小說，魯迅的小說有些就不是小說，如《頭髮的故事》、《一件小事》、《鴨的喜劇》等等。」

聶紺弩對這極富個性的見解表示首肯，但蕭紅的辯解似乎帶有不忿，於是對她說：「我不反對你的意見，但這與說你將成爲一個了不起的散文家有什麼矛盾呢？你又爲什麼如此看重小說，看輕散文呢？」

「我並不這樣，不過人家，包括你在內，說我這樣那樣，意思是我不會寫小說。我氣不忿，以後偏要寫！」

「寫《頭髮的故事》、《一件小事》之類？」聶紺弩緊接著問。

「不，寫《阿Q正傳》、《孔乙己》之類！且至少長度上超過他！」

聽著蕭紅近乎孩子氣的話，聶紺弩瞇著小眼睛笑道：「今天你可把魯迅貶夠了。可是你知道，他多麼喜歡你呀！」

「都是你引起的！」蕭紅也笑起來。而一旦談及魯迅，其神情馬上變得嚴肅，旋即又莊嚴表達了對先生的理解：「說正經的，魯迅小說的調子很低沉。那些人物，多是自在性的，甚至可說是動物性的，沒有人的自覺。他們不自覺地在那裡受罪，而魯迅卻自覺地同他們一起受罪。如果魯迅有過不想寫小說的意思，裡面恐怕就包括這一點理由。一旦寫雜文，他就立刻變了。直到生命終了，他都是個戰士、勇者，獨立於天地之間，腰佩翻天印，手持打神鞭，呼風喚雨，撒豆成兵，出入千軍萬馬之中，取上將首級如探囊取物！即使在說中國是人肉的筵席時，調子亦不低沉。因爲他指出這些，正是爲了反對這些，改革這些，與這些東西戰鬥。」

聽罷一番宏論，聶紺弩暗暗佩服蕭紅那超拔不俗的見解。評價魯迅雜文時，她開玩笑似地用了舊小說的一些陳詞濫調，然而，他覺得那些詞語經她一用，似乎有了新意，貼切眞實、耳目一新。於是，笑著說：「依你說，竟有兩個魯迅。」

「兩個魯迅算什麼呢？中國現在有一百個、兩百個魯迅也不算多。」

聶紺弩非常詫異，與蕭紅見過那麼多次，頭一回發現她如此健談、雄辯，不禁說道：「你這麼能扯，我頭一次知道。」

兩人也談《生死場》。

聶紺弩問：「你說魯迅小說的調子低沉，那麼，《生死場》呢？」

「也低沉。」沉吟片刻，蕭紅又說：「也不低沉！魯迅以一個自覺的知識分子，從高處悲憫他的人物。他的人物，有的也曾是自覺的知識分子，但處境卻壓迫著他，使他變成聽天由命，不知怎麼好，也無論怎樣都好的人。比起別的人物更可悲。一開始，我也悲憫筆下的人物，他們都是自然的奴隸，一切主子的奴隸。但寫來寫去，我的感覺變了。覺得自己不配悲憫他們，恐怕他們倒應該悲憫我！這說明魯迅眞有高處，而我沒有，即便有也很少，一下就完了。這是我和魯迅的不同。」

「說得好極了，」聶紺弩讚嘆道，隨即又說：「可惜你把關鍵問題避掉了，因而，結論也就不正確。」

蕭紅一聽，忙問：「關鍵哪裡？」

「你眞沒想到，你寫的東西是魯迅沒有寫過的，是其作品所缺少的麼？」

「那是什麼呢？」

「群眾，集體！對嗎？」

蕭紅不大明白他的意思，但很想聽下去。因是第一次聽見別人如此細緻、深入地分析自己的作品。於是調侃道：「你說吧！反正人人都喜歡聽好話。」聶紺弩卻認眞地說：「常人都喜歡吹捧，我可不是在拍你！」蕭紅笑道：「你是算命的張鐵嘴，行了吧，你就照直說吧！」

於是，聶嚴肅地闡述著對蕭紅筆下人物的理解：「你所寫的那些人物，當他們是個體時，正如你所說，都是自然的奴隸；然而，一旦成爲集體，由於他們的處境以及別的條件，由量變到質變，便成爲一個集體英雄了，人民英雄，民族英雄。用你的話說，就不是你所能悲憫的了。但他們由於個體的缺陷，也還是初步的、自發的、帶盲目性的集體英雄。這正是你寫的、你所要寫的，正爲這才寫的；你的人物，你的小說學，向你要求寫成這樣。而這是你最初所未想到的。他們把你帶到了一個你所未經歷的境界，把作者、作品、人物都抬高了。」

聽到這裡，蕭紅調皮地說：「聽起來眞舒服！」

聶紺弩繼續闡述道：「你的作品，有集體的英雄，沒有個體的英雄。《水滸傳》相反，魯智深、林沖等都是個體英雄，但一走進集體，就被集體湮沒，寂寂無聞。《三國演義》裡的英雄，有許多是終身英雄，在集體裡也很出色，可是，即便在集體中，他仍是個體英雄，沒有使集體變成英雄。其實，《三國演義》裡的英雄都不算英雄。不過是精通武藝的常人，或精通兵法的智士。關鍵在他們與人民無關，與反統治無關，或反而是反人民的，統治人民的。他們所爭的是對人民的統治權，不過把民國初期的軍閥混戰推上去千多年，而又被寫得儀表非俗罷了。法捷耶夫的《毀滅》不同，基本上是個人是英雄，集體也是英雄，毀滅了更是英雄。但它缺少從不自覺的個體到英雄的集體這一由量到質的改變，比《生死場》還差一點兒。」

「你說得眞動聽，還說不是拍我。」

聶紺弩馬上說：「且慢高興，馬上要說到你的缺點。不是有人說你的人物面目不清、個性不明麼？我也同感。但這是對小說，對作品應有的要求。如果對作者說，我又不完全同意。寫作的第一條守則：寫你最熟悉的東西。你對你的人物和他們的生活，究竟熟悉到什麼程度呢？你寫的是一件大事，這事大極了。中國的民族革命、民主革命成功與否不可知，一定要經過無數不自覺的個體到成集體的英雄。集體英雄反轉來又使那些不自覺的個體變為自覺的個體英雄。不用說，你寫的是這大事中的一件小事。但你這作者是什麼人？不過一個學生模樣的二十二三歲的小姑娘！什麼面目不清、個性不明，還有別的，對你來說，都十分自然。」

一席話侃得蕭紅暈頭轉向，特別是聶紺弩嘴裡那些層出不窮的新名詞，更令她雲裡霧裡，於是掩著耳朵說：「我不聽了。」邊說邊跑開了。

二月間，晉南戰局起了變化，日軍逼近臨汾。

在臨汾不到二十天的安穩生活又被打破。二十日，蕭紅還平靜地完成了長達七千字的散文《記鹿地夫婦》，敘述滬戰爆發期間自己與鹿地夫婦的交往。臨汾危在旦夕，民族革命大學臨汾總部準備撤至鄉寧；丁玲率「西北戰地服務團」奉命先到運城待命，準備取道風陵渡坐火車前往西安。大戰在即，蕭紅、聶紺弩、艾青、端木蕻良等人決定跟隨「西戰團」，前往民族革命大學的第三分校所在地運城；蕭軍卻執意留下與民大學生一起打游擊。在蕭軍的去留上，二蕭始終誰也說服不了誰，經常爆發激烈的爭吵。

過於久長的顛沛流離令蕭紅無比厭倦、疲累，眼下別無所求，只想擁有一個安寧的環境好好寫作。她不想欺騙自己，雖然與蕭軍已經有了明顯的情感裂隙；但她更明白自己依然是那麼愛他。而這戰亂中的分離，極可能意味著兩人共同擁有的六年苦樂生活的終結，甚至是她更不敢想像的死別。她無法接受與蕭軍分手的事實，更不願想像他去打游擊中的凶險。她想到和蕭軍在一起，還有美好的未來，只要他願意，感情的裂隙仍可彌合；對於這個男人，她什麼都可以原諒，只要他還愛著自己。爭吵過後，她幾乎向男人哀求道：「三郎，我知道自己的生命不會太久，我不願生活上再使自己吃苦，再忍受各種折磨了！我們一起走吧。」蕭軍仍絲毫不為所動。見讓他改變想法無望，撤離臨汾的頭一天，無可奈何的蕭紅突然要端木也留下。她知道蕭軍行事太魯莽，一個人留下，實在放心不下。不等端木表態，蕭軍就大聲說：「我誰也不用陪，我身體這麼棒，到哪兒也不怕！」

蕭紅聽後，氣憤地問道：「這麼說，你是決定一意孤行了？」

「你管不著！」男人同樣語帶情緒，說罷，掉頭走開，將她一個人「晾」在那裡。聶紺弩見狀過來安慰說：「蕭軍就是這個炮筒子脾氣！」蕭紅只好一聲不吭地跟隨聶回到住處，內心交織著憤懣與失望，無比悲哀地想到，六年來，無論對錯，自己從未左右過蕭軍什麼，他亦不曾為自己改變過什麼，永遠都那麼自信、驕傲。

當晚，二蕭各懷心思地躺在炕上毫無睡意。明天就要撤離，意味著兩人明天就要分手。蕭紅仍不想放棄說服男人的努力，然而蕭軍始終意志堅如磐石，執意留下。他自覺比別人強壯，受過軍事訓練，留下看個水落石出才甘心。蕭紅太瞭解他了，知道自己的努力不會有什麼結果，不無怨憤地說：「你總是這樣不聽別人的勸告，該固執的你固執，不該固執的你也固執，簡直是英雄主義、逞強主義。你去打游擊，不會比一個游擊隊員的價值更大，如果萬一犧牲了，以你的年齡、生活經驗和文學才華，將是很大的損失，而這損失不僅僅是你一個人的。」沉默片刻，蕭紅的語調溫和下來：「三郎，並不僅僅因為你是我的『愛人』，我才這樣勸阻你，以致引起你的憎惡和鄙視。我只是想到，在哈爾濱我們就有所憧憬的共同的文學事業。」

「每個人的生命價值是一樣的，前線戰死的人不一定全是愚蠢的，爲了民族、國家，誰應該等著發展他們的天才，而誰又該去送死呢？」聽蕭軍以更宏大的道理回應自己的懇求，蕭紅有些惱怒：「你應該知道各盡所能，你忘了自己的崗位，簡直胡來。」

聞到女人話裡的火藥味，蕭軍情緒激動：「我什麼全沒忘。我們還是各自走自己要走的路吧，萬一我死不了，我們再見，那時候如果我們還是樂意在一起就在一起，不然就永遠分開。」

從男人話裡，蕭紅聽出了他那蓄意已久想要表達的內容，馬上想到蕭軍執意與自己分手，或許是他堅持留下的眞正動機。雖有一定的心理準備，然而，一經他親口說出，毫無疑問仍是蕭紅最不願意聽到的。一陣尖銳的疼痛漫過心頭，沉默良久，她幽怨而堅定地回應道：「好的」。隨後，兩人長時間一言不發地盯著房頂。

丁玲一直與二蕭擠在一面炕上，今晚挑開門簾進來，見誰也不說話覺得有些不對頭，便問：「你們要睡了嗎？」蕭軍勉強側過臉來對她笑笑。一連數日，丁玲總聽他們在爭吵，見今晚這麼早就安靜下來，便半開玩笑地問：「你們爭論完了嗎？每天都無休無止，我眞是聽膩了！」邊說話，邊脫掉軍裝外套，但隨即她便從沉默中感到了二蕭的異常。蕭軍鄭重地對她說：「並不是開玩笑，我們常常就這樣因爲一些事情意見不一致，弄得大家都是兩不歡喜，所以還是各自走自己的路倒好一點。」

丁玲簡單以爲，二蕭情緒不佳是明天就要分別之故，想到今晚應該給兩人一個完全私密的空間，於是開玩笑說：「算了吧，大家明天就分開了，今晚我還是到外間去睡好了，你們可以……」說話間，臉上露出不懷好意的壞笑，俯身伸手去取她那鋪在炕裡的被子。聶紺弩在外間大聲叫喊起來：「算了吧！丁玲，你別到外屋來睡啦！我們這裡可全是『男』同志哪！」

「那有什麼稀奇！」

丁玲粗獷地回應，手裡抓住了被子的一角。雖然將身子側了過去看著丁玲，但蕭紅始終沒有言語。聶是湖北人，丁玲是湖南人，蕭軍聽南方人說「算了吧」三字腔調各不相同，覺得很有趣，見丁玲眞的要走，便模仿她那湖南腔對她說：「你算了吧！」伸手將她手裡的被子奪了下來，扔進炕裡。

丁玲只好說：「那我今晚就還是在這裡睡吧，好在，我三分鐘之內就可以睡著，三分鐘後，你們可以隨便談，不過，記住：明天大家就要分別了！」

「要談的早就談過了，你就是四分鐘睡著也不要緊呢。」蕭軍調侃道。

躺下果然不到三分鐘，丁玲那響亮的鼾聲就均勻響起。蕭紅羨慕她每夜總是睡得那樣快，那樣自然，而自己卻總是心事重重，難以安眠，多想像丁玲一樣沉穩、無慮地睡個好覺。

「睡吧！」明天就要分別了，蕭軍伸手想最後摸摸蕭紅的臉和眼睛。她雙眼閉著，滿臉淚水。當他的手指觸摸到她那飽滿的眼瞼，蕭紅驚慌地將臉轉向一邊，顫聲說道：「睡……罷！」那明顯帶著哭腔的聲音，乾澀、無力而模糊——女人一直在無聲地哭。

次日傍晚，蕭紅等作家與「西戰團」成員分兩節車廂安置下來。車廂內外一片嘈雜，人們在罵罵咧咧地催著早點開車。坐在窗前，蕭紅感到周圍的一切離自己非常遙遠，無比茫然，想到蕭軍留在這裡，自己一個人去運城，或許是此生最大的失落，因爲即將失去一生中最寶貴的一件東西。六年來的生活不斷在腦海裡重播，前塵後世的往事，亦不知該從哪裡想起，只是無助地等待著列車啓動。將蕭紅的行李搬到車站安置妥當，蕭軍來到她所在的車窗跟前，遠遠就看見她好像在看熱鬧，又好像在等什麼人。他悄然轉身，就近買了兩個梨子塞到蕭紅手裡。女人只是茫然地接了過去，滿噙淚水地看著他，並從車窗裡伸出手來，緊緊抓住他的手，癡癡地說：「三郎，我不去運城了，我要跟你一起回城裡，我們死活也要在一起；若不，你就跟我們一起走吧，你一個人留在這裡，我不放心，我知道你的脾氣……」蕭軍將被女人緊握的手翻轉過來，緊握住她那過度纖瘦的手指，輕輕搖動著，似乎要將她從茫然中搖醒。

「不要發傻！你們先走一步，如果學校沒有變動仍在這裡，你們就再回來，我們便又可以見面了；況且，我也可能隨後就來運城，一同在那裡工作或到西安，不然，就在延安會合。你和丁玲一起走比較安全，他們有團體，我強壯應該留下，學校已決定單成立一個藝術系了。再說，我們的人怎能一個都不留下呢？這說不過去。我們到這裡的目的，不就是要在『這個時期』工作嗎？」蕭軍不斷以各種道理勸說蕭紅接受他的留下。剛開始，勉強笑著，臉上裝出愉快的表情，可是不多一會兒，便感到眼睛、鼻子被強烈的酸痛刺激著——他同樣一直強忍著要流出的淚水。

見蕭紅一副生離死別的模樣，端木一旁打趣說：「你太關心他啦。」

「他比我們強壯，打游擊也可以打，跑也跑得比我們快，他是應該留在這裡哪！」聶紺弩將頭臉探出窗外，半開玩笑地大聲說。顯然，朋友們對蕭軍的執意留下也並不十分理解，不覺中似乎有了一份看熱鬧的心態。而內心的傷痛只有蕭紅自己最清楚。心痛與煩躁讓她感到朋友們此刻的玩笑和調侃十分刺耳，不禁轉過臉，極其冷淡地回應道：「你們也並不軟弱啊！爲什麼不留下一個？」鬆開了蕭紅的手，蕭軍心裡有種說不出的寒涼，緊咬著牙床。

遭到搶白，聶不再言語，獨自抽菸，火紅的菸頭在昏暗的車廂裡一閃一閃。端木則繼續不無揶揄地說：「哪裡，我們怎能比得上蕭軍呢，現在正是他建功立業的時候，卻是我這類人吃癟的年頭嘍！」說罷，退到座位旁抱起兩隻胳膊，穿著細腰馬靴大角度叉開雙腿站在車廂裡。

蕭軍聽後難抑惱怒，愈發討厭面前這個男人。他更清楚正是他的出現，讓自己與蕭紅漸行漸遠。蕭軍討厭他那站立的姿勢、不合時宜的細腰馬靴、老是不自覺偏向左邊的脖頸，更討厭他那一頭「菲律賓式」長髮……明知端木不會留下來，但蕭軍想給他一點難堪，回敬道：「是嗎？我的確強壯，你也可以留下來，咱們一起省得我孤單，學校還有千多個學生呢！」

端木連忙說：「不啊，我要去運城，這樣的犧牲，在我不値得。」

本身就帶著宿怨和情緒，眼前的端木更讓蕭軍感受到無處不在的惡劣。說話像一隻鴨子帶著一股貧薄的味道，怎麼都難以看順眼的「凹根的小鼻子，抽束起來的袋口似的薄嘴唇，青青的臉色」；更討厭他「總是企圖把自己弄得像個有學問的『大作家』似的」。不想與他多費口舌，趁火車沒有開動，蕭軍想給蕭紅盡可能多的安慰：「不要傻了，你還是好好去運城，我們不久就會再見。」他又拿過蕭紅的手緊緊握住，通過手上的熱度，明顯感到女人在發燒。

「三郎，我說過一千遍了，眞的不僅僅因爲你是我的『愛人』才關心你！僅就同志的關係，我也不樂意你做出這樣的決定。你總是不肯聽我的話。你就最後聽我一次，好嗎……」說著，不覺哽咽不已。夜色漸濃，只見她那滿臉流淌的淚水，在月台微弱的燈光裡閃亮。

「不要緊！我不是經過很多次應該死的關頭全沒死嗎？我自信死不了。」蕭軍仍故作輕鬆，臉上掛著笑容，伸手撫摸她的臉。蕭紅輕輕避開，待情緒稍稍平穩，接著說：「這又怎比得了先前？你總是這樣固執，我眞不贊成你留下。」她突然提高聲音，極其尖銳地作怒吼狀，快速蹦出的字句帶著憤怒。說罷，用力抽回雙手，取出手帕揩乾鼻子、眼睛，無助而怨憤地說：「隨你的便罷，你總沒有一次能夠好好聽我的話。」蕭軍繼續以工作爲由爲自己辯護，話語也變得粗魯、激動。

男人的理由總是那麼宏大、冠冕，關涉家國與民族大義，但是蕭紅太清楚他到底在想什麼。不想再聽，良久，只是平淡地說了句：「隨你的便罷……」說罷，扭頭與聶紺弩、端木交談，力圖轉移自己的注意力。蕭軍正欲轉身離開，聽見端木在裡邊安慰蕭紅說：「你讓他留在這裡罷，他不比我們更愚蠢，懂得怎樣照顧好自己，你眞是太愛他了」；聶紺弩則邊吸菸，邊接著端木的話勸導：「你這樣，被愛的人會不舒服的」。

「不是這樣說……」蕭紅又開始哽咽，淚水滿臉。

不忍再聽，蕭軍迅速離開去找丁玲。

丁玲以自己所得到的可靠消息，如實告訴蕭軍臨汾的情形很不好，勸他還是隨「西戰團」一起走，省得蕭紅不放心。蕭軍仍聽不進去，將丁玲約到一個避風處，說關於蕭紅有些話要向她說。不等開口，丁玲便說：「是讓我好好代你照顧她吧，你已經說過多遍了。」

蕭軍希望蕭紅到運城後不必停留，隨丁玲一道直接去西安；到西安後如果蕭紅願意，希望丁玲設法將她送上去延安的車子，或者就留在「西戰團」裡。最擔心她一個人孤孤單單地亂跑。

丁玲聽後說道：「昨晚你爲什麼那麼嘴硬，現在又這樣關心她。」想起昨晚與蕭紅吵架的情形，男人不免泛起一絲自責。陡然間，他想到蕭紅今晚一個人走，會因爲掛念自己而不得安寧；想到她與聶紺弩以及周圍人也不是很談得來，會很孤單，而對於端木，他認爲蕭紅比自己還討厭他。蕭軍霎時心生親自送蕭紅到運城的念頭。然而，只是一個閃念，波動的內心隨即平復。還是讓她去吧，自己應該留下，離開時間一長，她便會習慣。

想到這裡，蕭軍不禁回頭看看停在身後的列車。「西戰團」的團員在車廂裡正高唱《游擊隊之歌》，歌聲激盪、熱情高漲。丁玲亦禁不住回頭看，車廂裡傳出的歌聲、笑聲，讓她大受感染，感慨地說：「這就是我的家！這裡面有我的一切，也有我的兒子們。」蕭軍默不作聲，再看看蕭紅所在的那節車廂，沒有光亮，寂靜無聲。一個菸頭長長地一閃，無邊的暗夜裡十分打眼——聶紺弩仍在那裡抽菸。蕭軍感到蕭紅仍孤獨無依地默坐在那個令他牽掛不已的窗口。

蕭軍繼續談了一會兒自己的打算。丁玲聽他今後要去打游擊的想法之後，明確告知，他顯然把問題想簡單了。打游擊離不開當地老百姓，需強大的群眾基礎，現在晉南各地民眾幾乎跑光了。對打游擊來說，缺少糧食、地形不熟，都是很大的問題。蕭軍聽後有些失望，向丁玲表示急於想改變一下生活，再回武漢寫文章的心情簡直一點也沒有。離開武漢時就沒打算回去。丁玲建議他到八路軍裡打游擊，並幫他做出最後決定：去五台。蕭軍那激動的心又有所寄託，拉著丁玲回車廂，要她給熟悉的領導寫封介紹信，以便獲得去五台的護照。

趁丁玲寫信的當兒，蕭軍挨著蕭紅坐了一會兒。列車開始喘息，分手在即，蕭紅內心雖有萬般不捨，但到底無法說動男人改變主意，就乾脆不談那令人不快的話題。考慮回去晚了，蕭軍就無法進到臨汾城內，於是催他下車早點回城休息。蕭軍堅持再等一會兒，等列車啓動再下去。蕭紅見狀，不禁又湧起無限柔情，夾雜著無邊幽怨淡淡地對他說：「反正，你總是要下車的，三郎，要不，你就跟我們一起到運城，好嗎？」她明知無望，但是，不到最後一刻還是不想放棄。列車離站的時間愈來愈近，丁玲神采奕奕地走過來，站在蕭紅身邊，兩個女人一對比，蕭軍發現蕭紅的臉是那樣一種不健康的陰暗與慘白，看上去極其倦怠，眼睛毫無光彩地看著面前那束跳動的燭光。

「三郎，這車究竟何時開動沒有定準，你還是早點進城吧。」過了一會兒，蕭紅又冷冷地催促道，頭慢慢低垂下去，強忍著眼淚。

端木仍不忘對蕭軍說些也許處於無心的風涼話。覺得受了傷害，蕭軍毫不客氣地進行回擊。大家一時覺得尷尬，不再說什麼。稍後，蕭軍將聶紺弩單獨叫下車廂，在月台上一邊踱步一邊說話。他告訴聶：「時局緊張得很，臨汾是守不住的，你們這一去，大概不會回來了，索性就跟丁玲一道過河去吧！民大亂七八糟，不值得留戀。」蕭軍還將自己去五台打游擊的最終決定告訴了聶紺弩，並要他別告訴蕭紅，以免擔心。聶原以爲蕭軍只是留在臨汾，那樣二蕭還有見面的可能，而從其最終決定裡，他明顯感到一種令人不安的信息，連忙問道：「那麼蕭紅呢？」

「哦，蕭紅和你最好，你要照顧她。在處世方面，她簡直什麼也不懂，很容易吃虧上當。」蕭軍又開始了向聶紺弩的託付。

「以後你們……」

面對聶的疑惑，蕭軍坦率地說：「她單純、淳厚、倔強、有才能，我愛她。但她不是妻子，尤其不是我的！」

「怎麼，你們要……」聶紺弩一時想不到二蕭竟會有這樣的決定。

「別大驚小怪！我說過，我愛她；就是說我可以遷就。不過還是痛苦的，她也會痛苦，但是如果她不說和我分手，我們還永遠是夫妻，我決不先拋棄她！」

列車終於開始啓動，丁玲發動團員爲蕭軍唱首歌送別。端木還有「西戰團」裡幾個與蕭軍相熟的團員，在月台上與蕭軍相擁告別，更多人則紛紛探出身子向他道別。蕭紅沒有下車，只是將身子探出車窗，默默注視著這個曾經與自己生活六年，曾經一起設計夢想，一起感受榮光，令她又愛又恨的男人。只有她一個人明白，那些苦難與快樂的日子，即將隨著這列窄軌火車的開動而永遠終結。太多的失望與不捨，太多的愛與恨，讓她再次淚水滿臉。別離的剎那，她陡然非常恨蕭軍總是讓一個愛他勝過愛自己的女人哭，太多太多的淚水浸漬著這六年來的愛情。眼下，只有無聲的哭……

列車的開動亦讓蕭軍感受到極爲沉重的壓迫。他幾乎不能抑制自己的衝動，想跑回車廂擁抱蕭紅。歌聲再起，一些人將他緊緊圍在中心，受不了這離別的氣氛，蕭軍轉身匆忙離開。臨出車站門口，又禁不住回頭看看，列車上的人們仍揮舞著胳膊在高喊「蕭軍萬歲」，在高唱「滿腔的熱血已經沸騰……」，什麼都看不清了，但仍在注視那個窗口，彷彿又看見了女人那蒼白臉色、哀傷而倦怠的大眼睛。

坐在窗前的蕭紅早已泣不成聲，淚眼模糊地望著蕭軍漸行漸遠。她更明白這個男人在其生命裡，亦正在悄然轉身。她看見蕭軍那模糊的身影，在車站門口稍稍停留了片刻，然後毅然決然地消失於無邊暗夜。男人終於走了，留給自己無盡空落。蕭紅一時覺得失去太多、太多、太多。

勞燕分飛

逗留運城期間，蕭紅意外收到高原一封來信。一月二十六日自延安發出，到漢口經人轉寄到民大本部，爾後又轉寄至運城。知道高原在延安，蕭紅非常高興，極其希望能見上一面。二月二十四日，她在回信中表達了可能到延安看看的想法，計畫月底出發，大概三月五日左右抵達，到時候就可以一如歸國輪船上那樣痛快坐聊了，並特意說這即將在延安的見面，但願不是東京與秀珂故事的重演。信尾她希望高原收信後趕快給她回信，如果月底不出發就能讀到。然而，這封信來不及發出，她就離開了運城，等到發出時，她在信後附上一句：「現在我已經來到潼關，一星期內可以見到。」

高原收信大喜過望，興奮地等待著蕭紅的到來。然而，一天天過去了，竟沒有消息。行進途中，或許迫於情勢，蕭紅最終改變了去延安的打算，與端木蕻良、艾青、田間一道，於三月初跟隨「西戰團」從風陵渡過黃河，然後乘火車去了西安。

火車上，丁玲就勢發揮這些著名文化人的聰明才智，請塞克、蕭紅、端木、聶紺弩等人合力創作一個話劇劇本，結合西北前線的形勢宣傳抗日，到西安就可以上演。漫長的旅途本來就十分無聊，大家答應下來，隨即調動近一個月來的西北生活體驗，藝術感覺亦漸漸興奮，在熱烈的討論中開始結構故事、釐清人物、分出場次，由「西戰團」團員李金才做好記錄。到了西安，塞克將大家的討論稿整理成一部完整的三幕劇，取名《突擊》。大致講述太原附近的農民慘遭日軍侵略，拿起武器英勇反抗的故事。「西戰團」日夜排練，三月十六日隆重公演，一連三天七場，場場爆滿，轟動整個西安。

周恩來觀看演出後，在凱豐陪同下接見了丁玲、塞克、蕭紅、端木等主創。茅盾後來評價：「編劇者、導演、演員都是眞眞實實生活在《突擊》裡的人，這是它最大的特色。」不過，端木在《突擊》的《公演特刊》上撰文說明，該劇的創意和演出「其實都是塞克一個人」，其餘三人不過參與商榷，提供了一些參考意見。《突擊》公演不僅鼓舞了民心士氣，而且，因公開售票，也給「西戰團」帶來一筆不小的進項。丁玲用這筆錢除給團裡添置些服裝設備，改善伙食之外，還購置了一架照相機。大家因此可以十分方便地拍照留影。

「八路軍駐陝辦事處」設在西安七賢莊，丁玲率「西戰團」到達之後，經西安各界的「抗敵後援會」出面安排，住進了位於梁府街的女子中學。蕭紅、聶紺弩、端木蕻良、田間等人同住在一排房子裡，彼此相鄰，平素接觸較多。與蕭軍心照不宣地分手後，蕭紅從最初的傷痛與失落中漸漸歸於平靜，愈發意識到兩人性格存有太大的差異，分手亦是遲早的結局。在西安是一段極爲平和、恬靜的日子，沒有蕭軍，她試圖開始一份全新的生活，一份純粹屬於自己、有自己獨立交往的生活。她也感受到了一種全然不同的快樂。那個春天，她與丁玲接觸較多，幾乎無所不談。蕭紅逝世後，丁玲回憶道：

1938年3月蕭紅在西安

> 我們在西安住完了一個春天，我們也痛飲過，我們也同度過風雨之夕。我們也互相傾訴，然而現在想來，我們談得是如何的少呵！我們似乎從沒有一次談到過自己，尤其是我。然而我卻以爲也從沒有一句話之中是失去了自己的，因爲我們實在都太眞實，太愛在朋友的面前赤裸自己的精神，因此我們又實在覺得是很親近的。但我仍會覺得我們是談得太少的，因爲，像這樣的能無防嫌、無拘

東、不需要警惕著談話的對手是太少了呵！

聶紺弩始終賞識蕭紅的驚人才華，對其未來成就有很高的期許。一個月色朦朧的晚上，兩人在西安正北路上悠閒地散步、聊談。蕭紅穿著醬色舊棉襖，外披黑色的小外套，氈帽歪在一邊，夜風吹拂著帽沿外的長髮，手裡拿著一根精緻的小竹棍。自與蕭軍分開，兩人間的恩怨糾葛平素仍是她諱莫如深的話題，然而，不想提及的背後，卻是她那極其強烈的傾訴欲望。她太需要一個能夠傾聽的朋友。聶是合適的人選，他見證了他們在上海灘的成名，在武漢的漸行漸遠，在臨汾的最後分手。與他在一起，蕭紅很容易敞開心扉，一如今晚，她的心裡很不平靜，孩子般不時用手裡的小竹棍敲打路邊的電線杆或街樹。

聶紺弩看見蕭紅的臉龐如同今晚的月色般皎潔，在他眼裡，她是非同凡響的才女，非一般女性所能並比。而在臨汾車站，他也親見眼前這個女人那樣爲情所困、爲情所苦，與普通女子無異。他覺得蕭紅完全應該有更大的施展才華的空間，而非一般小女子的生活模式所能範圍。他不禁對她說：「飛吧，蕭紅！你要像一隻大鵬金翅鳥，飛得高，飛得遠，在天空自在翱翔，誰也捉不住你。你不是人間籠子裡的食客，而且你已經飛過了。今天你還要飛，要飛得更高、更遠……」

面對眞誠的鼓勵，聯想與蕭軍六年來的生活，蕭紅神情黯淡地說：「你知道嗎？我是個女性，女性的

蕭紅（中排右二）與塞克（前排）、田間（中排左起）、聶紺弩、端木蕻良、丁玲（後排）在西安八路軍辦事處

天空是低的，羽翼稀薄，而身邊的累贅又是如此笨重！而且，多麼討厭呵，女性有著過多的自我犧牲精神。這不是勇敢，倒是怯懦，是在長期的無助的犧牲狀態中養成的自甘犧牲的惰性。我知道，可是我還免不了想：我算什麼呢？屈辱算什麼呢？災難算什麼呢？甚至死算什麼呢？我不明白，我究竟是一個人還是兩個；是這樣想的是我呢？還是那樣想的是我？不錯，我要飛，但同時覺得……我會掉下來。」

聶紺弩的話開啓了她那強烈的傾訴欲望，在這月色如水的夜晚，在一如兄長的老友面前，蕭紅想好好談談與蕭軍這幾年的生活。蕭軍到底是她眞愛的男人：「我愛蕭軍，今天還愛，他是個優秀的小說家，在思想上是個同志，又一同在患難中掙扎過來！可是做他的妻子卻太痛苦！我不知道你們男人爲什麼那麼大的脾氣，爲什麼要拿自己的妻子做出氣包，爲什麼要對自己的妻子不忠實！」說到這裡，她不覺有些激動，待情緒稍稍平穩，仰頭對著月亮長嘆一口氣，喃喃自語：「我忍受屈辱，已經太久了……」

她向聶紺弩坦陳了許多與蕭軍生活的實際情形，更多談到他和許粵華的戀愛，給自己所造成的永難消釋的巨大傷痛。那諱莫如深的心痛，此前從未向任何人提起，只是獨自吞嚥男人的荒唐帶給自己的屈辱。今晚是一種如此特殊的情境，她太過強烈地想將這一切痛快說出。二蕭間的「故事」，聶早就有所耳聞但不知其詳，聽完蕭紅的敘述憮然良久，覺得其中大半對於自己來說還是新聞。他爲蕭紅幾年來所忍受的屈辱感到震驚，也對那晚在臨汾火車站月台，蕭軍所囑託的一席話有了全新理解。當時，只以爲蕭軍蓄有離意，今晚聽了蕭紅的訴說，才明白她和蕭軍一樣，臨汾之別，實際是二人心照不宣的永久分手。他也這才理解蕭紅當時何以那麼不捨與心痛。他想給蕭紅更多安慰，但意識到今晚只需用心聆聽，就是對這個不幸而倔強的女人最大的撫慰。因而，更多時候只是靜靜聽著蕭紅訴說——她太需要一個傾聽者。眞正的朋友，也就是必要時能夠傾聽對方的人。

西安，毫無疑問是蕭紅人生中又一個重要的轉捩。一個拯救了她、並且她曾經無限熱愛的男人，最終退出了她的世界；另一個她並不太喜歡的男人，在又一特殊情形下順勢進入了她的生活。

當晚，聊談臨近結束，她舉起手裡的小竹棍說：「這，你認爲好玩麼？」聶這才注意到，那不過是一根二尺多長、二十幾節的軟竹棍兒，小指頭粗細。蕭紅告訴他當年在杭州春遊時買的，兩年來一直寶貝似的帶在身邊。接著，蕭紅鄭重其事地囑咐道：「今天端木要我送給他，我答應明天再說。明天我打算放在箱子裡，卻對他說送給你了，如果他問起，你就承認有這回事，行嗎？」

聶紺弩不假思索地答應了。私下裡，蕭紅經常向他表示討厭端木，說他是膽小鬼、勢利鬼、馬屁鬼，一天到晚裝腔作勢。但他又馬上意識到，來西安後，端木沒放過任何一個接近蕭紅的機會。蕭紅今晚的囑託顯然另有深意，他想莫非端木在向她發起進攻？「她在處世方面，簡直什麼也不懂，很容易吃虧上當」，聶紺弩回想起臨汾車站月台上蕭軍對自己的囑咐。覺得端木實在不是與蕭紅般配的理想男人，聶覺得有必要提醒她，於是再次對蕭紅說：「飛吧，蕭紅！記得愛羅先訶童話裡的那句話麼：『不要往下看，下面是奴隸的死所！』」然而，蕭紅的回答在他看來，似乎並沒有完全懂得他的意思。

不久，作爲「西戰團」主任的丁玲和祕書長王玉清，要去延安向中央彙報工作。回駐地路上，聽說丁玲要去延安，端木也很想跟去轉轉。他知道蕭紅一直就有去延安看看的想法，便興奮地說：「那我們也可以和丁玲一起去延安了？」然而，這話卻戳到了蕭紅痛處。按說這次和丁玲一起去延安看看，順便會會高原，的確是很好的機會，但她從丁玲口中得知蕭軍已經到了延安，便打消了念頭。既然已經分手，她怕再見面的尷尬。蕭紅半天沒有回應端木，到了駐地才低聲說：「聽說蕭軍已經到了延安。」沒等端木再說什麼，便回了自己房間。

待在西安，時間一長，聶紺弩頗覺無聊，想回武漢，但因隴海路的交通被切斷而無法成行。聽說丁玲要去延安，便決定隨其前往。做出決定後，一連幾天，他都和丁玲在一起接洽車子，顧不上與蕭紅聊談。臨行頭晚，兩人在馬路上碰見。知道他沒有吃飯，蕭紅非要請客不可。將聶紺弩帶進一家飯館，點了兩樣他平時最愛吃的菜，還要了酒，自己則不吃不喝，只是隔著桌子看著他。聶也邀請她一同前往延安看看。蕭紅表示不想去，至於原因，也坦率地告訴他是因爲說不定在那裡會碰見蕭軍。聶繼續慫恿道：「不會的，以他的性格不會去延安，我猜他到別的什麼地方打游擊去了。」

蕭紅不再接他的話茬，只是默默看著他很香地吃著飯菜。聶紺弩覺得她默默注視自己的眼神，好像「窺伺她的久別了的兄弟姊妹是不是還和舊時一樣健飯似的」。蕭紅棄世四年後，他在文章裡懷念道：「在我的記憶裡，這是她最後一次含情地望著我。我記得清清楚楚，好像她現在還那樣望著我似的。我吃了滿滿三碗飯。」

出了飯館，心事重重的蕭紅，誠懇地對聶說：「要是我有事情對不住你，你肯原諒我麼？」

「你怎麼會有事對不住我呢？」

蕭紅打斷他的反問，繼續強調：「我是說你肯嗎？」

「對於你，沒有什麼我不能原諒的。」

「那個小竹棍的事，端木沒有問你吧？」

聽見聶說出「沒有」後，蕭紅很平淡地說：「剛才，我已經送給他了。」

「怎麼，送給他了？」聶紺弩預感到一個很不好的兆頭，「你沒有說已經送給我了麼？」

「說過，他壞，他知道我在說謊。」

蕭紅的話，尤其最後一句似乎傳達出一種十分複雜而曖昧的信息。聶紺弩馬上意識到小竹棍身上寄寓著不同尋常的意義。發自內心，蕭紅向端木示好是他極其不願見到的事實，包括自己在內，大家都對他實在沒有什麼好印象。沉默了一會兒，聶儼然大哥不無嚴肅地問：「那小棍兒只是一根小棍兒，不象徵旁的什麼吧？」及至將話問出，又覺得自己有些犯傻，蕭紅此時不可能說出她的眞實內心。

「你想到哪兒去了？」蕭紅將臉朝向別處，避開聶的眼睛繼續說：「早告訴過你，我怎樣討厭誰！」

「你也說過，你有自我犧牲精神！」聶紺弩明顯覺出她的口是心非。

蕭紅有些支吾：「怎麼談得上呢？那是在談蕭軍的時候。」

聶馬上又記起蕭軍囑託自己的話，連忙說：「蕭軍說你沒有處事經驗。」

「在要緊的事上我有！」

說出這句時，蕭紅的聲音在發顫。聶紺弩聽後心情十分複雜，不便就此再說什麼。但他還是擔心蕭紅一時看不到自己的價值，會再次做出了錯誤的選擇，於是，再次不無嚴肅地強調：「蕭紅，你是《生死場》的作者，是《商市街》的作者，你要想到自己在文學上的地位，你要向上飛，飛得愈高愈遠愈好……」

第二天，丁玲、聶紺弩等啓程，許多朋友前來送行。人叢中，聶對蕭紅做著飛的姿勢，然後用手指向天空。蕭紅見後，邊點頭邊會心地笑著。

蕭紅說小竹棍不具備什麼象徵含義，顯然是違心之語。前文說過，在武漢小金龍巷時期，她就對端木漸生好感。可能鑒於周圍人對端木的印象都比較壞，她亦違心地在人前表達了一些負面評價。更有可能，端木之於蕭紅眞的談不上愛的吸引，但是他身上有她極其想得到，而蕭軍恰恰給不了的東西。一旦蕭軍退出，蕭紅的情感世界出現了巨大的空落，端木也就成了極其順理成章的塡補。畢竟，他們朝夕相處了近半年，而離開臨汾後，端木又是那樣精於把握火候。

得到小竹棍當天，端木橫拿著它，神氣十足地單獨照了一張相。這或許是他和蕭紅內心約定的一個紀念。據《憂鬱的東北人——端木蕻良》一書提及，端木蕻良後來回憶，當時小棍子實在沒有什麼特別的象徵意義，只是因爲塞克喜歡製作小棍子，手裡常拿著一根精緻的木棍，他看後比較羨慕，蕭紅說自己有一根可以送他。可是別人知道了都想要，她又不好意思當著大家的面相送，於是對大家說她把小棍子藏在了房間裡，誰找到就歸誰，同時又悄悄告訴端木就藏在門後。於是端木假裝在蕭紅房裡東張西望一番，爾後逕直將小棍子拿到。

由此可見，小竹棍所蘊含的象徵意義，顯然在於，它是蕭紅向端木正式示好的表徵。標誌蕭軍退出之後，她那比較明確的情感取向。有意思的是，蕭紅、端木都極力掩飾，或許就是常言所謂「當局者迷」之故，也可能是言不由衷。事實上，這根當年與蕭軍同遊西湖時作爲玩物買下的小竹棍兒，現在卻成了她和端木情感取向的宣示。以至於，最早爲蕭紅寫傳記的駱賓基同樣毫不含糊地認爲，那是「一根有所象徵的小竹棍」。

丁玲、聶紺弩走後，蕭紅給胡風發出一信：

胡兄：

我一直沒有寫稿，同時也沒有寫信給你。這一遭的北方的出行，在別人都是好的，在我就壞了。前些天蕭軍沒有消息的時候，又加上我大概是有了孩子。那時候端木說：「不願意丟掉的那一點，現在丟了；不願意多的那一點，現在多了。」

現在蕭軍到延安了，聶也去了，我和端木尚留在西安，因爲車子問題。

在西北戰地服務團，我和端木和老聶、塞克共同創作了一個三幕劇《突擊》，並且上演過，現在要想發表，我覺得《七月》最合適，不知道你看《七月》擔負得了不？並且關於稿費請傳電匯來，等急用，是因爲不知什麼時候要到別處去。

屠小姐好！

小朋友好！

蕭紅　端木　三月三十日

塞克附筆問候

電匯到西安七賢莊八路軍駐陝辦事處蕭紅收

《突擊》劇本刊登在一九三八年四月一日出版的《七月》第十二期上，署名塞克、端木蕻良、蕭紅、聶紺弩。蕭紅這封與胡風商量發表劇本的信，寫於三月三十日顯然不可能。可能蕭紅把日期寫錯了，抑或胡風此前已拿到劇本，早已決定發表而沒有通知蕭紅，更可能是劇本先期已由他人給了胡風，蕭紅此信只是爲了催促電匯稿費。

信中問候的「屠小姐」指胡風夫人梅志；「小朋友」指他們的兒子曉谷。蕭紅一方面將不能去延安的原因，歸爲未能接洽到車子，似乎有所掩飾；另一方面又非常坦率地談到與蕭軍的分手：「不願意丟掉的那一點，現在丟了」。且更透露了一個重要信息，即蕭紅此時已懷上蕭軍的孩子，所謂「不願意多的那一點，現在多了」。蕭軍或許不知道在臨汾火車站所見到的蕭紅，之所以顯出那樣蒼白而不健康的臉色，實是懷有身孕之故。

既然與蕭軍事實上已分手，蕭紅極力想打掉腹中的孩子。然而，戰時西安實在找不到一家像樣的醫院，她爲此非常苦惱。丁玲、聶紺弩走後，她與端木接觸更多。端木自然不知蕭紅爲何煩躁、抑鬱，見其情緒不佳就常常陪她散步，或外出郊遊。西安名勝眾多，端木最愛碑林。一天，他把蕭紅帶到唐代「同州三藏聖教序碑」

蕭紅與端木蕻良在西安

前，大顯其清華歷史系出身的根柢，將碑的內容和褚遂良疏瘦勁練的書法風格講解了一番，每個字的妙處都被講得滴水不漏，令蕭紅大爲嘆服。兩人亦常在街邊品嘗西安豐富的小吃。蕭紅尤喜粉皮，且要多放醋。端木發現其口味一反常態明顯嗜酸，不明就裡地和她開起是否有身孕的玩笑來。

蕭紅、端木也常與塞克、王力一起聊天，無拘無束地談論一些話題。每天都有新鮮的活動，蕭紅內心的煩躁漸漸消釋。反正西安也沒有辦法處理，暫時就不再去想腹中孩子，與端木日益親密，在旁人看來兩人的關係似已明朗，自然引起一些人的議論。蕭軍此前對蕭紅那近乎完美的「英雄救美」式的拯救壯舉，早已作爲美談在文人圈中廣爲流傳。二蕭分手後，蕭紅與端木的親近，人們自然視端木爲不光彩的第三者，而不太理會箇中並不爲人所知的隱衷。加之，端木那非同尋常的作派，以及不類圈中同人的氣質，本來就難以給人好印象，輿論自然對他不利。

蕭紅與端木間短暫的安寧不久便被打破。

四月初，離開西安半個月後，丁、聶二人返回。一進到女子中學院內，就有「西戰團」成員高聲喊道：「主任回來了！」蕭紅、端木聞聲一起從丁玲房裡趕出來迎接。這才發現跟隨他們一起回西安的還有蕭軍。端木趕忙上前與之擁抱，但所有人都看出其神色極不自然，畏懼、慚愧甚至「這回可糟了」等複雜含義，似乎都寫在臉上。簡單寒暄過後，兩人便迅速分開。聶紺弩一回到自己屋內，端木便跟了進來，拿起刷子替他刷掉大衣上的塵土，邊刷邊低頭說：「辛苦了！」然而，在聶聽來似在說：「如果鬧什麼事，你要幫幫忙！」如此情狀，讓聶紺弩心裡比所見到一切都還要清楚地知道，蕭紅這隻讓他一直看好的大鵬金翅鳥，已經爲其自我犧牲精神所累，從天空一個跟頭栽到了「奴隸的死所」！

蕭軍於三月二十日隻身一人身背褡褳，手拄木棍，渡過黃河，從山西吉縣步行二十多天來到延安。延安是他前往五台抗日前線的必經之地。等他到達之後，卻被告知因前方戰事吃緊、交通中斷，五台革命根據地正迎擊敵寇，前去打游擊的計畫一時難以實現。失望之餘，在等待時機的過程中，適值丁、聶來延安。見到蕭軍，兩人便勸他與其在這裡無限期地等待，不如跟隨他們一起到西安，參加西北戰地服務團。深入瞭解蕭紅內心後，聶紺弩一心想撮合二蕭破鏡重圓，更是極力慫恿蕭軍跟隨他們一同回西安。他始終覺得蕭軍雖有缺點，但在端木、蕭軍之間選擇，還是應該選擇蕭軍。

對於蕭軍而言，畢竟與蕭紅在一起生活了六年之久，歷經風雨無數。雖然自小金龍巷開始，他發現蕭紅與端木相投的傾向後，內心很不舒服，再到後來在臨汾心照不宣地分手，而此時到底餘情未了。也許蕭軍分手後也有一些反思，長期生活在一起的兩個人一旦分開，心裡難免空落。送走蕭紅，第二天醒來，他就感到一份難以言說的失落，起床後發現女人那雙常穿的矬腰小皮靴還放在屋角。穿著這雙棕紅色的小靴子走路，蕭紅總是顯得格外愉快、輕捷，而談起這雙靴子，臉上常顯誇炫的神情。現在，它成了二人唯一的紐帶。睹物思人，他將小靴子包紮起來，附上一封短信，另將一些文稿、信件一併交給對門準備當天去運城的同事，託其分別帶給蕭紅和丁玲。在給蕭紅的短信中寫道：

紅：

這雙小靴子不是你所愛的嗎？爲什麼單單地把它遺落了呢？總是這樣不沉靜啊！我大約隨學校走，也許去五台……再見了！一切丁玲會照顧你……祝

健康！

軍

此次跟隨丁、聶到西安，在情感上，蕭軍對蕭紅仍存有預期，這是顯見的事實，不然，他也不會走這一遭。況且，二人在臨汾的離別，亦並未明確表示就此分手，本來就預留有較大的迴旋空間。但令他沒想

到的是，分開的這段日子，經過對往昔共同歲月的省思，以及在端木的「進攻」下，蕭紅對蕭軍的心態有了明顯變化。此時的蕭紅，已不是此前那個在臨汾車站無限不捨與傷痛的女人。或許，已然痛過一回，反倒更加堅定了對兩人情感的理性認知。在這個關鍵時期，端木對她的吸引力更大。蕭軍依然太過自信，他或許想到蕭紅還是一如在臨汾車站那樣對他充滿依戀，更對他的再次出現而無比欣喜，沒想到見面後竟如此冷漠、尷尬。雖然，此前他也對蕭紅、端木間關係的發展有一定的心理準備，然而，一旦顯然的事實擺在面前，還是很難接受，況且他一向那樣驕傲。

關係發展到現在這一步，蕭紅想到最好的處理方式就是坦蕩面對。她回屋沉思了一會兒來到蕭軍房間，他正在洗頭，屋子裡還有其他人坐聊。蕭紅笑著說：「三郎，我們永遠分開罷！」這當眾的公開宣布，使整間屋子一下子變得格外寧靜，氣氛凝重，大家霎時一言不發。蕭軍擦著頭臉平靜地說：「好！」蕭紅旋即離開。

臨汾分手時，蕭軍曾對聶紺弩說過，跟蕭紅生活在一起，兩人都痛苦，但蕭紅不先提出分手，他是決不先拋棄她的。現在蕭紅既已主動提出，似乎是對兩人痛苦的終結。晚年蕭軍將這場正式分手描述得非常簡單，當他回答完一個「好」字後：「我們的永遠『訣別』就是這樣平凡而了當地，並沒任何廢話和糾紛地確定下來了」。

事實上，並沒有這麼簡單。他來西安畢竟心存預期，只是沒想到一切會進展得如此之快。他一時難以接受局面的變化。另外，蕭紅當眾提出分手，顯然也是對這個自尊而驕傲的男人的挑戰。他那平靜說出的「好」字背後，自然蘊藏著難以言說的惱怒。黑土地上生養的兒女，維護臉面的榮光，常常是他們最自然的心理動機。蕭紅之所以選擇這樣的公開場合商談二蕭間最私密的決定，以致不可能再有迴旋餘地，可能也是一種刻意的選擇。

即便如此，二蕭和端木蕻良顯然還需要好好談談。作為知名文化人，他們應該平靜而理性地處理情感問題。況且，對於蕭軍，也不是第一次處理這樣的問題。相對於兩年前，在上海處理與黃源、許粵華之間的情感糾葛，這次，他的位置和身分明顯有所不同。他的心氣不能平和，似乎也可以理解。

一九八一年六月二十五日，端木蕻良在接受美國學者葛浩文訪問時，說出了一些後續「故事」：

在一間大房子裡，蕭軍背對蕭紅、端木坐著，三人都一言不發，氣氛尷尬、僵持而沉悶。有誰想到，三人在小金龍巷曾擠睡在一張床上，而此前愈親密現在愈尷尬，正如去年年初，回到上海的蕭紅，又何曾想到蕭軍的緋聞女主角，竟是在東京與自己朝夕相處的許女士。

蕭軍心氣難平，雙手在一架破舊的風琴上胡亂按著，不知過了多久，冷不防對蕭紅說：「你跟端木結婚吧，不要管我……」據有些傳記資料如曹革成《我的嬸嬸蕭紅》記載，蕭軍當時氣急之下，還說到「我和丁玲結婚」。陡然聽了這沒頭沒腦的話，蕭紅、端木都有些發懵。待緩過神來，蕭紅勃然大怒：「你這是什麼話？你和誰結婚我管不著，我和誰結婚難道要你來下命令嗎？」端木知道蕭軍所說的「和丁玲結婚」，只是鑒於蕭紅與自己的親密，想氣氣她，但他好像把蕭紅當作一件自己不要的東西，順手甩給他似的。這自然是對自己和蕭紅極大的侮辱。端木也非常生氣地說：「你也太狂妄了！你把我們當成什麼人了？」「我成全你們不好嗎？」蕭軍鬥志昂揚，怒氣沖沖地指著端木繼續說：「瞧瞧你那德性！」當端木質問他為什麼隨便侮辱人時，蕭軍便自然亮出了他那拿拳頭說話的本色，邊伸拳捋袖邊說：「我就是要好好教訓教訓你這小子！」蕭紅覺得他已經沒了理智，無理取鬧，便上前警告說：「你若是還尊重我，那麼也對端木必須尊重，我只有這一句話，別的我們都不要談了。」說罷，三人不歡而散。

一鬧之後，幾乎整個「西戰團」都在議論三人間的矛盾。當天晚上，蕭軍來找蕭紅索要以前寫給她的信件。當他走進蕭紅房間，大家遠遠地注視著，都想知道事情的最終結局。蕭軍進屋後，蕭紅便開啟箱子，準備把留存的蕭軍所有信件都還給他。但是，索要信件只是蕭軍的一個藉口，他想跟蕭紅單獨好好談一次，便將已然開啓的箱子合上，然後坐在上面，對她說：「我有話說。」

「我不聽，」蕭紅倔強地說：「若是你要談話，我就走。」兩人爆發激烈的爭吵，徹底鬧翻，住在隔壁的端木聽見他們聲音時大時小地吵了一夜。整個晚上，他同樣心緒煩亂輾轉無眠。實際上，端木、蕭紅此時還沒有發展到談論結婚的地步，但情勢逼迫他必須做出選擇。端木蕻良晚年說道：「那麼在這種情況下，我當然要站在蕭紅這方面。實際上，我一直沒有結過婚，蕭紅年齡還比我大，身體還那樣壞，我當然也有考慮。但這種情況下，我必須與蕭紅結婚，要不然她會置於何地？這以後，我們就經常在一起了，關係也明確了。」

第二天，端木見蕭紅眼睛紅腫得厲害，明顯哭過。蕭軍卻仍是一副毫不在乎的架式。三人的關係非常尷尬、僵持。蕭紅沒有像往日那樣來找端木，見面也沒有一如往常有說有笑地招呼。端木不便攪和，飯後獨自待在房間，對著鋪開的稿紙，一個字也寫不下去。傍晚時分，蕭紅悄悄來約散步。端木知道她有話要對自己說，於是戴上帽子、圍上圍巾，兩人一起向常去的公園走去。一路上，兩人都沒說話。到了公園門口，端木停下徵求蕭紅意見是否進去。蕭紅沒有理會，徑直走了進去，到了林木密集處突然轉身盯著他說：「我和蕭軍徹底分手了，我將他的信件全部還給了他，但向他索要我的信件，卻不給，他力氣大，我搶不過他，只好隨他去。」

端木心想這大概是他們昨夜爭吵的結果。沉默片刻，平和地說：「這麼說，你自由了！」原以爲蕭紅會因此而開心，不想，面前這個一向剛強、倔強的女人卻掩面痛哭起來。端木有些慌神，急忙上前扶著她的肩膀問：「怎麼了？」蕭紅更難抑制自己的情感，哭倒在端木懷裡。待情緒稍稍平復，女人猛然抬頭堅定地對他說：「我要告訴你一件事。」當端木詢問是什麼的時候，蕭紅脫出他的懷抱，往後站了兩步，睜著大眼睛，定定看著他說：「我有了蕭軍的孩子。」

「有孩子？」端木一時難以醒過神來，立馬想到蕭紅在街頭吃粉皮時那麼嗜醋，還有自己的玩笑。不想一句無意間的玩笑竟眞的成了事實。蕭紅直盯著端木的眼睛，極其認眞地告訴他：「我已經懷孕三四個月了。」

「蕭軍知道嗎？」端木本能地問。

「當然知道！」

「那他還要你和我結婚？」

蕭紅面無表情地說：「是的！他就是這樣的人。」

「天哪！」端木蕻良一下子理解了面前這個女人的苦難，上前將她緊緊摟在懷裡，氣得全身發抖，顫聲說道：「你，你怎麼能和這樣的人生活在一起……」依偎在端木懷裡，蕭紅痛快地放聲大哭。她一直不敢把懷孕的事實告訴端木，怕遭拒絕，沒想到端木非但沒有拒絕，反而還理解她、同情她。

二蕭徹底分手和蕭紅、端木正式明確戀愛關係的消息，迅速在「西戰團」駐地傳開。態度既已明朗，蕭紅、端木更加坦然地在一起。一開始，蕭軍對他們並不理會，然而沒過兩天，他又改變了正式分手的主意，可能考慮到蕭紅懷上了自己的孩子，而他又是個非常喜歡孩子的男人，希望看在孩子的情分上能和好。但蕭紅離意已決，斷然拒絕了他的想法，且堅決不給他任何溝通機會。

一天晚上，蕭軍突然踢開端木房門，氣勢洶洶地說：「端木，起來，走！我們去決鬥！」他還是想用在上海灘對付小報記者的方式，解決與端木的恩怨糾葛，痛打一頓以紓解怨氣。對蕭軍的行爲，端木實感匪夷所思，起先把自己已經懷孕的女人推給別人，眼下不甘又要找人決鬥。早就聽說過他找馬蜂決鬥的故事，也立即聯想到那只有在外國小說裡才出現的場景。他開始尋找理由故意拖延時間，先問決鬥的地點在哪裡，蕭軍回答：「野外」；然後又說決鬥需要找個證人，蕭軍回答：「我們不用證人！」正在端木磨磨蹭蹭起床穿衣的時候，蕭紅聞聲趕來，進門厲聲喝道：「蕭軍，這裡是八路軍辦事處，你不能要野蠻，你這種憲兵作風還是收起來吧！我的脾氣你是知道的，你要把他弄死，我也把你弄死！這點你該相信我，你最好忍耐些。」

見女人這種架式，蕭軍只好無奈收場。蕭紅看起來身體不好，外表柔弱，但性格非常堅強，與之生活了六年，蕭軍非常瞭解這一點。二蕭的婚姻已經沒有挽回餘地，但決鬥沒有實現，怨氣沒有紓解，心裡很是不甘，蕭軍於是又採取了新行動。只要蕭紅、端木走到哪裡，他就手裡拎著一根粗大的木棒，距離他們一二百步地跟著。這讓兩人十分不安寧，決計離開西安，而去向主要針對蕭軍。如果蕭軍去延安，他們就回武漢；如果蕭軍回武漢，他們就去延安。他們確有去延安的打算，四月在臧雲遠等人創辦的《自由中國》創刊號上，還刊有「蕭紅、端木前往延安」的消息。但當他們得知蕭軍要去延安後，便決定回武漢。蕭紅此時正好收到老友池田幸子來信，她和鹿地已在武漢開展工作，一個人比較寂寞，希望她能馬上回武漢。這樣，蕭紅、端木更加堅定了回武漢的打算。對她的這一決定，丁玲很是遺憾：

> 那時候很希望她能來延安，平靜的住一時期之後而致全力於著作，抗戰後短時期的勞累奔波，似乎使她感到不知在什麼地方能安排生活，她或許比較我適於幽美平靜，延安雖不夠作爲一個寫作的百年長計之處，然在抗戰中，的確可以使一個人少顧慮於日常瑣碎，而策畫於較遠大的。並且這裡一種朝氣，或者會使她能更健康些。但蕭紅卻南去了，至今我還後悔，那時我對於她生活方式所參與的意見是太少了，這或許由於我們相交太淺，和我的生活方式離她太遠的緣故，但徒勞的熱情雖然常常於事無補，然在個人仍可得到一種心安。

陰錯陽差，蕭軍並沒有去延安，而是準備前往新疆。途經蘭州，與年僅十九歲的王德芬結識，並迅速墜入愛河，自六月二日連續三天，在蘭州的《民國日報》上刊登訂婚啓事，五日正式結婚。這是後話。蕭紅即將離開西安回武漢，不僅丁玲很是遺憾，詩人田間更是不捨，臨別深情寫下《給蕭紅——一九三八年四月十七日夜在西安爲告別蕭紅姐而寫》一詩，詩中寫道：

中國的女人都在哭泣。
在生死場上哭泣，在火邊哭泣，在刀口哭泣，
在廚房裡哭泣，在汲井邊哭泣。
呵，讓你的活躍的血液，
從這戰鬥的春天底路上，
呼喚姊妹，提攜姊妹，
——告訴我們，
從悲哀的家庭裡，
站出來——到客堂吃飯，
上火線演說，去戰地打靶……
中國的女人不能長久哭泣。

一九三八年五月十四日，在中華全國文藝界抗敵協會會報《抗戰文藝》第一卷第四號上，刊登了一則《文藝簡報》：

蕭軍、蕭紅、端木蕻良、聶紺弩、艾青、田間等，前於一月間離漢赴臨汾民大任課，臨汾失陷後，

蕭軍已與塞克同赴蘭州，田間入丁玲西北戰地服務隊，艾青、聶紺弩先後返漢，端木蕻良和蕭紅亦於日前到漢。

一起西北行的《七月》同人，至此風流雲散。勞燕分飛的西北之行結束了蕭紅的一個人生階段，另一個全新的時期已然開始。這則簡報無意間透露出很有意思的信息，那就是開頭的「蕭軍、蕭紅」到結尾已置換爲「端木蕻良和蕭紅」。對二蕭而言，這次不愉快的分手已成永訣。

當年蕭軍拯救蕭紅的時候，女人正懷著汪恩甲的孩子；臨到二蕭分手，蕭紅同樣懷著蕭軍的孩子。這是多麼可怕的宿命，命運彷彿跟這個女人開了一個太過殘酷的玩笑。

第九章　重返武漢

幸福的新娘

一九三八年三月，鹿地亘和池田幸子應郭沫若之邀，從香港來到武漢，在即將成立的國民政府軍事委員會政治部第三廳擔任設計委員。被國民政府委以重任的鹿地夫婦生活條件大爲改善，參加政治活動甚至日常外出多由胡風陪同，擔任翻譯。二十七日上午，他們和胡風一起到總商會參加「中華全國文藝界抗敵協會」（簡稱「文協」）的成立大會。鹿地亘以日本作家身分，祝賀協會成立並致詞。四月一日第三廳正式成立，鹿地夫婦成爲第三廳對敵宣傳

1938年4月9日，在武昌小朝街金家花園，胡風（右三）與艾青（右二）、張竹茹（左三）夫婦，鹿地亘（左一）、池田幸子（左二）夫婦及沙雁（右一）

處事實上的顧問，幫助指導對日宣傳。

四月下旬，蕭紅、端木重返武漢直接找到胡風。蕭紅急於通過他約見池田幸子，當晚見面後，決定搬到池田處暫住。次日上午，兩人又趕到漢口找蔣錫金幫助解決端木的住處。見面後，問起蕭軍的去向，蕭紅只是很淡然地說去了蘭州。端木的住處，錫金說比較容易解決，小金龍巷的房子還租著，只是有三個月沒付房租，只要端木先拿出十六元付清一個月的房租，就可以住進去。兩人拿到鑰匙返回武昌，端木通過三哥未婚妻劉國英向其父借大洋二十，付了房租，重新入住小金龍巷那再熟悉不過的兩間房。安頓妥當，蕭紅、端木下午再次來到胡風家，適值張止戈夫婦當晚回請，胡風於是約上蕭紅、端木和鹿地夫婦一同赴宴。

全家四月中旬返回武漢後，艾青向胡風詳述了蕭紅在西安與蕭軍分手並與端木在一起的經過。其實，二蕭、端木三人情感上的微妙變化，早在離開武漢之前，胡風就已看出些許端倪，如今聽到這最終結果，並不感突兀。第三天上午，蕭紅、端木又來胡風家。前兩天始終沒有機會與胡風詳聊別後，兩人再次來訪，顯然想對他詳細談談此番西北之行的具體情形，更主要的，蕭紅想對胡風這樣的朋友宣布她與端木的關係。

蕭紅和胡風在金家花園的薔薇架下坐聊，端木有意遠遠站在薔薇花叢的陰影裡，有些隔膜與尷

1938年5月，蕭紅（右）與梅志（左）及其兒子曉谷（中）在武昌金家花園

尬。去臨汾前都是他和二蕭一起前來，與蕭軍爭論，處處護著蕭紅，如今二蕭離異，自己取而代之，前後畢竟不過幾個月時間，眞是世事如棋，而情感的變化似乎更是瞬間滄海桑田。在太過瞭解他們三人此前情形的胡風面前，端木多少有些尷尬亦在理中。

蕭紅詳談了西安的生活，對丁玲思想的解放感到吃驚，表示不習慣她那粗獷的軍旅生活。她最後向胡風宣布自己已與蕭軍徹底分手，現在同「他」生活在一起。說到「他」時，用嘴向站在薔薇架那邊的端木努了努。聽見談到自己，端木亦只是冷冷地，似笑非笑地表示一下。令蕭紅、端木有些意外的是，胡風聽後沒有任何表示，連一句祝賀的話也沒有。既然與蕭軍不能共同生活，胡風認爲離開也好，不過，現在聽了蕭紅的敘述，見端木那份冷淡、似乎以勝利者自居的樣子，心裡很不是滋味，同時亦替蕭紅抱屈，不知她何以如此迅速地做出決定。在他看來，她和端木並不相投，且朋友們都知道蕭紅一直也很看不起端木。胡風夫婦顯然對端木沒有好印象，認爲他作爲第三者的闖入，徹底裂解了二蕭那原本就不牢固的共同生活，他們對蕭紅的重新選擇費解而失望，但事已至此，也就沒什麼好說的了。

連一句祝福也沒有，朋友間這顯然有悖常理的反應，讓心思敏感的蕭紅極不舒服，意識到和端木在一起，即將遭遇友情的「封鎖」。然而，這些不快並沒影響兩人開始同居的喜悅。全新的生活已然展開。過了兩天，池田前來向梅志大發牢騷，對象自然是蕭紅：「我請她住在我家，有一間很好的房子，她也願意。誰知晚上窗外有人一叫，就跳窗逃走了。」之後，又氣惱地補上一句：「喝，像夜貓子一樣，眞沒辦法！我眞的沒辦法！」說罷，雙手一攤。轉而，池田又似乎爲自己恰當使用了中國話裡的「夜貓子」而自我欣賞，大笑起來。胡風和梅志都不明白端木身上到底是什麼吸引了蕭紅，以致如此狂熱。心想，或許正是由於端木平素所表現出的那副膽怯相，或是那份溫和的紳士派頭，讓蕭紅離開了過於粗獷的蕭軍。梅志更覺得這是蕭紅一個極其任性的反撥，走向了另一極端，甚至懷疑他們之間是否有眞正的愛情發生。蕭紅太冒險了，梅志不免爲之擔心。梅志的懷疑顯然不無道理，白朗當時亦認爲二蕭分手後，蕭紅「竟愛上了一個她並不喜歡的人」。

對於蕭紅的選擇，胡風終是如鯁在喉不吐不快，在後來的聊談中，還是坦率地表達了自己的意見：「作爲一個女人，你在精神上受了屈辱，你有權這樣做，這是你堅強的表現。我們做朋友的爲你能擺脫精神上的痛苦是感到高興的。但又何必這樣快？你冷靜一下不更好嗎？」蕭紅聽後，覺得自尊心有些受傷，端木自然更不高興。這樣，往日無話不談的朋友日漸疏遠。

過了幾天，錫金回小金龍巷支付另外兩月的房租，捎帶取些衣物。錫金在外間收拾好東西與端木略談了一會兒。正欲離開，聽見裡間有個女聲在喊自己，問爲什麼不進去。一聽是蕭紅，錫金推門進去，端木仍留在外間。蕭紅睜著大眼睛注視著走進來的錫金，臉色非常蒼白，像是有些害怕。見她躺在床上，蓋著端木的被子，錫金就明白蕭紅這是向他公開與端木的關係。他覺得這是私人生活，作爲朋友沒什麼好說的，連忙解釋因爲不知道她在裡間所以沒有進來。蕭紅拍拍床沿示意他坐下，然後告訴錫金自己懷孕了，託其幫忙找個醫生打胎。當時，人工流產違法，醫生要負刑事責任，錫金說這件事實在無法幫忙。進而問孩子是誰的，有幾個月？得知孩子是蕭軍的，五個多月了，錫金更認爲流產手術不能做，胎兒太大，母親會有生命危險，於是勸說既然是蕭軍的孩子就生下來，畢竟是一條小生命！蕭紅淚流滿面地說，自己一個人維持生活尚且如此困難，再帶個孩子，那就把自己完全毀了，說著，泣不成聲。

錫金立時覺得面前的女人非常可憐，便說：「我認識的醫生只有于浣非，你也認識，我能找到他，請他來商量一下如何？」

不想，蕭紅聽後大聲阻止道：「不要，我不要找他，不能找他！」之所以如此強烈而堅決地反對錫金的建議，可能因爲于浣非雖是不錯的醫生，但他是黑龍江賓縣人，在故鄉從事過政治活動比較知名；而自己的家族在賓縣亦廣有田產、地產，蕭紅或許擔心找于浣非商量墮胎，此事會傳回家鄉，令家族蒙羞。錫金沒意識到這一層，見其不願找于浣非商量，就勸她還是把孩子生下來，並安慰說不必太擔憂，孩子生下來總會有法子。離開後，錫金心裡雖然很是替蕭紅擔憂，但從此再也沒回小金龍巷，一則因爲忙碌，而更主要鑒於蕭紅與端木的同居關係。

此前與二蕭來往密切的朋友，因二人的分道揚鑣，以及對端木的惡感而漸漸疏遠的，遠遠不止胡風、錫金。「友情封鎖」只是剛剛開始。蕭紅回武漢之前，張梅林就聽說了她與蕭軍的分手。及至蕭紅、端木再次住進小金龍巷，雖然住處仍然相距很近，但張梅林也不常來了，大不同於當初蕭軍在的時候。寂寞時，蕭紅、端木倒常一起到梅林處閒聊，偶爾一同去蛇山散步。在青島、上海、武漢都與二蕭在一起，現在蕭軍換成了並無好感的端木，張梅林一時難以接受，對蕭紅的選擇很不以爲然，兩人間明顯沒有了此前的投契。

「是因爲我對自己的生活處理不好麼？」

面對張梅林的冷淡，非常失落的蕭紅一次單獨與之相處時，禁不住很突兀地問道。

「這是你自己個人的事。」梅林回答說。

「那麼，你爲什麼用那種眼色看我？」

「什麼眼色？」

「那種不坦直，大有含蓄的眼色。」

作爲多年好友，張梅林不願掩飾內心，在蕭紅坦直的追問下，不知如何答對，只好默然。好一會兒，蕭紅黯然說道：「我不願回顧過往……現在，我痛苦的，是我的病……」

回武漢後，端木、蕭紅積極參加以《七月》爲核心的文藝活動。四月二十九日下午，他們出席了由胡風召集的文藝座談會，題目是「現時文藝活動與《七月》」。胡風、端木蕻良、鹿地亙、馮乃超、樓適夷、吳奚如、辛人、蕭紅、宋之的、艾青等人先後發言。針對胡風、吳奚如的發言，蕭紅眞率地表達了自己的觀點：

胡風對於他自己沒有到戰場上去的解釋，是不是矛盾的？你的《七月》編得很好，而且養育了曹白和東平這樣的作家，並且還希望再接著更多地養育下去。那麼，你也丟下《七月》上戰場，這樣是不是說戰場高於一切？還是爲著應付抗戰以來所聽慣了的普遍的口號，不得不說也要上戰場呢？

關於奚如對於作家在抗戰中的理解，我有意見的。他說抗戰一發生，因爲沒有階級存在了。他的意思或是說階級的意識不鮮明了。寫慣了階級題材的作家們，對於這剛一開頭的戰爭不能把握，所以在這期間沒有好的作品產出來，也都成了一種逃難的形勢。作家不是屬於某個階級的，作家是屬於人類的。現在或是過去，作家們寫作的出發點是對著人類的愚昧！那麼，爲什麼在抗戰之前寫了很多文章的人而現在不寫呢？我的解釋是：一個題材必須要跟作者的情感熟習起來，或者跟作者起著一種思戀的情緒。但這多少是需要一點時間才能夠把握住的。

在這裡，蕭紅表達了與男作家們普遍抱持的極其功利主義的文藝觀點完全不同的看法。她認爲，一些作家對當時一切爲抗戰服務的口號，存在機械化的理解，以至於褊狹地認爲戰場至上。她不滿蕭軍放下手中的筆去打游擊亦基於此，相反的，認爲戰時每個人只要做好自己的本分，盡其所長地努力工作，就是對抗戰的最大支持，就是對民族、國家負責的表現。由此可以看出，蕭紅對一些問題的看法更富有理性精神，視野更爲開闊、高遠，不爲當時流行的觀點所左右。而她所表達的作家創作應該超越狹隘的階級論調，應該具有普世性，在當時自然是卓異之見。這種超越政治功利的文藝觀，對其香港時期的創作，顯然有著極爲深刻的影響。膾炙人口的《呼蘭河傳》、《小城三月》、《馬伯樂》等作品，某種程度上就是這種文藝觀念的典型體現。只可惜蕭紅的生命過於短暫，假以天年，在其立意高遠的文藝思想的範導之下，一定會寫出更多傳世之作。

端木認爲蕭紅之所以被汪恩甲、蕭軍不負責任地離棄或欺負，就在於沒有婚姻的約束。從西安回武漢的路上，他就想等安定下來，一定要和蕭紅正式舉行婚禮，在公眾面前給她正式的名分，不再是同居者。端木想以此表達對蕭紅的尊重，也是對自身的約束。他知道家人絕無可能同意自己的決定。五月初，三哥從上虞趕來武漢，與當時還在武漢大學讀書的劉國英訂婚，端木趁機向忙完訂婚典禮的三哥鄭重表達了即將與蕭紅舉行婚禮的決定。三哥自然非常反對，蕭紅年齡比弟弟大，且與兩個男人同居過，眼下還懷有蕭軍的孩子，這樣的女人做兒媳，母親絕對不會同意。端木執意強調與蕭紅結婚是自己的事情，不告訴母親就是。知道老弟的脾氣，三哥見他主意已定，規勸起不了作用，只好隨他。臨走，留下一筆錢。

五月下旬，蕭紅與端木蕻良在漢口大同酒家舉行婚禮。前來祝賀的主要是端木家在武漢的親戚，如三嫂劉國英及其同學竇桂英等；主婚人是三嫂父親，在郵政局任高級職員的劉鎮毓老先生；胡風擔任司儀，此外還有艾青等一幫文化界的朋友。蕭紅將許廣平當年送給自己的四顆南國相思紅豆，轉送給端木作爲定情信物。池田幸子親自送來一塊上好的衣料作爲賀禮。蕭紅、端木覺得她不該買這麼貴重的禮物，池田後來告訴他們，這塊衣料是她當年流落上海無以爲生，做舞女時孫科送的，後來擺脫

1985年10月，端木蕻良尋找到當年結婚的大同酒家，在二樓回憶當年情景

了舞女生活，這塊貴重的衣料丟在一邊就再也沒有動過。衣料裡有池田的辛酸，亦有其深情厚誼。瞭解到這些，蕭紅始終沒將它做成衣服。端木理了頭髮，定做了一套淺駝色西裝，打著紅領帶；蕭紅穿著由劉國英、竇桂英幫忙做的紅紗底金絨花的旗袍，內配黑色紡綢襯裙。當兩人出現在婚宴現場，大家都覺得是非常儒雅、漂亮的一對。

雖然，此前先後有過與兩個男人同居甚至生育的經歷，但那都是在萬不得已的情形下無奈的選擇。第一次做新娘，即便懷有蕭軍的孩子，蕭紅仍無比興奮、幸福。劉鎮毓老先生事後對婚宴的「排場」表示滿意。「排場」自然說不上，兩人無力也不想大操大辦，不過是想在親友面前表明關係，希望從此被他們接納。婚宴氣氛還是十分熱烈，據說，胡風還提議新娘、新郎談談戀愛經過，將喜慶推向高潮。蕭紅面對眾人說：「張兄，掏肝剖肺地說，我和端木蕻良沒有什麼羅曼蒂克式的戀愛歷史，是我在決定同三郎永遠分開的時候才發現了他。我對他沒有過高的希求，只想過老百姓式的夫妻生活。沒有爭吵、沒有打鬧，沒有不忠、沒有譏笑，有的只是互相諒解、愛護、體貼。我深深知道，像我眼前這種狀況的人，還要什麼名分，可端木卻做了犧牲，就這一點，我就感到十分滿足了。」

送走親友，兩人回到酒店二樓的頭等包房。鋥亮的大銅床、紫檀木的梳妝台在紅宮燈的映照下熠熠生輝。蕭紅、端木從大鏡子裡，看到對方和自己那因興奮而閃亮的眼睛、白裡透紅的臉龐，滿心洋溢著無邊喜悅，長久擁抱在一起。第二天，他們便搬回小金龍巷，開始一段甜美而平靜的家居生活。端木生活自理能力很差，幾乎什麼都不過問，丟三落四，像個處處需要照看的大孩子。蕭紅則將這個臨時小家布置得溫馨而安寧，桌上鋪著漂亮的桌布，廉價的花瓶裡插著康乃馨。少有朋友來訪，不願做飯，兩人就多半在附近小館子裡吃點感興趣的食物，興致高時，蕭紅便親自下廚做幾樣拿手好菜。

然而，蕭紅那懷著蕭軍的孩子，做端木新娘的幸福，並沒有維持多久便被深深的焦慮和煩惱擠兌。她向張梅林所說的「病」，實指日漸沉重的身子，眼看肚子一天天長大而無可奈何，一籌莫展。蕭紅極力想打掉腹中孩子。一則，既然與端木生活在一起，如果生下蕭軍的孩子，日後顯然會影響兩人的情感；二則，武漢戰局一天天緊張，兵荒馬亂中一個人逃難尚且無比困難，再添個襁褓中的孩子，實在難以想像。蕭紅爲此無比焦慮，每每一個人來到金家花園，胡風不在也留下來和梅志聊一會兒。她常常向梅志談起小時候在東北生活的情形，描述冬天令南方人難以想像的寒冷。

初夏時分，花園姹紫嫣紅。非常愛花的蕭紅就和梅志在花房前坐聊，見曉谷一旁捉螞蟻便童心煥發，邊與之玩耍，邊漫不經心地對梅志說：「孩子頂可愛，尤其三四歲，似懂非懂頂好玩。」梅志見她對孩子似有一種天然的親近與愛憐，便說：「看得出你喜歡孩子，將來一定能把孩子帶好。」

「我？孩子？那太纏人了，麻煩……」

蕭紅長嘆一口氣，欲言又止地將後邊的話嚥了回去。將近端午，梅志發現自身也懷孕了，反應非常強烈。她和胡風同樣爲眼下實在不是要孩子的時候而焦慮，託房主夫人帶著到醫院找熟人墮胎。蕭紅也跟了去，到醫院一問，手術費需一百四十元。兩人都被這巨大的數目嚇住，無論如何拿不出這筆鉅款，只好無奈放棄。

稍後，蕭紅意識到懷孕六個多月，再做流產手術已無可能，而高昂的手術費更讓她斷絕了墮胎的念頭，不再想這件事，只好聽天由命。只是身子一天比一天沉重，行動一天比一天遲緩。更令她倍感沮喪的是，周圍朋友並不因爲她與端木蕻良正式舉行婚禮而接納端木，接受他們的婚姻事實。「友情封鎖」對於敏感的蕭紅來說，無異於精神折磨，苦不堪言。舒群從延安來武漢主編《戰地》半月刊，住在讀書出版社的書庫裡。寂寞無告的蕭紅無友可訪，常常一到舒群住

舒群編《戰地》半月刊

處，就將腳上的鞋子一踢，躺倒在床，楞楞地發呆。知道她心情苦悶，舒群曾執意勸蕭紅去延安。據趙鳳翔《舒群與蕭紅》記載：「有一次爲了爭論這個問題，他們兩人整整爭吵了一夜。蕭紅的態度是一向願意做一名無黨無派的民主人士，她對政治鬥爭十分外行，在黨派鬥爭的問題上，她總是同情失敗的弱者，她一生始終不渝地崇拜的政治家只有孫中山先生。」自此，蕭紅不無悲哀地意識到，昔日無話不談的朋友，不是因爲自己與蕭軍的分手、與端木的結合而疏遠；就是因爲政治見解甚至文藝觀點相左，而無法彼此說服，再也不可能一如從前親密無間地聊到一起。

炮火中的遐想

人們被瞬息變化的戰局驅趕著不斷遷徙。上海淪陷，潮湧武漢；南京淪陷，搬到武漢的許多人，又紛紛遷移重慶等長江上游地區，有的甚至轉至昆明。一九三八年三、四月間，台兒莊大捷讓國人欣喜若狂地看到了抗戰勝利的希望，致使一些已遷重慶的人又回來了。馮乃超夫人李聲韻就在此間返回武漢。五月中旬國民政府棄守徐州，戰局一下子又不利起來。六、七月間，日軍分兵五路鉗向武漢，國民政府發出「保衛大武漢」的戰時動員。達官要人，工廠企業、學校、政府機關紛紛遷往重慶。「中華全國文藝界抗敵協會」總會由姚蓬子帶頭，去重慶籌備搬遷；「國民政府軍事委員會政治部第三廳」亦準備搬遷；個體文化人有路可走的，亦扶老攜幼紛紛入川。逃難的人們似乎得出了政府的規律，「保衛大武漢」的口號喊得愈響亮，人們愈是惶惶不安。

戰局危難，許多文化人紛紛由報社派到武漢周邊前線充當戰地特派記者。端木一直都有當一名戰地記者的夢想，於是與《大公報》總編輯王芸生接洽，想作爲該報特派記者上前線採訪。對方表示歡迎，後因時局變化太快，眼見國軍即將潰退，《大公報》亦無意再多派人上前線。端木戰地特派記者的夢想終未實現。

七月間一個陰雨天，張梅林從武昌乘船過江偶遇蕭紅。當梅林問她怎麼一個人時，蕭紅反問道：「一個人不能過江麼？」她似乎非常反感在別人看來，自己的行爲一定要與端木連在一起，但周圍人的思維慣性還是如此，一如從前習慣性地將她與蕭軍聯繫在一起。這也許是離開蕭軍之後，蕭紅身上最爲明顯的變化，進一步甦醒的女性意識，不斷促使她尋找屬於自己的獨立空間和行爲方式。

與張梅林的聊談中，蕭紅瞭解到他和羅烽即將訂票入川，不禁神采煥發地說：「那我們一起走，好嗎？」

梅林沒有回答，有些不解地問：「你一個人麼？」

「一個人，」蕭紅接著強調說：「我到哪裡去不是一個人？」

「這要和端木商量商量。」

蕭紅聽後很不理解，睜著大眼睛大聲問道：「爲什麼要和端木商量？」梅林一時不知該如何回答，短時間的僵持中，蕭紅感受到這是男性中心的社會對自己的無情擠壓。她有些受傷，不無沮喪地想自己無論如何努力，男人們，即便最好的朋友，還是習慣於將自己視爲端木的附庸，就像從前看作蕭軍的附庸。這是一張太過堅韌的巨網，想要衝出幾乎沒有可能。她旋即站在梅林的位置上想，是啊，自己已是端木蕻良的妻子，又有哪個男人能不經「丈夫」同意，帶著友人的太太一同旅行呢？

做不了戰地記者，端木、蕭紅準備一起遷往重慶。八月初，蕭紅託羅烽好不容易才買到一張船票。只有一張船票，在決定誰先走的問題上，兩人產生了一些分歧。端木堅持兩人一起走，主張將船票轉讓，再等機會。蕭紅則認爲船票實在太緊張，而且，她一個人挺著大肚子到重慶人地兩生，很不方便，要端木先到已經人滿爲患、房價飛漲的山城找個落腳之處，因而，堅持等一段時間找人搭伴再走。再者，她認爲自己身懷六甲與羅烽搭伴入川，一路上也不方便。田漢在第三廳任第六處處長，和夫人安娥亦準備去重慶。見蕭紅、端木爭持不下，安娥向端木表示田漢辦法多，他們與蕭紅一起去重慶沒有什麼問題，有女人搭伴便於照顧。這樣，八月初，端木與羅烽、張梅林一起離開武漢去了重慶。

端木將蕭紅一個人留在武漢獨自入川，幾十年來始終遭人詬病。情感上傾向蕭軍的朋友大都認爲，端木此舉實在是不負責任、不近人情、極其自私的表現。旅居台灣的東北籍作家陳紀瀅在《記蕭軍》一文中，載有東北籍旅台作家孫陵（亦是蕭軍好友）曾告訴他，「端木看來文雅，但在二十七年夏天，正是武漢緊張的時期，他卻一個人買了一張頭等船票去了重慶，把蕭紅一個人留在武昌不管了」。駱賓基《蕭紅小傳》中的敘述，則是另一種情形：蕭紅準備和羅烽、梅林一起入川，等船票拿到手，武漢已是極度恐慌，而沒有實現「戰地特派員」夢想的端木主動向梅林要求說：「蕭紅不走啦！她要留一些日子另外等船」，於是把船票據爲己有，和羅烽、梅林「啓程去川了」。

毫無疑問，這些說法都基於一種後續立場。後來人們將蕭紅客死香港，同樣歸結爲端木的不負責任。似乎不負責任是其一貫本性，就蕭紅令人惋惜的死，讓人們自然聯想到這次入川兩人似乎不合情理的決定。其實，不管端木後來在香港的表現如何，今天理性地看待兩人的入川決定，蕭紅讓端木先走，在當時情勢下應該是比較明智的安排。而我們也不能忽視蕭紅在行事上所表現出的鮮明個性，在某種意義上，其人生悲劇亦有自身性格因素所起的作用。前文提及，此時女性意識不斷增強的蕭紅，十分反感別人將她看作端木的附屬。與蕭軍在一起時，男人往往以絕對的保護者自居，無處不表現出大男子的驕傲，很少顧及她的自尊。這讓她受夠了，也是導致他們最終分手的根本原因。

與端木生活在一起，蕭紅擔當的角色全然置換：在蕭軍面前，她始終是一個大受保護的孩子；現在則是處處照顧端木的大姊姊。蕭紅的妻性和母性此前令蕭軍厭煩，反過來又譴責她沒有妻性；而端木在其妻性、母性的庇護下，像一個無憂無慮的大孩子。少爺作風濃厚的端木自理能力本來就極差，家裡一切俱不過問，只知看書寫字，蕭紅事實上成了家長，一切均由她來安排。讓端木先行入川，自然也是其意志的體現。公允地說，這一點對於那些對端木本來就懷有偏見甚至惡感的人們來說，自然無法理解，亦不去深究，只是一味地美化蕭軍，貶抑端木。

更有意思的是，在端木獨自入川差不多半個世紀之後，台灣作家趙淑敏在《端木蕻良的感情世界》一文中指出，當蕭紅堅持要端木先行入川，他「就依言先去了重慶。端木沒想到這件事不但影響了外人對他做人的評價，在蕭紅心理上也會覺得失望。他不知道，蕭紅雖痛恨做附屬品，在心性上和生活史上，仍是個渴情望愛的女人。假如端木不那麼聽話先走了，蕭紅會發脾氣，心裡卻是既安慰又舒服。而端木以爲終於和對他悄悄念『恨不相逢未嫁時』的她結了婚，以爲接受了懷著蕭軍孩子的她，就表示了足夠的愛。他不懂，眞不懂，一個在感情生活有那麼多顛沛經驗的（人），需要的（就會）更多」。這段在端木蕻良的傳記作者孔海立先生看來「很有意思的心理分析」，顯然不過是一廂情願的臆測。如果回到當時兵荒馬亂、人心惶惶的歷史情境，這類瓊瑤式風花雪月般的愛情心理，實在是和平時期的人們無比纏綿的想像。

更有人質疑，如果蕭紅肚子裡的孩子是端木蕻良的，作爲少爺的他是否走得那麼「無事一身輕」呢？常人都知道事實不容假設。蕭紅所懷的到底不是端木的孩子，這樣的追問顯然有些陰損，只能說明人們對於端木始終表現出令人費解的不寬容。事實上他已經做到了一個男人很不容易做的，然而人們還是要求更多。常言道，清官難斷家務事，然而後人還是往往喜歡站在道德仲裁者的位置上，基於想像苛責前人，以獲快意。端木、蕭紅分開後的一個多月，據說通信頻繁，只可惜這些信件都在戰亂中遺失。

端木走後，田漢夫婦的行程和工作計畫有變，入川行程一時延擱下來。不久，日軍加緊了對武昌的轟炸，大武漢的傾覆幾成定局，入川船票更難買。一個人住在武昌小金龍巷的蕭紅，孤獨而惶恐。懷著身孕，戰亂中獨自照顧自己，令她非常害怕再次回到當年困處東興順旅館那噩夢般的情境中。

漢口三教街原屬俄租界，大轟炸伊始，設在這裡的「文協」就成了一個臨時避難所。當天，同樣等船票返渝的李聲韻，還有另外幾位就從武昌搬來。武昌大轟炸第二天，蕭紅將被褥、床單、枕頭打成一個簡單的鋪蓋捲，拎著小提箱，叫輛人力車趕往三教街。下午，蕭紅乘人力車匆匆趕到「文協」，只有錫金一人在，上樓徑直對他說要在這裡住下來。錫金詫異於端木爲什麼沒跟在一起，得知端木已去重慶，更驚異地問：「他怎麼不帶你走？」不想，蕭紅反問：「爲什麼要他帶？」

蕭紅要住下來，令錫金有些犯難。他向蕭紅詳細說明了房子的居住情況：樓下兩間住著原《大光報》社長、主筆趙惜夢一家；樓上兩間由孔羅蓀租用。前間只有一張雙人床，他和孔羅蓀共睡，馮乃超來時三人便打橫睡；後間原住的體育新聞記者搬去重慶後，他建議老舍由「文協」租下，作爲對外聯絡場所，白天人來人往，夜裡亦常有人來借宿，十分嘈雜沒法住人。蕭紅聽後對錫金耍蠻說：「不管那麼多，我住定了，我睡走廊樓梯口的地板，去買條席子就行。」錫金說席子倒不用去買，只是樓梯口打地鋪，人來人往，睡不安穩，別人行走也不方便。蕭紅自然聽不進去，向錫金要了條席子，在走廊樓梯口打開鋪蓋捲鋪上。錫金見那床單、被褥、枕頭都是自己的，實在拿她沒辦法，眼看她肚子高高隆起，一臉倦容，不禁心生憐憫，讓蕭紅先休息，長住的事等孔羅蓀回來再商量。

孔羅蓀（一九一二—一九九六），原名孔繁衍，筆名有羅蓀、葉知秋等，原籍上海，生於濟南。一九二八年至一九三二年間在哈爾濱郵政局工作，業餘從事文學活動，後在《國際協報》主編副刊《蓓蕾》。一九三五年任漢口《大光報》副刊《紫線》主編，一九三七年《大光報》停刊後，參與編輯《戰鬥》旬刊。此時，孔羅蓀出任「文協」出版部副部長兼機關刊物《抗戰文藝》編委。值得一提的是，羅

孔羅蓀

蓀夫人周玉屏一九二八年考入東特女一中高中二班就讀時，蕭紅在初中四班，因而她們是前後屆同學。周玉屏晚年在《我的懷念》一文中回憶道：「蕭紅當時個子高高的，很溫柔，很文靜，每次見到，總是相互笑笑，親切招呼，但我們從未坐下來深談過，也未一起玩過。但感到她的情緒有點憂愁，微笑中有點與人不同。」周玉屏於去年年底遵從政府命令，帶著孩子轉至重慶。二蕭從上海來武漢，兩位老同學在漢口重逢，非常欣喜，蕭紅還送給羅蓀夫婦一張自己與蕭軍的合影。也許，正因爲與羅蓀、周玉屏有這樣一層特殊關係，蕭紅才敢在錫金面前如此「霸蠻」。當晚，羅蓀回來後，三人在飯桌上商量蕭紅住處。羅蓀對錫金說，實在想不出更好的辦法，就讓她住下吧。蕭紅就這樣住到了「文協」，因身子沉重，行動不便，總是在地鋪上躺著。

孔羅蓀和周玉屏結婚照

船票非常難買，蕭紅和李聲韻只好安心等下去。在「文協」這個臨時避難所，人們常常在大轟炸的時候，憑窗看著日軍戰機投下炸彈，爾後，武昌和徐家棚一帶便騰起漫天大火。經歷了當年困處東興順旅館的無助與絕望，以及東京的無邊孤寂，蕭紅最怕周圍沒有朋友。而在「文協」，即便大城將傾、兵荒馬亂，因周圍除錫金外，還有羅蓀、于浣非、孫陵等一幫具有哈爾濱背景的友人，以及常來「文協」聚會的漢口文藝界朋友，她亦能在戰局危難和自身即將生產的困境中獲得一份安寧。就在這樣的環境裡，蕭紅於八月六日完成了一篇近八千字的短篇小說《黃河》，次年二月一日發表於《文藝陣地》第二卷第八期。

半個月後，又完成一篇約三千字的小說《汾河的圓月》，刊於八月二十六日漢口《大公報》副刊《戰線》第一七七期。

兩篇小說明顯取材於輾轉西北的見聞，都從一個很小的角度表現抗戰。蕭紅也許覺得自己沒有深入到抗戰前線，便只好描寫在後方的所見所聞，再加上屬於自身的想像。這與她此前所表達的文藝主張一致，彰顯寫作的誠意，沒有當時抗戰文學那種演繹口號的空洞。今天讀來，這些小說仍然非常有價值。

《黃河》的故事敘述非常鬆散，進入故事之前，有關於黃河景物和風陵渡過河情景的大篇幅描寫，文字鬆弛，風韻十足，展現了黃河船工的生存圖景。這篇小說可視爲蕭紅小說創作由前期的稚嫩、粗糙向後期的成熟、精緻過渡的一個轉捩。渡河追趕隊伍的八路軍戰士被老船工追上來問道：「是不是中國這回打勝仗，老百姓就得好日子過啦？」戰士沉思了一會兒，拍著老船工的肩膀說：「是的，我們這回必勝……老百姓一定有好日子過的。」蕭紅就這樣不動聲色地表達了淡淡的主旋律，表達了對戰局的樂觀。

而寫於八月二十日的《汾河的圓月》，則敘述了後方一個老母親因兒子在軍中病死傷心致瘋的故事。字裡行間滲透著蕭紅創作當時對戰局的理解和情緒，雖然關涉抗戰，但情緒比較低沉。結尾，那發瘋的母親仍孤獨地坐在汾河邊，圓月下她那深黑色的影子落在地上與之爲伴。傷心的母親還聽見一個救亡小團體的話劇在村中開演。圓月和村中演劇的熱鬧，更襯出老母親的傷痛、失落與孤單，小說題目似帶有淡淡的反諷。在當時的抗戰小說中，這些作品自然屬於異數，處於邊緣，但在今天，其價值卻非同一般。蕭紅的創作處處彰顯其獨特與任性。

一九三八年夏天，因尋找組織關係聯絡人，高原從延安來到武漢，住在東北救亡總會，通過胡風找到蕭紅。在「文協」，高原見懷著身孕的蕭紅穿著一件夏布長衫，坐在樓梯邊的地鋪上，旁邊擺著一盤未燃盡的蚊香。天氣炎熱，兩人席地坐聊了一會兒。高原聽人說端木臉上有明顯的天花疤痕，蕭紅於是拿出自己與端木的合影給他看，神情極不自然，亦不愉快，讓他明顯覺得她並不熱心談論端木。得知蕭紅囊空如洗，高原便將自己僅有的五元錢留給了她。

見蕭紅如此情形，高原心情沉重，對於她與蕭軍的分手，他本來就頗有怨言，現在見狀，不免責怪蕭紅處理自己的生活問題太過輕率，不注意政治影響，不考慮後果，犯了不可挽回的錯誤。與端木的結合一直不被朋友們理解，本來就是蕭紅的心病，埋怨她決定草率的聲音始終存在，現在高原又將這個私人問題上升到政治高度，自然更令其反感。面對他激動的情緒和生硬的語氣，蕭紅很不以爲然，說他從延安回來，學會幾句政治術語就訓人。聊談雖然不歡而散，但高原畢竟是蕭紅一九二九年以來的好友，此後仍不時前來看望。白天武漢常遭空襲，兩人多在寧靜的夜晚，沐浴江風，面對點點漁火暢談。

五元錢在蕭紅身上並沒有留存多久。一天，幾個人喊著錫金的名字上樓要他請客到冷飲店飲冰。錫金支吾說身上沒錢，不想，蕭紅聽後，一骨碌從地鋪上爬起來，連忙說：「我有錢，我請！」於是一行人高高興興地來到胡同口一家新開張的飲冰室。蕭紅大方地說：「大家隨便要。」眾人各自要了刨冰、冰淇淋和啤酒，花去兩元多。她從手提包裡拿出高原那張五元鈔票付帳，及至女侍者送回餘錢，她卻擺擺手說：「不要了！」對方連連稱謝，大家隨即作鳥獸散。

返回路上，錫金一路埋怨她太闊氣，大手大腳地花錢。蕭紅卻說反正這也是最後的錢，留著也沒用，花掉它就要花個痛快。錫金批評她太沒道理，日軍不過在田家鎮暫時按兵不動，一旦發動進攻，武漢危在旦夕。蕭紅說：「那兩元多錢留著也是什麼作用不起，反正你們有辦法我也有辦法。」錫金哭笑不得，轉而認眞地對她說：「最緊張的時候，我可能人在武昌，江上交通一旦斷絕，我能顧得上你嗎？」蕭紅仍不以爲然地回答道：「人到這步田地，發愁也沒有用，反正不能靠那兩元多錢！」

蕭紅此時經濟上的極度困窘，同樣招致一些人對端木的詬病，指責他離開武漢時只顧自己，沒給她留下什麼錢。據孔海立《憂鬱的東北人——端木蕻良》一書記載，端木對此做解釋時有些尷尬，因爲家庭生活中，他實在從不過問錢財之事。有了收入悉數交給蕭紅，一切都由她安排，自己就像一個大孩子——「一個有福的大孩子」。鍾耀群根據自己與端木一起生活多年的經驗也證明了這一點，說端木不抽菸、不喝酒，生活極其簡單，家庭生活都由其一手「包辦」。聯想端木東北大少爺的出身，對家庭瑣屑沒有興趣，應該合乎情理。蕭紅此時的困窘，可能因爲端木離開時，她將家裡的絕大多數錢財都給了他，自己留下很少。無論婚前還是婚後，她都像個姊姊照顧著端木這個小弟弟。在蕭軍面前那個任性無比的孩子，在端木面前居然變成了一個寬容、細膩的姊姊；而端木這個大少爺則成了處處受庇護而不自知的懵懂孩子。這是多麼戲劇性的變化！

住在羅蓀家的錫金、馮乃超、于浣非等工作在外不趕回來吃飯，要解決吃飯問題的就只有羅蓀、李聲韻、蕭紅三人。都不願意燒飯，三人便常常變換吃飯地點，往往吃午飯的時候就計畫晚餐到哪裡吃，諸如錦江的砂鍋豆腐、冠生園的什錦窩飯，都是他們樂於享用的簡單美食。碰到興致高漲之時，蕭紅便去買牛肉、包生菜、馬鈴薯、番茄，做她拿手的羅宋湯，三人一邊喝湯一邊吃麵包。在羅蓀看來是最豐盛、最有風味的午餐。餐後常常閒談，蕭紅吸著菸捲非常健談，腦子裡有許多計畫和幻想。

「人需要爲著一種理想而生活。」

煙霧彌散在她面前，一雙大眼睛在煙霧中流露出神祕的憧憬，似有無盡幻想。待煙霧飄散，接著又舒緩地說道：「即使是日常生活中的瑣細小事，也應該有理想。」

見蕭紅又慢慢進入憧憬，李聲韻微笑著，羅蓀則斜躺在租來的沙發上，享受這片刻的悠閒，對蕭紅說：「那麼，我們就來談談最小的理想吧。」

「我提議，我們到重慶後，要開一間文藝咖啡室，你們贊成吧。」蕭紅立刻來了勁頭，大睜著眼睛，挺著胸脯，生怕別人看不清自己的表情，連忙吹散了面前的煙霧。

「唔，」李聲韻點著頭贊成，「你做老闆，我當夥計，好吧！」

三人都笑起來。蕭紅卻一本正經地說：「這是正經事，不是說玩笑。作家生活太苦，需要有調劑。我們的文藝咖啡一定要有最漂亮、最舒適的設備，比方說燈光、壁飾、座位、桌布、桌子上的擺設、使用的器皿等等；所有的服務人員都具有美的標準；我們要選擇最好的音樂，讓客人得到休息……哦，總之，這個地方一定是可以使作家感覺到最能休息的地方。」

完整說出自己的設想後，蕭紅慢慢吸了一口菸，又遠遠地噴了出去，無比愜意。三人都依照各自的想像，沉浸在美麗的遐想中：一間布置精美的起居室、四壁的書架上插滿世界名著、書架間掛著世界名畫……短時間沉默之後，羅蓀不禁感慨道：「那不是一處世外桃源嗎？」

「可以這樣說，」蕭紅肯定地回答，「要知道世外桃源不必一定和現實隔離開來，正如同現實主義並不離棄浪漫主義，現實和理想需要相互作用……」

「喲！理論家又來了！」李聲韻笑起來。

「你們看見有一天報紙的副刊上登過一篇文章麼？題目叫《靈魂之所在咖啡室》，說馬德里有一家《太陽報》，報館裡有一間美麗的咖啡室，專供接待賓客及同事之用，四壁都是壁畫，畫了五十九位歐洲古今名人，有王侯，有文學家，有科學家、藝術家。每一個人物都能表現其個性和精神。這些生動的壁畫，可以使它的顧客沉湎於這萬世不朽的、人類文化所寄託的境界，頓起追崇向上之心。你們看，我們的靈魂難道不需要這樣一個美麗的所在嗎？」

蕭紅愈說愈興奮，雙頰緋紅，吸菸時微微引起一點嗆咳，好像已經置身那間安妥靈魂的咖啡室一般。說話時間稍長，她便顯得疲倦，整個身子陷在沙發中，望著天花板，菸也不吸了，菸捲在食指和中指間任其燃燒，嫋嫋升起一縷青灰的霧線。沉默片刻，又若有所感地輕聲說：「中國作家的生活是世界上第一等苦悶的，而來為作家調劑一下這苦悶，還得我們自己動手才成啊！」

「我完全贊同，好，我們現在到『美的』去安頓一下我們興奮的靈魂吧。」羅蓀提議道。

「不，現在很累，就在這裡休息一下。」蕭紅、李聲韻幾乎同時回應道。一番美麗的遐想，令她們都有些倦怠。太過久長的顛沛流離，實在令蕭紅感到一種刻骨銘心的倦怠。這美麗的設想是她在隆隆炮聲中對未來平安、寧靜生活的無盡嚮往，像是短時間沉浸於一個現世靜好的夢中。到重慶後她仍念念不忘，見到羅蓀，仍不時絮絮提起這「文藝咖啡」計畫。

蕭紅對金錢和危難戰局的達觀與樂天，卻讓錫金很是為之發愁，眼見她那即將生產的笨重身子就擔心不已，而戰局愈來愈緊張，武漢三鎮隨時不保。錫金心想戰爭一旦打起來，蕭紅身無分文非常危險，於是到生活書店找曹谷冰借出一百元，又去讀書生活社，找黃洛峰借出五十元，說明是代蕭紅借的，將來由她用稿子還錢；如蕭紅不還，就算是他自己預支的稿酬。把錢交給蕭紅，錫金說明了錢是如何借來的，要她好好保存以備逃難專用，不許亂請客！蕭紅苦笑著收下，錫金還是不放心，覺得她這樣子待在武漢實在不妥，找馮乃超商量儘早想辦法將她送走。馮乃超加緊找機會為李聲韻、蕭紅購票入川，只是船票實在太緊張。不久，錫金與葉君健結伴去廣州，臨行那天中午，馮乃超、羅蓀、蕭紅等人在江邊一酒樓上為之餞行，爾後一直送到徐家棚車站的渡口碼頭。戰亂中聚散無常，大家都有些不捨，錫金與蕭紅從此再也沒有相見，真所謂「江干一為別，世事兩茫茫」。

想起七年前淪於敵手的故土，每年「九一八」對於這些流亡關內、由黑土地生養的兒女們來說，都是一個極其特殊的日子。一九三八年九月十八日，在漢口《大公報》副刊《戰線》第一九一期上，蕭紅發表了公開信《寄東北流亡者》。親歷「八一三」的炮火，中國政府積極抗戰的姿態，讓她似乎看到了回家的希望。在這篇情緒激昂、富於鼓動性的文字裡，蕭紅滿懷豪情地憧憬：「我們就要回家去了！」她哪裡想到八年抗戰只是剛剛開始，相反的樂觀地認為「抗戰到現在已經遭遇到最艱苦的階段，而且也就是最後勝利接近的階段」，所以滿懷希望地對東北流亡者發出激奮的號召：「東北流亡同胞們，爲了失去的土地上的高粱、穀子，努力吧；爲了失去的土地上年老的母親，努力吧；爲了失去的地面上的痛心的一切的記憶，努力吧！」近年，曹革成在《我的嬸嬸蕭紅》一書中指出，據端木蕻良晚年回憶，這篇文章由他執筆以蕭紅的名義發表。此說不知是否確實，不過，從文章的內容、表達習慣以及文風來看，確乎疑似並非出自蕭紅之手。

第十章　避難重慶

孩子

船票終於買到了。

臨行當天，碰到高原，蕭紅拿出去重慶的船票給他看，開船時間是晚上九點。上船前，她又興致勃勃地與前來送行的羅蓀談起「文藝咖啡」計畫，說和李聲韻到重慶負責籌備，一定要實現。高原處理完一天的事務匆匆趕至碼頭送行，可是找遍了全船，終究沒有見到，直到輪船快要啓航，才隨著送行的人群失望離開。

行至宜昌，李聲韻不幸病倒，大咯血。蕭紅急得手足無措，幸得同船《武漢日報》副刊《鸚鵡洲》編輯段公爽相助，才將她送進當地醫院。在天還沒有放亮的船碼頭，蕭紅一個人忙亂中被縱橫的纜繩絆倒。懷著八個多月的身孕，倒地後她感到衰弱、疲倦已極，雙手死死拽著隨身包裹。她想掙扎著爬起來，但手腳全然不聽使喚，難以動彈；身子太笨重，太累贅。倒地的刹那，她極其希望腹中的孩子能在這連自己都未卜生死的一跤中摔出來——實在不願意他來到世上。想起與蕭軍那早已死亡的愛情，這孩子的出世將是自己永遠都難以言說的心痛，更何況在如此兵荒馬亂的逃難歲月，不知該如何養活他。但是，只有一點皮膚的擦傷隱隱作痛，一切安然無恙。

經過幾次努力，終究不能自己站起來，蕭紅索性安寧地躺在這異鄉的碼頭。實在太累，一旦躺下，在這淩晨寂寥的碼頭，內心反倒擁有一種似乎從未有過的平靜。如此躺倒，放棄掙扎，這是上天刻意賜予的休憩，那就索性休息一會兒吧，索性仔細數數天幕上稀疏寥落的星辰，一如兒時躺在夏夜的後花園。四周一個人也沒有，輪船早開走了，她想，等到天亮，也許會有個警察過來扶起自己。平躺於天地間，面對浩渺的星空，還有四野的山川、河流，她一下子想起很多：重重關山之外的故鄉；經年不見，但依然不能達成精神、情感和解的親人們；幾年來坎坎坷坷的命運遭際；那些生命中出現過的男人們；還有渺茫而不可知的未來……因了一個如此非常的契機，以如此獨特的方式感受天地、感受時間和空間。她感到自身無比渺小，心底瀰漫著虛無，追問著生死。心想，即便此時因小產大出血死去，亦未見得世界會因爲自己的死而顯得少了什麼，但旋即意識到就此死掉，實在不甘。

「總像我和這世界還有一點什麼牽連似的，我還有些東西沒有拿出來。」

幾年後，躺在戰時香港的醫院裡，大城將傾，聽著四周傳來的密集槍炮聲，蕭紅向駱賓基回憶這異鄉碼頭的一幕，最後說到這裡，大眼睛噙滿淚水。

過了很久，一個趕船的路人將無助的女人扶起來。脫了航班，只好在宜昌再等下一趟船。九月中旬，蕭紅終於一個人拖著極其沉重的身子抵達重慶，結束了在旁人看來不可思議的冒險之旅，幽怨、辛酸和無名的憤懣難以言說，見到張梅林，不無怨憤地說道：「我總是一個人走路，以前在東北，到了上海後去日本，現在到重慶，都是我自己一個人走路。我好像命定要一個人走路似的……」

端木隻身抵渝不久，應復旦大學教務長孫寒冰之邀，任內遷重慶的復旦大學新聞系兼職教授，兼《文摘》副刊主編，暫住昌平街黎明書店樓上。端木住處是《文摘》門市部，住的都是單身漢，安置蕭紅還得另想辦法。得知當年南開中學同學范士榮亦在重慶，他便找了過去。范還是端木二嫂胡雋吟妹夫范士奎的弟弟，來重慶較早，那時房子容易找，品質也比較好，見到端木非常熱情，儘管家裡已經住了不少人，還是同意蕭紅住進來。

按照蕭紅在信中提供的到達日期，端木蕻良撲了個空，第二天在碼頭接到後，叫了兩乘「滑竿」直接去了范家。范太太熱情迎了出來，對蕭紅說：「曹太太一路上辛苦了，今天要再接不到，可要把曹先生急壞了。」第一次聽人家稱自己「曹太太」，蕭紅頗不習慣，不禁一愣，但隨即高興地接受了，與女主人寒暄幾句，就進了范家專門爲她準備的小屋。

端木編刊物、教課、寫作非常忙碌，顧不上蕭紅。一個人待在范家，人地兩生，畢竟不是長久之計，產期愈益臨近，蕭紅不得不考慮生產問題。端木連自己都照顧不好，遑論料理產婦。一籌莫展中，蕭紅想到了白朗。白朗和婆母於一九三八年六月底先期到達重慶，羅烽來渝後，通過熟人在江津找了一處房子，將全家搬了過去。羅烽不常回家，多數時間在重慶臨江門橫街三十三號樓的「文抗」會所忙工作，家裡只有白朗和婆母照顧不到一歲的兒子傅英。蕭紅心想不如到白朗家生產，還有老人幫助照應，隨即去信詢問，沒想到很快得到了白朗歡迎前去的回信。

這樣，抵渝不久，蕭紅便隻身坐船到江津白朗家待產。預產期在十一月，一個多月的待產時光，她多以寫作或給友人寫信打發。十月上旬完成了散文《魯迅先生記㈠》，並將去年十月十六日發表在《七月》上的《在東京》一文，改題爲《魯迅先生記㈡》。先生逝世快兩週年了，她想以自己的方式做一點紀念。蕭紅此時似乎就有了寫作系列文章紀念魯迅先生的念頭，只是待產中身不由己，難以展開。

十月中旬，她又完成了四千餘字的小說《孩子的演講》，而六千餘字的《朦朧的期待》則完成於當月的最後一天。前者緊接《黃河》取材西北之行的見聞，敘述西北戰地服務團一個九歲的小男孩，在一次歡迎會上即興發表演講時，誤將聽眾熱情的鼓掌視爲嘲笑的故事，莊嚴中略帶喜劇性，文字富有趣味。後者取材「保衛大武漢」，故事發生背景設置爲她和蕭軍曾經待過的武昌紫陽湖。一如此前諸作，該篇仍以日常視角來反映抗戰主題。年輕的女傭李媽希望嫁給雇主的衛士金立之，武漢戰局吃緊，衛兵也即將開赴戰場。當金立之前來向女主人道別時，李媽連忙出去買兩包香菸表達情誼，只是趕回來時，意中人已經走了。故事至此似乎略有遺憾，但不同於《汾河的圓月》的是，蕭紅到底給了它一個樂觀、明朗的結尾：沒有趕上意中人的李媽夢見金立之打了勝仗，從前線毫髮無損地回來，並對她說：「我們一定得勝利的，我們爲什麼不勝利呢，沒道理！」

蕭紅、白朗這對知心姊妹久別重逢於後方異鄉小鎮，難得長時間生活在一起，照說令兩人極感快慰。然而，白朗發現別後蕭紅的性情發生了非常明顯的變化。兩人此前雖各自爲生計、理想奔忙，多半相忘於江湖，但無論分開多久，一旦見面還是親如姊妹，促膝密語無話不談。現在，整天待在一間房裡，卻很少交談。白朗察覺她從不願談起與蕭軍分手後的生活，將一切都隱藏在心底，對著一向推心置腹的故友亦不肯吐露絲毫眞情。白朗更感到她心裡似在承受著一種她所不願言說的隱痛的折磨，即便偶爾發出一如往日的爽朗歡笑，但總覺得那是一種憂鬱的僞裝，不得已強顏歡笑人前。產期愈益臨近，蕭紅變得暴躁易怒，兩三次爲著一點小事衝白朗發脾氣，似乎急於找到一個發洩哀怨和憤懣的對象，甚至對羅烽母親亦是如此。及至理智恢復，才緩緩沉默下來。作爲姊妹，白朗能夠理解，亦能由此感受她內心那深重的苦；但老太太對此就未必理解。

白朗常常處於兩難中。一天，蕭紅對她說：「貧窮的生活我厭倦了，我將盡量地去追求享樂。」對比以往，蕭紅的言行在白朗看來極爲反常，覺得她好像在與一個空洞的對象賭不忿，困惑於她爲什麼對一切都好像懷著報復心理。白朗愈發感到蕭紅離開蕭軍後的「新生活」並不美滿，進而推知，與蕭軍分手已是她無可醫治的巨大心靈創痛。她內心的眞正所愛還是蕭軍，且依然那樣眞摯，令她難以眞正進入「新生活」。蕭紅追求的所謂「享樂」，便是在寫作、寫信之餘，戲言趕製「嫁妝」，用那雙靈巧的雙手，自裁自縫了一件黑絲絨旗袍，還繡了精緻的花邊。

蕭紅在當地一家私人小婦產醫院順利產下一個白白胖胖的男嬰，低額頭、四方臉，酷肖蕭軍。產後三天，白朗早早晚晚去醫院送湯送水照料蕭紅母子。期間，蕭紅向她索要止痛片說是牙痛，白朗帶去德國拜耳產的「加當片」——一種比阿司匹靈厲害得多的鎮痛藥。第四天，蕭紅平靜地告訴前來探望的白朗，孩子頭天夜裡抽風死了。性情率直、遇事少轉腦筋的白朗聽後馬上急了，要去找醫生理論。蕭紅死活攔住不讓，醫生、護士亦非常吃驚，都說要追查原因。蕭紅自己反倒非常冷淡，也沒有表現出多大的悲傷。

孩子夭殤，蕭紅急著出院，讓白朗非常爲難。江津本地風俗忌諱兒媳以外的女人在家裡坐月子，產婦未滿月視爲大「不乾淨」，不能隨便串門，怕給人家帶去晦氣。明知不行，白朗還是與房主商量，結果對方說必須紅氈鋪地才能進門，無異於刁難。作爲生養過的女人，白朗太清楚生產是女人的一大關口，產後需要精心護理，好好將養。但是，現在大家都在逃難中，實在無法可想，只好力勸急於出院的蕭紅再多待一兩天。

蕭紅離開時，十一月的江津，已十分陰冷。多年的顚沛流離，衣物所剩無多，見蕭紅無衣禦寒，白朗還是盡其可能地爲「月子」裡的朋友多準備了幾件衣服。蕭紅獨自前來又獨自離去，臨上船，凄然與女友握別：

「莉，我願你永久幸福。」

「我也願你永久幸福。」

「我嗎？」蕭紅驚問，隨即一聲苦笑，「我會幸福嗎？莉，未來的遠景已經擺在我面前，我將孤寂憂悒以終生！」感受著女友無比黯淡的心境，白朗有說不出的難過。前後兩個多月的相處，她太過眞切地觸摸到蕭紅的生活竟如此不快樂。

關於蕭紅的第二次生產，幾十年來，不同傳記所記述的情形都不一樣。駱賓基《蕭紅小傳》載有：「她是在碼頭上跌倒傷了胎，以後流產的。」丁言昭《蕭紅傳》則說：「蕭紅在白朗家中住了兩個多月，生下一個男孩，數日夭殤。」兩者都將生產時間誤爲一九三九年春。蕭鳳《蕭紅傳》裡卻說，孩子生下來就是「一個沒有生命的死嬰」。曹革成《我的嬸嬸蕭紅》一書記載，蕭紅產後，端木蕻良接到羅烽的文言信說：「產一子已殆」。他隨即去信安慰，但蕭紅回來後不再談及此事。另外，據孔海立《憂鬱的東北人——端木蕻良》一書記載，一九九六年八月二日端木接受其訪談時說，蕭紅對此事從來沒有向他做過任何解釋。本書前文所述，基本依據白朗女兒金玉良《一首詩稿的聯想——略記羅烽、白朗與蕭紅的交往》一文，信息來自其母白朗本人。季紅眞在《蕭紅傳》中寫道：「這個孩子的死亡，無疑是蕭紅生活史上的又一個謎。」相對於蕭紅一生中的其他懸疑，此「謎」雖各有敘述，但似乎並不難解。之所以有多種敘述，或許作者多刻意有所諱飾所致。作爲當事人，白朗的說法自然非常可信——孩子的夭殤應該與蕭紅不願意做母親的意志有關。

事實上，自從在西安與蕭軍分手，蕭紅就堅決不想要這個孩子，只是一來錯過了墮胎時機，二來沒有墮胎的條件。從梅志的文字來看，蕭紅往往將不願意留下腹中孩子歸結爲戰亂中難以養活，即「不能」而非「不願」。兵荒馬亂中生育確非明智之舉，但在當時避孕技術沒有普遍推廣，而墮胎又不合法的情勢下，懷孕、生產很多都非人所願。梅志亦遭遇懷孕，如果僅就生養的經濟條件而言，她和胡風在已有一個孩子的情形下，似乎還不及蕭紅和端木。到重慶後，她還是在極度危難中生下女兒曉風，並在戰亂中撫養長大。因而，外在的困厄應該不是蕭紅不願要這個孩子的主要原因。

那麼主要原因爲何？孩子到底是蕭軍的孩子，蕭紅之所以不願意留下，或許主要還是基於要與端木在一起生活的考量。端木接納了懷著蕭軍孩子的她自己，孩子一旦出世、撫養長大，端木能否接受，是否能頂住別人的議論，蕭紅實在沒有把握。畢竟大家都在一個文藝圈裡活動。蕭紅可能害怕這孩子會成爲日後她和端木一起生活的巨大障礙。另再，這孩子亦糾結著她內心的隱痛——那是她生命中難以承受之痛，不得不盡力移除。懷孕稍後於蕭紅、且一起找醫生墮胎未果的梅志，對這孩子的夭殤擁有屬於自己的理解，爲全面瞭解蕭紅的苦難，提供了極有意義的參照：

這當然是蕭紅的不幸！但她絕對不是不願做母親，她是愛孩子的。是誰剝奪了她做母親的權利、愛自己孩子的權利？難道一個女作家還不能養活一個孩子嗎？我無法理解。不過我對她在「愛」的這方面，更看出了她的一些弱點。

蕭紅產後非常虛弱，需要靜養。從江津回來，在朋友幫助下，和端木住進一家鄉村建設所辦的招待所，位於風景區歌樂山雲頂寺。這裡環境清幽，入秋之後幾乎無人居住，宜於寫作、靜養。吃飯有食堂，附近有蓮花池，半山腰設有抗戰時期著名的歌樂山保育院。蕭紅擺脫了此前即將生產的困擾和焦慮，孩子的夭殤亦讓她了卻了此前所有的恩恩怨怨，心痛之餘倒獲得了一份輕鬆。她太需要好好享受一下這輕鬆——一種即將開始全新生活的輕鬆。

一九三八年十月二十五日武漢陷落，更多文化人諸如池田幸子、劉仁及綠川英子夫婦、胡風夫婦於十二月初紛紛遷來重慶。鹿地亙在外地忙於反戰反日同盟的宣傳工作，隻身來渝的池田幸子同樣身懷六甲，住進米花街小胡同，聽說蕭紅在山城欣喜不已，立即邀她前來同住。

綠川英子（一九一二—一九四七），原名長谷川照子，世界語學者、作家。一九三五年在東京結識東北留日學生劉仁，次年秋，不顧家人反對與之舉行婚禮。一九三七年一月，劉仁離開日本回國，積極參加反日鬥爭，綠川雖然非常希望能和丈夫一起前來中國，但當時日本法律規定，女子二十五週歲以前結婚，必須取得家長同意。爲了不給父母和家庭帶來麻煩，她於當年四月，年滿二十五週歲後，在朋友幫助下，離開親人，隻身來到上海，與丈夫一起積極投身反日鬥爭。上海淪陷，夫婦倆流亡香港，一九三八年返回武漢，經郭沫若推薦，進入國民黨中央宣傳部國際宣傳處的中央電台，擔任日語廣播員從事對日宣傳，在瓦解日軍士氣方面起了很大作用。日軍特務機關查出其眞實姓名，於一九三八年十一月一日，在東京的《都新聞》上刊登其照片，稱之爲「嬌聲賣國賊」，並給其父去信，要求他「引咎自殺」。

綠川英子與丈夫劉仁

綠川到上海不久，「八一三」的炮火迫使她在法租界輾轉躲避，曾很偶然地與蕭紅做了一個多月的同屋房客。爲了避人耳目，她沒敢主動拜訪，只是在共用的灶批間燒飯、洗衣服時，見過蕭紅那銜著菸嘴的面容，有時還聽見她在樓上響亮的談話聲，相處月餘但沒有任何交往。蕭紅留給綠川的深刻印象，就是那雙「巨大」的眼睛和響亮的聲音。

武漢失守，隨國民黨政府機關遷來重慶的綠川夫婦同樣爲住處發愁，梅志見他們曾到自己所在的小旅館找房子。一九三八年十二月的一天早晨，綠川和蕭紅在一條街道上「正式見面」。晨霧未收，在照射著濕氣的路燈光下，綠川發現她還是一如往日，閃爍著大眼睛，發出響亮的聲音。只是有一種恍如隔世之感，她想這也許不只在蕭紅身上如此，戰亂中的千萬人身上，都同樣刻畫著這大時代的陰影，人們被戰爭驅趕著四處流浪。蕭紅的身材已基本恢復，雖然比較虛弱，但神采奕奕，穿著自己縫製的黑絲絨旗袍，立於戰亂背景下的大街，光鮮無比。綠川禁不住誇讚道：

「你的名字漂亮，你的文章也漂亮，而你本人更漂亮！」

蕭紅報以嫻靜的微笑。此時，綠川對她並不瞭解，想像中，不過通常所謂的「女作家」罷了，文章優雅、生活浪漫，以女色出現於文壇，而隨著女色的消逝從文壇上消失……

一時難覓住處的綠川夫婦接受池田幸子的邀請，也住進了終日不見陽光的米花街小胡同，三個女人快樂地生活在一起。綠川對蕭紅作爲「女作家」的固有成見漸漸修正。對於她們三個來說，那是一段極其愉快、悠閒的時光。戰爭好像離她們很遠，晚飯後的閒談從不與戰爭相關，在無邊的顛沛流離中，這似乎是極爲奢侈的享樂。此時見到的蕭紅，在綠川眼中「是一個善於抽菸，善於喝酒，善於談天，善於唱歌的不可少的角色」。預產期漸近，池田不便自由外出，蕭紅便爲她煮自己拿手的牛肉，像親姊妹一樣關心她。

幾天後蕭紅回到歌樂山上。綠川日後在文章中寫道：「後來，蕭紅就離開我們，和端木去過新生活了。」蕭紅走後，池田和綠川常常談起她。好幾次，池田十分惋惜而又頗抱不平地感慨，作爲進步作家蕭紅，「爲什麼另一面又那麼比男性柔弱，一古腦兒被男性所支配呢？」聽她述說在武漢所見到的蕭紅與端木在一起時的情形，綠川不免生出爲蕭紅心疼的想像：細雨濛濛的武昌碼頭，夾在濡濕的螞蟻一般的逃難人群中，蕭紅大腹便便，兩手撐著雨傘，提著笨重的行李，步履維艱；旁邊則站著拿著手杖、輕裝的端木蕻良。她只得時不時用嫌惡而輕蔑的眼光，瞧瞧自己那日漸隆起的肚皮……

搬至學田灣居住後，綠川看見蕭紅那「巨大的圓眼睛」，聽見她那響亮的聲音的機會日漸減少，直到蕭紅、端木搬到黃桷樹鎮，從朋友們的視野中消失。雖然交往愈來愈少，但綠川感到蕭紅對於端木的從屬性在一天天加強，「自囚在只有他們兩人的小世界中」，爾後就有他們「謎樣的香港飛行」。

蕭紅與綠川英子的交往留下一段佳話。值得一提的是，綠川英子這位讓中國人為之感動的日本女人，抗戰勝利後，和丈夫帶著兒子一起奔赴東北，在哈爾濱擔任東北社會調查研究所研究員。解放戰爭迫近，一家退至佳木斯。為了不讓生育影響工作，在一次人工流產手術中不幸被感染，病情惡化，於一九四七年一月十日逝世。得年三十五歲的她為中國整整奮鬥了十年。一位傑出女性的過早隕落總是令人惋惜，而與蕭紅不同的是，綠川始終有一位極其熱愛她的中國丈夫。劉仁為失去愛妻悲傷不已，久久不願離開其遺體，過度悲傷，讓他在綠川逝世百日後，亦因病辭世。兩人遺體合葬在佳木斯烈士陵園。蕭紅不會想到，在她棄世五年後，她的這位日籍好友葬在了她死前無比渴望回歸的故土。

胡風夫婦於十二月二日抵達重慶。不久應復旦大學文學院院長伍蠡甫之邀，開設「創作論」和「日語」兩門課。一時找不到房子，一家人就擠在小旅館一間七八平米的小房裡。一九三九年一月十五日，梅志在小旅館產下女兒曉風。無人照料，產後三天，梅志就下床給孩子趕做衣服，正感眼睛枯澀難忍之際，房門一開，梅香撲鼻。梅志眼前一亮，詫異間，一株一尺多長的紅梅呈現眼前。手執梅花者正是蕭紅。梅志見她身穿一件合體的黑絲絨長旗袍，清雅高貴，亭亭玉立，臉色亦如手裡梅花，白裡透出淡淡的紅。從未見過蕭紅如此漂亮，故友他鄉再次相遇，梅志欣喜異常，忘了寒暄，便丟開手裡的針線，拉著手坐在床邊聊談起來。再見胡風和梅志，蕭紅也非常高興，聊談中不時看看床上那一團血紅的嬰兒。胡風拿著那枝梅花，在屋內轉了一圈，始終找不到一個合適放置的地方，最終只好將它捆在梅志床頭，然後帶著曉谷出門玩耍，以便兩個剛剛生產的姊妹好好聊聊。

「你的孩子呢？一定很大了吧？」梅志關切地問。

「死了，生下三天就死了！」蕭紅淒然回答。

梅志大吃一驚：「怎麼會死？男孩，還是女孩？」

「是男孩，唉！死了也好，我怎麼拖得起呀……」蕭紅神情淡然，停了一會兒，接著說：「在宜昌碼頭跌倒的時候，就想孩子能夠跌出來，我一個人實在拖不起，可是孩子啥事沒有。」梅志不明白已經和端木生活在一起的蕭紅，為什麼始終強調她一個人拖不起孩子，但又不好問，只是順著她的話意訴說做女人的不幸，說自己十五日凌晨兩點陣痛，九個小時後才生下曉風，其間坐滑竿跑遍大半個重慶，因床位緊張，沒有醫院收留。最後是一位動了惻隱之心的醫生趕到小旅館接生的。孩子剛剛生下就響起警報，醫生連手都來不及擦淨，夾上包就往外跑……

談到別後的變化，梅志再次仔細打量，對蕭紅說：「你倒比過去胖了，精神也好，穿上這身衣服可眞漂亮。」聽到誇讚，她愉快地笑笑，然後饒有興致地說：「是我自己做的，這衣料、這金線，還有這銅扣子，都是我在地攤上買的，這麼一湊合，不是成了一件上等的衣服了嗎？」仔細看看那件長旗袍，梅志發現蕭紅將金線沿邊釘成藕節花紋，帶有凹凸花紋的銅扣擦得鋥亮，整件衣服光彩奪目，讓人頗具神采。梅志驚嘆蕭紅原來如此愛美，且很有眼光，轉而想到過去可能沒有時間抑或沒有心情打扮自己。胡風回來後，不一會兒和蕭紅帶著曉谷又出去了，他們有別的事情要談。

一九三八年十二月二十二日，由端木蕻良陪同，蕭紅在塔斯社重慶分社接受蘇聯記者羅果夫的採訪。羅果夫想通過蕭紅瞭解魯迅的一些情況，大約是為其寫作魯迅傳記做準備。世界語是中國當時對外宣傳抗日的語種之一。《新華日報》為紀念世界語發明者柴門霍夫八十誕辰，於十二月二十九日專闢特刊，蕭紅結合自身在上海學習世界語的經歷，發表《我之讀世界語》一文。不久，蕭紅又將《魯迅先生記》㈠、㈡發表在《新華日報》上。一九三九年一月九日完成的散文《牙粉醫病法》，在譴責日本士兵烤吃人肉的暴行的同時，蕭紅也記述了與池田幸子住在一起的諸多細節，活潑而有生氣。一月刊載於《文摘》戰時旬刊第四十一、四十二合刊上的小說《逃難》，筆調幽默風趣，始終充滿諷刺色彩，但嬉笑中又蘊含嚴肅的國民性批判主題。這是蕭紅此前小說創作中從未出現的路數，是此期的傑作。蕭紅後來在香港創作的未竟長篇傑作《馬伯樂》，大約可視爲以此基礎進行的擴寫，主人公也由何南生換成了馬伯樂。而完成於一月三十日的《曠野的呼喊》，則敘述了一個發生在松花江畔的抗日故事。故事老套，敘述拖沓，結尾草率，有失水準，可能與蕭紅寫作當時的心情和精神狀態有關。

一九三九年春天，池田幸子產下一女嬰，出院後總要胡風夫婦前去幫忙。梅志常在池田家見到蕭紅，據其回憶，有了孩子後，池田不願意有一點干擾，且作爲國民政府官員，身分和心態亦有了變化。但蕭紅還是太相信過去的關係，仍常帶著端木前去打擾，致使池田在她面前發牢騷，甚至有些生氣。梅志不好回答池田，亦不好提醒蕭紅。不久，可能蕭紅自己也感受到了池田的變化，就很少從歌樂山上下來，與周圍人的交往大大減少。丁言昭在《蕭紅傳》裡說，蕭紅在歌樂山，就住在保育院院長曹孟君借給她的一間約十四、五平米的屋子裡；而住在保育院宿舍裡的著名音樂家沙梅、季峰夫婦，對偶爾從山頂下來買菜的蕭紅印象深刻。

蟄居歌樂山潛心創作，蕭紅取得不錯的成績。春天完成《滑竿》、《林小二》、《長安寺》等散文，還有《山下》、《蓮花池》等篇幅較長的短篇小說。這些散文保留著蕭紅散文的一貫特色，平和、優美，取材身邊眞實所見，坦誠而眞實，行文簡練，不乏趣味性。比起《曠野的呼喊》，兩篇小說敘事愈益枝蔓、拖沓，不堪卒讀。在重慶創作的幾篇小說，加上在武漢完成的《黃河》，後結集爲《曠野的呼

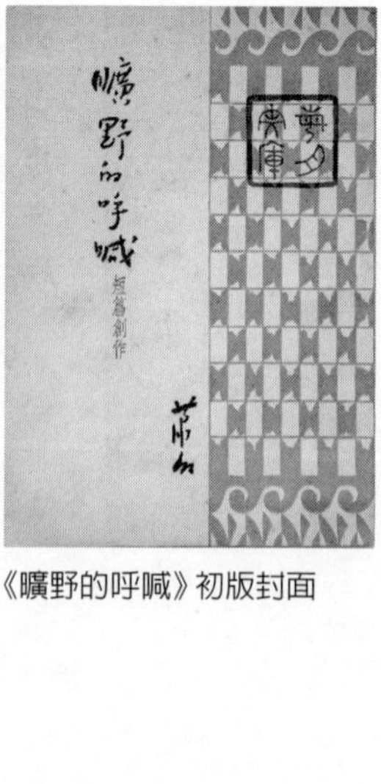

《曠野的呼喊》初版封面

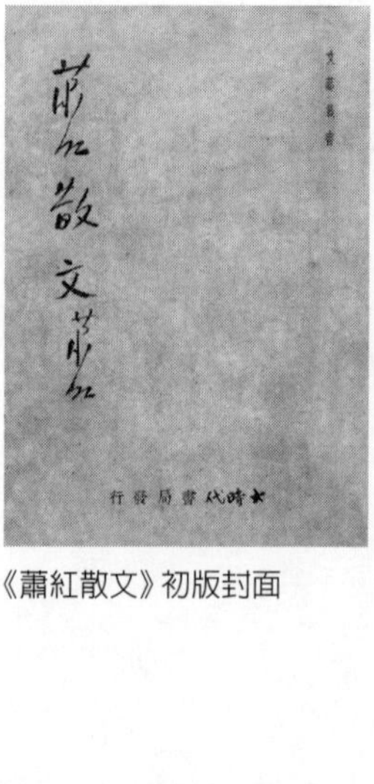

《蕭紅散文》初版封面

喊》，一九四〇年三月由上海雜誌公司出版，列入鄭伯奇主編的《每月文庫》一輯之十。歌樂山期間所寫的散文，連帶稍後的《放火者》，則收入《蕭紅散文》，一九四〇年六月由重慶大時代書局出版。

胡風一家四口終於在一個朋友家原本堆放雜物的閣樓安居下來。梅志從前來看望的周玉屏、白朗口中，瞭解到更多有關蕭紅家世和在江津生產的細節。說起蕭紅兩次生產的遭遇，周玉屏不禁動情嘆息：「她好像生來就不是做母親的，沒有做母親的命！第一個壞蛋在她懷孕時拋棄了她，第二個呢，他們兩人又分開了。要不是，一家三口多美好呵！」蕭紅、端木亦常來看望，每每蕭紅一個人來，就和胡風談得比較投機，如果與端木一起來，大家就顯得無話可說。胡風後來回憶說：「可能是我不願說，她不敢隨便說」。

蕭軍攜新婚妻子王德芬於一九三八年七月間抵達成都，次年春天，胡風夫婦忽得蕭軍成都來信，裡邊夾著一張照片。蕭軍、王德芬在黃河岸邊相擁而坐，面前站著一隻狗，兩人臉上洋溢著喜悅和幸福。兩天後，蕭紅獨自爬上胡家位於三樓的閣樓前來看望，在竹製圈椅裡坐下，喘息半天，才稍稍平靜，抱怨山城的路實在難走，爬高上低，簡直要人的命！胡風不在家，見蕭紅滿臉潮紅，梅志愧疚於自己住處不便，害朋友受累，須摸黑爬一段樓梯，屋內更是擁擠不堪。

待蕭紅喘息均勻，兩人便親熱閒聊起來。梅志忽然記起蕭軍兩天前的來信，便不假思索地從抽屜取出給她看。仔細讀完信後，蕭紅又反反覆覆看那張照片，蕭軍還是原來的樣子，王德芬看上去漂亮、健康。看了正面又看背面，蕭軍那熟悉的字體隨即映入眼簾：「這是我們從蘭州臨行前一天，在黃河邊『聖地』上照的。那隻狗是我們底朋友……」蕭紅手拿著照片沉默良久，面無表情，臉上的紅潮早已退去，臉色白裡透青，木然呆坐，石雕一般。梅志見狀，非常驚慌，十分後悔將蕭軍的信和照片給她看，意識到自己此舉是對她的極大打擊。過了好一會兒，蕭紅才醒過神來，放下手裡的信和照片，輕聲說：「那我走了，你跟胡風說我來過了。」然後逃也似地下樓而去。見她臉上寫滿了痛苦、失望與傷感，梅志為自己的「愚蠢」懊悔不已，沒想到蕭紅對蕭軍仍懷著那麼深刻的餘情——更沒想到她還是那樣心痛地愛著他。

教授夫人

蟄居歌樂山，蕭紅擁有遠離塵囂的安寧，卻讓端木蕻良格外辛苦。他編輯《文摘》戰時旬刊的地點，在與歌樂山一江之隔的沙坪壩，去復旦上課則要趕到北碚對岸的黃桷樹鎮。早晨四五點鐘就得趕到千廝門等候小輪到北碚，然後擺渡過江，如果沒有趕上嘉陵江上的小輪，得等第二班，輪渡沒有固定時間，有時趕到學校已是下午。勞累奔波自不必說，過江很不安全，常常發生翻船事故。蕭紅擔心他的安全，只許他坐汽車由大貨輪擺渡，但汽車繞行很遠，花在路上的時間更長，且須預訂好返程的票，否則，往往因坐不上而不得不在城裡住一晚，而城裡客房緊張，這樣就造成諸多不便。

另外，歌樂山的安寧亦被老鼠打破。食物被拖得七零八落，夜裡老鼠還相互追逐嬉戲，居然時常掉到蚊帳頂上。蕭紅特別怕老鼠，一見到就連連驚叫。端木雖不怕耗子，但常常被女人的慘叫所驚嚇。想起曉風出生十多天，因晚上嘴邊留有媽媽的奶水而招致橫禍，鼻子、耳朵被前來舔食奶漬的耗子咬得滿臉是血，害得梅志心痛地大哭一場，蕭紅更是心有餘悸，害怕歌樂山的耗子有一天也會發展到咬人的地步。兩方面一考慮，兩人決定下山。孫寒冰在復旦大學農場苗圃給端木安排了兩間平房。這樣，他們於一九三九年五月間搬至黃桷樹鎮。孔海立認為「大概這以後，端木蕻良和蕭紅才『正常』地開始了他們兩人的夫婦生活」。黃桷樹鎮遠離重慶市區，蕭紅在幾乎只有兩個人的世界裡，做起了教授夫人。

瞭解到蕭紅產後已返回重慶，身體也有所恢復，孫寒冰和《文摘》負責人賈開基來家看望，並邀請她也在復旦擔任一兩節文學課。想法剛一說出，沒想到蕭紅不假思索就一口回絕，讓孫、賈頗爲尷尬。端木見狀，只好說再商量商量。等兩人一走，蕭紅便質問道：「我怎麼能去教書？教書必得備課，還要把講義編好，與寫小說、散文不一樣。」並接著議論道：「講課時間一長，就會變成『學究』，也只會寫出『教授小說』。有人寫小說，就有學究味兒。我不教書，還是自由自在地進行我的創作好。一些人巴不得進入大學教幾個鐘點的課，那是他們的事。」端木理解蕭紅對寫作抱有宗教般的虔誠，崇尚創作自由，聽完她慷慨激昂的闡述，打趣道：「不去就不去吧，幹嘛把矛頭對準『在下』呢？」蕭紅才意識到自己口無遮攔的話，無意間有了切近的針對性，笑著自嘲道：「哦，我現在是教授家屬，否則連住的地方還沒有呢！」

魯迅逝世一晃快三週年了。

三月間，蕭紅曾收到許廣平信，要她蒐集重慶方面有關紀念魯迅逝世兩週年的一些活動報導。蕭紅後悔於當時沒有及時蒐集，亦十分自責自魯迅病逝以來，自己所做的事情太少。先生逝世三週年之際，她想寫點文章。安家黃桷樹，日常交往幾乎沒有，端木整天忙於自己的事情，往返於北碚、重慶間，懷念魯迅先生是蕭紅孤寂心境的安慰。先生逝世前，自己的生活就已然發生變化，到如今的短短三年，巨大的變化更是令人意想不到。

無盡的懷舊瀰漫心底，蕭紅著手寫作回憶魯迅先生的系列文章。時常乾咳，她發現自己已然有了肺結核的明顯症狀，人愈來愈消瘦，臉色蒼白，胸微凹，精神倦怠。連年顛沛流離的生活、時常遭遇鬱悶的心境，以及兩次非正常的生產，毫無疑問都嚴重損害了她的健康。加之，戰時重慶人口密集，衛生、營養條件極差，肺病、腸炎、瘧疾高發。知道自己可能染病後，蕭紅曾給端木蕻良正在北平協和醫院開辦的西山結核療養院養治脊椎骨結核的二哥曹漢奇去信，瞭解情況。

爲了不耽誤寫作，精力不濟的蕭紅只好口述，請當時正在復旦大學讀書的詩人姚奔做部分記錄，然後自己再進行整理。據姚錚回憶，口述地點多在嘉陵江邊大樹底下的露天茶館裡。九月二十二日，蕭紅整理完成《魯迅先生生活散記——爲紀念魯迅先生三週年祭而作》，十月一日發表在由曹靖華任編委的《中蘇文化》第四卷第三期魯迅紀念刊上。在新加坡的郁達夫將此文於十月十四日至二十日，連載於自己主編的《星洲日報》副刊《晨星》，並附言：「蕭先生所記者，係魯迅先生晚年的生活，頗足以補我《回憶魯迅》之不足，請讀者細細玩味，或能引起其他更多關於魯迅的記述，那就是我的希望了」。十一月一日，又被武漢出版的《文藝陣地》第四卷第一期轉載。此文一出，在魯迅逝世三週年之際，一些報刊紛紛約請蕭紅寫作回憶文章。此後又有《記憶中的魯迅先生》，十月十八日至二十八日連載於香港由戴望舒主編的《星島日報》副刊《星座》；《記我們的導師——魯迅先生生活的片斷》，十月二十日發表於桂林葉聖陶主編的《中學生》戰時半月刊第十期；《魯迅先生生活憶略》，十二月發表於上海的《文學集林》第二輯。

十月下旬，蕭紅將有關魯迅的回憶文字整理結集爲一本小冊子，取名《回憶魯迅先生》。適值魯迅生前好友許壽裳在重慶，蕭紅便將書稿拿給他看，許先生非常高興。蕭紅嫌字數太少，想徵得許壽裳同意，將他此前所寫的《魯迅的生活》一文編進去，對方欣然應允，並鼓勵蕭紅以後還要再寫，以做續編。稍後，蕭紅又將書稿寄至上海，請許廣平審閱，亦徵得她的同意，收錄其《魯迅和青年們》一文，署名景宋。

一九四〇年七月，《回憶魯迅先生》由重慶婦女生活出版社出版，除「附錄」許壽裳、許廣平的兩篇文章外，還有一篇「附記」，落款：「一九三九年十月二十六日記於重慶」。其中寫道：「右一章係記先師魯迅先生日常生活的一面，其間關於治學之經略，接世之方法，或未涉及。將來如有機會，當能有所續記。」關於這篇「附記」，端木在撰寫於一九八一年的《魯迅先生和蕭紅二三事》一文中解釋

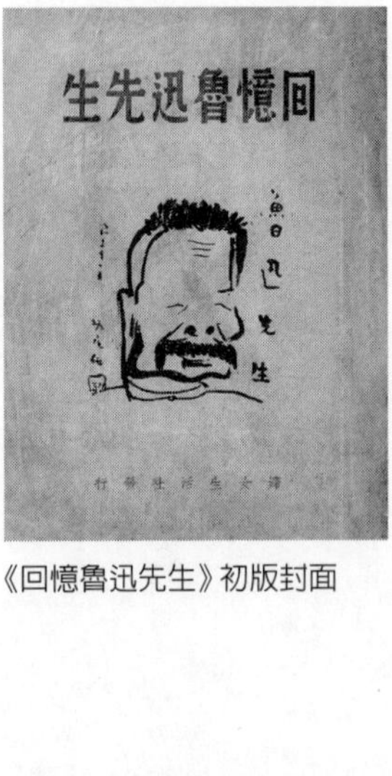

《回憶魯迅先生》初版封面

道：

《回憶魯迅先生》編好時，蕭紅要我用她的名義代她寫一篇後記，我記得，裡面曾有過這樣的話：……關於魯迅先生治學、思想等方面，等將來有機會時，容再續寫。我寫這幾句話時，也是受到壽裳先生的啓發才寫的。但是，蕭紅不同意。她說，我怎麼敢這樣說呢？她要我把這話刪去。我說，個人有個人的感受和理解，把個人的感受如實記錄下來，對將來研究魯迅先生的人，還是能提供一些有參考價值的資料呢。許壽裳先生也說不要刪，將來寫續篇時，知道多少說多少，知道什麼寫什麼，怎樣理解就怎樣寫，讀者還可以從你的理解中多得到一些看法呢。所以還是沒有刪去。

在關於魯迅先生極爲浩繁的回憶文字中，《回憶魯迅先生》可以說最具個性，幾十年來常讀常新，魅力不曾稍減，是蕭紅散文中的精品。整篇長文沒有任何篇章結構的謀劃，只是由一段段看似非常隨意、散漫的敘述構成，個別地方還保留著口述的語氣。或許，寫作當時糟糕的身體狀況，決定了蕭紅不可能有更多精力謀篇布局；抑或，她覺得對於先生實在太過熟稔，一旦提筆重溫，感念眞摯，無需任何寫作技巧和篇章經營。

書中所敘述的一則則小故事、所記載的一段段小言論，都取材於蕭紅與魯迅在一起時那太過熟悉的生活，且以她的任性，絲毫沒有神化、距離化魯迅的傾向。蕭紅的文字可以說是關於魯迅生活最爲原生態的記述，保留了許多對於認知魯迅來說，極爲珍貴的資料。《回憶魯迅先生》表現出蕭紅對魯迅細膩、獨到的知解，也是她對先生所表達的「一個人的紀念」，一經出版便風靡一時，多次再版。

一九三九年秋，端木和蕭紅遷入秉莊——復旦教授宿舍。一座二層小樓，是鎭上唯一的新式樓房，作家靳以就住在他們樓上。

重慶市區不斷遭到日軍轟炸，胡風夫婦也拖兒帶女地逃到黃桷樹，於六月十日在師家壩的兩間由羊圈豬欄改成的小破房裡住下來。胡風和端木都在復旦上課，兩家相距不遠，但再也沒有什麼來往。關於蕭紅和端木的一些生活情形，胡風都是從靳以那裡獲悉。蕭紅不再走動，胡風覺得可能與那次「照片事件」有關，認爲蕭紅可能將他看作是蕭軍黨了。當然，也可能蕭紅覺得，胡風一直與蕭軍有往來，再見他們，會引起無法自抑的感傷，對胡風夫婦的迴避，亦是對往日傷痛的迴避。鄉下趕場時，梅志曾見蕭紅帶著保母大娘選購日用品，保母挑選物品她沒有什麼意見，只是打開皮包付錢，似乎急著離開。胡風帶梅志拜訪靳以，雖近在咫尺，但也沒有敲蕭紅家的門，朋友間就此變得生疏了。梅志亦曾在自家附近碰見過正在欣賞傍晚風景的蕭紅，邀請到家裡坐坐，但她猶豫了一下說：「不了，下次吧，下次我會去看你們的。」遭到婉拒，梅志只好離開，等再回來發現她已經走了。

梅志每每到復旦大學收發室取報紙回來，在小鎮大街上見到蕭紅和端木。已是深秋時節，端木身著常穿的那件咖啡色夾克，一如往日斜著肩頭、低著腦袋在前面走，蕭紅也低頭相隔兩米遠地尾隨著。不認識的，只當兩人是陌生路人；認識的，可能會以爲他們剛剛吵了架，都低頭不願與人打招呼。蕭紅有時在旗袍外面加上一件紅毛衣，從背影看，比以前消瘦了很多，兩肩亦比過去聳得更高，縮著脖子，背還有點佝僂，眞不像一個還不到三十歲的少婦。梅志再也無法將眼前的蕭紅與上海時那個昂著頭、挺著胸，皮鞋在大馬路上踏得脆響，要與胡風在大馬路上賽跑的年輕北方姑娘聯繫在一起。

來胡風家座談的學生中，有一位從東北流亡關內的女生，對蕭紅有著特別的感情，兩人成了知心朋友。在胡風、梅志面前，她也說到蕭紅生活得並不快樂，常常找她訴說苦悶。不便探問究竟，但梅志隱隱感到自從與蕭軍分手後，蕭紅似乎就難有眞正的快樂。

靳以（一九〇九—一九五九），原名章方敘，現代著名作家、編輯家。一九二七年從南開中學高中部畢業後，進入復旦大學預科，旋即又升入該校商學院國際貿易系就讀。一九三二年大學畢業的靳以到哈爾濱，幫助父親經營五金行，後棄商從文。他在哈爾濱盤桓了大約半年，瞭解到一些底層人的生活，其成名作短篇小說《聖型》就取材於這段經歷。重慶期間，靳以任復旦大學教授，兼《國民公報》副刊《文群》編輯，並與端木一起合編《文摘》戰時旬刊。

從求學和工作經歷來看，靳以和端木、蕭紅都素有淵源，兩家又是近鄰，似乎應該有比較多的交往，但事實並非如此。蕭紅不快樂的家庭生活，在靳以《悼蕭紅》一文裡得到了印證。在他眼中，端木、蕭紅生活在一個自我封閉的空間裡，窗戶都用紙糊住，且端木的作派顯然是藝術家的風度，「拖著長頭髮，入晚便睡，早晨十二點鐘起床，吃過飯，還要睡一大覺」，家中一切全靠蕭紅照應，家務十分沉重。

中學時代的靳以

重慶難得見到陽光，一天，天空放晴，端木推開窗子，發現鄰家女傭將一雙髒兮兮的舊鞋子放在書桌前的窗台上晾曬。這讓他大爲惱火，已經警告多次。想到鄰居的傭人竟然把自己的話當作耳邊風，於是故意猛地一推窗扇，窗台上的鞋子都掉了下去。不料，晾曬鞋子的是傭人裡的小頭目，加之自感主人比較有勢力，就狗仗人勢氣勢洶洶地打上門來。端木早有準備，開門二話不說，一巴掌將那女人推了出去，對方順勢倒地耍賴，並從院子裡鬧到大街上，不可開交，在小鎮一時傳得滿城風雨。端木倒是瀟灑，關門了事，反正那女人的四川話，他一句也聽不懂。事情終須解決，蕭紅只好出面來收拾。以她一個文弱女子，在這樣的異鄉，面對一個橫豎不講理的鄉村潑婦，眞不知怎麼辦才好，只好跑到樓上，向略微年長的靳以求助。據孔海立《憂鬱的東北人——端木蕻良》一書記載，靳以夫人陶肅瓊日後回憶這件事時說：

> 那時候，住在我們樓下的是端木蕻良和蕭紅夫婦，由於他家的窗户是用暗色的紙糊住的，加上端木蕻良整日關在屋裡，從不見他出門，我根本不知道有這麼一家鄰居。一直到有一天，端木蕻良打了一個潑辣的四川女傭人一拳，惹出了是非，蕭紅沒有辦法，只好跑到樓上來求助靳以，這是我第一次看到蕭紅。當時蕭紅非常緊張，一張因爲失血而變得蒼白的臉，稍高的顴骨，大眼睛。她反反覆覆用一口帶有哈爾濱口音的國語敘述了這件事，並氣憤地責怪端木蕻良惹出了禍，卻要她來收拾……她那副愁眉不展焦慮的樣子，給我留下了極深刻的印象。靳以是北方人的性格，耿直又好幫助人，他耐心地聽完了蕭紅的陳訴，十分同情，於是便陪伴蕭紅到鎮公所或者是什麼其他機構辦理有關事宜，事情總算了結。

靳以自述，蕭紅氣憤地跑到樓上對他說：「你看，他惹了禍要我來收拾，自己關起門躲起來了，怎麼辦呢?不依不饒地大街上鬧，這可怎麼辦呢?」靳以陪同蕭紅到鎮公所回話，又到醫院驗傷，最後賠錢了事。見到這些瑣碎而麻煩的事情都由蕭紅一人奔走，作爲男人的端木只是一直把門關得緊緊的，靳以很爲她抱不平，眞如蕭紅所說：「好像打人的是我不是他!」

大學教授打了潑婦，教授夫人出面收攤，立即成了小鎮的新聞。一天，梅志鄰居復旦會計系主任就此事嘲笑道：「張太太，你們文學家可眞行呀，丈夫打了人，叫老婆去跑鎮公所，聽說他老婆也是文學家，眞賢慧啊!」一聽就知道是在說蕭紅，梅志起初還不相信，質疑對方是否「搞錯了」，不想那主任卻說：

「哪會搞錯，現在哪個不知，哪個不曉呵。」後來，她在碼頭遇見等船的靳以談起蕭紅，從中瞭解到了更多細節。說起端木，靳以情緒激動，面紅耳赤，以致有些憤怒。

靳以對端木的憤怒，還不僅止如駱賓基在《蕭紅小傳》所說的那樣：「一當他的肩頭該抗負什麼的時候，他就移到了蕭紅的肩上」；他更憤怒於端木對蕭紅在創作上的不夠尊重。在《悼蕭紅》一文裡，靳以敘述了這樣一個令他難忘的場景。

一天晚上，蕭紅見靳以走進來，便放下手中的筆。為了不干擾已睡覺的端木，靳以低聲問她在寫什麼。蕭紅略帶羞澀地將原稿紙掩上，低聲回答在寫回憶魯迅先生的文章。兩人的輕聲對話引起了端木的好奇，一骨碌爬起來，一邊揉著眼睛，一邊以略帶輕蔑的語氣對蕭紅說：「你又寫這樣的文章，我看看，我看看……」待他眞的看了一點之後，便鄙夷地笑起來：「這也値得寫，這有什麼好寫？」蕭紅十分難堪，見端木發笑，更覺自尊受了傷害，於是有些氣憤地說：「你管我做什麼，你寫得好你去寫你的，我也害不著你的事，你何必這樣笑呢？」端木沒有再說什麼，但是他那在靳以聽來帶有輕蔑意味的嘲笑卻沒有停止。

靳以頗感不平，又不好說什麼，只好默默離開。後來，他讀到蕭紅那篇文章，覺得的確瑣碎了些，但認為端木不該說，尤其是在他這個外人面前。況且，聯想到端木蕻良當時正在寫《新都花絮》之類，就覺得他更不配說蕭紅瑣碎。親身經歷這些，靳以對蕭紅、端木的生活，自然有了屬於自己的理解：

當她和D同居的時候，在人生的路上，怕已經走得很疲乏了，她需要休息，需要一點安寧的生活，沒有想到她會遇見這樣一個自私的人。他自視甚高，抹卻一切人的存在，雖在文章中也還顯得有茫昧的理想，可是完全過著為自己打算的生活。而蕭紅從他那裡所得到的呢，是精神上的折磨。他看不起她，他好像更把女子看成男子的附庸。她怎麼能安寧呢，怎麼能使疾病脫離她的身體呢？

事實上，蕭紅、端木在黃桷樹鎮開始「正式」的夫妻生活後，蕭紅幾乎疏遠了所有朋友。靳以是極少數與她有過接觸的人之一，他的感受自然應該受到蕭紅傳記作者的重視。靳以的敘述裡或許同樣帶有對端木的偏見，但毫無疑問仍然極具可信性。然而，一九八〇年六月二十五日，端木蕻良在接受《蕭紅評傳》作者葛浩文訪問時，認爲當時雖然和靳以住上下樓，但「根本不往來」，雖然他們是南開同學，復旦同事，還一起合編《文摘》。並且指出自己和蕭紅的私生活，靳以並不瞭解，「因此他那篇文章是不正確的」。但陶肅瓊回憶說，那時他們和端木蕻良雖是近鄰，但靳以和端木「似乎交往不多」，倒是蕭紅不時一個人上樓坐坐，大都是和靳以交談。

端木只是強調和靳以沒有什麼交往，這也許是事實，但由此就認爲靳以對他和蕭紅的私生活全無瞭解，就有些武斷了。他還是那個在蕭紅姊姊般庇護下幸福的大孩子。妻子內心的苦悶，他無心過問也就不甚瞭解，或許，蕭紅也不願在這個「大孩子」面前說什麼。他哪裡知道打了人家女傭會引出那麼多麻煩，就因爲有那幾乎無所不能的「姊姊」來收拾一切。靳以認爲端木「自私」或許就指這一點。至於嘲笑蕭紅的寫作，端木感到有些委屈，只怪自己在最親近的人面前太過隨便，不拘小節，結果傷害了對方還不自知，其實並沒有嘲笑的本意。一九九一年，他還專門寫了篇散文《談「笑」》，說自己由於多年疾病纏身，總願意聽些高興的事兒，有朋友寄來一本自己翻譯成白話的古笑話集，從此便落下愛笑的毛病，有時當著客人面，也會莫名其妙地笑起來，常常失態，自己都覺得尷尬，但又無法克制，不知如何是好。孔海立認爲端木此文似在爲自己當年的行爲辯解，「至少是表達了一點兒『不好意思』」。

復旦學生姚奔、李滿紅、趙蔚青等常來拜訪。姚、李都愛寫詩，一來就與端木談詩，很有勁頭。一來二往相熟之後，這些學生再來「就和到自己家一樣，有什麼都傾籠地說出來，趕上吃飯，就留下來吃飯，趕上包餃子，就自己動手來包」。瞭解到李滿紅擅長舞劍，蕭紅就請他表演，沒幾天李帶劍前來，令蕭紅他們看得眼花撩亂，拍手叫好。滿紅開玩笑說：「將來再流亡時，我給你們兩位當保鏢！」

許多學生讀過蕭紅的作品，十分仰慕，常請她參加一些活動。一天晚上，抗戰文藝習作會的同學邀請文學院幾位教授，還有蕭紅、方令孺兩位女作家，參加他們的作品討論會，研討《阿Q正傳》和《狂人日記》。一位曾讀過《生死場》的東北女生後來回憶，蕭紅當晚「外表樸素而文靜，沉默寡言，頭上梳著劉海髮型，坐在我們中間並不引人注意」，「由於她也是東北人，我和她無形中成了很親密的朋友，因爲我們共有有家歸不得而流亡的經歷和苦痛。我曾讀過蕭紅的作品，她的作品給了我不少的啓發和勇氣。現在我們坐在一起，我們這一群人又

1939年9月10日中華全國文藝界抗敵協會北碚聯誼會成立合影。前排左起：端木蕻良、方白、王浩之、陳子展、阜東、蕭紅、靳以、魏猛克、胡風

把她像姊姊一樣的愛慕」。兩人從此結下深厚友誼，幾乎天天見面，蕭紅有時邀她一起寄信，或過江到北碚買東西。女生見她時常乾咳、身體虛弱無力，每天除了寫作還要做家務很心疼，想幫幫她，但被蕭紅婉拒，認爲學生要讀書，有自己更要緊的事情。這位女生也許是蕭紅此時能做傾心之聊的少數對象之一，可能就是前文梅志所說的那位女同學。

此時，端木和蕭紅在經濟上應該不算拮据，家裡雇了四川保母。蕭紅的家務負擔重，可能與她和端木都是東北人，吃不慣四川的麻辣飲食，多數還得親自買菜下廚有關。加之，一些瑣事亦非保母所能處理，而端木對此又絕不過問，因而還是需要花費心神去面對。她的身體一天天衰弱下去，支應這些自然顯得勞累。陶肅瓊回憶，自從「傭人事件」之後，她開始注意蕭紅，發現她常常一個人應付一些家庭瑣事，跑東跑西，跑進跑出，是家裡的頂梁柱。

授課、編刊物、創作，端木確實非常繁忙、辛苦，公允地講，難以顧及家務也可以理解。何況，他本身就有東北大少爺的作派，對家庭瑣屑自然不屑一顧。僅就創作而言，一九三九年除了短篇小說外，年初端木應戴望舒之邀，撰寫長篇小說《大江》，二月一日在《星島日報》副刊《星座》上開始連載。

邊寫邊載，對事務繁多的端木來說壓力很大，寫到第七章，終於病倒。眼看連載中斷，端木想去信讓戴望舒在報上登載啓事，說明「作者生病暫停」。蕭紅要端木不要停止，生病期間由她接著寫。雖然明知蕭紅與自己的風格不一樣，但想到報紙方面亦不願停載，就只好讓蕭紅代續。這部近十四萬字的小說，最終於十一月二十四日寫完，蕭紅所代寫部分，一看就與端木迥異。爲了紀念兩人的共同勞動，出單行本時，端木仍然保留了這部分文字。《大江》還在連載，香港《大公報》楊剛亦來信約寫長篇，端木又開始了《新都花絮》的寫作。十二月上海雜誌公司還出版了其短篇小說集《風陵渡》。

十一月，蕭紅和端木應邀出席蘇聯大使館在枇杷山舉行的十月革命紀念節的慶祝活動。到重慶後，兩人住在一家旅館裡。蕭紅與前來看望的曹靖華有過深談，述說自己的人生道路。曹靖華聽後不禁很有感觸地說：「認識了你，我才認識了生活，以後不要再過這種生活了……」蕭紅、端木回訪，曹靖華注意到端木《大江》原稿上有蕭紅的字跡，便很詫異地問她：「爲什麼像是你的字呢？」蕭紅說那是自己替端木抄寫的，曹很坦率地說：「你不能給他抄稿子，他怎麼能讓你給抄呢？不能再這樣。」

這件事記載在駱賓基《蕭紅小傳》裡，備受蕭紅傳記作者重視，但是端木對此予以否認，對來訪者說：「我們從來沒有互抄過稿子，因爲我們抄稿子時都隨抄隨改。」眞相如何很難確定，端木的話也不無道理。《大江》有蕭紅代寫的文字，原稿上有她的字跡似乎也不奇怪，或許曹靖華所看到的就是那部分文字。而不容置疑的是，端木在重慶期間能夠在創作上取得重大收穫，顯然與蕭紅的支持、庇護和一定程度的犧牲分不開。

1939年秋，蕭紅在重慶

從歌樂山到黃桷樹，一九三九年蕭紅和端木埋首寫作，各自在創作生涯中掀起一個小小的高潮。然而，這難得的書齋生活隨即又被如影隨形的戰爭打破。蕭紅又面臨一次人生的重大抉擇。

武漢淪陷，重慶隨即由後方變爲前線。不久，日軍便開始實施戰略轟炸，目的是震撼作爲中國戰時的首都，打擊中國政府的抗戰意志，執行轟炸任務的是陸軍部隊。一九三九年五月，霧季一過，天氣轉好，日軍改以海軍實施轟炸。五月三日、四日，日軍轟炸機從武漢起飛，連軸轟炸重慶市中心，大量使用燒夷彈。市區中心大火整整燒了兩天，商業街一片廢墟，致使兩千多人死亡，十萬人無家可歸，外國使館亦受波及，史稱「五三、五四大轟炸」。蕭紅當時住在歌樂山上，躲過一劫，十多天後下山來到市區，瓦礫堆中仍在冒煙，空中飄蕩著屍體腐爛和被燒焦的混合氣味，人們仍在灰燼中尋找遇難者的遺體，或清理殘垣斷壁。

此後蕭紅也在城區躲過幾次警報，親歷日軍對平民的轟炸。日軍轟炸平民區所造成的慘象，激起她的無比憤慨，於六月九日完成散文《轟炸前後》，七月十一日在《文摘》戰時旬刊發表時，改題爲《放火者》。搬到黃桷樹鎮，稍稍安寧了一段時間。然而，十二月，日軍又加緊了對北碚的轟炸，據說他們探測到當地有國軍的一個軍火庫。成群的飛機白天轟炸，晚上有時飛來並不投彈，只是肆意盤旋騷擾，弄得人人膽戰心驚，不堪其擾。北碚的防空力量很弱，目擊者說日軍飛機俯衝投彈，幾乎貼著屋簷，巨大的轟鳴聲震耳欲聾，透過駕駛艙的玻璃窗，飛行員那凶狠的嘴臉隱約可見。

實在受不了整天擔驚受怕的日子，蕭紅與端木商量離開重慶，另尋安身之處，以便安心寫作。她始終認爲一個作家只有寫出了好作品，才是對抗戰的最大支持。兩人在目的地桂林和香港的選擇上有些躊躇。端木想去桂林，那裡已有不少朋友，如艾青等，香港朋友少，海外的情況又不瞭解。蕭紅擔心桂林會一如武漢、重慶，奔波到那裡待不了多久，一旦遭空襲又得轉移，不如直接去香港，能待更長時

1940年蕭紅（右）飛往香港前夕，與女友張玉蓮在重慶相逢

間，可以安心寫作。另再，一個有利條件是，端木有兩部長篇小說在香港連載，收入不太成問題，而自己也有文章在香港發表，去了之後，可以比較快地進入當地文化圈和寫作狀態中。端木覺得蕭紅的想法不無道理，但也考慮到在內地抗戰正火熱之時前往香港，可能會引起別人的非議。在到底去哪裡上，端木、蕭紅還徵求了正在重慶鄉下養病的華崗的意見。華崗分析說，桂林不久亦免不了遭襲，還不如去香港，認爲香港的文藝陣地也很需要人才，不是沒有事情做，只是經濟方面要有保證。他提醒，比起內地，香港的生活費用要高很多。蕭紅說端木和自己都有文章在當地報紙發表，估計生活不成問題，華崗於是放心地說：

「那你們就去香港。」

就這樣決定去香港。雖然一九三九年底，端木剛剛拿到復旦大學全職教授聘書。端木將和蕭紅遠赴香港的打算，告訴了當時可能在香港的孫寒冰，對方亦表示支持。孫寒冰說，復旦大學在香港辦有大時代書店，到港後，可住在書店樓上，還希望他們幫忙編輯《大時代文藝叢書》。去香港理想的途徑就是坐飛機，只是機票非常難買。正常訂票需要提前一個月。不過，端木知道每個航班，航空公司都會爲大人物和中央銀行等機關預留有一些機票。

一九四〇年一月十四日，端木和蕭紅來到城裡，託在中國銀行工作的朋友袁東衣購買去香港的機票。不想當晚便被告知第二天有一張，十七日有兩張，是給中國銀行預留的機動艙位。兩人於是定下十七日的機票。第二天，蕭紅在臨江門遇見張梅林，告訴他自己和端木即將飛去香港，並要他「別告訴別人」。定下十七日的機票，兩人的一切計畫都被打亂，匆匆返回黃桷樹收拾了些東西，爾後，端木打電話託二哥的同學王開基夫婦，幫忙處理家裡的稿子、書信以及辭退保母等雜事。

第十一章　客逝香港

香江文事

一九四〇年一月十七日，蕭紅和端木蕻良飛抵香港。

雖是隆冬季節，香江卻和煦如春，一派祥和優游，完全沒有北中國在戰爭籠罩下的荒寒。驟然從戰爭的陰影裡飛出，蕭紅爲終於找到一個可以安心寫作之處而欣喜。太多的寫作計畫被無情的戰爭攪擾，現在可以抓緊時間一一實現。她難抑興奮，只是目睹、耳聞都在提醒她仍身處異鄉——香江是如此之南，呼蘭河卻是那麼北。

初到香港，兩人住在九龍尖沙咀金巴利道諾士佛台三號孫寒冰處。房間面南，前廳有一個直通的大陽台，陽光明媚、空氣清新，家具現成，起居方便。房東是一位能講幾句國語普通話的年輕小姐。剛剛安頓下來，戴望舒聞訊造訪。蕭紅、端木此前與之未曾謀面，見面後，詩人自報家門：「我是戴望舒」。因重慶期間兩人就與之有書信往還、文事合作，更因詩文彼此神交已久，因而首次晤面便一見如故。飯後，戴望舒與端木、蕭紅約好，次日一早接他們到自己的「林泉居」看看。

第二天，蕭紅和端木參觀了戴望舒的住處。「林泉居」位於薄扶林道香港大學網球場對面的山坡上，是一幢背山臨海的三層小樓，四周林木環繞，旁有小溪，遠處還有一線飛瀑，環境優雅，果然名不虛傳，四鄰多是與筆桿打交道的作家、教授。戴望舒和夫人穆麗娟、女兒朵朵住在二樓，十分寬敞。他和太太熱情邀請蕭紅、端木搬來同住。兩人也覺得搬到這裡很合適，但是，來香港後，端木腿關節風濕病發作，平地行走都多有不便，「林泉居」坐落在山坡上，上下就更不方便了。加之，兩人剛剛租下房子，馬上又搬家亦不太好，於是婉謝戴望舒夫婦的好意。

不久，孫寒冰獲悉大時代書店隔壁有空房，建議端木、蕭紅搬去租住，更便於端木編輯《大時代文藝叢書》。經過一段時間的相處，蕭紅很不喜歡房東小姐，聽孫寒冰這樣一說馬上同意，於是，兩人到港不久，就搬到九龍尖沙咀樂道八號二樓一間不足二十平方米的小房裡，對面是《經濟雜誌》主編許幸初的辦公室。許在辦公室的時候不多，他們不僅可以使用裡邊的電話，還可以在那裡接待朋友，有如自家客廳。蕭紅還請了一位計時保母打掃環境。生活雖不太寬裕，但兩人很快就投入到各自的寫作中，倒也充實、有序。

蕭紅、端木來港，立即引起香港文化圈的注意，應邀參加了一系列文化活動。

一月三十日，在葉靈鳳主持的《立報》副刊《言林》「文化情報」欄載有：「端木蕻良、蕭紅，昨日由內地來，暫寓九龍某處」。可能因掌握信息相對遲滯，報載日期明顯有誤。「文協」香港分會二月五日在大東酒店舉行全體會員聚餐會，熱烈歡迎蕭紅、端木的到來。聚會由林煥平主持，出席作家有四十多人。蕭紅報告了重慶文藝創作環境的惡劣，以及文化食糧嚴重供給不足的情形，希望留港文化人能夠充分利用目前相對安定的時局，抓緊時間創作，寫出好的作品供應前方；端木也介紹了重慶文壇的一般情形。三月初，全港好幾間著名女校聯合成立「紀念三八勞軍遊藝會」籌備委員會。受該委員會之邀，蕭紅和廖仲愷之女廖夢醒等作爲婦女領袖，參加了三月三日晚七時在堅道養中女子中學舉行的座談會，討論題目是：「女學生與三八婦女節」。四月，蕭紅、端木以「中華全國文藝界抗敵協會」會員身分，登記成爲「文協」香港分會會員。兩人在香港文化圈迅速打開交際局面，結識了許多新朋友。

五月十一日，蕭紅和端木應嶺南大學藝文社之邀，主持他們自五月四日成立以來的第一次座談會。身著旗袍的蕭紅和西裝革履的端木，坐在一張長椅上，與兩旁自廣州南遷而來的嶺大學生侃侃而談，認眞而從容。蕭紅還發表演講，表達她那一以貫之、不趨時潮的文學觀念，諸如：

在抗戰的今日，我們應該努力，互相批判地寫作。我們的文藝作品，應該比之普通人的常識更爲深刻。抗戰也有缺點，但我們要用文學把它的缺點糾正。文學除了糾正現實之外，還要改進現實。

作家未到過戰場可以寫作品嗎？可以的。在後方的現實，只要我們能深入地反映也同樣有價值，因爲抗戰影響了全中國每一個角落。譬如香港吧，香港不是有很多人在做救國工作嗎？他們的工作也是與抗戰有關的。

對於自己生活的階層較爲熟悉，你也可以寫的。

我們要看清楚目前，但不要不注意過去。

演講後，有學生提問文學創作中是否能使用方言的問題。也許出於對戰時文藝政治功利性的強調，蕭紅對此持保留意見，回答說：「大概說來，文學不可用方言，但有時在對話裡可以用。有時爲了一個小地方的人們宣傳，也不妨用」。

次日，端木、蕭紅又出現在爲紀念著名音樂家黃自逝世兩週年，由「文協」香港分會和中國文化協進會聯合舉辦的「黃自紀念音樂欣賞會」現場。月底，傳來孫寒冰二十七日在北碚復旦大學校園被日軍炸死、賈開基負重傷的消息，在港文化人都無比震驚、心痛。想到孫寒冰生前對自己和蕭紅的幫助，端木沉痛寫下《悼寒冰》一文以寄哀思。

乍到香港，雖然和端木一起頻頻參加各種文藝活動，結識新朋友，然而，蕭紅到底不同於端木，以前很好的朋友早就都疏遠了。在這樣的異鄉更是音信杳無，南來後，蕭紅心裡始終縈繞著難以言說的失落和寂寞，甚至產生返回大陸的念頭。一九四〇年春天，她在給白朗的信中寫道：

> 不知爲什麼，莉，我的心情永久是如此的抑鬱，這裡的一切景物都是多麼恬靜和幽美，有山，有樹，有漫山遍野的鮮花和婉轉的鳥語，更有澎湃泛白的海潮，面對著碧澄海水，常會使人神醉的，這一切，不都正是我往日所夢想的寫作的佳境嗎？然而呵，如今我卻只感到寂寞！在這裡我沒有交往，因爲沒有推心置腹的朋友。因此，常常使我想到你，莉，我將盡可能在冬天回去……

蕭紅骨子裡就不是那種慣於場面應酬、左右逢源的交際女性。她需要的是推心置腹的朋友，然而，要在香港這商業氣息濃郁、文化近乎荒漠的國際大都市裡尋找這樣的朋友，自然讓她無比失落。寂寞於是生出，即使表面上一直享有來港知名女作家的榮光。接連不斷的酬酢，讓她感到精神空虛、心氣浮躁，因而極力沉潛，生怕辜負這份難得的安寧和眼下這沒有生死惶恐的美好時光。她努力讓自己儘早進入寫作狀態，只有寫作才能讓她覺得充實，才能驅走內心的寂寞。

四月，蕭紅完成短篇小說《後花園》，十日至二十五日分十二次連載於《大公報》副刊《文藝》及《學生界》。安寧的環境、寂寞的心境，加之身處這樣的異鄉，字裡行間自然難以掩抑鄉愁瀰漫。這是一次關於故鄉寫作，不可返的遊子或許只有在這鄉情繾綣的文字裡，才能獲得心靈的慰藉。實際上，自《後花園》肇始，蕭紅便開始了她那漫長而淒美的精神返鄉之旅，直至生命終結異鄉。香港的環境和心境，催生出她一生中最爲動人的文字；端木蕻良亦生怕辜負韶光拚命寫作，創作量大得驚人。

然而，沉浸於寫作對蕭紅來說也是一種奢侈。痼疾沉疴不僅摧折身體，更是精神折磨。她太想不停寫下去，可是寫不了幾天，就得病一段時間。南中國的濕熱不利於肺病，也不利於風濕，蕭紅、端木此前都沒有考慮到這一層，等兩人覺察到南來後各自的病痛都日漸加重，才明白氣候起了重要作用。病痛是蕭紅、端木在給友人信中，不時流露離港之念的原因之一。對蕭紅而言，宿命的根似乎早已埋下，命運垂青於她許多「可能」，但也處處設置了「不可能」。想拚命寫作，卻被命運之手不時拽住應對病痛。

這或許加重了她的寂寞與虛無；然而，寂寞與虛無的生成，還在於昔日好友那不負責任的流言。蕭紅不時做出一些令旁人費解的選擇，正如朋友們始終不能認同她離開蕭軍後選擇與端木結婚，而對她和端木離開重慶去香港，更是議論紛紛。靳以對端木、蕭紅此舉心生義憤，見到梅志談起來幾乎破口大罵，說不告訴朋友們倒也罷了，怎麼連雇請的傭人都不辭退？走得這樣神祕、匆忙，究竟爲什麼？梅志從其「憤怒」裡，更感到他在爲蕭紅擔心，靳以在她面前不停自言自語：「怎麼會想到去香港呢？」綠川英子也將蕭紅的離開，看作「謎樣的香港飛行」。離開重慶後，談起蕭紅和端木，百思不得其解的朋友們便不禁有一連串的追問與想像。梅志認爲這多半是端木的主意，蕭紅不過再次發揮了她那犧牲自己、屈就別人的精神罷了，由此也讓她看到蕭紅那「跳不出她自己感到桎梏的小圈子的軟弱」。

如果說與端木結婚而遭到友情封鎖，之於蕭紅還只是屬於個人的選擇，不關涉其他的話，那麼，這次令朋友們不能理解的遠赴香港，則讓人在質疑、追問中，有了別樣的理解和揣測。胡風就追問：「她（蕭紅）爲什麼要離開當時抗日的大後方？她爲什麼要離開這兒許多熟悉的朋友和人民群眾，而要到一個她不熟悉的、陌生的、言語不通的地方去？我不知道，我想也沒有人能知道他們的目的和打算吧？」在胡風的疑問裡，明顯流露出端木、蕭紅此舉大有在抗戰中退縮，爲了一己走避苦難的意味，近乎一種政治立場的選擇。作為親密的朋友都有這種想法，可見背後如此議論者亦不在少數。這印證了離渝前，在桂林、香港兩地的選擇上端木的憂慮。雖然，他後來一再解釋當時來不及與朋友們告別，實在一來由於行程太過匆忙，二來也不敢高調傳說自己和蕭紅的赴港打算，怕國民黨出面阻擋。但是人們實在很難站在別人的立場上看問題，往往把也許很簡單的動機看得過於複雜。

蕭紅棄世不久，張梅林在《憶蕭紅》一文裡寫道：「她的飛港頗引起一些熟人的談論，後來她來信說明飛港原因，不外想安靜的寫點比較長些的作品。抗戰以後，她是只寫了點散文之類的。其次，也是為了避開討厭的警報吧」。事實上，蕭紅的動機就是這麼簡單。聯想她那一以貫之的作為作家創作出優秀作品，就是對抗戰有所貢獻的觀點，以及後來在香港時期諸多巔峰之作的問世，可以看出蕭紅對張梅林的解釋並非言不由衷、自我辯護。而「皖南事變」後，香港真的成了許多文化人的走避之所，包括胡風在內的許多傾共文化人，在中共地下組織的幫助下，紛紛從重慶、桂林、昆明等地逃亡香港。由此可見，蕭紅、端木飛港之舉顯然是有先見之明。

六、七月間，蕭紅、端木從上海的朋友處瞭解到，胡風曾在給許廣平的信中，將他們的赴港說成是「祕密飛港，行止詭祕」。不久，端木亦從艾青處得到進一步印證。胡風致信艾青，說汪精衛去了香港，端木也去了香港，並在香港安了一個「香寓」。瞭解到這些，兩人非常氣憤。端木才華橫溢，生性不無孤傲之氣，對胡風這些流言或許不太往心裡去；但蕭紅與胡風素來交誼深厚，又極其看重朋友，聽說這些尤其受傷，對人際不免生出些許虛無。寂寞中，一時找不到推心置腹的聊談對象，她便常常致信華崗。從現有資料來看，華崗是蕭紅在香港期間書信往還最頻的朋友。這又是一份令她格外珍重的友誼。

華崗（一九〇三—一九七二），又名延年、西園，浙江龍游人。一九二五年八月加入中國共產黨後，開始從事職業革命活動，一九三二年九月在赴任中共滿洲特委書記途中被捕。一九三七年十月經組織營救出獄，任中共湖北省委宣傳部長，並於次年一月在漢口創辦《新華日報》，任總編輯。端木蕻良獨自入川後，大約在漢口等船票期間，蕭紅在文藝界進步人士的一些聚會上與華崗相識。蕭紅抵渝不久，《新華日報》遷到重慶繼續出刊，兩人在渝期間亦有往來。蕭紅對華崗十分敬重、信任，不時向他談起自己的創作感想和計畫。因遭王明排擠，華崗於一九三九年春天離開《新華日報》，暫住大田灣鄉下養病。離開重慶前，蕭紅、端木爲徵詢他的意見，專程前往探望。

心境寂寞的蕭紅六月二十四日給華崗寫了第一封信。她非常關心華崗的現狀說：「到底是隔得太遠了，不然我會到大田灣去看你一次的」；談到自己則坦誠相告：「香港是比重慶舒服得多，房子、吃的都不壞，但是天天想著回重慶，住在外邊，尤其是我，好像是離不開自己的故土的。香港的朋友不多，生活又貴。所好的是文章到底寫出來了，只爲了寫文章還打算再住一個時期。」聯繫即將開展的魯迅誕辰紀念活動，在華崗這個哲學家面前，蕭紅不禁就中國人純粹東方式的情感表達生出一通議論，譏諷國民性裡的虛僞。她還告訴對方自己身體不大好，「寫幾天文章，就要病幾天」，「大概是自己體內的精神不對，或者是外邊的氣候不對」。信尾問候的「沈先生」和「沈夫人」，是華崗當時在國民政府交通部做一般職員的妹夫和妹妹，沈山嬰是他們的孩子，給華崗的信要通過他們中轉。蕭紅心思細膩，考慮到重慶一直遭受日寇瘋狂轟炸，沈家極有可能搬家，因而將信直接寄至交通部。由此亦可見出她是多麼努力想與華崗取得聯繫，來香港前得到過他的支持，現在自己在離、留舉棋不定之際，更想聽聽這位內心敬重的友人的意見。

養病期間，華崗完成《中國民族解放運動史》前二卷後，輾轉託人拿到上海雞鳴出版社。得蕭紅信，華崗在七月一日的回信中託她設法詢問該書的出版進度。而對蕭紅在港居、留的猶疑，他基於國際戰局的走向，得出「香江亦非安居之地」的結論。六日收信後，蕭紅次日回信分析民族史之所以尙未印出，可能因爲上海紙貴，出版商都在觀望，等待紙張降價。而華崗對香港形勢的分析，則更其強化了她的離港之念，甚至設計好路線，先去上海，轉寧波，再回內地，只是「不知滬上風雲如何，正在考慮」。怕朋友擔心，對華崗說：「離港時必專函奉告，勿念。」七月七日信中，蕭紅更傾訴了因胡風言論而起的十分受傷的心情：

> 我想他大概不是存心侮陷。但是這話說出來，對人家是否有好處呢？絕對的沒有，而且有害的。中國人就是這樣隨便說話，不管這話輕重，說出來是否有害於人。假若因此害了人，他不負責任，他說他是隨便說說呀！中國人這種隨便，這種自由自在的隨便，是損人而不利己的。我以爲是大不好的。

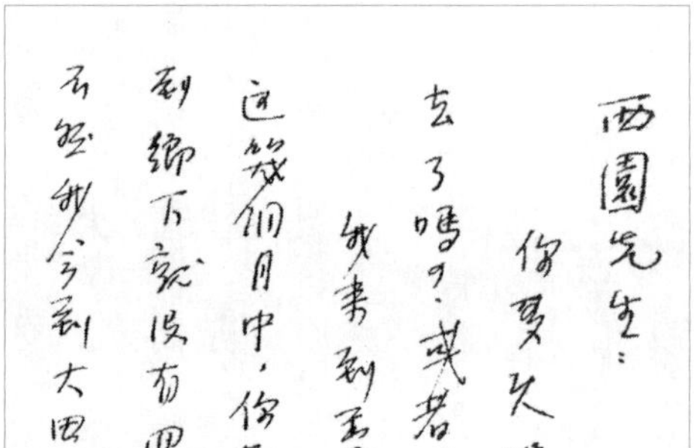
西園先生：

你好久沒有來信了，你到別的地方去了嗎？或者你身体不大好！甚念。

我來到香港這是第一次寫信給你，在這幾個月中，你都寫了些什麼了？你一向住到鄉下就沒有回來？到底是隔得太遠了，不然我會到大田灣去看你一次的。

蕭紅致華崗信

對華崗七月一日信，端木於九日亦有回覆。不同於蕭紅對胡風那「損人不利己」的知解，他認爲胡風之所以有此流言，是因爲自己未向其主持的刊物投稿之故。而胡風因此便要陷人至此，則讓他感到「世事眞有令人大惑不能解者」。還談到近幾天香港「風雲大緊、人心慌慌」，自己雖然並不願意從俗亦惶惶不可終日，但要與香港共存亡也大不必，所以對華崗來信中「斟酌情況，預爲準備」的建議，深表認同。從這封回信可以看出，端木和蕭紅打算離開香港去昆明，但獲悉此路不通，轉而預備去桂林，只是一切尚不能定。

局勢到底又好了起來，蕭紅、端木覺得又可以再住一段時間。得蕭紅七日信，華崗很是擔心，於二十日連忙寫信爲之詳細分析去留，以及離港後的理想去處。蕭紅非常感動，二十八日回信報告平安後感慨道：「遠在萬里之外，故人仍爲故人計，是銘心感切的。」來信中，華崗對蕭紅因流言而受傷勸慰了一番，並表示願代她向胡風解釋。這不禁又引出蕭紅的一番「牢騷」：

關於胡之亂語，他自己不去撤銷，似乎別人去諫一點意，他也要不以爲然的，那就是他不是糊塗人，不是糊塗人說出來的話，還會不正確的嗎？他自己一定是以爲很正確。假若有人去解釋，我怕連那去解釋的人也要受到他心靈上的反感，那還是隨他去吧！

想當年胡兄也受到過人家的侮陷，那時是還活著的周先生把那侮陷者給擊退了，現在事情也不過三五年，他就出來用同樣的手法對待他的同夥了，嗚呼哀哉！

世界是可怕的，但是以前還沒有自身經歷過，也不過從周先生的文章上看過，現在卻不了，是實實在在來到自己的身上了。當我曉得了這事時，我坐立不安的度過了兩個鐘頭，那心情是很痛苦的。過後一想，才覺得可笑，未免太小孩子氣了，開初而是因爲我不能相信、納悶、奇怪，想不明白。這樣說似乎是後來想明白了的樣子，可也並沒有想明白，因爲我也不想這些了。若是愈想愈不可解，豈不想出毛病來了嗎？你想要替我解釋，我是衷心的感激，但請不要了。

在對待胡風的「侮陷」上，蕭紅表現出一種男子氣概的倔強與達觀，對胡風的動機亦有比較寬厚的知解，明顯不同於端木。「牢騷」一旦說出，內心也就釋然。此時，長篇小說《馬伯樂》第一部剛剛完稿，蕭紅向華崗透露另有一個長篇計畫，想寫一對革命者如何因革命而犧牲了愛情。

從蕭紅、端木與華崗的通信可以看出，兩人當時的離港之念，主要出於對香港未來局勢的預測。張梅林的文章也明確印證了這一點：「在一九四〇年下半年，正是國際問題專家們拚命討論『日本南進乎，北進乎』的時候，因之香港的空氣是瘧疾式的。每次空氣緊張，蕭紅即來信說正在購飛機票回重慶，希望能給先找便房子。但緊張空氣一過，她又延宕下來，以長篇《馬伯樂》未完成和有病為理由。」

魯迅誕於一八八一年九月二十五日，陰曆八月初三，一九四〇年正好虛歲六十，實足五十九。按照中國人傳統慶生習慣，逢九算大生日。鑒於民國政府已經廢止陰曆，上海文藝界人士徵得許廣平同意，定在陽曆八月三日舉行紀念活動。隨後眾多媒體發布消息，向各地發出函約，力圖發動戰時全國各地文化人舉行一次普遍而隆重的紀念活動。上海方面的倡議發出後，重慶、桂林、昆明、成都、延安、香港等地積極響應，紛紛籌辦紀念活動。「文協」香港分會倡議「國難方殷，正宜發揚魯迅精神」，聯合「中華全國漫畫作家協會香港分會」、「青年記者協會香港分會」、「華人政府文員協會」、「樂餘聯誼社」、「中華全國木刻協會香港分會」等文化、社會團體，積極籌備香港近年來規模最大的紀念活動。《文藝陣地》第四卷第十二期刊載的《關於魯迅先生六十生誕紀念》一文報導：「香港方面，自接得上海函約後，亦已由端木蕻良、楊剛及全國文藝界抗敵協會香港分會，進行推動，屆時擬舉行一盛大之群眾紀念儀式。」

早在六月二十四日致華崗信中，蕭紅就提到魯迅六十生誕的紀念，打算做一篇文章，並詢問對方是否有文章，如果有請寄往《文藝陣地》。七月，《回憶魯迅先生》一書由重慶生活書店出版。這是蕭紅獻給魯迅先生六十生誕的一份厚禮，而在其內心，某種意義上這也是一份「一個人的紀念」，以表達對先生的無比敬重和無限感念。作為紀念活動的積極推動者和籌備者之一，端木蕻良在忙於組織協調的同時，還發表了《論魯迅》、《略論民族魂魯迅——為魯迅先生六十誕辰而作》等論文。籌備過程中，戴望舒等亦盡心出力，馮亦代回憶「辦理登記、接洽會場等等須與官府打交道的巨細事情，都是望舒承辦的」。

八月三日下午三時，紀念會在加路連山的孔聖堂如期舉行。蕭紅報告了魯迅先生生平事蹟。晚上，內容相當豐富的晚會在一首紀念魯迅先生的合唱歌曲中拉開序幕，大家一起唱道：「歡呼今天八月三日革命人道主義誕生……」除張一鑾的演講、長虹歌詠團的合唱、徐遲的魯迅詩歌朗誦，晚會還有三個戲劇節目：田漢編劇的話劇《阿Q正傳》，由藝術家李景波導演，並飾演阿Q；話劇《過客》係魯迅原作，由馮亦代導演；默劇《民族魂魯迅》由蕭紅編劇，經馮亦代、丁聰、徐遲等改編。魯迅先生由銀行職員張宗祜扮演，畫家張正宇爲其化妝。

馮亦代當時負責「文協」香港分會的「戲劇研究組」。關於默劇《民族魂魯迅》的創作，他後來在《啞劇的試演——〈民族魂魯迅〉》一文中說得十分清楚：

> 香港文協在籌備慶祝魯迅先生六十歲誕辰時，就立意用一種最莊嚴的戲劇形式，將先生一生的奮鬥史表現出來。啞劇的形式在中國似乎尚未見採用，但在西方演劇史上特別是宗教演劇方面，它卻有過它的地位的。它以沉默、嚴肅、表情動作的直接簡單取勝，最適宜於表現偉大端莊，垂爲模範的人物。以它來再現魯迅先生，似乎能於傳達先生的崇高以外，更予觀眾一種膜拜性的吸引力，使先生生活史的楷模性，更能凝定在我們後輩人的生活樣式裡面。因此，便決定把它實現了。

有了這個想法，「文協」香港分會戲劇組覺得蕭紅是最合適的編劇人選。在港文化人中，她最熟悉魯迅的生活。接下這個任務，蕭紅感到有些爲難，正如後來她在劇本《附錄》中所說：「魯迅先生的一生，所涉之廣，想用一個戲劇的形式來描寫是很困難的一件事，尤其用不能講話的啞劇」。花費了幾個晝夜的工夫，她還是完成了一個嚴密、周詳的劇本，取名《民族魂魯迅》。創作過程中，蕭紅或許參考了端木蕻良的某些意見，甚至在其幫助下完成。曹革成卻認定此劇由端木執筆、最後定名，蕭紅只是做了些局部修改，似乎難有說服力。其根據源於端木晚年回憶中，常常將以默劇這種形式表現魯迅先生歸爲自己的主意。相形之下，馮亦代的說法更令人信服。

對於默劇《民族魂魯迅》，二十世紀八〇年代香港學者盧瑋鑾教授撰文評價：「整個劇本，處理手法，就是現在看來，仍是很新，但嫌過於繁複，牽涉的事與人物也過多。」限於「文協」香港分會並不寬裕的經濟狀況、加之人手短缺、時間倉促，無法將此劇完整搬上舞台，於是臨時由馮亦代、丁聰、徐遲等人參照蕭紅原作，寫成了一個一幕四場的劇本，排練後在紀念會中上演。端木晚年回憶，魯迅扮演者雖不是正式演員，但化妝後非常之像，默劇演出非常成功。徐遲亦回憶：「修改後演出了。演出成功，我記得蕭紅閃著滿意的淚花向我們表示高興。我們得到了安慰。」稍後，爲紀念魯迅先生逝世四週年，蕭紅原作默劇劇本《民族魂魯迅》自十月二十日至三十一日連載於香港《大公報》副刊，作者署名蕭紅，並注明「劇情爲演出方便，如有更改，須徵求原作者同意」。

巔峰之作

七月間，蕭紅曾寫信託上海朋友幫忙打聽民族史的出版情況，不久即有信來告該書已經出版面世。收到華崗八月十三日信後，蕭紅想等上海方面寄來民族史樣書後再做回覆，但等了又等，樣書遲遲不到，只好寫信再去查問，並讓對方直接郵寄給華崗一本。樣書終究沒有等到，二十八日蕭紅提筆回信祝賀民族史出版，同時告訴華崗自己心情好多了。此前那些牢騷，在看過他的信後早已消盡，目前正在寫作中，進度很快，等他下一信來「怕是就寫完了」，只是惜乎「不在一地，不能夠拿到桌子共看，眞是掃興」。蕭紅處於寫作的亢奮中，希望有朋友與之分享表達的快樂。這部即將完稿的作品，應該是《馬伯樂》第一部。盧瑋鑾教授從《馬伯樂》的出版日期和出版的大致週期推斷，該書應完成於一九四〇年八、九月間。而且，排比蕭紅的創作情況，此期亦沒有他作問世。

一九四一年一月，《馬伯樂》第一部由大時代書局出版，五個月後再版。這是蕭紅到香港後創作上的第一個重大收穫。她以自己幾年來顛沛流離的生活經歷作爲經緯，塑造了馬伯樂這一經典男性形象。這個時常掛著「到那時可怎麼辦呢」和「他媽的中國人」這兩句口頭禪的善良男人，實在是「上層難民」的傳神寫照。原有的舒適而僞善的生活被戰爭打破，陷於無邊焦慮與憤懣中的他們又不能直面現實，只有牢騷滿腹的怨憤和疲於奔命的逃避。戰爭放大了他們的虛僞，言行錯位中凸顯馬伯樂們是如此可笑。

這是一部迥異於蕭紅原有創作風格的傑作，顯示出她那敏銳的洞察力，並且在大時代裡做出了屬於自己的宏闊思考。敘述中她發揮出令人讚嘆的冷幽默才能——那似乎是東北人與生俱來的稟賦。出現在抗戰文學背景之下的《馬伯樂》，毫無疑問是一個異數，雖然，此前也有《華威先生》等表現暴露與諷刺的抗戰作品，但此作寄旨遙深，顯然與之並不相類，彰顯蕭紅令人欽佩的創造力。可惜的是，人們囿於對蕭紅創作風格的固有認知，長期以來對這部傑作重視不夠。馬伯樂早已成爲中國現代文學史上的一個經典形象，與人們耳熟能詳的眾多文學人物相比，毫不遜色。

《馬伯樂》第一部完成後，計畫中那個因革命遺憾了愛情的故事似乎並沒有寫出。自魯迅先生六十誕辰紀念活動結束，蕭紅幾乎不再參加香港文藝界的公開活動，潛心寫作《呼蘭河傳》。一九四〇年九月一日，《呼蘭河傳》開始在《星島日報》副刊《星座》連載。這部長篇早在與蕭軍、端木共住小金龍巷期間，蕭紅就開始創作，在重慶可能完成了部分文字。經年輾轉流徙的生活無法給她一個安寧的寫作環境，現在，終於有了從容完成的機會。此後四個月，邊寫邊載，蕭紅沉浸在對故土和兒時生活的無限感懷與怔怔想像中。故鄉在萬千關山之外，精神卻在那裡徘徊、流連。這應該是她一生中最爲充實、愉快的四個月。

《馬伯樂》初版封面

一九四〇年十月，胡愈之從桂林前往新加坡就任《南洋商報》總編輯，途經香港，逗留了一段時間，協助「文協」香港分會開展工作。期間，經他介紹，端木、蕭紅與在港的東北民主運動負責人周鯨文相識。

周鯨文（一九〇八—一九八五），號維魯，遼寧錦縣人。東北軍將領張作相外甥，曾就讀於北京匯文中學、日本早稻田大學、美國密西根大學、英國倫敦大學。一九三一年回國，在哈爾濱主辦《晨光晚報》，一九三八年初來香港創辦《時代批評》半月刊。張作相兩次與張作霖拜為盟兄弟，「皇姑屯事件」後盡心輔佐張學良，深得敬重，張學良稱其為「老叔」、「輔帥」。因為這層關係，周鯨文與張學良關係密切，且是香港東北同鄉會負責人，除《時代批評》雜誌外，還經營時代書店及其他商務，財力充裕。

周鯨文曾說蕭紅住過的城市他都住過，只是此前一直無緣相識。在胡愈之的安排下，一天下午，端木、蕭紅前來周鯨文位於雪廠街十號交易所大樓裡的辦事處拜訪。三人因既是同鄉又是文化界中人，眞是一見如故，十分親近。從此常相往來，有時一起喝茶；有時端木、蕭紅到周家作客。在周鯨文眼裡，「端木身體很弱，中國文人的氣質很重，說話慢騰騰的，但很聰明。蕭紅面貌清秀，性格爽朗」。他此前聽人說蕭紅性格孤僻，一經交往，倒沒有這種感覺。

結識周鯨文是蕭紅、端木在一九四〇年的重大收穫。兩人本年的創作更是各自收穫頗豐，端木大量作品問世，且勢頭絲毫不曾稍減。十二月六日致華崗信說，「除了身體不太好之外，還想寫長篇」，並愜意預期一九四一年「又是一個筆桿年」。一九四〇年底，蕭紅終於完成一生的巔峰之作——《呼蘭河傳》。這部長篇於十二月二十日完稿，二十七日連載完畢，並在文前注明：「本書由作者保留一切權益」。這種說明在報刊上十分罕見。當時，蕭紅自然想不到日後眞的就為這本書的版權產生了糾紛。登載這樣的說明，或許源於《呼蘭河傳》脫稿之際，蕭紅對這部心血之作的無比看重。

《呼蘭河傳》無疑是中國二十世紀最偉大的長篇小說之一，二〇〇〇年被香港《亞洲週刊》評選爲二十世紀中文小說百強之九，而前八名分別是：《吶喊》、《邊城》、《駱駝祥子》、《傳奇》、《圍城》、《子夜》、《台北人》、《家》。「作爲歐美中國現代文學掌門人」的夏志清先生，一九六一年出版他那部享有盛譽的學術經典《中國現代小說史》時，因資料的局限未能讀到蕭紅的作品，一九七八年在該書中譯本《原作者序》裡，他寫道：「四五年前我生平第一次系統地讀了蕭紅的作品，眞認爲我書裡未把《生死場》、《呼蘭河傳》加以評論，實在是最不可寬恕的疏忽。」談到《呼蘭河傳》，夏先生稍後在一篇文章中評價道：「蕭紅在寫出《呼蘭河傳》的時候，也已經脫去左翼思想，這是一部具有眞實抒情的回憶錄，眞切地描寫她的童年環境，因爲作者沒有違背她對童年的記憶。我相信蕭紅的書，將成爲此後世世代代都有人閱讀的經典之作。」而見到「《亞洲週刊》二十世紀中文小說一百強」的名單，夏志清欣慰於名單的前十二本書及其十位作者他曾有專章、專文討論過的同時，再次爲《中國現代小說史》未提蕭紅而遺憾，並重述對《呼蘭河傳》所給予的「最高評價」。

今天的呼蘭河

在時間的長河裡，多少名噪一時的作品旋即湮沒無聞，但《生死場》和《呼蘭河傳》卻常讀常新。蕭紅以其任性的筆觸構築了兩個開放性意象，召喚不同時代的讀者與之對話。無論魯迅為《生死場》作序，還是茅盾為《呼蘭河傳》作序，兩位大家在對蕭紅的創作進行揄揚和高度評價的同時，事實上，也以先入為主的成見局囿了後人對蕭紅文學價值的認知。蕭紅以其天縱之才，不覺在自己的創作裡，本源性蘊含了人類普適性的價值和情感取向。而這並非偶然，卻是她那一以貫之的寫作理念的彰顯。

蕭紅並不僅僅屬於她所在的時代。《馬伯樂》給了中國現代文學一個典型形象：一個時時處處在逃避的齷齪男人；《呼蘭河傳》卻給中國現代文學帶來一抹淒迷的氣質，一種卓異的風格和品格，如此幽雅、任性、傷感，令人魅惑。那是一個無鄉女子渴望回家的絮絮傾訴。二十九歲的蕭紅由此成為中國文學史上一個如此獨特的存在，這個名字因其文字而不朽，瞭解她、認知她，亦成為研習中國現代文學者或深或淺的情結。呼蘭河已然成為人們心靈深處的又一處精神故鄉。蕭紅，這流落異鄉的呼蘭河的女兒，以其對故土的想像性觸摸，刺激了太多後人對呼蘭河、對後花園的想像，不斷傳說她那坎坷、傳奇而短促的一生。

一九四〇，之於中國現代文學是一個極具意義的年份，長篇小說《呼蘭河傳》就最終誕生於這一年的最後幾天。

《呼蘭河傳》擱筆後，蕭紅內心洋溢著喜悅和淋漓表達之後的無邊快意。耶誕節前夕，一個人拎著一盒聖誕糕趕到周鯨文家提前祝賀聖誕。走了一段山路加之升登樓梯，居然疲累不堪，呼吸侷促，進屋坐了好一會兒才漸漸平靜。周鯨文十分詫異於蕭紅的身體竟如此衰弱。而他和夫人更詫異於端木為什麼不陪同前來，居然讓女人獨自跋涉這麼遠的路途。由此，周鯨文夫婦開始注意觀察她和端木的關係，得到的印象是端木不太關心蕭紅。在他們看來，「端木雖係男人，還像小孩子，沒有大丈夫氣，蕭紅雖係女人，性情堅強，倒有男人氣質」。「端木與蕭紅的結合，也許操主動權的是蕭紅。但這也不是說端木不聰明，他也有一套軟中帶硬的手法」。自從結識，端木與周氏夫婦來往頻繁，但周鯨文夫婦在精神上卻同情蕭紅。

而對於端木沒有陪蕭紅到周宅，端木侄子作家曹革成在《跋涉生死場的女人蕭紅》一書中，解釋成另有苦衷。因創辦《時代文學》，端木和周鯨文常有業務往來，周本人爽快大度、仗義疏財，周夫人熱情好客，但他那年輕美貌的小姨子，一個十幾歲的女學生因崇拜作家，端木、蕭紅一來，「總是好奇地問這問那，黏著不走」，引起蕭紅內心不快。端木深知蕭紅在感情上受過重創，對男女交往敏感、多疑，「出於憐惜和尊重，從來不在這個問題上刺激她，平時很注意與女性的交往。」「對於周家小姨子，他看出蕭紅的不安，便有意識地少去周家，要去周家辦事，或一同去，或委託蕭紅去辦，他則盡量約在公共場合與周鯨文見面辦事。」而這樣做「反倒引起了周鯨文的誤會」。

周鯨文在《憶蕭紅》一文中，對端木、蕭紅間關係的分析中肯而公允。在內地，二蕭周圍的朋友對端木多有惡感，大抵因為蕭軍先入為主之故。但此時在香港，周鯨文並不知道蕭軍是何許人也，一切交往全然初始，似乎沒有預存偏見的可能。體察兩人間的關係，既然周鯨文亦有如此印象，得出如此結論，那麼，端木蕻良身上就著實有一些值得省思的地方。將端木、蕭紅的夫妻生活描述得十分不堪，固然不實，亦絕非一如鍾耀群、曹革成等端木親屬所描繪的那般親密、恩愛。當然，即便不恩愛、不和諧，也不一定全然是端木之故，但是作為其後任妻子和具有血親關係的侄子的敘述，出於親緣關係所帶來的偏見，亦十分昭然。

旋即，蕭紅又開始進入《馬伯樂》續篇的寫作。一九四一年元旦，蕭紅、端木收到作家許地山（一八九三—一九四一）夫婦自製的賀年卡，來港一晃一年了。春節一天天逼近，蕭紅在閱讀新出版的《中國民族解放運動史》第二卷之餘，想到了仍然遠在重慶鄉下的華崗。想念故人不禁引動家園之思，一九四一年一月二十九日，在致華崗信中寫道：

香港舊年很熱鬧，想去年此時，剛來不久，現已一年了，不知何時可回重慶，在外久居，未免的就要思念家園。香港天氣正好，出外野遊的人漸漸的多了，不知重慶大霧還依舊否？

遊子倦旅，蕭紅想家了。但沉浸在創作的亢奮中，她的心情十分愉快。自二月一日起，《馬伯樂》續篇開始在《時代批評》上連載。即時創作、即時發表，讓她煥發出巨大的創作激情，也給她帶來滿足與快樂。二月中旬，她和端木又搬了一次家，但似乎仍住在樂道八號二樓，大約只是換了房間。安定之後，蕭紅在二月十四日給華崗寫了一封情緒歡快的信，說香江不似重慶那樣大霧，氣候很好，加上居住漸久，一切熟習，心裡安定了很多，希望他能夠來港旅行、暢談。關於「民族史」，蕭紅誇讚：「寫得實在好，中國無有第二人也」。

艾格尼絲．史沫特萊（Agnes Smedley, 1892~1950），是美國著名新聞記者、作家。一九二九年來中國，以對中國革命的報導聞名於世。一九四〇年九月，史沫特萊來香港養病，住在與樂道僅一個街區之隔的半島酒店。因同情中國人民，積極參與中國抗戰的宣傳報導，她被日本軍方列在政治死敵的黑名單上，香港警方也禁止她講話、寫文章，或參加社會活動。到香港後，在好友香港政府醫務總監夫人希爾達．塞爾溫．克拉克的安排下，史沫特萊住進全港最大的公立醫院：皇后瑪麗醫院（Queen Mary Hospital，簡稱瑪麗醫院）。經過精心治療，出院後被邀請前往香港大主教 Bishop Hall（何明華）的鄉間別墅林蔭台療養。史沫特萊的這些英國朋友都因「從事各種各樣幫助中國軍人和平民的救濟工作」，被人不懷好意地稱爲「紅色希爾達」和「粉色主教」。

一九四一年一月，舉國震驚的「皖南事變」使國共關係再度陷於緊張。重慶、桂林、昆明等地傾共文化人大批南下香港。一直比較低調的史沫特萊亦偶爾參加一些公開活動。二月十七日，「文協」香港分會等文化團體在思豪酒店舉辦茶會，歡迎史沫特萊、宋之的、夏衍、范長江等人來港。茶會由蕭紅主持，史沫特萊發表了演講。

大約三月初，史沫特萊突然前來樂道八號看望。她不能想像兩位知名作家的居住條件竟如此簡陋，並瞭解到兩人的稿費收入僅讓他們「置身於苦力階級的同一經濟水準」。見蕭紅身體狀況如此糟糕，史沫特萊執意邀請她到林蔭台別墅同住，以便得到休養。兩人共度了不到一個月的時光，可能到底丟不下不會料理生活的端木，蕭紅不久回到樂道。與蕭紅的這段交往，史沫特萊後來寫入著名的《中國的戰歌》一書，並憶及蕭紅與之同住期間，完成了「一本戰爭小說」。這大約是指蕭紅完成於一九四一年三月二十六日的《北中國》。該作與重慶期間所寫的《曠野的呼喚》，情節上有類似之處，但精緻、細膩得多，筆調同樣染有濃烈的家園情懷。

史沫特萊認爲香港很快就會落入日軍之手，而新加坡「堅不可摧」。於是在共處的日子裡，她建議蕭紅、端木儘早離開香港，前往新加坡。那裡迴旋餘地大，對蕭紅養病有利，還親自安排新加坡的朋友來港與之見面，以便建立撤退聯繫。對於史沫特萊的建議，出於多方面考慮，蕭紅有些猶豫，離鄉去國愈來愈遠，心理上也不容易接受。而到一個全然陌生的地方，也不是說去就能去，況且她的身體狀況愈來愈差。另再，也許人們對香港時局的普遍樂觀估計，影響了蕭紅、端木對史沫特萊建議的最終採納。當蕭紅想說服茅盾夫婦同往新加坡時，茅盾便不以爲然。

一九四一年三月，茅盾離開重慶第二次來到香港，著手創作長篇小說《腐蝕》。從林蔭台回來，聽說茅盾來港，蕭紅

茅盾

便立即與史沫特萊一同前往拜訪。她鼓動茅盾夫婦一同前往新加坡。因工作關係，茅盾不能離開，亦不想離開，婉拒了蕭紅的好意。他以爲蕭紅害怕陷於萬一發生戰爭的香港，爲之多方寬解；但稍後意識到她之所以有離港之念，是因爲眼下生活和心境的寂寞。

今天看來，茅盾當時對蕭紅離港意圖的揣度，有些主觀臆斷。蕭紅的離港之想，顯然是聽信了史沫特萊對戰爭發展走向的分析。事實上她的分析非常正確。基於種種原因，蕭紅、端木最終還是打消了離港前往新加坡的念頭。然而，令人遺憾的是，不久，她眞的就死在了陷落於戰爭的香港。

回到樂道，蕭紅與史沫特萊仍來往密切。四月中旬，周鯨文倡議「人權運動」，轟動一時，得到各界人士的大力支持。除自己積極參與外，蕭紅還把史沫特萊介紹給他。周鯨文的倡議深得史沫特萊的讚賞，表示回到美國後，也動員名流議員支持這個運動，並特別介紹何明華主教與之相識。

因與共產黨有聯繫，在港英當局，史沫特萊是不受歡迎的人。而因與之關係密切，蕭紅、茅盾都受到過警告。春末，史沫特萊與另一位在港美國作家艾米麗・哈恩一起，在瑪麗醫院又住了三週。大約在此期間，她將已然顯露種種病象的蕭紅帶到瑪麗醫院檢查、就診。這次診治，主要針對蕭紅婦科方面的一些宿疾。醫生認爲她那時常發作的頭痛，源於嚴重的婦科病。史沫特萊後來回憶道：「我設法讓她住進了瑪麗皇后醫院，並且不斷以餘錢接濟她，直到香港淪陷」。雖然，美國駐港總領事早已將史沫特萊列入香港一旦遭到進攻，將以應急飛機送往中國的一批人之列，但她考慮到，再回中國，遷延多年的宿疾始終難以治癒；而隨時處於浩劫將臨的緊急狀態，會使自己完全不能寫作，更何況此時的中國反動氣焰正高。她最終決定返回美國。

五月，返回美國前，史沫特萊給端木蕻良留下十篇小說，希望譯成中文後發表。端木在隨後創刊的《時代文學》上連續發表了三篇。史沫特萊也帶走他和蕭紅的一些作品，準備在美國發表。蕭紅還託她將一冊《生死場》代送給辛克萊。早年讀過《屠場》、《石炭王》等作品印象深刻，與史沫特萊結識之後，蕭紅沒想到與少時崇拜的美國作家竟如此之近。六月，她便收到辛克萊回贈的書籍和表示感謝的電報回信：

厄普頓・辛克萊
加利福尼亞州帕沙第納郵局

一九四一年六月四日

蕭紅小姐
中國香港

親愛的紅小姐：

我收到了由艾格尼絲・史沫特萊帶給我的你的漂亮禮物和問候。我很賞識你的禮物，並對你送給我的禮物表示謝意。

我打算送給你我的一本書，你會對這部小說感興趣的。同時隨信寄去我最近寫的幾本小冊子。

您忠誠的朋友
V・辛克萊

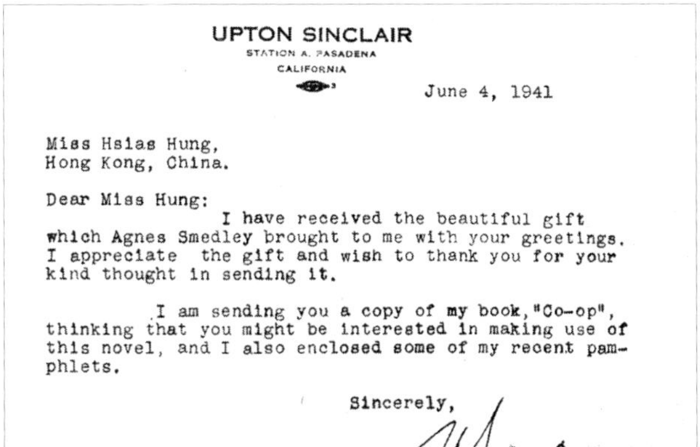

UPTON SINCLAIR
STATION A, PASADENA
CALIFORNIA

June 4, 1941

Miss Hsias Hung,
Hong Kong, China.

Dear Miss Hung:
I have received the beautiful gift which Agnes Smedley brought to me with your greetings. I appreciate the gift and wish to thank you for your kind thought in sending it.

I am sending you a copy of my book,"Co-op", thinking that you might be interested in making use of this novel, and I also enclosed some of my recent pamphlets.

Sincerely,

辛克萊電報全文

回國後，史沫特萊還與主編《亞細亞》月刊的斯諾前妻海倫・福斯特取得聯繫，將蕭紅、端木介紹給她。不久，海倫・福斯特來信向他們約稿，並在《亞細亞》九月號上，發表了她與別人合譯的蕭紅小說《馬房之夜》。

蕭紅給史沫特萊留下了極為深刻的印象，某種意義上，她由此形成對中國女性的全新觀感。後來，她在《中國的戰歌》一書中激情寫道：「一種在許多方面遠比美國女性先進的中國女性，正在炙熱的戰爭鐵砧上鍛鍊成形。一個這樣的女人曾和我在霍爾主教鄉間住宅共同生活過一個時期。她的名字叫蕭紅，她的命運有典型意義。」

一九四一年初，國內逃難到香港的文化人愈來愈多，發表文章的刊物卻非常有限。端木、蕭紅向周鯨文表達了想在香港創辦文學刊物的設想，得到了大力支持。周鯨文與端木商議，刊物名稱就叫《時代文學》，一切費用由其支付，並由時代書店發行。《時代文學》原定於四月一日正式出版，因運作中遭遇組稿上的一些意外困難，推至六月一日才問世。名義上由周鯨文和端木蕻良共同主編，實則由端木一人負責，約請的撰稿名家陣容龐大、壯觀，顯示出寬闊的視野與胸懷。蕭紅感嘆華崗的文章太好，信中曾說在《時代文學》上開闢專欄刊載其文章也是應該的。可見，她也在努力爲端木拉稿。

據端木蕻良晚年回憶，當時周鯨文還有創辦《時代婦女》雜誌的計畫，想請蕭紅任主編。蕭紅因自己身體不好，立即回絕了。周表示只是借重她的名字，組稿、審稿、編稿等事務都另有專人，掛名的事，蕭紅更不同意。後來，《時代文學》創刊艱難，人手少、組稿難，一再推遲創刊日期，周鯨文也就沒有堅持《時代婦女》的想法。端木使出渾身解數編輯《時代文學》，立時有聲有色，成績斐然。香港學者劉以鬯先生認爲，《時代文學》雖然只出了六期，但內容充實、編排新穎，「是香港文學發展過程中的一份重要文藝刊物」。在編輯這一「巨型文學月刊」的過程中，端木現出寫作、編輯、繪畫等多方面的卓越才能。

一九四一年七月一日，蕭紅在《時代文學》第二期發表《小城三月》。這個著名的短篇小說是她繼《呼蘭河傳》之後又一巔峰之作。發表時文末注明「一九四一年，夏重抄」，或許早已完成初稿，在六月間重新整理、抄出，亦未可知。一如《呼蘭河傳》，《小城三月》仍娓娓敘述了呼蘭小城的人情風俗，特別是對北中國春天來臨時，鄉野風物的描寫極爲細膩、精到，纖細的筆觸流露出淡淡的喜悅。這是身處遙遠異鄉的蕭紅，對夢中故鄉的精微觸摸和深情回憶。除了故鄉風物，蕭紅第一次在作品裡正面描寫了父親、繼母、叔叔、伯父、姨母，還有堂兄妹之間溫馨和煦、其樂融融的家庭生活。她筆下此前那個嚴厲、固執，自己與之勢不兩立的父親，那個刻薄、冷漠、僞善的繼母不見了。取而代之的是父親開明而溫和，支持繼母在小城第一個穿高跟鞋；繼母溫和、寬容，家庭氛圍令人陶醉；堂兄妹們則在一起開家庭音樂會、打網球、講英語或俄語。

《小城三月》鬆弛地敘述了翠姨的故事。翠姨的原型是蕭紅繼母的繼母所帶來的女兒，梁氏叫她「開子姐」，也就是蕭紅的開姨。蕭紅在小說裡將這層關係交代得非常清楚，且翠姨和現實中的開姨都英年早逝，開姨死於肺結核。而「我」和翠姨的關係非常親密，這自然是現實中蕭紅與開姨關係的投射。既然與繼母沒有血緣關係的姊姊都如此和煦、親密，可見蕭紅與繼母間自然也擁有非常人所能想像的親近。翠姨與堂哥那場朦朧而含蓄的愛戀雖是一

1947年蕭紅全家人攝於後花園。張秀珂（後排左起）、張秀璋、張廷舉、張秀琢、王連英（張秀琢妻）、關敬成（張秀玲丈夫）、朱玉珍（張秀璋妻子），張秀瓏（前排左起）、張秀琬（石坡）、梁亞蘭、張秀玲

個悲劇，但字裡行間的感傷極其淡遠，讀者更多爲文字間所流露出的喜悅和家庭成員間的平和、溫馨，而心生無限想像。

《小城三月》充分流露出蕭紅那身處異鄉的寂寞，和對故土、故家的無限留戀。一向個性好強如她，此刻亦毫無保留地顯出其靈魂深處那無限柔情的一面。連年的戰爭，無邊的異鄉流亡，苦難的情感經歷，讓此前那個任性的孩子已然成熟，內心深處與此前深惡痛絕、勢不兩立的家族徹底和解，因而，才有如此溫情瀰漫的文字。回家，是蕭紅此時最大的願望。太想見見父親、繼母，還有眾多兄弟姊妹；太想重開那樣的家庭音樂聚會，吸引來伯父、繼母還有一向嚴厲的父親；太想再次感受「被楊花給裝滿了」的小城三月；想看看呼蘭河發河冰時，「冰塊頂著冰塊，苦悶地又奔放地向下流」……

《小城三月》優美、精緻，喜悅中亦流露出淡如輕煙般的感傷，發表時蕭紅用毛筆題寫了文題，端木更是爲之費盡心思，親自繪製精美的題頭畫和插畫。遵從蕭紅的創意，小說題頭畫了一架馬車在大雪中飛奔；正文則插畫了小說主人公翠姨手持網球拍在河邊沉思的情景，隔河的遠景是一座小山，近旁有一只啤酒桶。精美的畫作與精緻的文字以及整篇小說氤氳而出的唯美、傷感的格調相得益彰。劉以鬯甚至認爲，端木爲《小城三月》繪製的插圖以及爲魯迅先生繪製的指畫頭像，「都顯示他是一位天資頗高的藝術家」。

從一九四〇年一月到一九四一年六月，蕭紅在病痛中以驚人的速

端木蕻良指繪的魯迅圖像

《小城三月》插畫

《小城三月》題頭畫

度完成了自己的巔峰之作。在她不到十年的創作歷程裡，這段時間是其短促一生中最爲華美的篇章。正如盧瑋鑾教授所言，她「彷彿早已預知時日無多，要拚盡氣力，發出最後又是最燦爛的光芒」。

輾轉病榻

蕭紅此前喜歡抽菸、喝酒，常常咳嗽自是難免，雖然，她自己亦懷疑已然感染肺結核，但並未引起足夠重視。連年戰爭、輾轉流徙，即便想治療，實際上也不可能。史沫特萊回國後，蕭紅自覺身上諸多不適，仍是一些伴隨多年的痼疾，加之住院費用高昂，便隨即出院了，雖然史沫特萊一再安慰，自己回國後將設法爲之籌款養病。蕭紅急於出院，還因惦記著《馬伯樂》要接著寫下去，而端木爲編輯《時代文學》忙碌不堪，她想幫幫他。在向各地作家組稿方面，比起端木，她有更爲廣泛的交際，許多約稿信需要她來寫。

然而，七月間，蕭紅身上的一些病症愈發沉重，常常失眠、咳嗽加劇。爲治療痔瘡，再次回到瑪麗醫院。針對嚴重的咳嗽，醫生做了肺部檢查，確診患上肺結核，不過患處已然鈣化。醫生主張要想徹底治癒，就得將鈣化的結核放開。到醫院兩三次後，端木、蕭紅最終同意了醫生的治療方案。而針對這種肺結核病的新式療法是打空氣針，原理是將新鮮空氣一次次注入肺部，將鈣化的結核慢慢「吹」開。蕭紅對這種充氧療法非常不適應，此前，雖覺有病但走動如常人，能照常寫作，打了空氣針後，便徹底病倒愈益虛弱，無法站立，只能臥床，非住院不可。而且全身各處的病灶都顯露出來，便祕、發喘、咳嗽、頭痛加劇、臉色晦暗、聲音沙啞。蕭紅所在的三等病房，設在醫院四樓的前方走廊上，光線充足，三面臨海，可以充分呼吸新鮮空氣，是院方對肺結核病人的有意安排。在沒有有效針對性藥物的情況下，當時肺結核的治療只能靠呼吸新鮮空氣和安靜臥養，是典型的「富貴病」，需有錢、有閒。蕭紅極不喜歡這種敞開式的病房，覺得如同露宿。

端木極度忙於《時代文學》的編務，以及在其上連載的長篇小說《大時代》的寫作，因腿部風濕癱瘓症發作，行動十分不便，多數時候由助理袁大頓陪著到醫院探訪。每日面對浩瀚大海，極目長空，蕭紅心情頗爲愉快，只是長時間勤於寫作，一旦停下來什麼都不做，實在閒適得難以適應，寂寞中將一部《聖經》很快讀完。見端木、袁大頓來，總是嚷著太寂寞，要他們下次多帶些新書來。醫生不許她過於用腦，端木、袁大頓只得給她帶些畫報。蕭紅笑言：「你們都把我當成兒童了」。爲了治病，她不得不在無邊寂寞中打發一天天，想到還有很多的作品要寫而痛惜韶光流逝。

著名舞蹈家戴愛蓮亦因肺病住進瑪麗醫院。病房恰在蕭紅隔壁，動過手術後，宋慶齡常來看望。聽端木說宋先生常來隔壁探望，蕭紅每每抑制不住衝動，想見見這位令其景仰的偉大女性。只是考慮到自己身患肺病，易於傳染，而孫夫人事務繁忙，就打消了念頭。戴愛蓮倒是過來看望過，後來回憶說蕭紅「雖然身體虛弱，但頭腦清醒，精神樂觀」，「給我留下深刻的印象」。後來某天，她將蕭紅就住在隔壁病房的消息告訴了前來看望的蔣光慈夫人吳似鴻。

在《蕭紅印象記》中，吳似鴻後來回憶，當她走進蕭紅病房，看見「她似乎睡著了，一雙大紅皮拖鞋安放在床邊的地板上，房中只有她一個人，並沒有見到去探望她的友人，寂寞的空氣充滿著全室。幸喜那房子是靠花園的，光線非常充足，但缺少人間的暖氣，雖然是在南方的秋季。我站在門口，遲疑著不想走前，因爲第一，她並不認識我；第二，如果我和她曾經相識，互相有了友情，那麼我會等她醒來，和她親切地談幾句，安慰她一番，但是我和她不過是一對生疏

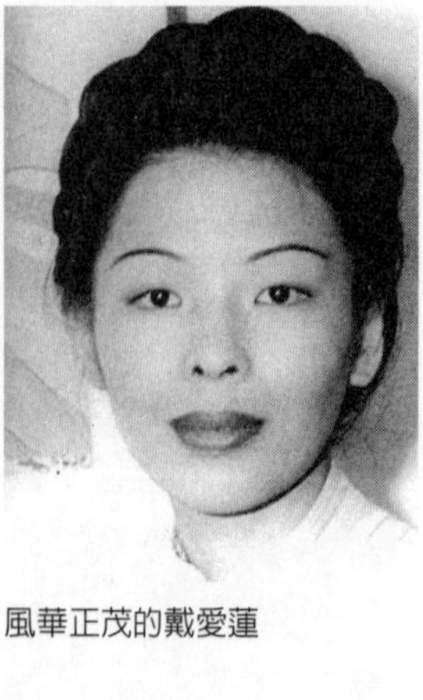

風華正茂的戴愛蓮

者，所以我終究退出了房門」。吳似鴻還透露，當年在上海讀完《生死場》，就覺得蕭紅的筆調不同於一般女子，很想見見。一天在拉都路上見到正在買菜的蕭紅，後來，又在作家白薇家裡碰見。當時，她正在和白薇說話，邊說邊打手勢，「臉上無溫情，也見不到笑容，神情分著你我，好像與外界保持了相當的距離」。吳似鴻感到蕭紅身上「有一股寒冷的氣質」，也就錯過了與之正式相識。待蕭紅告辭，白薇對她說：「她很關心我，當我一個錢也沒有的時候，她就送錢來給我用」，又說：「多少人愛她啊！許多人都追求她，發瘋似的追求她！」而在香港的商務印書館裡，吳似鴻亦見過一次，這次在醫院裡已是第四次見到。多年後，吳似鴻爲與蕭紅四次見面卻沒有與她說上一句話，而深深遺憾。

養治期間，一旦身體狀況有所好轉，蕭紅便又開始參與一些文事活動。八月四日，她和端木應邀去香港大學講座。當天下午，兩人還接到許地山病逝的消息，不勝駭異傷感。「九一八」是東北流亡者永難消抹的心靈傷痛，一晃十年了，蕭紅、端木各自拿起筆以自己的方式，紀念這個對他們來說極其特殊的日子。九月一日，《時代文學》發表了《給流亡異地的東北同胞書》，署名蕭紅。可能鑒於蕭紅病中，端木將她一九三八年在武漢時發表的《寄東北流亡者》稍加刪改，拿出來重新發表。月中，報紙上公開發表了由蕭紅、端木蕻良、周鯨文、于毅夫等三百七十四人簽名的《旅港東北人士「九一八」十週年宣言》，傳達將抗戰進行到底，渴望早日解放家鄉、回歸故里的心聲。

因思念四年來音信杳無的胞弟，加之自身輾轉床榻，不勝憂悶，「九一八」前夕，蕭紅抱病撰寫了《九一八致弟弟書》，抒發內心。與當時一般政治動機明顯的「九一八」紀念文章不同，此文雖是公開信，但同樣親情繾綣，讀之令人動容。蕭紅抒發了與弟弟分手後的種種心情，以及兩次失之交臂的遺憾，還有如今音信杳無的無邊掛念。雖然也有「中國有你們，中國是不會亡的」之類「宏大情感」的流露，但更多表達了與張秀珂之間的姊弟情深，真摯動人，富有感染力。這篇公開信發表於九月二十日的香港《大公報》副刊《文藝》，和九月二十六日桂林版《大公報》，可能是蕭紅一生最後完成的作品，是她作爲作家留下的「絕筆」。

十月底，袁大頔來醫院探望時告知，此前健康時所完成的《馬伯樂》部分積稿，到十一月一日出版的《時代批評》第四卷第八十二期就全部刊完了，並問續稿該怎麼辦？蕭紅聽後，神情一怔，繼而不無感傷地說：「大頔，這我可不能寫了，你就在刊物上說我有病，算完了吧。我很可惜，還沒有給那憂傷的馬伯樂一個光明的交代。」見蕭紅神情戚戚，袁大頔也有些難過。此時的蕭紅太羨慕年輕人的健康與活力，感慨良多地對面前的袁大頔說：「年輕人要多用功……」

《馬伯樂》續編只寫到馬伯樂一家流浪到漢口，一共九章，這部未竟傑作的最後一句話是：「於是全漢口的人都在幻想著重慶」。以發表時間計，葛浩文先生撰文認爲，「我們不妨說，《馬伯樂》續稿第九章（也是最後一章）是蕭紅著作中目前所發現最後發表的小說」。半個月後出版的《時代批評》第八十三期（十一月十六日）上登出啓事：「啓，蕭紅女士的長篇《馬伯樂》因患肺病，未能續寫，自本期起，暫停刊載。於此，我祈祝作者早日健元，並請讀者宥諒！」

到底耐不住在醫院長期養治的寂寞，蕭紅不斷孩子般吵著要回家。端木與周圍朋友商量，覺得養病也要照顧病人情緒，最終在十一月初將她從醫院接回，專門請了一個女傭照顧起居，茅盾、胡風、巴人、楊剛、駱賓基等友人時常前來探望。端木忙於編務，包括招待客人在內的許多事情都由袁大頔代爲處理。蕭紅需要休息時，他亦權作擋駕「門人」。

臨出院，蕭紅與作家薩空了夫人金秉英在瑪麗醫院電梯裡意外相識。與兩位女友前來探望朋友的金秉英，走進電梯，適值護士推進一個坐著的女病人，雖然臉色蒼白，可一雙傳神的大眼睛，卻別有風韻。似乎很面熟，一時又想不起到底是誰，只是剎那間好感頓生，很想和她說說話，而對方也在打量自己。電梯停好，兩位女友搶先走出，她想讓病人的車子先推出去。這時，坐在輪椅上的女人忽然問道：「你是北京人？」

「嗯，你也是北京人？」金秉英有些詫異。

對方回答說：「不，我是東北人。」

而當她詢問何以知道自己是北京人時，對方回答說一聽便知，還說到自己的一些朋友在大街上一聽見有人講北京話，便禁不住跟聽一會兒。就這樣兩人在異鄉一見如故，在醫院大廳臨分手互通姓名、交換地址。金秉英這才知道這坐著的病人名叫蕭紅。

過了兩天，蕭紅差女傭給金秉英送去一張便條，約其前來聊談。金秉英和薩空了住在漢口道，距離樂道不遠，在女傭帶領下欣然前往。到達後推門進去，蕭紅便笑著說：「我擔心你不在家，若在家，我想你會來的。」並說家裡沒有別人，可以盡情暢聊。此後，幾乎每天下午金秉英都前來聊談一兩個小時，一天不去，蕭紅必差傭人來找。聊談中，金秉英發現兩人竟有那麼多的相似之處：一樣的爽朗，愛說愛笑，甚至都愛穿紅顏色的衣服……多年以後，她仍清晰記得，蕭紅曾說等到病好了，要和她這個北京人比試烙蔥油餅，自信身體一定會好起來，然後兩人同往青島看海，整天坐在海邊礁石上聊天，只是她們倆，不要家屬。轉念，又設想：「也可以帶兩個男朋友去，替我們提提皮箱，跑跑腿……」

一九四一年五月間，在周恩來的安排下，胡風轉移至香港。聽說蕭紅在家養病，便前來看望。雖然此前因祕密飛港的流言，多有不快，但畢竟是老朋友，況且蕭紅亦理解他並非存心構陷，因而一旦見面仍然分外親切。胡風見躺在床上的蕭紅比過去更加瘦削、蒼白，精神倒還好，兩人愉快地聊了些故人近況。時過境遷，說起蕭軍，蕭紅亦能坦然面對，興奮地對胡風說：「我們辦一個大型雜誌吧？把老朋友都找來寫稿子，把蕭軍也找來。」說到這裡，胡風發現站在一旁的端木有些尷尬不樂。蕭紅似無所見，接著說：「如果蕭軍知道我病著，我去信要他來，只要他能來，一定會來看我，幫助我。」胡風自然能理解久病中的蕭紅這份懷舊的心情，但亦明顯感受到其內心那份幾乎可以觸摸的寂寞與孤獨。

柳亞子（一八八七—一九五八），蘇州吳江人，南社著名詩人。一九四〇年底從上海來香港，次年一月與宋慶齡、何香凝、彭澤民等聯名發表宣言，譴責國民黨製造「皖南事變」，並拒絕出席其後的國民黨中央全會。在港期間，柳亞子廣泛接觸左翼進步文化人士。

詩人柳亞子

一九四一年十月十九日，二百多人出席了由「文協」香港分會等文化團體，在德輔道西的「福建商會義學」校址，舉辦的紀念魯迅逝世五週年晚會。會上，端木蕻良告訴柳亞子，其七律《魯迅先生逝世五週年》和《圖南集丙輯》組詩，將在十一月出版的《時代文學》上刊出。感念與端木相識不久，竟拿出如此多的版面發表自己的詩作，柳亞子表示一定要前往寓中拜訪。

柳亞子來樂道，適值蕭紅剛剛出院回家。兩人之前素未謀面，只是互聞其名。柳亞子後來撰文述及當時見面情形：「（蕭紅）雖偃臥病榻，不能強起，而握手殷勤，有如夙昔相稔者」。兩人一見如故，從此建立忘年交誼。柳亞子此後有空便前來與之娓娓清談，不以爲累。蕭紅還倚靠枕頭，欣然在柳亞子遞過來的詩冊子上題寫詩句，並感嘆不知何時才能痊癒，到那時可以和老先生一起看電影，更可酣飲小樓，盡享無窮快樂。

十一月十八日，端木回訪柳宅，述及當年東北淪陷，自己回昌圖探母的一路見聞。柳亞子深有所感，當即揮毫寫下《端木蕻良過存，述東北痛史甚詳，感賦一首》。沉吟片刻似有所感，旋又揮毫寫下七律《再贈蕻良一首，並呈蕭紅女士》：

諤諤曹郎莫萬譁！溫馨更愛女郎花。
文壇馳騁聯雙璧，病榻殷勤伺一茶。
長白山頭期殺賊，黑龍江畔漫思家。
雲揚風起非無日，玉體還應惜鬢華。

此詩後收入《柳亞子文集·磨劍室詩詞集》。作者在「曹郎」下有注：「蕻良原姓」；而在「病榻」一句下有注云：「月中余再顧蕭紅女士於病榻，感其摯愛之情，不能弭忘也」。

到底不是醫院，家裡難以呼吸到新鮮空氣，也沒有充足的陽光，不久，蕭紅病情迅速惡化。頭天下午，當金秉英聽蕭紅自信地說「明年我一定會好了」，只覺得那是理所當然，然而次日再去，卻發現她臥倒在床，精神委靡，一問才知道傷風了。蕭紅仍自信「吃點藥就會好」，金秉英亦信以爲眞，不曾料到，蕭紅竟從此臥床不起。再次探望，蕭紅睡著了，金秉英立在床邊注視了一會兒返身而出，而此別即成永訣。關於蕭紅病中情形，袁大頓後來撰文回憶說：

由於在家醫療的不便，蕭紅的病一天比一天更糟了。白天她睡得也很不寧，臥榻常常要南移又要北轉，端木和我就像給她擺動搖籃一樣地去把她的床擺東又擺西。她喉頭的痰愈來愈多了，我替她買痰盂，買藥品一天有時得跑上幾趟，她是很自信的，她要常常知道自己病態的變化。

蕭紅惡化的病情牽動著周圍朋友，考慮到她不願意住院，可能因爲經濟拮据。於是，柳亞子夫婦、于毅夫夫婦、周鯨文夫婦多方爲蕭紅、端木分憂。比起其他人，周鯨文的經濟條件要好很多，在這件事上，大家對他有所倚重。一天，柳亞子約他喝茶，特意談到蕭紅住院治病的開銷，希望他能多加資助。周當即表現出義不容辭的慷慨，令柳亞子頗爲感動，題贈七律一首。其後，覺得重任在身的周鯨文，特地趕到樂道與端木、蕭紅商談繼續治療的方案。大家一致主張還是住進瑪麗醫院爲佳，醫生好，設備齊全，且比養和等私立醫院開銷小。周鯨文向蕭紅、端木保證一切醫療開支，完全由其負責。決定之後，蕭紅於十一月中旬再次住進瑪麗醫院。

住院之初，一切都比較順利。端木亦常去看望，隨時向周鯨文報告情況，周圍朋友安心不少。蕭紅待在醫院依然整天曬太陽、呼吸新鮮空氣，雖沒有經濟上的壓力，但她極爲憐惜時間，急切希望迅速好起來，有太多事情要做，整天待在醫院不見用藥，等於白白浪費時間。而且，一旦住進傳染病病房，朋友們不便探望，看書醫生又不讓，一個人在醫院，蕭紅感到實在孤寂難耐。之前三個多月的住院經驗，早已讓她對醫院無比厭煩，如果不是病情不斷惡化，朋友們殷勤勸說，她自然不願再住進這裡。幾天後，病情稍有緩解，她又向端木吵著要出院。已然入冬，病房依舊設在陽台上，整天吹海風，蕭紅受涼不停咳嗽，向護士要求打止咳針，大約是三等病房之故，護士態度比較差，回覆說院方有規定，藥品是由醫生開具而非病人要求。蕭紅爾後對醫生表示自己咳嗽得很厲害，得到的回答卻是：「咳嗽不要緊，你不要心急……肺病還有不咳嗽的嗎？」

面對冷漠的護士小姐、官氣十足的醫生，蕭紅倍感身體和精神的雙重虐待，不禁又回想起九年前在哈爾濱住院生產的噩夢般經歷。那早已成爲她的創傷性記憶，徹骨的荒寒感讓她在醫院一天都待不下去。每次見端木來，就不斷纏著要求回家。端木蕻良無計可施，只是好言勸慰希望她安心治療，懇求說有大老闆支持，就安心多住一段時間吧。夜裡，蕭紅想到周圍人都聽醫生的，沒人眞正體會自己的感受。被疾病折磨得已然十分脆弱的她，甚至想到這樣毫不作爲地治療下去，自己會最終死在這裡。適値于毅夫第二天前來看望，她便將住院後內心的苦楚向他傾訴了一遍。蕭紅強烈的回家願望打動了于毅夫，想到照顧病人情緒非常重要，於是連出院手續都未辦理，就將她接了回來。時間大約在十一月下旬。

接端木電話，獲悉蕭紅被接了回來，周鯨文詫異之餘很不以爲然，對于毅夫不免心生埋怨。第二天，周和夫人一道前來樂道看望。走進房間，裡邊空蕩蕩只有一張書桌、一張大床、一個燒水取暖的小火爐。幾樣東西擺放得橫七豎八、凌亂不堪，書桌上更是雜亂無章地堆放著書籍、文稿，蕭紅就躺在房中間那張破舊的大床上。見此情形，周鯨文內心一陣酸楚，心想這就是中國文化人的生活。蕭紅、端木作爲已成名的作家尚且如此，其他以賣文爲生的人就更可想而知。見周氏夫婦來訪，蕭紅稍稍振作，但那種筋疲力盡的倦怠，卻始終寫在臉上，臉龐瘦削不堪，但兩隻大眼睛卻還是頗有光芒。

安慰之餘，周鯨文夫婦勸她還是住回瑪麗醫院。表示首肯的同時，蕭紅又似正經似開玩笑地說：「周先生，你正提倡人權運動，請不要忘記我這份人權」。聽她這樣說，周鯨文感到蕭紅是個不太容易聽進別人建議的剛毅女子，心裡更加埋怨于毅夫感情用事，把事情弄複雜了。不過，見蕭紅還是認同自己的建議，他稍感慰藉，臨離開，送了些錢給端木，交代他負責讓蕭紅住回醫院。有了前次在醫院的遭遇，蕭紅說什麼也不願回去。端木很感無奈，只好由著她在家靜養。期間，柳亞子介紹李國基、黃大維等在港名中醫爲之看診，雖也開過湯藥，但都還是主張以靜養爲主。

十一月三十日，柳亞子與愛潑斯坦同去九龍醫院看望生病的女兒柳無垢後，一個人拿著一束秋菊又來樂道。見老詩人來，蕭紅連忙倚枕而坐，將桌上花瓶裡的殘枝敗葉讓人清理掉，插上柳亞子帶來的鮮花，房間裡頓時有股清淡菊香。談到興致高處，柳亞子又拿出詩冊請她題詩。拿筆在手，蕭紅一時感慨萬千，想到自己浪跡天涯，輾轉病榻，心酸不已。轉念，又想到自己何其幸運，得魯迅、柳亞子兩位長輩的器重與垂愛，不禁暖意盈懷，只寫下「天涯孤女有人憐」一句，便不能自持，淚流滿面，合上詩冊交給一旁爲之動容的老詩人。柳亞子一時詩興難遏，沉吟道：

輕揚爐煙靜不譁，膽瓶為我斥群花。
誓求良藥三年艾，依舊清談一餅茶。
風雪龍城愁失地，江湖鷗夢倘宜家。
天涯孤女休垂涕，珍重春韶鬢未華。

傾城

袁大頓是「文協」香港分會「文藝通訊部」青年骨幹。蕭紅住院的近半年裡，他在協助端木蕻良編輯《時代文學》的同時，也為蕭紅做了許多護理工作。十二月六日，袁大頓前來辭別回東莞結婚。帶著蕭紅的祝福離去時，他原想不過數日就能再見，不想，一別竟陰陽兩隔。

十二月八日晨八時，淒厲的警報聲在九龍上空驟然大作。連日來，香港政府進行了一遍又一遍的防空演習，下達一道又一道疏散命令。港英當局似在和市民一遍遍上演「狼來了」的遊戲。今天，「狼」真的來了。當天是夏威夷時間十二月七日，日軍在偷襲珍珠港，重創美國海軍基地的同時空襲港九地區，輪番轟炸位於九龍的啓德機場，企圖切斷香港與外界的航空聯繫；地面部隊第三十八師團亦分兩路，沿青山道和廣九鐵路南進，襲擊新界和九龍半島。

戰爭已然爆發，然而在大英帝國不可侵犯的傲慢與自信中，香港市民幾乎沒有人相信日軍會真的襲擊香港，就是一些研究國際問題的專家亦難以相信日本會發動太平洋戰爭。警報響起，剛剛起床的人們以為又是防空演習。薩空了當天日記中記載，連住在隔壁的范長江也說「據報告是演習」；但是未到九點，「港九交通，政府已有新命，由香港可以自由過九龍，由龍過港，軍人而外，須先到亞士厘道西人青年會旁門領通行證」，及至九點，「西人青年會已擠得水泄不通」。不久，從九龍過來的車輛帶來啓德機場、深水埗英軍兵營被炸的消息，人群立時騷動起來，爭著登上私人汽輪、舢板渡海前往香港逃命。

淒厲的警報、此起彼伏的轟炸、防空的炮火、四近玻璃的碎裂、屋外倉皇的驚叫……這些表徵戰爭的聲音，將蕭紅再次帶入大城將傾的情境。十年來，數次經歷如此情境，似乎也不必大驚小怪。然而，此時她陷於無邊的恐懼，預感自己會隨著這座城市一起傾覆。這次，不同於九年前大腹便便被困於東興順旅館，聽著日軍在槍炮聲中占領哈爾濱；不同於四年前和蕭軍、鹿地夫婦一起傾聽閘北的炮聲，感受上海即將淪陷；更不同於三年前同樣大腹便便滯留漢口「文協」傾聽武昌大轟炸；亦不同於兩年前蟄居重慶歌樂山，親歷「五三、五四大轟炸」。眼下，她疲憊而虛弱，呼吸困難，不能動彈，充滿對死的恐懼。戰爭的罪惡之音如此尖利、刺耳，她緊緊摀住雙耳，依偎在端木懷裡，不許他離開頃刻。意識到戰爭爆發，端木立時覺得有太多事情急於去做。應該將前天斯諾夫人給蕭紅匯來的二百港元稿酬取出來，應該到銀行取出全部存款，應該儲存食物……然而，眼下最要緊的是讓蕭紅得到安撫，祛除恐懼，稍有安全感。

八點多，端木接到作家駱賓基的辭行電話。駱爲在港幾個月得到端木的照顧表示感謝，戰爭爆發他計畫突圍返回內地。端木正需一個幫手，考慮到他單身一人，行動方便，就懇請暫時不要走，留下幫忙照顧蕭紅。駱賓基爽快答應，說馬上趕過來。放下電話，端木心裡踏實許多，畢竟危難中有人相助。駱賓基也是弟弟秀珂的朋友，獲悉此時他能留下照顧自己，蕭紅頗感安慰，茫然中，像是在等待弟弟的即將到來。

駱賓基（一九一七—一九九四），原名張璞君，吉林琿春人。一九三六年流亡上海時結識張秀珂，此後，在桂林期間發表了一些作品。「皖南事變」後，經廣州去澳門，於九月二十八日抵達香港。一

駱賓基

週後適逢中秋節，身無分文的他，聽說主持《時代文學》的端木蕻良是東北同鄉，便試著打電話希望得到幫助。端木此前看過他的小說《邊陲線上》，對其略有耳聞，於是趕到旅館看望。瞭解到駱賓基當掉行李買票來港，端木十分同情其遭遇，徵得周鯨文同意，將其安頓在《時代批評》社的宿舍裡，與林泉、張慕辛、董秋水等工作人員一同吃住。解決食宿，端木又問他有無文章，想幫他發表作品，好以稿酬維持生計。駱拿出此前創作的長篇小說《人與土地》，端木於是在《時代文學》十一月號上發布啓事，稱病停掉僅僅連載三期的長篇小說《大時代》，開始登載《人與土地》第一章。駱賓基後來搬至九龍，住在太子道底的森馬實道，張慕辛、林泉過去看望，發現他和鳳子等幾個作家住在一起。蕭紅從瑪麗醫院回來不久，駱賓基亦曾前來看望，因見其精神不佳，說話無力，沒有多談便告辭了。稍後再來，蕭紅精神有所好轉，情緒也比較好，談話稍稍深入。

駱賓基對端木心存感激，又是張秀珂的朋友，蕭紅一如姊姊。戰爭爆發，鑒於蕭紅的病況，既然端木有求於己，留下來幫忙似乎也是比較自然的事情。但考慮到當時的戰爭情形，各人自顧不暇，他答應留下，應是非常難得。慷慨應允後，駱賓基很快就趕了過來。

期間，過於恐懼的蕭紅要端木給柳亞子寫封便信約其前來聊談，一如心裡恐懼的孩子，希望得到長者的安慰。女傭送信過去，告知早晨的飛機聲、機槍掃射聲、轟炸聲，是「眞打仗」，不是「假演習」，蕭紅十分恐懼，希望能前來給以安慰。柳亞子夫婦及女兒其時仍不相信戰爭爆發，回信說早晨是「眞演習」，讓蕭紅安心休養。稍後，有報館朋友來，他們一家才知道太平洋戰爭眞的在眾人睡夢中已然爆發。九時，柳亞子冒著空襲趕到樂道看望，告訴蕭紅眞實的戰爭消息。蕭紅一把抓住他的手，眼裡流露出極度恐懼，不斷說：「我害怕！」

「你怕什麼呢？」柳亞子勸慰道：「不要怕。」

「我怕……我就要死，聽見飛機的聲音就心悸得很。」蕭紅顫聲黯然道。

柳亞子強裝鎮定，勸她安心養病，不要害怕。但蕭紅實在難以平靜，控制不住自己的恐懼情緒。見狀，柳亞子覺得一味安撫對她沒有益處，索性說道：「這時候誰敢說能活下去呢？」老詩人一時情緒激動，起身繼續說道：「這正是發揚民族正義的時候，誰都要死，人總是要死的。爲了發揚我們民族的浩然正氣，這時候就要把死看得很平常……」一旁的駱賓基聽後，也很爲老先生大無畏的精神感染。

柳亞子家裡同樣有許多事情亟待處理，蕭紅不讓他回去，執意要他多陪一會兒。等到外邊的嘈雜聲漸弱，蕭紅在端木、柳亞子的安撫下漸漸有了睡意，老先生這才「悄然別去」。端木送柳亞子出門，囑駱賓基不要走開。然而，他們一離開床沿，蕭紅便在淺睡中夢囈般說道：「不要離開我，我怕，我要活……」稍稍平靜，極度恐怖中的蕭紅疲倦思睡，緊緊握住駱賓基的手慢慢睡去。駱感到面前這命途多舛的「姊姊」極其害怕在炮火中被人拋棄。

端木處理完一些事情，回來打算和駱賓基一起帶蕭紅到東莞找袁大頭。只是，原以爲袁回去結婚會馬上回來，沒有留下地址，正在懊悔，卻得知日軍行動非常迅速，東莞已經淪陷，甚至九龍的一些街區都已能看見日軍的鐵絲網。意識到被困九龍，一籌莫展之際，于毅夫趕了過來。除了與端木、蕭紅是朋友、同鄉之外，于還奉中共地下黨組織之命，負責與他們聯繫伺機轉移。不過這層關係是隱祕的，當時並不爲旁人所知。知道有中共地下黨組織的關照，蕭紅的恐懼有所消釋，三人一起共商對策。于毅夫告訴端木、蕭紅，九龍即將淪陷，必須迅速渡海到香港。

當晚，端木蕻良、于毅夫、駱賓基用床單做了一副臨時擔架，將蕭紅抬上人力車，抵達港口換乘小划子渡海到香港，再坐車趕到《時代批評》宿舍，卻撲了個空。林泉、張慕辛都不知去向。原來，張學良胞弟張學銘一般住在山上別墅裡，爲了下山有個落腳休息之處，在思豪酒店長期包租了一個套間。酒店老闆夫婦亦是東北人，林、張二人與之十分相熟，戰爭爆發，市面供應混亂，他們便通過老闆娘的關係，住進張學銘的包間。端木一行找來，兩人很爽快地將包間讓出，以便蕭紅、端木、駱賓基得以及時安頓。

十二月九日一早，柳亞子攜夫人和剛出院的女兒渡海後住在香港西摩道。逃難中柳夫人受了槍傷，端木前往看望，自顧不暇的柳亞子託他轉送蕭紅四十美元，以備逃難之需。聽說柳先生也到了香港，蕭紅非常興奮，打電話對其慷慨相助表示眞摯感謝，並約他到酒店來聊。電話裡，蕭紅談興頗濃，愉快地說著「我完全好人似的了」、「我的精神很好」之類的話。聽其「喋喋不休」，柳亞子怕影響她病中靜養，只好適時終止。放下電話，蕭紅向駱賓基感嘆，如此慌亂之際，柳亞子居然還能注意到她的聲音，並從聲音裡就能感知自己的精神狀態，眞是詩人的眞摯。如此時刻「誰還能注意一個友人的聲音呢？」

就在蕭紅離開九龍當晚，中共南方局書記周恩來密電指示八路軍駐香港辦事處主任廖承志，做好應變準備，將滯留港九的進步人士撤往東江或南洋。次日晨，周恩來再次致電廖承志，具體部署將滯港進步人士經澳門或廣州灣撤往桂林的方案。日軍勢如破竹，步步進逼，香港同樣危在旦夕。在廖承志的安排下，一場針對滯港文化界和民主人士的營救活動迅速展開。

九日，港九間海運中斷。

十日，日軍占領九龍幾處山頭，架炮轟擊香港市區，交通中斷、糧食危機，只有小面額港幣可以流通，市民爭相外逃，秩序混亂。

十二日，日軍占領九龍，中午派人過海向港英當局勸降，遭拒後發動全面空襲炮轟。香港到處大火熊熊，不時斷水、斷電，爛仔（流氓）橫行。

十七日上午，日軍從九龍隔海炮轟香港，除山上軍事要塞外，又將炮口對準居民區持續轟炸兩小時，市民死傷慘重。中午，再次派人勸降，遭拒。下午四時至前半夜更是炮聲大作。次日一早繼以持續空襲，猛炸中環街市。炮火點燃位於西角的美孚汽油庫，在海邊就可以見到滾滾升起的黑煙，小部日軍趁火勢掩護，強行登陸。

據駱賓基《蕭紅小傳》記載，九日，端木在思豪酒店將蕭紅安頓好後，見有駱賓基照顧，不久便離開了。端木走後，《大公報》記者楊剛（一九〇五—一九五七）前來探望。楊剛走後，駱賓基聽見四周趨於平靜，便向蕭紅告辭，想返回九龍搶救其《人與土地》的手稿，那是他兩年來的心血。蕭紅內心雖然祛除了戰爭伊始那種幾乎無法克服的恐懼，但還是非常害怕身邊沒人陪伴。她不願駱賓基離開，對他說：「英國兵都在碼頭上戒嚴，你爲什麼冒險呢？」

「我要偷渡。」駱賓基回答。

「那麼你就不管你的朋友了麼？」

「還有什麼呢？我已經幫你安排好了。」

「你朋友的生命要緊，還是你的稿子要緊？」

「那——我的朋友和我一樣，可是我的稿子比我的生命還要緊。」

「那——你就去！」

「那是自然的。」

駱賓基看見，聽完自己最後一句話，蕭紅的臉埋了過去。他處於難以做出決斷的兩難：面前可憐的「姊姊」實在太需要自己的安慰，留下來，即便什麼也不做，也能給她帶來些許安全感；而那部書稿卻凝聚著自己太多的心血。他不禁對不見蹤影的端木生出深深的埋怨，拿不準這是否是他的退縮，甚至不負責任的拋棄。他更眞切地感到躺在床上的「姊姊」的無助和可憐。蕭紅不想讓他看清自己的表情，但他完全可以想像得出。駱賓基低垂著腦袋站在床前陷於遲疑，不知如何取捨。蕭紅覺得他並沒有走，便平和地說道：「對現在的苦難，我所需要的就是友情的慷慨！你不要以爲我會在這個時候死去，我會好起來的，我有自信。」

蕭紅認爲駱賓基之所以此時想離開，是因爲對自己並不瞭解，對端木也不瞭解，而對她和端木的關係就更不瞭解。面對沉默的「弟弟」，蕭紅充滿傾訴的欲望。是戰爭將她和駱賓基放置在這樣一個純粹的空間。自己的丈夫不知道做什麼去了，而最可怕的揣測，就是一向膽小的端木蕻良很可能獨自突圍返回大陸，撇下連行走力氣都沒有的她在這無邊的戰爭裡；她更害怕面前這唯一的男人亦離她而去。她急於告訴他一些他並不瞭解的東西，渴望他瞭解自己、懂得自己：

「第一次見到你的時候，我就從你的眼光裡感到了你是如何看待我的。你也曾經把我看作一個私生活很浪漫的女作家，是吧！你是不是在沒和我見面之前，就站在蕭軍一邊，絲毫不同情我？我知道與蕭軍分手是一個問題的結束，和端木結合又是另一個問題的開始。你不清楚眞相，爲什麼就一定以爲是他對，我不對呢？不應該這樣武斷。」

蕭軍，那是個多麼可愛又多麼可恨的男人。沉默中的蕭紅陷於往事的回憶，一下子想起很多。過往潮湧眼前，不禁想起蕭軍的好；想起他不講理的粗豪；想起他面對困厄的霸氣。在這連天炮火裡，靠在他孔武有力的肩頭，或許是一個女人最大的安寧與幸福；想起他更不會讓自己擔心他是否會不負責任地離棄……面對炮火，端木始終讓她感到如此恐懼，無法從這個膽小、怯懦、孩子氣的男人身上獲得安全感，不得不以一種夫妻之間似乎本不該有的心態來揣度他到底做什麼去了。想到這裡，女人內心瀰漫著無邊的哀怨，半年來的疾病折磨早已讓她無法堅強。她太害怕端木這身邊唯一的親人對自己不好，然而，多少讓她有些失望地感到，端木實在給不了她所想要的，疾病令她對端木常常充滿不信任的想像。情緒淒迷，蕭紅又想到了父親，此時好想得到父親的庇護，多年來一直都在與之爭鬥，此刻卻好想回到他身邊。那個開明、溫和的父親浮現腦際，讓繼母在呼蘭第一個穿高跟鞋，讓孩子們自由進校讀書、在家裡打網球、開音樂會……

沉默了一會兒，蕭紅若有所思地繼續喃喃說道：

「我早就該與端木分開了，但那時我還不想回家，現在，我已然慘敗，丟盔棄甲，我要與我的父親和解。我的身體倒下了，想不到我會有今天！」

端木到底去了哪裡？期間他或許回來過，不過沒多久又走了。一天，蕭紅告訴駱賓基：「端木準備和別人一起突圍，從今天起就不來了，已經對我說過告別的話。我要回家，我要回到呼蘭，你要送我到上海，把我送到許廣平先生那裡，就已經給了我極大的恩惠，我不會忘記你的。有一天，我定會健健康康地走出房間，我還有《呼蘭河傳》第二部要寫……」

據台灣作家孫陵回憶錄《我熟識的三十年代作家》之《駱賓基》一文記載，蕭紅棄世不久，駱賓基與端木在桂林鬧翻，盛怒之下，駱給他看了蕭紅親筆書寫的一張紙條，並強調「這是蕭紅和他（端木蕻良）最後的通訊」。關於這張紙條，孫陵回憶道：

> 我拿過紙條看看，那是用鉛筆寫在一張帶格子的紙上，好像是從一個記事簿上扯下來的。蕭紅在紙上潦草地寫著：「我恨你，我恨你這許多天不來看我，再也不要來看我了……」
>
> 事隔十年，有些話我也忘記了。

晚年張廷舉和孫子張抗

端木卻嘻皮笑臉地在那同一張小紙條上注著：

「達玲！你不要這樣生氣！養病是不能生氣的，我這兩天實在太忙，過幾天一定來看你……」

孫陵還透露，駱賓基認爲端木所謂「實在太忙」不過是藉口，實際天天忙於追求周鯨文的小姨子。而台灣學者周錦在《〈呼蘭河傳〉論》裡，亦提到蕭紅「隨端木到香港，端木卻全力追求一個闊小姐，把她置於不顧」。如果眞有此事，所謂「闊小姐」應該就是周鯨文的小姨子了。

在思豪酒店，蕭紅、駱賓基就這樣在聊談中度過一天天，端木似乎一直不見蹤影。愈來愈失望的蕭紅難以掩抑內心的哀怨。當駱賓基問起端木，蕭紅淡然回答：「他麼？各人有各人的打算，誰知道像他這樣的人在追求什麼？我們不能共患難。」連日來的傾訴，讓蕭紅意識到自己與以往大不一樣。以往即便再苦，也不願向任何人訴說。炮火聲中的廝守，不覺讓她對駱賓基格外親近，感嘆「我爲什麼要向別人訴苦呢！有苦，就自己用手掩蓋起來，一個人不能生活得太可憐，要生活得美，但對自己的人就例外」。

駱賓基對蕭紅爲什麼能和端木蕻良這樣的人在一起共同生活三四年表示不解，覺得那不是太痛苦了麼？蕭紅心想，更大的心靈苦難，蕭軍早已讓她細細領受了，這又算得了什麼。駱賓基的話引出她無限感傷：「筋骨若是痛得厲害了，皮膚流點血也就麻木不覺了。」

駱賓基也向蕭紅傾訴了所歷的艱辛，談到與馮雪峰的相識及其未竟之作《盧代之死》，還有去其義烏家鄉的感受。據丁言昭《蕭紅傳》載，蕭紅聽後非常振奮，表示等到病好之後，邀幾個朋友和駱賓基一起，共同完成這部表現紅軍長征的小說。這就是蕭紅棄世前念念不忘的「那半部《紅樓》」。兩人還交流了各自對於文藝的見解。駱賓基讚嘆《戰爭與和平》是「藝術的高峰」，蕭紅卻認爲藝術上有佳作，卻並沒有所謂高峰，說「一個有出息的作家，在創作上應該走自己的路。有的人認爲小說就一定要寫得像托爾斯泰、巴爾札克和契訶夫的作品那樣。我不信這一套，其實有各式各樣的生活，各式各樣的作家，也有各式各樣的小說」。

期間，端木回到酒店，蕭紅問：「你不是準備突圍嗎？」端木回答：「小包都打起來了，等著消息呢！」見她一切如常，端木洗刷完痰盂之後，又有事離開了。駱賓基在《蕭紅小傳》裡，首先透露住進思豪酒店後，端木就不在場，爾後，該書在歷次修訂中不斷強化，最終在《修訂版自序》中明確說：「從此之後，直到逝世爲止，蕭紅再也沒有什麼所謂可稱『終身伴侶』的人在身旁了。而與病者同生死共患難的護理責任，就轉移到作爲友人的作者的肩上，再也不得脫身了」。駱賓基的離棄之說，幾十年來讓端木一直遭人深深詬病。對此，他似乎從不做辯解，亦沒有說明這段時間到底做了什麼。

端木蕻良自然不是一如詬病者所想像的那般不負責任，然而，他與蕭紅共守艱危之心，一開始亦非其親屬們後來所美化的那樣堅定。思豪酒店這大約七八天的不在場，以及到底做了什麼，始終難以得到圓滿解釋。然而，蕭紅所說的他準備和別人一起突圍，或許確有其事。香港學者劉以鬯曾專就這一問題請教周鯨文，得到的答案也印證了這一點：

問：駱賓基在《蕭紅小傳》中，說日軍攻陷香港後，正在病中的蕭紅曾經對友人說這樣的話：「端木是預備和他們突圍的，他從今天起，就不來了，他已經和我說了告別的話……」此外，蕭紅還表示不能跟他共患難。依你看來，端木蕻良這種打算有充分的理由支持嗎？

答：端木初時，有突圍的打算。後來，因蕭紅的病日漸加重，改變了主意。

而當問到「留港期間，端木蕻良與蕭紅的感情好不好」時，周鯨文亦據實相告：「我總覺得兩人心裡有些隔閡」。由此可見，蕭紅的恐懼一定程度上，還是基於當時情形下無法從端木身上獲得安全感。駱賓基因此對端木懷有惡感可以理解，但在日後的寫作中，他明顯放大了這種情感傾向。

十二月十八日夜，日軍和守土英軍隔海展開激烈炮戰。連續不斷的炮擊，人們大都躲進了地下室，整個思豪酒店已經沒有多少人。蕭紅、駱賓基仍待在位於酒店五樓的病房裡。四近炮彈落點的巨大轟炸聲，讓蕭紅意識到這又是一個傾城之夜。個人生命在這樣的轟炸裡顯得如此微不足道，隆隆炮聲中，她內心反倒生成一份坦然與安寧。整個一層樓幾乎只有她和駱賓基兩人，炮聲間歇是一種帶有宗教感的靜穆與寧靜。生與死咫尺，兩人彼此傾聽來自對方心靈的聲音。蕭紅向駱賓基講述了一個沒有寫出的小說腹稿。仍是故鄉故事，平淡的情節一經蕭紅之口在這種情境中講出，讓兩個異鄉人都沉浸其中，在戰爭的罪惡大音中神遊呼蘭。

傾訴與傾聽讓兩人如同置身現實之外，每有炮彈在附近落下，蕭紅便暫停講述，睜大眼睛凝視天花板，傾聽炮彈落點。故事就這樣斷斷續續地講著，蕭紅為駱賓基傾聽時著迷的神色而無比寬慰。面對炮火他那如處世外的風度，令她感到面前的「弟弟」「也是在觀念裡生活的人」。故事終究沒有講完，一顆炮彈落在酒店六樓，巨大的轟炸聲令人有身碎骨裂之感，房間裡瀰漫著濃烈的硫磺氣味，蕭紅嗆咳不已，死生之隔竟如此之近。「起避底樓」後，蕭紅也就停止了故事的講述。這個未竟的故事，駱賓基後來寫成小說《紅玻璃的故事》，在一九四三年一月十五日出版的《人世間》第一卷第三期上發表時，署名：蕭紅遺述駱賓基撰，文風、筆觸酷肖蕭紅，實為罕事。誠然，基於生死的相互理解自然真切。

端木蕻良大約在十九日晨再次回到思豪酒店，或許更早亦未可知。曹革成在《我的嬸嬸蕭紅》一書裡記載，頭晚思豪酒店中彈，駱賓基「起避底樓」後，只剩下端木和蕭紅兩人在房間。端木在床邊將蕭紅摟住，待炮聲稍稍停歇，又開始商量轉移他處。十九日一早，端木花錢雇請民工將蕭紅抬往後山別墅，上山途中亦不斷遭到炮擊，民工欲丟下擔架逃命，危難中，端木以不把人抬上去不給錢相威脅。這樣才好不容易將蕭紅搬到那幢四壁空空的被棄別墅。許多逃難的人已在裡邊各自占好了位置，端木、駱賓基尋找好地方後，鋪上毯子，讓蕭紅躺在上面。屋子裡水電全無，人又多，實在無法住下去，加之地勢高迥，很容易成爲日軍的轟炸目標，傍晚時分炮彈落點愈來愈近，不久，這暫時的棲身之處也中彈了。端木留下駱賓基照顧蕭紅，獨自下山另想辦法。

遇到于毅夫，端木被告知，昨天下午廖承志在告羅士打酒店分批會見滯港文化人和民主人士，傳達撤退方案，確定分組負責人，分發必要的撤退經費，端木和蕭紅的撤退由他來安排。隨即，于毅夫、端木在駱賓基幫助下，將蕭紅從山上抬下來。然後，帶上于毅夫太太和兩個孩子一併轉移到周鯨文家。周家住聯合道七號，位於一個小山坡上，斜對面是保良局，正對面是英軍高射炮陣地，保良局前的廣場是英軍炮兵陣地。戰事發生，周鯨文才發現自己家正在火線網上。蕭紅、端木一行搬來之前，周家已有多家親戚、朋友搬了過來，加上自家的七八口人，別墅已住了二十多人。屋子裡到處是人，好在汽車被香港政府戰時徵用，騰出一大間車庫作爲防空洞，一有警報，近三十口人便擠到車庫裡，只是無法通風，時間一長，窒息得難受。

稍稍休息一會兒，幾個人便開始商量如何安排住處。于毅夫說自己一家可以擠到一個親戚家，就是蕭紅的住處比較棘手。周鯨文說家裡三樓已經中了兩彈不能再住人，二樓雖未中彈，但隨時都有被擊中的可能。警報一響，大家就得擠進車庫，一天不知要跑多少次。蕭紅不能行走，每次都要人抬，會不勝其厤煩。車庫倒是安全，但已被楊姓朋友一家老小十幾口住滿，且裡邊十分潮濕，空氣不暢，不利於蕭紅的病。況且，周、楊兩家都有七八歲的孩子，蕭紅患有嚴重的肺病，兩家大人也不能不爲孩子著想。一番商量，最終決定將蕭紅送到告羅士打酒店，由端木照顧，臨行，周鯨文交給他港幣五百元。

隨後三天，日軍不斷登陸香港，離周家不遠，附近居民紛紛往島內遷移。周鯨文全家遷到位於中環的交易所內。不久，日軍占領了告羅士打酒店，改名半島酒店，作爲指揮部。端木和駱賓基在日軍進駐之前，將蕭紅轉移了出來，曾在何鏡吾家落過腳，最後安置在中環一家裁縫鋪裡。是一間白天也要開燈的黑屋子，也不安全，端木只好離開蕭紅、駱賓基，再次去找周鯨文商量下一步的轉移之所。

二十四日上午，在去周家的路上，端木在香港酒店前碰見作家薩空了。兩人一同前往周鯨文所在交易所。薩空了在日記中說：「端木夫人蕭紅女士，據端木說正住在那附近，我們知道她的肺病在九龍時已很嚴重，現在又遇到戰爭，東遷西搬，飲食都成問題，眞爲她著急。」在商量蕭紅下一步該遷往何處的過程中，周鯨文忽然想起在時代書店後面的斯丹利街另租有兩層房子，一層作爲書店同仁的宿舍，一層作爲書庫，建議將蕭紅安置在書庫裡，裡面存書不多，既安靜又寬敞，且書店同人與端木、駱賓基都是熟人，彼此也好照應。書庫與裁縫鋪在同一條街，相距不過二三百米，蕭紅最終在斯丹利街時代書店的書庫裡安頓下來。

從下午到晚上，日軍對香港肆意狂轟濫炸，到處硝煙瀰漫，熱浪滾滾。人們在戰爭中度過這難忘的「平安夜」。耶誕節下午三四點鐘，港督宣布投降，豎起白旗。躺在病床上的蕭紅，再次見證一座城市的傾覆。一九三二年哈爾濱的大水烙印在她的記憶裡，九年後香港的炮火同樣成了她的生命記憶。占領香港後，日軍派出特務大肆搜捕抗日人士。傍晚，周鯨文換上廣東流行的工人短裝，垂頭喪氣地離開他的「抗日工作大本營」，準備撤離香港，臨行前，來到時代書店宿舍看望蕭紅和同人。大家見他如此打扮，已經心中有數，相約回到大陸再相見。來到書庫，周鯨文見蕭紅蜷伏在一張小床上，似在沉沉昏睡，示意旁人別驚醒她，然後心情沉重地離去。

戰爭，這頭猛獸終以港英政府的屈辱停止了瘋狂的喘息。槍炮聲漸漸零落，耶誕節的香港仍在黑暗中。一九四一年的耶誕節無疑要寫進香港的歷史，薩空了在日記裡寫道：「往年的今天在香港，我們一定看得見全港若狂的狂歡，今夜卻是全港漆黑，只有旺角油池還燃燒著火苗，表示著這世界未全被黑暗所籠罩。」

兩年後，張愛玲在上海以香港的傾覆爲背景，想像了一個意味深長的愛情故事，取名《傾城之戀》，一經發表，立時紅遍上海灘。香港傾覆之時，她只是香港大學的一名普通學生，不知她是否聽過八月四日蕭紅在港大的那場講演。中國現代文學史上的兩位傳奇女作家就這樣在傾覆的香港擦肩而過。對這座城市的傾覆，蕭紅以年輕的生命完成了她的終極體驗，上天沒有給予她時間言說這份體驗；而此時的張愛玲只是以一雙好奇的眼睛，打量著眼前突然發生的一切，以不無新奇的心情跑警報，參加傷病救護。這份體驗成就了她日後的文學想像。

傷逝

二十八日，日軍舉行「入城儀式」，宣布臨時貨幣政策，發行軍票，正式接管香港。

昔日繁華的街市一時店鋪紛紛關門歇業，大街上到處是臨時賭場。人們在無所事事中打發時光，爛仔橫行。占領日軍將搜捕到的英美人士關押進多家作為臨時集中營的酒店，並出動大批特工搜捕中共幹部、民主人士以及文化界進步人士。中共地下黨營救人員找到一些滯港文化人士，提醒他們不要出門，糧食、蔬菜由組織派人送達，以減少被捕風險。于毅夫找到端木蕻良，代表組織給了蕭紅一筆醫療費，告知他們兩人的撤退，組織安排由王福時負責，並另給端木一筆撤退的費用，囑咐一旦蕭紅能夠行動，就立即與王聯繫，由其護送離港。瞭解到有組織的支持，蕭紅內心安穩許多。只是這些天來，病情不斷惡化，感到胸悶、喉頭腫大、呼吸困難，須儘快找醫生治療，遏制病情。端木於是上街打聽是否有醫院在戰後開始接納病人。期間，柳亞子告訴端木，不久將與何香凝女士一道離港。聽說何女士身體狀況也很不好，蕭紅拿出魚肝油要端木立即送去。

一九四二年一月九日，茅盾、葉以群和鄒韜奮、胡繩等人分兩批，在東江游擊隊交通員的安排下離港。十五日，柳亞子、何香凝等亦祕密離港。營救滯港文化人的行動在有條不紊地進行。蕭紅、端木在港的同事、朋友愈來愈少。端木蕻良意識到，隨著周圍朋友大批撤離，自己求助的機會愈來愈少，沒了指望，只得靠自己一點點面對。而在大街上拋頭露面的時間愈長，意味著暴露身分的可能性愈大。淪陷之初，人們多打扮成爛仔模樣，以免引起日軍注意，後來發現他們對穿戴整齊的人特別客氣，於是眾人又穿戴整齊地上街。

端木蕻良一連數天西裝革履地上街尋找開門接納病人的醫院。一天，他發現位於跑馬地的私立養和醫院已開門營業。養和醫院成立於一九二六年，前身爲養和療養院，是全港最好的私立醫院。著名外科醫生李樹芬出任院長，李樹培出任副院長。端木晚年接受美國學者葛浩文訪談時說：「醫院最好的大夫叫李樹魁，只有他還在開業。我接觸的是他的弟弟李樹培，現在大概不在了。」端木所指不知是否就是李樹芬、李樹培兄弟，一時難以坐實。不過，李樹芬出任養和醫院院長直至一九六六年去世，爾後由李樹培接任直至二〇〇五年去世。端木晚年揣測，當年李樹培之所以接納蕭紅「就是要騙錢」，說可以「介紹一個房間，但不要美金、港幣，只要軍票」。

一九四二年一月十二日，蕭紅終於住進養和醫院。見有端木照顧，駱賓基坦率地對蕭紅、端木說實在疲憊不堪，必須找個僻靜地方大睡一覺。對此，蕭紅非常敏感，連忙讓端木迴避，要單獨和駱賓基談談，強調讓他護送自己回上海的打算沒有改變，雖然同意他回時代書店宿舍休息一晚，但前提是絕對不能擅自離開香港回九龍。明天醫生會診，極可能手術，蕭紅希望他能陪在身邊。駱賓基答應下來，傍晚離開。

次日上午，會診結果是，因氣管結瘤引起呼吸不暢，必須立即手術摘除，否則有封喉危險。面對治療方案，端木蕻良堅決不同意。他太瞭解結核病人手術後刀口不易癒合的可怕境況。二哥當年因脊椎結核在協和醫院手術，結果在醫院一躺八年。眼下，蕭紅雖不能下床但還能動彈，一旦開刀，傷口難以癒合，在如此混亂、缺醫少藥的香港，後果將不堪設想。他想以二哥的例子說服醫生放棄手術方案，但李樹培說：「是聽我的，還是聽你的？」端木十分無奈，面對醫生遞過來的手術單，遲疑不肯簽字。

輾轉病榻半年多的蕭紅，對醫院此前那種近乎不作爲的治療方式早就不滿，求醫心切的她簡單認爲一旦手術，就可以迅速解除病痛。以她那好強的性格，自然極其不願在如此危難之時拖累別人。她催促端木不要婆婆媽媽，見其遲疑不決，就從病床上爬起來，自己在手術單上簽了字。醫生不再顧及端木的意見，蕭紅隨即被推進手術室。

駱賓基趕到醫院，手術已經結束，似乎進行得非常順利。手術室大門推開，端木迎了過去，見蕭紅平靜地躺在手術台上，臉色還好，但手術盤裡並沒有取出的結瘤組織，讓他心懷忐忑；回到病房，仔細察看刀口，見涸血不多，又覺得手術利落，水準不錯。麻醉技術也不錯，蕭紅很快甦醒過來。端木俯下身子想聽她說點什麼。不想，她吃力地睜開眼睛，嗓音沙啞地說：「開刀的時候，我聽醫生說沒有瘤……」緊接著，不斷邊呻吟邊喊：「我胸疼，是不是我的胸？」端木意識到，最不願看到的結果到底還是擺在了眼前：手術顯然基於醫生的誤診，開刀後並沒有發現腫瘤。

端木頓時十分茫然，不知下一步該怎麼做。黃昏時分，他和駱賓基圍坐在病床一側的酒精蒸汽爐旁，一籌莫展；躺了一天的蕭紅此刻靠坐在活椅式病床上。基於誤診的手術對她無疑是巨大的打擊，身體極度虛弱，纏著紗布的傷口讓她更其眞切地感到死亡的迫近，再也難有自信會好起來。在這樣的異鄉黃昏，她忽然有了極其強烈的說話欲望，似乎有許多事情要對端木交代。在駱賓基《蕭紅小傳》裡記載著這樣一段話：

人類的精神只有兩種，一種是向上的發展，追求他的最高峰；一種是向下的，卑劣和自私……作家在世界上追求什麼呢？若是沒有大的善良，大的慷慨，譬如說，端木我說這話你聽著，若是你在街上碰見一個孤苦無告的討飯的，袋裡若是還有多餘的銅板，就擲給他兩個，不要想，給他又有什麼用呢？他向你伸手了，就給他。你不要管有用沒有用，你管他有用沒有用做什麼？凡事對自己並不受多大損失，對人若有些好處的就該去做。我們的生活不是這世界上的獲得者，我們要給予。

此刻，她或許又想起在上海那每晚在窗前拉琴，等著自己丟給幾個銅板的乞丐祖孫倆。停頓了一會兒，接著又說：「我本來還想寫些東西，可是我知道我要離開你們了，留著那半部《紅樓》給別人寫去了……」聽到這些，兩個男人難以自持，噙著眼淚，聽蕭紅繼續絮絮說道：「你們難過什麼呢？人，誰有不死的呢？總有死的那一天，你們能活到八十歲麼？生活得這樣，身體又這樣虛，死算什麼呢！我很坦然的。」駱賓基哭出聲來，蕭紅看著床前這個在炮火中一直陪在自己身邊的「弟弟」頓生愛憐，安慰道：「不要哭，你要好好地生活，我也是捨不得離開你們呀！」過了好一會兒，她的大眼睛裡不覺噙滿淚水，低聲哽咽：「這樣死，我不甘心……」

端木聽後站在床邊失聲哀哭，大聲說：「我們一定挽救你！」爾後，與駱賓基在病房外商量下一步該怎麼辦。端木的眞情流露，令駱賓基亦深深爲之動容，此前的不滿和怨憤頃刻消釋。兩個男人握手擁抱，表示要盡力營救病房裡的可憐女人。

據端木回憶，養和醫院最後表示已經盡力，束手無策，與他們再做交涉，沒有時間，也沒有精力。次日，他便開始爲蕭紅聯繫轉院。令人欣慰的是，瑪麗醫院開始收治病人。因與院方相熟，他們很快答應接收蕭紅。聯繫好醫院，讓端木看到了「挽救」蕭紅的希望，接著他又爲籌措住院費用而奔忙，而更爲艱巨的任務是如何將病人送到瑪麗醫院。所有汽車全被軍管，醫院連救護車都沒有。兩家醫院相距四十多里，地勢不平，端木個人靠雙腿丈量，需四五個小時。無法可想，他只好冒著暴露身分的危險，求助於一個名叫小椋的《朝日新聞》社記者。在其幫助下，調出一輛紅十字急救車，於一月十八日中午將蕭紅轉至瑪麗醫院。

下午三時，在瑪麗醫院手術室，醫生給蕭紅安裝了喉口呼吸銅管。夜裡，因沒有氣流經過聲帶不能說話的蕭紅，安寧地躺在位於六樓的病房裡。次日晚十二時，見一直照料床前的駱賓基醒來，蕭紅眼裡立即流露出關切的神情，好像在問：「你睡得好麼？」繼而，面帶微笑向他打手勢要一支筆。得紙筆後，只見她在拍紙簿（當時的說法，護士查房時手上拿的記事本，底下有一個硬紙板上面放一摞紙）上寫下：「我將與藍天碧水永處……」

「你不要這樣想……」未等駱賓基說完，蕭紅揮手示意不要打斷自己的思路，接著寫道：「留得那半部『紅樓』給別人寫了。」稍停片刻，又寫：「半生盡遭白眼冷遇……身先死，不甘，不甘。」怔怔片刻，擲筆微笑。凌晨三時，示意服藥，並吃蘋果半個。雖不能說話，但神色恬靜，再次要紙筆，寫下：「這是你最後和我吃的一個蘋果了！」

二十一日晨，因呼吸銅管被痰液堵住，有氣流經過聲帶，蕭紅愉快地與端木、駱賓基交談了一會兒。她看起來臉色紅潤胃口較佳，吃完半個牛肉罐頭後愉快地說：「我完全好了似的，從來沒有吃得這樣多。賓基，坐下來抽支菸吧！沒有火麼？」

駱賓基嘴裡說不想抽菸，實則因為找不到火柴，他已樓上樓下找了一圈。蕭紅明白他的心思說：「我給你想法」。端木連忙制止：「這些事你就不要操心，你養你的病好啦！」按下床頭召喚護士的電鈴，蕭紅對駱賓基說：「等一會兒，護士就來了。」而駱賓基告訴她，實際上整個醫院都沒什麼人了。見蕭紅狀況有巨大好轉，駱賓基心裡輕鬆不少。到底難以抵禦菸癮，他走出醫院想在路邊小攤買盒火柴。不覺中走進香港市區，想到自戰爭爆發就沒有回過九龍，現在可藉機回去一趟。他急於想取出那部在桐油燈下寫了兩年的長篇小說《人與土地》的手稿。

令駱賓基沒有想到的是，在他走後，日軍突然闖入瑪麗醫院，宣布從此軍管，病人一律趕出。蕭紅於是被轉至一家法國醫院。直到晚年，端木蕻良仍念念不忘當年法國醫生的友善。但是，法國醫院不久亦被軍管。蕭紅隨即又被送到法國醫院設在聖士提反教會女校的臨時救護站。就蕭紅病情，端木詢問醫生是否還有希望，對方表示很難說，如在正常情況下，毫無疑問是有希望的，但以目前的情況，眞是一點辦法也沒有，只能維持現狀。蕭紅喉嚨裡的痰液增多，端木不時幫她將銅管裡的痰液吸出，不然，她的臉就會憋得通紅。眼看醫生對躺在病床上的蕭紅也束手無策，端木倍感絕望。一月二十二日晨六時，蕭紅深度昏迷，醫生示意端木準備後事。

黎明時分，沒有找回手稿，心情沮喪的駱賓基從九龍趕回瑪麗醫院，發現已被日軍軍管，經過盤查搜身進入醫院，發現病房全空，了無一人，於是趕緊回到時代書店宿舍。一打聽，端木果然來找過他，並留下便條告知蕭紅病危，囑歸後就此等待。端木不久趕了過來，告訴他蕭紅已不省人事，還缺少一筆火葬費。駱賓基向書店經理借了二十元交給端木。不料，兩人趕回聖士提反女校路上碰到爛仔，連錢帶身上的衣服全被搶走。上午九時，駱賓基見蕭紅仰臉躺著，臉色慘白，合著眼睛，頭髮披散地垂在腦後，牙齒仍有光澤，嘴唇還紅潤，不久，逐漸轉黃，臉色亦漸漸灰暗，喉管開刀處有泡沫湧出……

一九四二年一月二十二日上午十一時，蕭紅在聖士提反女校臨時救護站棄世，得年三十一歲。

斯人已逝。

在滿街棄屍的香港，端木蕻良盡自己所能力圖給蕭紅最後的尊嚴。他請來一位攝影師爲之留下最後的容顏，並將其一縷頭髮剪下，藏入懷中。二十三日一早，便守候在蕭紅遺體旁，等待與前來收屍的人員交涉。因使用墓地有非常嚴格的限制，屍體如果無人認領，日軍控制下的政府即派人蒐集在一起，傾倒在西營盤高街陶淑運動場集體埋葬。

馬超棟先生時任日軍占領下的香港政府衛生督察，負責處理港島地區屍體蒐集和埋殮。當他來到聖士提反女校，挪運存放於殮屍房裡的屍體時，端木與之溝通，請求協助安葬亡妻。碰巧馬先生亦是非常喜愛蕭紅作品的讀者，聽了端木的訴說，十分同情這位由遙遠北國流落南方、客死異鄉的年輕女作家，破格予以優待，沒有將蕭紅遺體隨意混入亂屍堆中。經其指點，端木再次找到日本記者小椋，在其幫助下，辦理了蕭紅遺體認領手續、死亡證、火葬證。

昏迷前，意識到不久於人世，蕭紅曾寫下「魯迅」、「大海」字樣，示意端木暫時將其埋在一個面朝大海的地方，日後再遷至魯迅墓旁。爲了滿足蕭紅這一願望，亦便於後人憑弔，端木選擇淺水灣作爲埋葬地點。日軍接待者可能剛來香港地形不熟，竟然答應了。他自然不知道淺水灣作爲風景區不能埋人，而且還是日軍的軍事封鎖區，隨時提防英美軍隊可能在此海域的登陸突襲。辦妥手續，傷痛之餘，端木也獲得了些許安慰。當時，所有被占領當局埋葬的屍體都不分男女、不穿衣服，搬上汽車後運出埋葬。爲了表示對蕭紅的尊重，馬先生用臨時救護站的一塊毛氈裹住遺體，將其放置在特別車廂裡，與其他屍體分開，運至東區日本人專用的火殮場火化。

二十五日黃昏，端木領出蕭紅骨灰，分裝在兩個素色古董罐內。死人太多，骨灰盒供不應求，來之前端木只好敲開古董店大門，高價購買了兩個瓷罐作爲骨灰盒。他想分兩處埋葬，以便有更大可能保留蕭紅的部分骨灰。向晚，端木和駱賓基帶著事先由端木手書的「蕭紅之墓」的木牌，捧著骨灰罐，步行前往淺水灣。途經幾天前加拿大一團參戰士兵全部戰死之處，仍血腥撲鼻。到達後，端木看見有個花池，四周有水泥的圍欄，面朝大海，便選定作爲蕭紅骨灰安葬之處。他刨開泥土將骨灰罐放了進去，然後插上「蕭紅之墓」的木牌。

從淺水灣回來，端木帶著另一罐骨灰住進香港大學中文系主任馬鑒教授家裡。馬先生「深諳儒佛學」，對此並不介意，安排房間讓端木休息，十六年後曾撰文回憶道：「不久，他（端木）又告訴我蕭紅女士死了，草草地埋在淺水灣頭。我當時亦愛莫能助，只有做同情的安慰而已。」二十六日傍晚，在香港大學一名學生的幫助下，端木將另一罐骨灰埋葬在聖士提反女校校內一個東北向的小山坡上。

一九四二年一月底，端木蕻良、駱賓基在王福時的陪同下，乘坐日本「白銀丸」離開香港前往澳門，後輾轉返回桂林。兩人在作家孫陵位於桂林市區榕蔭路的房子裡住了大約兩個月。據孫陵《我熟識的三十年代作家》之《駱賓基》一文記載，一天兩人發生激烈爭吵。駱賓基嚷嚷著非揍端木不可，還說：「他（端木）不是人！蕭紅給他氣死的！」在同篇回憶錄裡，除載有駱賓基轉述，蕭紅在病床上不能說話筆談中曾表示愛他，答應病好後嫁給他之外；還記載了駱轉述的蕭紅遺囑：「她（蕭紅）臨死的遺囑，要把《呼蘭河傳》的版權送給我，《生死場》送給她弟弟，《商市街》送給蕭軍，只有端木，她什麼也沒留！」孫陵自述，爭吵的當天下午目睹端木陪駱賓基一同到桂林上海雜誌公司結算《呼蘭河傳》的版稅，第二天發現駱賓基用以添加了高檔棉被和蚊帳，「得意洋洋」。

孫陵的回憶引出端木、駱賓基關於《呼蘭河傳》的「版權之爭」，一時眾說紛紜，莫衷一是。駱賓基事後又否定了孫陵的回憶，說自己與端木衝突與版權無關。但是，無論孰是孰非，蕭紅如地下有知，面對男人們，不知該作何感想，其悲劇正如其臨終遺言：「我一生最大的痛苦和不幸卻是因為我是個女人」。

關於《呼蘭河傳》的「版權之爭」，端木解釋說在養和醫院做完手術之後，蕭紅曾與之商量，給駱賓基一些報酬，以表達對其戰時長時間冒死相陪的感激。一開始，想把《生死場》的版稅送給駱，但仔細一算，在十年合同期內，該書版稅所剩無多，轉而想到將《呼蘭河傳》的版稅送給他，而不是版權。端木的解釋顯然更合情理。

蕭紅就這樣寂寞地「與藍天碧水永處」。

不久，來了她的老朋友。一九四二年十一月二十日，戴望舒在葉靈鳳陪同下來墓前憑弔。詩人在墓畔沉吟良久，口占小詩一首：

河山版《呼蘭河傳》

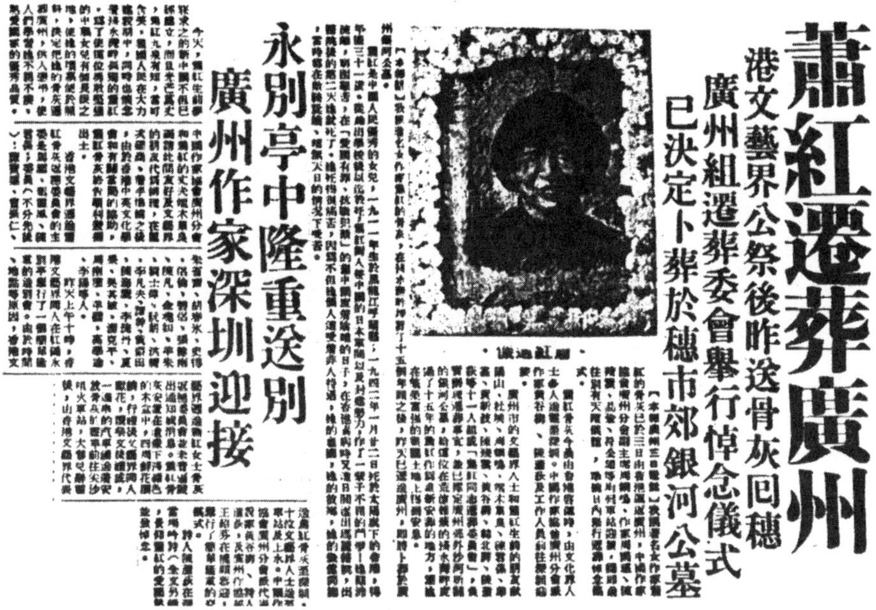

蕭紅遷葬廣州

港文藝界公祭後昨送骨灰回穗

廣州組遷葬委會舉行悼念儀式

已決定卜葬於穗市郊銀河公墓

蕭紅遺像

永別亭中隆重送別

廣州作家深圳迎接

1957年8月4日，香港《大公報》發蕭紅遷葬報導

廣州蕭紅墓

走六小時寂寞的長途，
到你頭邊放一束紅山茶。
我等待著長夜漫漫，
你卻臥聽海濤閒話。

一九五七年，正當國內知識分子惶惶不可終日之時，淺水灣的旅遊開發亦徹底驚擾了蕭紅生前那「與藍天碧水永處」的夢。八月四日，在香港、廣州文藝界人士的共同努力下，蕭紅原葬於淺水灣的骨灰遷回廣州，十五日安葬於廣州銀河公墓；而葬於聖士提反女校的部分骨灰至今未能找到。

一九八二年八月，「蕭紅故居」掛牌，黑龍江省省長親題匾額。

一九九二年十一月，黑龍江省呼蘭縣舉行蕭紅紀念碑和青絲塚落成典禮。

蕭紅紀念碑及青絲塚

主要參考文獻

蕭紅：《蕭紅全集》（上、中、下），哈爾濱出版社一九九八年版。
駱賓基：《蕭紅小傳》，黑龍江人民出版社一九八一年版。
〔美〕葛浩文：《蕭紅評傳》，北方文藝出版社一九八五年版。
〔美〕史沫特萊：《中國的戰歌》，作家出版社一九八六年版。
蕭軍：《魯迅給蕭軍蕭紅信簡注釋錄》，黑龍江人民出版社一九八一年版。
蕭軍：《蕭紅書簡輯存注釋錄》，黑龍江人民出版社一九八一年版。
蕭軍：《從臨汾到延安》，山西人民出版社一九八三年版。
〔台灣〕孫陵：《我熟識的三十年代作家》，成文出版社一九八〇年版。
丁言昭：《蕭紅傳》，江蘇文藝出版社一九九三年版。
蕭鳳：《悲情女作家蕭紅》，文化藝術出版社二〇〇四年版。
季紅眞：《蕭紅傳》，北京十月文藝出版社二〇〇〇年版。
孔海立：《憂鬱的東北人——端木蕻良》，上海書店出版社一九九九年版。
張毓茂：《蕭軍傳》，重慶出版社一九九二年版。
曹革成：《我的嬸嬸蕭紅》，時代文藝出版社二〇〇五年版。

鍾耀群：《端木與蕭紅》，中國文聯出版公司一九九八年版。
鐵峰：《蕭紅文學之路》，哈爾濱出版社一九九一年版。
梅志：《胡風傳》，北京十月文藝出版社一九九八年版。
周良沛：《丁玲傳》，北京十月文藝出版社一九九三年版。
孫茂山主編：《蕭紅身世考》，哈爾濱出版社二〇〇三年版。
孫延林主編：《蕭紅研究》（第一、二、三輯），哈爾濱出版社一九九三年版。
季紅眞編：《蕭蕭落紅》，人民文學出版社二〇〇一年版。
曹革成編：《端木蕻良和蕭紅在香港》，白山出版社二〇〇〇年版。
蕭耘、建中編著：《蕭軍與蕭紅》，團結出版社二〇〇三年版。

蕭紅年譜

葉君　章海寧

一九一一年　一歲

六月二日（農曆五月初六），蕭紅生於黑龍江省呼蘭縣（現哈爾濱市呼蘭區）城內龍王廟路南的張家大院。乳名榮華，學名張秀環，後改名張迺瑩。另說蕭紅生於六月一日（農曆五月初五）。

生父張廷舉（一八八八—一九五九），字選三，黑龍江省立優級師範學堂畢業，獲獎勵師範科舉人，中書科中書銜，先後在湯原、呼蘭縣等地任教並擔任地方教育官員。一九四五年抗戰勝利後參加土地改革，擁護共產黨的領導，被定爲開明紳士。

生母姜玉蘭（一八八六—一九一九），婚後生一女三子，長女榮華、長子富貴（夭亡）、次子連貴（即張秀珂）、三子連富（夭亡）。

一九一二年　二歲

開始學走路。祖父張維禎（一八四九—一九二九）與祖母范氏（一八四五—一九一七）的三個女兒早已出嫁，育有一子夭亡，家中久無小孩，蕭紅的出生給張家帶來了快樂。祖父對其疼愛有加。

一九一三年　三歲

開始與祖父進入後花園玩耍。

一九一四年　四歲

大弟富貴出生。更多時候與祖父在一起，後花園是最為快樂的去處。

一九一五年　五歲

大弟富貴夭亡。

一九一六年　六歲

二弟連貴（張秀珂）出生。

隨母回娘家省親，二姨姜玉環得知外甥女大名張秀環，堅持要父親給其改名。外祖父姜文選將蕭紅學名改為「張迺瑩」。

一九一七年　七歲

七月九日，祖母范氏病故。其後，蕭紅搬到祖父房間，祖父開始口授《千家詩》。

一九一八年　八歲

漸漸對家裡租住戶的生活有所瞭解。

一九一九年　九歲

一月初，三弟連富出生。

八月二十六日（農曆閏七月初二），母親姜玉蘭不幸染上霍亂，三天後病故。三弟連富被送往阿城張廷舉四弟家寄養。

十二月十五日（農曆十月十四日），張廷舉續娶梁亞蘭。

一九二〇年　十歲

秋，入呼蘭縣乙種農業學校女生班，上初小一年級。該校俗稱龍王廟小學，後改稱第二十國民小學、南關小學，現爲蕭紅小學。

一九二一年　十一歲
秋，升入初小二年級。
三弟連富感染霍亂夭亡。

一九二二年　十二歲
秋，升入初小三年級。弟弟張秀珂入龍王廟小學讀一年級。

一九二三年　十三歲
秋，升入初小四年級。

一九二四年　十四歲
夏，初小畢業。
秋，入北關初高兩級小學校女生部，讀高小一年級。學校位於城北二道街祖師廟院內，後曾稱爲道文小學、第二初高級完全小學校、勝利小學校等。不久，張廷舉出任該校校長。

一九二五年　十五歲
秋，轉入呼蘭縣第一女子初高兩級小學校（即後來縣立第一初高兩級小學校的女生部，該校校址在今呼蘭縣第一中學院內），插班高小二年級。
五月三十日，震驚中外的「五卅慘案」發生。全國人民抗日反帝愛國的熱潮風起雲湧。受這股潮流影響，呼蘭縣中學聯合會發起遊行、講演、募捐等活動，支援上海工人、學生們的鬥爭。蕭紅積極參與這一社會活動，並與同學傅秀蘭一起到居住縣城東南隅有錢有勢的「八大家」募捐。
七月末，呼蘭縣學生聯合會在西崗公園舉行聯合義演，答謝募捐民眾。蕭紅在話劇《傲霜枝》中扮演一個貧苦的小姑娘。

一九二六年　十六歲

六月末，高小畢業，到哈爾濱繼續上中學的願望遭父親、繼母反對。蕭紅以與家長冷戰的方式進行抗爭。

一九二七年　十七歲

夏，因抗爭無果，揚言效仿同學田愼如到天主教堂當修女，張廷舉終於妥協，同意蕭紅繼續讀書。

秋，入哈爾濱「東省特別區第一女子中學校」就讀，該校前身爲私立「從德女子中學」，現名爲蕭紅中學。

一九二八年　十八歲

三月十五日（農曆二月初五），祖父張維禎八十壽誕。黑龍江省「剿匪」總司令、東北陸軍十二旅中將旅長馬占山和上校騎兵團團長王廷蘭、呼蘭縣長廖飛鵬等人前來祝壽。馬占山贈送題爲「康疆逢吉」的牌匾一塊，並由他提議，將張家大院所在的英順胡同更名爲「長壽胡同」。

六月，張廷舉出任呼蘭縣教育局局長。

九月中旬，張廷舉轉任黑龍江省教育廳祕書。

十一月九日，哈爾濱市學生維持路權聯合會發起反日護路遊行示威活動，史稱「一一・九」運動。蕭紅參加遊行，主動擔任宣傳員。

一九二九年　十九歲

一月初，由六叔張廷獻（張廷舉的異母弟）保媒，蕭紅父將其許配給哈爾濱顧鄉屯汪恩甲，兩人正式訂婚。
六月七日（農曆五月初一），祖父病故，回家奔喪。
下半年，瞭解到汪恩甲的庸俗和吸食鴉片的惡習，萌生退婚之念。
十一月十七日，蘇軍攻占滿洲里和札蘭諾爾。是月中旬，參加「佩花大會」進行募捐。

一九三〇年

二十歲
四月，陸哲舜從哈爾濱法政大學退學，就讀北平中國大學。
上半年，向父親表達初中畢業後到北平繼續讀高中的願望，遭拒。
夏，初中畢業。父親和繼母主張蕭紅與汪恩甲完婚。在同學徐淑娟等的鼓動下，蕭紅準備抗婚求學。
初秋，假意同意與汪恩甲結婚從家裡騙出一筆錢，出走北平，入女師大附中讀高中一年級。與陸哲舜在二龍坑西巷一小院，分屋而居。家裡震怒，給陸家施加壓力。陸家勸說無果，斷絕陸哲舜的經濟來源。
冬，陸哲舜向家庭妥協。

一九三一年

二十一歲
一月中旬，回呼蘭，遭軟禁，精神極度痛苦，後與家庭和解。
二月下旬，返回北平。汪恩甲隨後找到蕭紅。
三月初，返回哈爾濱。
三月下旬，因不滿汪恩甲之兄汪大澄代弟解除婚約，狀告其「代弟休妻」。因汪恩甲在法庭上為其兄開脫，官司敗訴，返回呼蘭。
四月初，隨繼母搬到阿城福昌號屯，開始長達六個月的軟禁生活。

十月三日夜，在姑姑和七嬸幫助下，離開福昌號屯逃至阿城，旋即乘火車逃至哈爾濱。

十月上旬，開始在哈爾濱街頭流浪，生活困苦不堪，再次與汪恩甲交往。

十二月初，住進在東省特別區第二女子中學就讀的堂妹張秀珉宿舍，經張秀珉、張秀琴姊妹斡旋，在該校高中一年級插班，十多天後發現自己懷孕不辭而別，與汪恩甲住進道外東興順旅館。

一九三二年　二十二歲

二月五日，日軍占領哈爾濱。

春，回繼母梁亞蘭家。當天下午汪恩甲找至，兩人旋即一起離開。期間，創作《可紀念的楓葉》、《靜》、《偶然想起》、《栽花》、《春曲》等詩。

五月中，汪恩甲離開東興順旅館，從此杳無消息。兩人欠下旅館食宿費四百餘元，蕭紅被扣為人質，陷於被賣到低等妓院的困境。

七月九日，向《國際協報》文藝副刊主編裴馨園發信求助。裴馨園隨即帶人到旅館探訪，並與友人商討營救方案，未果。

七月十二日黃昏，蕭軍受裴馨園之託到東興順旅館探訪。二蕭第一次相見便相互傾慕。次日，蕭軍再來旅館，兩人迅速陷入熱戀。

八月七日，松花江決堤二十餘處，整個道外區頃刻一片汪洋，街可行船。

八月九日上午，搭搜救船離開東興順旅館，住進裴馨園家，不久，與裴家人產生隔閡。

八月底，在哈爾濱市公立第一醫院（現哈爾濱市兒童醫院）產下一名女嬰，旋即送人。

九月下旬，被接回裴家。幾天後與蕭軍一起搬出，住進歐羅巴旅館。

十一月中旬，二蕭從歐羅巴旅館搬出，安家於商市街二十五號。經金劍嘯介紹，參加「牽牛坊」的活動，結識了一些新朋友。

一九三三年

二十三歲

年初，在蕭軍鼓勵下，參加《國際協報》徵文，開始文學創作。

四月十八日，完成長篇紀實散文《棄兒》。該文連載於五月六日至十七日《大同報》文藝副刊《大同俱樂部》。此後，陸續創作了小說《腿上的綳帶》、《太太與西瓜》、《看風箏》等。

七月，參加「星星劇社」活動，排演《小偷》、《娘姨》等劇碼。

十月三日，二蕭小說、詩歌、散文合集《跋涉》自費在哈爾濱《五日畫報》印刷社出版。《跋涉》出版後委託商場代售，引起滿洲文壇注意，作者被譽爲黑暗現實中兩顆閃閃發亮的明星，奠定了他們在東北文壇的地位。

十月中旬，「星星劇社」解散。

十二月，《跋涉》因有「反滿抗日」傾向引起日僞當局注意，遭查禁。年底，與蕭軍開始計畫離開哈爾濱。

一九三四年

二十四歲

三月中，舒群來信，約二蕭去青島。

四月二十日至五月十七日，小說《麥場》（即《生死場》前兩章《麥場》、《菜圃》）連載於《國際協報》副刊《國際公園》。

五月間，因病在蕭軍鄉下友人家居住十多日調養身體。

六月十二日，與蕭軍悄然離開哈爾濱。

六月十五日，與蕭軍經大連抵達青島。端午節後搬進觀象一路一號。不久，舒群、倪青華夫婦搬來同住。

九月九日，完成《麥場》的創作。

十月初，二蕭以蕭軍的名義給魯迅寫信。不久，魯迅回信，二蕭備受鼓舞。

十一月一日，二蕭與作家張梅林乘坐「共同丸」離開青島，次日抵達上海。與蕭軍住進拉都路上的一個亭子間。次日，給魯迅去信。

十一月四日，得魯迅回信，從此開始與魯迅先生的書信往來。

十一月三十日，二蕭與魯迅全家在一家咖啡館見面。

十二月十九日，二蕭赴魯迅全家的宴請，結識茅盾、葉紫、聶紺弩夫婦等人。

一九三五年

二十五歲

三月五日，在魯迅推薦下，小說《小六》發表於《太白》第一卷第十二期。

三月中，開始寫作《商市街》系列散文，五月十五日完稿。

六月一日，散文《餓》在《文學》第四卷第六號上發表。

六月，二蕭搬到薩坡賽路一九〇號唐豪律師家。

十月，因《麥場》公開出版無望，決定自費印行。後從魯迅信中得知，《麥場》改名《生死場》。

十一月六日，與蕭軍第一次赴魯迅家宴。

十一月十四日，魯迅爲《生死場》作序。

十二月中，《生死場》作爲「奴隸叢書」之三假託「榮光書局」自費印行，作者署名「蕭紅」。該書收魯迅《序言》、胡風《讀後記》。

一九三六年

二十六歲

一月十九日，與蕭軍、聶紺弩等人共同編輯的《海燕》創刊，當日售完二千冊，魯迅夫婦攜海嬰在梁園設宴慶賀。《海燕》創刊號載蕭紅散文《訪問》。
三月一日，散文《廣告員的夢想》載《中學生》第六十三期。此後，《同命運的小魚》、《春意掛上了樹梢》、《公園》、《夏夜》等多篇散文先後在《中學生》雜誌發表。
三月中，與蕭軍搬至北四川路底「永樂坊」。
三月二十三日午後，在魯迅先生家結識美國作家史沫特萊。
春，陳涓回上海，蕭軍與其產生情感糾葛，蕭紅受到巨大傷害。
四月十五日，《作家》創刊號載蕭紅小說《手》。
五月十六日，魯迅病重。月底，連續多日前往魯寓。
六月十五日，在魯迅、茅盾、巴金等六十七位作家聯合署名發表的《中國文藝工作者宣言》上簽名。
七月中，決定東渡日本一年，並期待與在日本留學的弟弟張秀珂會面。
七月十五日晚，魯迅夫婦設家宴爲之餞行。次日，與蕭軍、黃源飯後到照相館合影一張。
七月十七日，乘船赴日。
七月二十一日，抵達東京，在黃源夫人許粵華的幫助下，開始旅日生活。
七月二十六日，給蕭軍去信，告知弟弟張秀珂已於七月十六日回國。
八月中，散文集《商市街》作爲由巴金主編的《文學叢刊》第二集第十二冊，由上海文化生活出版社出版，內收散文四十一篇。
九月初，爲《大滬晚報》寫作紀念「九一八」的散文《長白山的血跡》。
九月十二日晨，遭日本便衣警察盤查。
九月十四日，進入「東亞補習學校」學習日語。

九月中，散文集《商市街》再版。

十月十九日，魯迅病逝，三日後，蕭紅獲悉死訊，極度哀傷。後致蕭軍信（十月二十四日）以《海外的悲悼》為題載《中流》第一卷第五期。

十一月，散文集《橋》作為巴金主編的《文學叢刊》第三集第十二冊，由上海文化生活出版社出版。

十二月初，買票聽郁達夫演講。

一九三七年

二十七歲

一月九日，接蕭軍信，中斷在日本的日語學習和創作，乘「秩父丸」回國。

一月十三日，回到上海，住法租界呂班路。

三月十五日，組詩《沙粒》載《文叢》第一卷第一期，將與蕭軍間的情感危機公之於眾。

四月間，與蕭軍關係惡化，離家出走至一家猶太人開辦的寄宿畫院準備學畫，旋即，被蕭軍朋友找回。

四月二十三日夜，離開上海到北平訪友、散心。在北平期間與李潔吾、舒群有較多接觸。

五月中旬，返回上海。

五月下旬，參加《魯迅先生紀念集》的資料蒐集和整理工作。

五月中，短篇小說集《牛車上》由上海文化生活出版社出版，為巴金主編「文學叢刊」第五集第五冊。

七月七日，「盧溝橋事變」爆發，中國開始全面抗戰。十九日收到北平李潔吾的來信，記敘事變後北平現狀。後將來信發表於《中流》第二卷第十期。

八月十三日，淞滬抗戰爆發，不避危險鼎力幫助日本友人鹿地亙、池田幸子夫婦。

八月底，胡風出面邀請蕭紅、蕭軍、曹白、艾青、彭柏山、端木蕻良等作家商議籌辦新的文學雜誌。蕭紅提議將即將創刊的新雜誌命名爲《七月》，得到大家贊同。此次集會上，與端木蕻良第一次見面。

九月下旬，二蕭離開上海抵達漢口，通過于浣非結識詩人蔣錫金，旋即搬進蔣錫金位於武昌水陸前街小金龍巷二十一號的住處。

十月十八日，散文《萬年青》載武漢《戰鬥旬刊》第一卷第四期「魯迅先生週年祭特輯」，該文後改篇名《魯迅先生記㈠》，收入一九四〇年六月重慶大時代書局出版的《蕭紅散文》。

十月下旬，端木蕻良應胡風、蕭軍之邀前來武漢，隨後也搬進小金龍巷與二蕭住在一起。到武漢安頓下來之後，開始長篇小說《呼蘭河傳》的創作。

十二月十日，與蕭軍、端木蕻良突遭當局逮捕。次日，在胡風託人斡旋下，三人獲釋。

年底，二蕭搬進馮乃超位於武昌紫陽湖畔寓所。

一九三八年

二十八歲

一月十六日下午，參加《七月》座談會，題爲「抗戰以來的文藝活動動態與展望」，表達了自己關於抗戰文藝的見解。同日，書評《〈大地的女兒〉與〈動亂時代〉》載《七月》第二卷第二期。

一月二十七日，與蕭軍、聶紺弩、艾青、田間、端木蕻良等人離開武漢，前往山西臨汾民族革命大學任教。

二月六日，抵達臨汾，與丁玲率領的「西北戰地服務團」相遇，結識丁玲，並建立深厚友誼。

二月間，日軍逼近臨汾。下旬，隨「西北戰地服務團」轉移運城，蕭軍執意留下打游擊，二人在臨汾分手。

三月初，抵達西安，住進八路軍駐西安辦事處。與塞克、端木蕻良、聶紺弩等人共同創作三幕話劇劇本《突擊》。發現自己懷孕，想找醫生墮胎未果。

三月十六日，《突擊》在西安隆重公演，一連三天七場，場場爆滿，轟動西安城。蕭紅與其他主創人員受到周恩來等領導人的接見。

四月初，蕭軍隨丁玲、聶紺弩來到八路軍駐西安辦事處。向蕭軍正式提出分手，其後明確與端木蕻良的戀愛關係。

四月下旬，與端木蕻良一起回到武漢，再次入住小金龍巷。

四月二十九日下午，出席由胡風召集的文藝座談會，題目是《現時文藝活動與〈七月〉》。會上，率眞地表達了自己的創作觀。

五月下旬，與端木蕻良在漢口大同酒家舉行婚禮，胡風、艾青、池田幸子等人出席。

八月上旬，因武漢形勢危急，端木蕻良離開武漢前往重慶。

八月十一日前後，搬至位於漢口三教街的「中華全國文藝界抗敵協會」總部，與孔羅蓀、蔣錫金等人住在一起，等候買船票入川。

九月中旬，與馮乃超夫人李聲韻結伴去重慶。行至宜昌李聲韻不幸大咯血，蕭紅手足無措，幸得同船《武漢日報》副刊《鸚鵡洲》編輯段公爽幫助，將她送進當地醫院。兩天後，一個人到達重慶。

十一月，在江津一家私人小婦產醫院產下一名男嬰。產後第四天，平靜告知白朗孩子頭天夜裡抽風而死。幾天後，離開江津返回重慶。

十二月，與池田幸子、綠川英子共住在米花街小胡同池田寓所。
十二月二十二日，在塔斯社重慶分社，接受蘇聯記者羅果夫的採訪。

一九三九年

二十九歲

春，蟄居歌樂山潛心創作，完成了散文《滑竿》、《林小二》、《長安寺》，短篇小說《山下》、《蓮花池》等作品。
四月五日，致許廣平信（三月十四日）以《離亂中的作家書簡》爲題，載《魯迅風》第十二期。
四月十七日至五月七日，香港《星島日報》副刊《星座》連載小說《曠野的呼喊》。
五月間，與端木蕻良搬至嘉陵江畔的黃桷樹鎮，住進復旦大學苗圃。
九月二十二日，整理完成《魯迅先生生活散記——爲紀念魯迅先生三週年祭而作》，後載《中蘇文化》第四卷第三期。此後，發表多篇回憶魯迅的文字。
十月下旬，將整理好的有關回憶魯迅的文字結集爲一本小冊子，取名《回憶魯迅先生》。
秋，與端木蕻良搬進名叫「秉莊」的一座二層小樓。
十一月，與端木應邀參加蘇聯大使館在枇杷山舉行的十月革命紀念節的慶祝活動。
十二月中，重慶北碚不斷遭到轟炸，因不能忍受驚擾，與端木蕻良商量離開重慶，參考友人華崗的意見，最終決定前往香港。

一九四〇年

三十歲

一月十七日，與端木蕻良離開重慶，乘飛機抵達香港，入住九龍尖沙咀金巴利道納士佛台三號。
二月五日，「文協」香港分會在大東酒店舉行全體會員聚餐會，熱烈歡迎蕭紅、端木蕻良來港。次日，《立報》報導了該歡迎會的消息。

三月三日晚，參加在堅道養中女子中學舉行的座談會，討論題目是：《女學生與三八婦女節》。

三月，短篇小說集《曠野的呼喊》由上海雜誌公司出版，列入鄭伯奇主編的《每月文庫》第一輯之十。

四月，以「中華全國文藝界抗敵協會」會員身分，登記成爲「文協」香港分會會員。

五月十一日，與端木蕻良應嶺南大學藝文社之邀，參加該校學生組織的文藝座談會。

五月十二日，與端木蕻良一起參加由香港文協與中國文化協進會共同舉辦的「黃自紀念音樂欣賞會」。

六月，《蕭紅散文》由重慶大時代書局出版。

六月二十四日，給華崗去信，關心其現狀。此後一月間，與華崗書信往來頻繁。

七月，《回憶魯迅先生》由重慶婦女生活社出版。

八月三日下午三時，香港各界「紀念魯迅先生六十生誕紀念會」在加路連山孔聖堂舉行。會上，蕭紅報告魯迅先生生平事蹟。晚上，在孔聖堂舉行晚會，上演蕭紅編寫的默劇《民族魂魯迅》。

九月一日，《呼蘭河傳》開始在《星島日報》副刊《星座》連載，十二月二十日《呼蘭河傳》完稿，至十二月二十七日連載完畢。

一九四一年

三十一歲

一月，《馬伯樂》第一部由大時代書局出版，五個月後再版。

二月一日，長篇小說《馬伯樂》第二部在香港《時代批評》雜誌第六十四期開始連載。

二月初，與端木蕻良搬家至九龍樂道八號二樓。

二月十七日，「文協」香港分會等文化團體，在思豪酒店舉辦茶會，歡迎史沫特萊、宋之的、夏衍、范長江等人來港。茶會由蕭紅主持，史沫特萊發表演講。

三月初，史沫特萊前來樂道八號看望。見蕭紅居住環境非常糟糕，執意邀請她到林蔭台別墅與自己同住，兩人共度了近一個月的時光。從林蔭台回來，聽說茅盾來港，與史沫特萊一起前往拜訪，想勸說茅盾夫婦一同前往新加坡，遭婉拒。

五月初，史沫特萊返回美國，行前帶走了蕭紅、端木蕻良的一些作品，準備在美國發表。蕭紅託其將一冊《生死場》代送給美國作家辛克萊。

六月四日，收到辛克萊回贈的書和表示感謝的電報回信。

七月一日，小說《小城三月》載《時代文學》第二期。

七月間，常常失眠，咳嗽加劇，爲治療痔瘡，再次住進瑪麗醫院。

八月四日，與端木蕻良應邀去香港大學講學。當天下午，二人接到許地山病逝的消息。

九月中，美國女作家海倫·福斯特與他人合作，將蕭紅《馬房之夜》譯出，發表在自己主編的《亞細亞》月刊九月號上。蕭紅、于毅夫、端木蕻良、周鯨文等三百七十四人在《旅港東北人士九一八十週年宣言》上簽名。

十一月初，出院回家，茅盾、巴人、楊剛、駱賓基、胡風等友人先後前來探望。

十一月上旬，詩人柳亞子前來拜訪端木蕻良，與蕭紅相識。

十一月中旬，再次住進瑪麗醫院。因不滿醫生護士的冷遇，急於出院。

十一月下旬，于毅夫前來看望，蕭紅向其傾訴內心苦楚，于毅夫在沒有辦理出院手續的情況下將其接回。

十二月八日，日軍偷襲珍珠港，對英美宣戰，進攻九龍。柳亞子前來看望，駱賓基於電話中向端木蕻良辭行，在端木蕻良的挽留下，應允留下幫助照料蕭紅。是夜，從九龍轉移至香港。

十二月九日，住進思豪酒店。

十二月十八日，被迫轉移至周鯨文家，後又轉移到告羅士打酒店。在日軍占領酒店前，端木蕻良、駱賓基又將蕭紅轉移出來，曾在何鏡吾家落過腳，最後安置在中環一家裁縫鋪裡。

十二月二十四日，轉至斯丹利街時代書店的書庫安頓下來。

十二月二十五日，香港淪陷。

一九四二年　三十二歲

一月十二日，住進養和醫院，次日手術，術後發現醫生誤診。

一月十八日中午，轉至瑪麗醫院。下午二時，安裝了喉口呼吸銅管。因沒有氣流經過聲帶，不能說話。

一月十九日夜十二時，寫下「我將與藍天碧水永處，留得半部『紅樓』給別人寫了……半生盡遭白眼、冷遇，身先死，不甘、不甘！」

一月二十二日晨，瑪麗醫院被日軍接管，病人一律趕出。蕭紅被轉至一家法國醫院。其後，法國醫院亦被軍管。隨即又被送至法國醫生在聖士提反女校設立的臨時救護站。六時許陷於深度昏迷。

一月二十二日上午十時，在法國醫院設在聖士提反女校的臨時救護站逝世。

一月二十四日，遺體在香港跑馬地背後的日本火葬場火化。

一月二十五日黃昏，部分骨灰安葬在淺水灣麗都酒店前花壇裡（一九五七年八月十五日，遷葬廣州銀河公墓）。

一月二十六日，剩餘骨灰安葬在聖士提反女校後院土山坡下。

後記

蕭紅是我的情結。

我想，她或許也是大多數研習中國現當代文學者或深或淺的心理情結。

蕭紅棄世近七十年，而這本書面世於她百年誕辰前夕。死時年僅三十一歲的她，在我的想像中，始終是個命途多舛的姐姐。這一想像如此眞切，每次接觸到關於其生平的資料，心底便瀰漫淡淡傷感，湧動著強烈的表達衝動。

香港中文大學資深蕭紅研究者盧瑋鑾教授，基於女性立場，出於對蕭紅的細膩感知，寫下了一段很能引我共鳴的話：「愈看得多寫蕭紅的文章，特別是與她有過親密關係的人寫的東西，就愈感到蕭紅可憐——她在那個時代，烽火漫天，居無定處，愛國、愛人都是一件很困難的事，而她又是愛得極切的人，正因如此，她受傷也愈深。命中注定，她愛上的男人，都最懂傷她。我常常想，論文寫不出蕭紅，還是寫個愛情小說來得貼切。」

多年來，我一直想在進入關於蕭紅及其作品的論述之前，寫一部她的傳記，以此傳達對她的理解和對其生命歷程進行細緻觸摸之後的感受。閱讀已有蕭紅傳記，老實說常常令人失望。我每每感到敘述者那份貌似追求客觀的冷漠。同時，由於時代的局限，敘述中那種政治意識形態動機的彰顯，亦讓人十分生厭。我想在自己的敘述裡，最大限度地將她還原成大時代裡的一個普通女性，一個命運坎坷的天才女作家，一個任性的姐姐；而與革命、進步、左翼沒有太多關涉。另有蕭紅傳記雖出自女性作者之手，但敘述中卻莫名帶有極其怵目的男性中心主義立場。表面上在敘述蕭紅的經歷，實則成了幾個男人的故事。更不用說那些瀰漫著濃郁小農意識的偏見文字，出發點大都急於爲蕭紅生前身邊的男人們正名而喋喋不休，觀念淺陋、文字拙劣。

我想，我的敘述全不如此。我要寫一部全然關於蕭紅自己的傳記，在想像中，隔了漫長的時空與她做一次精神的對話，對其精神苦難感同身受。

這是我的理想，也是我莊嚴的舉意。

二〇〇五年隆冬，我從武漢第一次來到哈爾濱。那天夜裡，一下火車便覺得自己已然進入這個留有太多蕭紅印記的城市，心理上是如此親切，以至於在計程車上便迫不及待地向中年司機打聽東興順旅館、歐羅巴旅館、商市街。不想對方一臉茫然，「蕭紅」這個名字在他全然陌生。我無比失望，覺得這座城市在漸漸將她遺忘。那些建築還在，但那些哈爾濱往事卻漸成淡漠的傳說。

我的生命中或許注定與蕭紅存有一個約會。二〇〇六年定居哈爾濱之後，便借來大量關於她的資料，力圖實現心中那個莊嚴的寫作計畫，那個富有激情的舉意。經過一年多的準備，二〇〇七年八月二十日，正式動筆前，在一個學生的帶領下，我來到呼蘭蕭紅故居，想親眼看看她的「家」。不巧，故居因裝修已於頭一天關門了，向工作人員說了許多好話，才讓我們進去看看。所有展品都已經收起來了，只剩下幾間空蕩蕩的屋子和空蕩蕩的後花園。能夠親眼看看，我就已經非常滿足，在我內心，老實說，蕭紅的「家」是我並不願意去的地方。看看這空蕩蕩的屋子倒是恰到好處。

「從異鄉又奔向異鄉，這願望多麼渺茫，而況送著我的是海上的波浪，迎接著我的是鄉村的風霜。」蕭紅在詩句裡對自己大半生經歷有過極爲精粹的概括。「從異鄉到異鄉」成了我的題目。兩天後，關於她的敘述正式開始。一年多完全沒有休息和娛樂的日子，卻給了我十分愉快的體驗。我覺得自己的敘述平穩而從容，二〇〇八年九月二日終於告竣。文字無論好壞，我都非常滿足。「蕭紅百年」在即，在心底，我終於完成了對於她的「一個人的紀念」。

二〇〇九年三月，《從異鄉到異鄉——蕭紅傳》在中國社會科學出版社出版後，《人民日報》（海外版）、《光明日報》、《讀書》等大陸十多家主流媒體給予了介紹，黑龍江省作家協會於九月二十四日專就此書舉行作品研討會。會上宣讀了日本大正大學平石淑子教授、美國索思摩大學孔海立教授等海外資深蕭紅、端木蕻良研究專家對此書的高度評價。學界前輩獎掖後進的熱情鼓勵，令我非常感動。爾後，在《從異鄉到異鄉——蕭紅傳》基礎上，精簡文字、增益圖片，編成《蕭紅圖傳》，於二〇一〇年四月由廣東教育出版社推出。

今年夏天，中國作家協會組織了台灣作家代表團來大陸采風的「蕭紅文學之旅」活動。八月二十三日上午，我有幸對台灣作家們發表關於蕭紅生平的講演，並結識著名詩人、出版家初安民先生。出版一部繁體字的著作是我的夢想。爲此，我冒昧向初先生表達了在台灣出版《從異鄉到異鄉——蕭紅傳》的訴求。沒想到，初先生回到台灣不久，我的願望便得以實現。

九、十月間，我對《從異鄉到異鄉——蕭紅傳》進行了全面修訂，訂正不實資料、修改不恰當的表述，同時增加了後續發現的史料，增益、改動近千處。即便如此，由於淺陋，我自知，修訂版的《從異鄉到異鄉——蕭紅傳》仍有諸多訛誤，乞求大方之家的指正。收入修訂版的圖片一百多幅，有些珍貴圖片仍是第一次面世。這些圖片參與蕭紅的生平敘述，我想將會爲讀者重新認識蕭紅提供可能。

《從異鄉到異鄉——蕭紅傳》（修訂版）在台灣即將面世，此刻處於北國冰城一隅的我，內心平靜而喜悅，充滿無盡感恩。因爲蕭紅，我與大陸、台灣的多位出版人結緣，一次次愉快的合作，讓我覺得自己是何其幸運。再次感謝印刻出版公司社長初安民先生。同時，我也要向爲編輯、設計、宣傳此書付出辛勤勞動的江一鯉、鄭嫦娥等素未謀面的印刻同仁表達敬意與感謝。

非常感謝蕭紅嫡親侄子黑龍江省蕭紅研究會副會長張抗先生、前呼蘭蕭紅故居副館長王連喜先生、黑龍江《生活報》記者蕭紅研究會副會長章海寧先生，爲本書提供了大量珍貴圖片。

最後，感謝我的妻子和女兒。

二〇一〇年十二月二十二日

作者於哈爾濱

文學叢書 417

從異鄉到異鄉——蕭紅傳

作　　者　葉　君
總 編 輯　初安民
責任編輯　鄭嫦娥
美術編輯　陳淑美
校　　對　呂佳真　林其煬

發 行 人　張書銘
出　　版　INK 印刻文學生活雜誌出版有限公司
新北市中和區建一路249號8樓
電話：02-22281626
傳真：02-22281598
e-mail:ink.book@msa.hinet.net
網　　址　舒讀網 http://www.sudu.cc

法律顧問　漢廷法律事務所
劉大正律師
總 代 理　成陽出版股份有限公司
電話：03-3589000（代表號）
傳真：03-3556521
郵政劃撥　19000691 成陽出版股份有限公司
印　　刷　海王印刷事業股份有限公司

港澳總經銷　泛華發行代理有限公司
地　　址　香港筲箕灣東旺道3號星島新聞集團大廈3樓
電　　話　852-2798-2220
傳　　真　852-2796-5471
網　　址　www.gccd.com.hk

出版日期　2014年10月 初版
ISBN　978-986-6135-11-8

定　　價　500元

國家圖書館出版品預行編目(CIP)資料

從異鄉到異鄉：蕭紅傳／葉君著.
--初版. --新北市：INK印刻文學，2011.02
496面；17×23公分. --（文學叢書；417）
ISBN 978-986-6135-11-8（平裝）

1.蕭紅　2.傳記

782.885　　99027040